COLLECTION
DES MÉMOIRES

RELATIFS

A L'HISTOIRE DE FRANCE.

INTRODUCTION
AUX MÉMOIRES RELATIFS A LA FRONDE.
MÉMOIRES DU COMTE DE BRIENNE, TOME I.

DE L'IMPRIMERIE DE A. BELIN.

COLLECTION
DES MÉMOIRES

RELATIFS

A L'HISTOIRE DE FRANCE,

DEPUIS L'AVÈNEMENT DE HENRI IV JUSQU'A LA PAIX DE PARIS
CONCLUE EN 1763;

AVEC DES NOTICES SUR CHAQUE AUTEUR,
ET DES OBSERVATIONS SUR CHAQUE OUVRAGE,

Par M. PETITOT.

TOME XXXV.

PARIS,

FOUCAULT, LIBRAIRE, RUE DE SORBONNE, N°: 9.

1824.

INTRODUCTION

AUX MÉMOIRES

RELATIFS A LA FRONDE.

AVERTISSEMENT.

Les guerres de religion et les troubles de la Fronde sont les deux époques de notre histoire sur lesquelles il existe le plus grand nombre de Mémoires particuliers. Nous avons cru que chacune de ces époques devoit être précédée d'une Introduction dans laquelle, en présentant l'ensemble des faits, nous nous efforcerions de concilier une multitude de relations différentes et souvent contradictoires. Cet objet a déjà été rempli, à l'égard des guerres de religion, par l'Introduction aux Mémoires de Montluc, qui fait partie du vingtième volume de la première série. Dans le précis historique qui va suivre, nous nous sommes proposé le même but pour les Mémoires relatifs à la Fronde. Nous espérons que ce travail pourra contribuer à faire lire avec plus d'intérêt et de fruit des ouvrages la plupart remarquables par l'élégance du style et la singularité des faits, mais qui presque tous laissent quelque chose à désirer sous le rapport de l'impartialité et de l'exactitude.

INTRODUCTION

AUX MÉMOIRES

RELATIFS A LA FRONDE.

[1643] Lorsque Louis XIII touchoit à ses derniers momens, la France, très-redoutable au dehors, renfermoit dans son sein plusieurs germes de fermentation et de désordre. Richelieu, mort l'année précédente, avoit abattu les grands, soumis les protestans, et abaissé les deux branches de la maison d'Autriche. Mais ces résultats étant presque uniquement dus à la vigueur extraordinaire de son génie, il étoit à craindre qu'ils ne fussent ni solides ni durables; et si, d'un côté, l'impulsion donnée par sa main puissante devoit quelque temps lui survivre, de l'autre, les mécontentemens excités par son administration inflexible ne pouvoient manquer de prendre chaque jour de nouvelles forces.

La branche allemande de la maison d'Autriche avoit pour chef Ferdinand III, la branche espagnole Philippe IV, l'un et l'autre princes foibles et irrésolus. Le premier s'étoit vu hors d'état de résister aux efforts réunis des Français et des Suédois; le second, obligé de soutenir en Flandre une guerre ruineuse contre les Hollandais alliés de la France, venoit d'être dépouillé du Portugal, de la Catalogne et du Roussillon. Tous deux ayant fortement désiré la paix, des préliminaires

avoient été signés à Hambourg [26 décembre 1641],
et il étoit convenu que des conférences s'ouvriroient
en Westphalie sous la médiation du Pape et de Venise.
Mais la mort de Richelieu, la maladie incurable de
Louis XIII, l'espoir qu'il s'éleveroit des troubles pendant
une minorité qui devoit être longue, quelques succès
obtenus récemment en Flandre par don Francisco de
Melos, avoient non-seulement rassuré l'Empereur et
le roi d'Espagne, mais leur avoient inspiré le désir de
tenter encore le sort des armes.

Ce changement subit de résolution étoit surtout
causé par la connoissance qu'avoient les étrangers
des cabales qui se formoient autour de Louis XIII
mourant. Les ministres, les créatures de Richelieu
s'efforçoient de conserver le pouvoir près d'échapper
de leurs mains : les parens de leurs victimes, les exilés, les disgraciés, tous ceux dont l'ambition avoit été
trompée brûloient de s'emparer des places ; et ils préféroient, dans leurs séduisantes chimères, une fortune
rapide à la satisfaction qu'auroit pu leur donner une
vengeance tardive. Une multitude d'intérêts compliqués se croisoient et se heurtoient : il s'y mêloit toute
sorte de passions ; et la galanterie, s'unissant presque
toujours à la politique, y introduisoit de nouveaux
mystères qu'on chercheroit vainement à pénétrer, si
l'on omettoit des détails que les historiens ont coutume de négliger. Il est donc nécessaire, avant de
commencer le récit des derniers momens de Louis XIII,
et de la régence d'Anne d'Autriche, de peindre cette
cour livrée à une agitation plus tumultueuse que violente, parce que les femmes y prenoient déjà la principale influence.

Anne d'Autriche, sœur de Philippe IV, mariée à Louis XIII depuis vingt-huit ans, avoit été constamment malheureuse. Vive et légère dans sa première jeunesse, liée par les circonstances avec la duchesse de Chevreuse qui avoit eu pour premier époux le connétable de Luynes, favori du Roi, elle avoit été entraînée par cette femme intrigante et peu scrupuleuse à des démarches inconsidérées, et s'étoit ainsi attiré, de la part du cardinal de Richelieu, des persécutions dont sa belle-mère Marie de Médicis avoit partagé le poids. L'âge, l'expérience et le malheur lui ayant donné plus de maturité, sa conduite étoit devenue beaucoup plus circonspecte, depuis qu'après vingt-trois années d'un mariage frappé de stérilité, elle étoit successivement devenue mère de deux fils, dont le premier, honoré par l'amour des peuples du nom de *Dieu-Donné*, devoit porter la monarchie au plus haut degré de prospérité et de gloire. Cette fécondité inattendue ne lui ayant pas rendu la tendresse de son époux, elle trouvoit des consolations dans l'intérêt qu'inspiroient généralement ses disgrâces qu'on croyoit peu méritées; dans quelques liaisons contractées avec des personnes irréprochables de qui elle avoit reçu des preuves de dévouement et de fidélité; dans les embellissemens qu'il lui étoit permis de faire au Val-de-Grâce où souvent elle alloit déposer ses douleurs au pied des autels; et dans des entretiens fréquens avec Vincent de Paul, fondateur des prêtres de la mission, personnage cher à la religion et à l'humanité, placé depuis au rang des saints, et qu'elle rendoit dépositaire de toutes ses charités.

Ne pouvant se dissimuler la situation inquiétante de Louis XIII, elle frémissoit du fardeau qu'elle se voyoit destinée à porter : elle sentoit que, dans la longue oisiveté à laquelle on l'avoit condamnée, il lui avoit été impossible d'acquérir la science du gouvernement ; mais son caractère, que des épreuves aussi difficiles que douloureuses avoient rendu ferme et décidé, et surtout son amour pour ses enfans, ne lui permettoient pas de livrer leur sort à d'autres mains que les siennes, en renonçant aux droits que les anciens usages lui donnoient à la régence. Elle accueilloit donc tous ceux que des mécontentemens particuliers jetoient dans son parti ; et parmi les ministres, qui presque tous avoient eu avec elle des torts graves, elle ne voyoit sans indignation que Mazarin, qui, quoique devant tout à Richelieu, appelé par lui au ministère depuis quatre ans, et dépositaire de ses dernières volontés, étoit parvenu à se faire distinguer de ses collègues par des manières douces et aimables, et par quelques attentions délicates.

Gaston, duc d'Orléans, frère unique du Roi, avoit long-temps partagé les disgrâces de la Reine. Prince d'un esprit agréable et cultivé, amateur éclairé de la littérature et des arts, il auroit pu couler les jours les plus heureux sous Richelieu et sous Mazarin, si une activité qui n'avoit aucun but fixe ne l'eût entraîné dans toutes les cabales, qu'il fit constamment échouer par son irrésolution dans les circonstances décisives. Lié alternativement avec Chalais, Montmorency et Cinq-Mars, qui n'agirent que par ses ordres, il les laissa périr sur l'échafaud, sans employer pour les sauver d'autres efforts que d'humbles supplications,

dont il connoissoit lui-même toute l'inutilité. Attaché
à la Reine par des persécutions qui leur avoient été
communes, son caractère n'inspiroit aucune estime à
cette princesse; et elle jugeoit dès lors que ses incer-
titudes lui seroient plus funestes qu'une opposition
franche et prononcée. Les femmes n'avoient eu sur
lui que cet ascendant stérile qu'elles exercent sans
peine sur les hommes foibles : la duchesse de Chevreuse et la belle princesse Marie, dont il avoit paru
éperdument amoureux, n'étoient point parvenues,
malgré leurs charmes, à lui inspirer quelque énergie.
L'une, proscrite et obligée de fuir, ne trouva en lui
aucune assistance; et il souffrit que l'autre lui fût enlevée avec éclat pour être enfermée dans le donjon
de Vincennes. Deux princesses qu'il épousa, l'une
par politique, l'autre par inclination, n'influèrent pas
plus sur lui que ses maîtresses. Mademoiselle de Montpensier, qu'il perdit au bout d'un an, eut le temps
de déplorer la foiblesse de son caractère; et Marguerite de Lorraine, à laquelle il s'étoit uni pendant son
exil, éprouva le chagrin de le voir rentrer en France
sans que leur mariage y fût reconnu.

L'empire que les femmes n'avoient pu prendre sur
ce prince étoit exercé par un favori, dont l'unique
mérite étoit un rare talent pour l'intrigue. Louis Bar-
bier, abbé de La Rivière, autrefois professeur au collége du Plessis, puis attaché à Habert, évêque de
Cahors, premier aumônier de Gaston, s'étoit acquis
toute la confiance du prince par un esprit orné, une
conversation amusante et un dévouement apparent.
Dévoré d'ambition, il le trahissoit, et vendoit ses secrets au ministère.

Les approches de la mort de Louis XIII, qui devoit le tirer de l'état d'abaissement où il gémissoit, ne lui donnèrent pas cette confiance dont il auroit eu besoin pour réaliser les rêves de son esprit inquiet. Il se soumit par ordre de son frère mourant, et d'après les conseils de son favori, à une nouvelle célébration de son mariage avec Marguerite : cérémonie humiliante pour tous deux, et qui pouvoit donner lieu de penser que la princesse dont il étoit plus épris que jamais n'avoit été jusqu'alors que sa concubine. Marguerite, qui prit dès ce moment le nom de *Madame*, espéroit diriger son époux dans la brillante carrière qui s'ouvroit devant lui, et surtout profiter de l'ascendant qu'elle alloit avoir dans une minorité, pour rétablir le duc Charles de Lorraine son frère, dont elle avoit causé la ruine par son mariage. Sa belle-fille *Mademoiselle*, unique fruit des premiers liens de Gaston avec mademoiselle de Montpensier, princesse aussi décidée que son père étoit irrésolu, formoit de son côté les projets les plus ambitieux : mais l'une et l'autre n'appuyoient leurs espérances que sur des chimères.

La maison de Condé, nombreuse, riche et puissante, devoit être d'un grand poids sous une régence confiée à une femme inexpérimentée. Le prince de Condé (Henri II), chef de cette famille, usé par les chagrins et les fatigues plus que par les années, se montroit disposé à une grande soumission. Marié fort jeune avec la belle Charlotte-Marguerite de Montmorency, pour qui Henri IV avoit conçu une grande passion, il n'avoit pu la soustraire aux poursuites du monarque qu'en la conduisant hors de France. Revenu dans sa patrie après la mort de son rival, il s'étoit mêlé dans les cabales des premières années du règne de Louis XIII, et avoit payé cette faute par une prison de cinq ans. Depuis cette époque, n'éprouvant plus cette fougue de caractère qui lui avoit été si funeste, il s'étoit attaché franchement à Richelieu, et de grands services avoient expié ses anciennes erreurs. La princesse son épouse, dont la beauté conservoit presque tout son éclat à un âge où les femmes perdent ordinairement leurs charmes, ne s'étoit pas trouvée exposée à des chagrins moins cuisans. Elle avoit eu la douleur de voir périr sur l'échafaud un frère pour qui elle sentoit la plus vive tendresse; et ses plaintes n'avoient point détourné le prince son mari de la soumission qu'il croyoit devoir au ministre dont ce supplice étoit l'ouvrage. Son affliction profonde l'avoit rapprochée de la Reine, dont elle étoit devenue l'amie la plus intime. Ainsi ces deux époux, qui, après le frère du Roi, tenoient en France le premier rang, ne devoient donner aucun ombrage à la régence, de quelque manière qu'elle s'établît.

Mais leurs enfans ne se trouvoient pas dans les mêmes dispositions : ils étoient au nombre de trois, le duc d'Enghien, la duchesse de Longueville et le prince de Conti.

Le duc d'Enghien (Louis II), qui devoit porter avec tant de gloire le nom du grand Condé, étoit âgé de vingt-deux ans. Né général, il s'étoit déjà distingué dans les siéges importans d'Arras et d'Aire, et il venoit de faire avec Louis XIII la dernière campagne de Roussillon. Chéri de sa mère, qui prévoyoit les grandes destinées auxquelles il étoit appelé, il partageoit ses mécontentemens ; et la haine qu'il avoit conçue contre le ministère s'étoit augmentée depuis que Richelieu l'avoit forcé d'épouser sa nièce Claire-Clémence de Maillé-Brezé, jeune personne qui cachoit un grand caractère sous les apparences de la douceur et de la modestie. D'Enghien formoit de vastes projets : mais, dans la fougue de l'âge, son ambition n'avoit pas un but bien déterminé; et Louis XIII, frappé de ses talens précoces, s'étoit flatté de l'isoler des partis, en lui confiant le commandement de l'armée de Flandre qui alloit bientôt avoir à lutter contre don Francisco de Melos.

La duchesse de Longueville (Anne-Geneviève de Bourbon) avoit deux ans de plus que le duc d'Enghien. Produite, dès l'âge le plus tendre, au célèbre hôtel de Rambouillet, elle s'y étoit fait admirer par l'esprit le plus délicat et le goût le plus fin. Sa physionomie, où la langueur et la mélancolie se mêloient aux attraits les plus piquans, faisoit dire aux contemporains qu'elle présentoit quelque chose d'angélique. Les hommages universels ayant enivré cette jeune princesse, elle se livroit aux illusions les plus séduisantes, et elle se figuroit que, comme dans les romans alors à la mode, elles ne pouvoient se réaliser que par la galanterie. Son établissement avoit éprouvé des difficultés inattendues, et son orgueil en étoit encore irrité. Recherchée d'abord par le duc de Beaufort, elle avoit trouvé dans la duchesse de Montbason une rivale à laquelle il avoit fallu céder; et le dépit seul l'avoit déterminée à donner sa main au duc de Longueville, qui auroit pu être son père. Dans cette position, elle se montroit sensible aux soins du prince de Marsillac, fils du duc de La Rochefoucauld, dont le tour d'esprit avoit plus d'un rapport avec le sien ; et son génie, enclin à l'intrigue, ne se contentant point de celle dont elle étoit l'objet, la portoit encore à être la confidente des amours du duc d'Enghien son frère avec mademoiselle Du Vigean : médiation indiscrète qui finit par la brouiller avec ce prince.

Le prince de Conti (Armand de Bourbon) n'avoit que quinze ans. Né foible et contrefait, il étoit destiné par ses parens à l'état ecclésiastique ; mais les discours de sa sœur, pour laquelle il montroit une amitié qui ressembloit à de la passion, le détournoient d'une carrière où il auroit fallu affecter du moins des mœurs austères et graves. Mécontent de son sort, envieux des succès militaires qu'avoit déjà obtenus le duc d'Enghien, il n'attendoit que l'occasion pour sortir de l'état de contrainte où sa famille l'avoit placé.

Après la maison de Condé, celle de Vendôme étoit la plus puissante. Exilée par Richelieu, elle venoit d'être rappelée ; et les persécutions qu'elle avoit souffertes sembloient devoir la ranger du côté de la Reine. César, duc de Vendôme, fils de Henri IV et de Gabrielle d'Estrées, chef de cette maison, avoit été dans son enfance comblé de biens et d'honneurs ; mais cette grandeur étoit déchue, et César, avancé en âge, sembloit dégoûté des cabales et des intrigues. Le duc Louis de Mercœur son fils aîné, doué d'un naturel souple et pacifique, ne vouloit, comme lui, devoir la fortune à laquelle il prétendoit qu'à une soumission aveugle au ministère, quel qu'il fût. Il étoit réservé à François, duc de Beaufort, cadet de cette famille, de prendre une part très-active aux troubles qui se préparoient. Courageux comme son aïeul, mais foible d'intelligence et de caractère, amant trompé de madame de Montbason, il étoit destiné à devenir l'instrument flexible du premier factieux qui sauroit prendre sur lui quelque empire.

La maison de Bouillon, qui devoit sa fortune à Henri IV, se distinguoit par les qualités brillantes des deux hommes qui en étoient les chefs.

Frédéric-Maurice, duc de Bouillon et prince de Sédan, âgé alors de trente-huit ans, s'étoit mêlé dans tous les troubles du ministère de Richelieu, et y avoit déployé de rares talens pour l'intrigue. Devenu catholique par ambition, et voyant ses espérances trompées, il s'étoit uni au comte de Soissons, qui étoit mort sous ses yeux à la bataille sanglante de La Marfée : compromis ensuite dans la conjuration de Cinq-Mars, il n'avoit obtenu sa grâce qu'en se laissant dépouiller de sa principauté de Sedan. Elisabeth Ferronie de Berg son épouse, encore à la fleur de l'âge, s'étoit dévouée pour lui dans ses malheurs, et c'étoit à elle qu'il étoit redevable de sa liberté et de sa vie. Rivalisant de beauté avec madame de Longueville, mais méprisant la galanterie, toutes les passions cédoient en elle à une ambition démesurée. Les deux époux, irrités de se voir déchus, et voulant assurer le sort des nombreux enfans qui étoient nés de leur mariage, comptoient sur les désordres d'une régence, non-seulement pour recouvrer Sedan, mais pour élever leur fortune beaucoup plus haut qu'elle n'avoit jamais été.

Henri, vicomte de Turenne, frère puîné du duc de Bouillon, montroit déjà dans la guerre les talens qui devoient le mettre au rang des plus grands généraux. Etranger jusqu'alors à toute espèce de cabale, il s'étoit distingué par plusieurs actions éclatantes sous les ordres du duc de Weimar et du cardinal de La Valette. Richelieu, voulant se l'attacher, lui avoit offert en mariage une de ses nièces; mais, beaucoup plus scrupuleux que son frère, il s'étoit refusé à cette alliance, parce que la première condition auroit été d'embrasser la religion catholique. Il gémissoit de l'abaissement où il voyoit la branche aînée de sa famille; il fondoit de grandes espérances sur la régence d'Anne d'Autriche : mais ce n'étoit point par des révoltes qu'il vouloit obtenir ce qu'il regardoit comme un acte de justice. Heureux s'il eût persisté dans ces généreuses dispositions ! Il servoit alors en Italie avec le titre de maréchal de camp.

Si des hommes tels que le duc d'Enghien et Turenne devoient jouer un rôle important pendant la régence, il étoit réservé à quelques femmes de tenir le fil des intrigues et d'en faire mouvoir tous les ressorts. Nous avons parlé de la duchesse de Longueville et de la duchesse de Bouillon : il reste à en caractériser quelques autres.

Deux princesses de la maison de Gonzague, alors très-malheureuse en Italie, étoient fixées à la cour de France, et avoient l'une et l'autre fourni des preuves d'un caractère très-entreprenant. La princesse Marie s'étoit vue enfermée à Vincennes pour avoir inspiré une passion à Gaston, frère de Louis XIII; puis, ayant accueilli les hommages de Cinq-Mars, favori du monarque, elle avoit été nommée dans sa conjuration, et ses lettres à cet infortuné étoient tombées entre les mains de Richelieu. Compromise doublement, et comme complice d'un crime d'Etat, et comme femme galante, elle ne se montroit point abattue par sa disgrâce, et elle nourrissoit des projets ambitieux qui, trois ans après, devoient la conduire à partager un trône. Anne de Gonzague sa sœur, destinée d'abord à être religieuse, n'avoit témoigné que de l'horreur pour cet état. Sortie du couvent aussitôt après la mort de son père, elle fut aimée par le jeune duc Henri de Guise, prince du caractère le plus romanesque, et reçut de lui une promesse de mariage. Le duc ayant abandonné la cour pour embrasser le parti du comte de Soissons, elle courut après lui jusqu'à Cologne, et le quitta bientôt parce que, occupé d'une nouvelle passion, il l'avoit froidement accueillie. Cet éclat, qui auroit dû perdre une toute autre femme, ne l'avoit pas empêchée d'épouser le prince Edouard, comte palatin du Rhin, l'un des fils de Frédéric v, qui, appelé par les protestans d'Allemagne au trône de Bohême, ne s'étoit pas montré digne de cette haute fortune. Ce mariage lui avoit fait donner le nom de *princesse Palatine,* qu'elle rendit depuis si fameux. Peu attachée à son époux, liée intimement avec madame de Longueville qui avoit la même froideur pour le sien, elle faisoit de la galanterie un ressort puissant pour la politique : pleine d'activité et d'adresse, habile, aimable, insinuante, elle promettoit de grands avantages au parti pour lequel elle se déclareroit. Ces deux sœurs étoient parvenues à un âge où les femmes jouissent de toutes les facultés de leur esprit, sans avoir rien perdu de leurs charmes (1).

Deux autres femmes moins jeunes, mais aussi re-

---

(1) La princesse Marie avoit trente-un ans ; la princesse Palatine vingt-sept.

nommées pour leur beauté et leur penchant à l'intrigue, se disposoient à exercer une influence plus grande encore que les princesses de Gonzague.

Marie d'Avangour étoit la seconde épouse d'Hercule de Rohan, duc de Montbason, homme très-avancé en âge et vivant dans la retraite. Laissée presque entièrement libre au milieu d'une cour voluptueuse, elle étoit parvenue à un degré de dépravation qui étonnoit les hommes les plus corrompus (1). Elle ne conservoit aucune décence ni dans ses manières ni dans ses propos, et son avidité excessive ne laissoit aucun doute sur le peu d'élévation de ses sentimens. Ces vices l'auroient rendue généralement odieuse, si une beauté vraiment éblouissante, et que les contemporains comparoient à tout ce que les statues antiques offrent de plus régulier et de plus parfait, n'eût attiré sur ses pas une jeunesse dont, par cet avantage seul, elle étoit devenue l'idole. Jalouse des succès qu'obtenoit madame de Longueville, elle avoit, comme on l'a vu, détourné le duc de Beaufort de l'épouser; et, peu satisfaite de ce triomphe, elle s'étoit opposée à son mariage avec le duc de Longueville qu'elle avoit eu pour amant. Exerçant alors le plus grand empire sur le duc de Beaufort qu'elle trompoit, elle espéroit se servir du crédit qu'il auroit pendant la régence pour assouvir son ambition et son avarice.

La duchesse de Chevreuse (Marie de Rohan) étoit issue du premier mariage d'Hercule de Rohan, duc de Montbason; et par conséquent madame de Montbason étoit sa belle-mère, quoique plus jeune qu'elle.

(1) *Je n'ai jamais vu personne*, dit le cardinal de Retz, *qui ait montré dans le vice si peu de respect pour la vertu.*

Mariée d'abord avec le connétable de Luynes, favori de Louis XIII, qui mourut à la fleur de l'âge; devenue ensuite l'épouse du duc de Chevreuse, prince de Lorraine, elle avoit été, dans les premières années du ministère de Richelieu, la confidente intime de la Reine. Aimant l'intrigue et la galanterie, elle n'y portoit pas les passions honteuses de sa belle-mère : elle ne voyoit dans la politique qu'un moyen de faire la fortune de ses amans; et celui qu'elle préféroit lui faisoit toujours embrasser ses opinions et ses passions. Peu après son second mariage, elle avoit presque en même temps inspiré de l'amour à Gaston frère du Roi, et au cardinal de Richelieu. Sensible aux soins du jeune prince, elle s'étoit moquée du ministre dans le cercle de la Reine : indiscrétion qui l'avoit rendu son ennemi implacable. Bientôt elle fut compromise dans une intrigue qu'on voulut regarder comme un complot, et il y eut un ordre de l'arrêter : mais, avertie à temps, elle s'échappa; et, poursuivie de près, elle fut obligée de passer la Somme à la nage pour gagner Calais, et de là l'Angleterre (1). Depuis dix-huit ans que duroit son exil, elle entretenoit une correspondance secrète avec la Reine, dont elle avoit dissipé les chagrins, égayé la solitude, et qui aimoit son esprit sans estimer sa conduite. Ayant parcouru divers Etats où elle avoit tramé beaucoup d'intrigues, elle se trouvoit à Bruxelles, et n'attendoit que la mort de Louis XIII pour revenir en France, dans l'espoir qu'elle seroit l'unique favorite de la Régente. Quoique âgée de plus de quarante ans, elle conservoit la vivacité,

(1) En 1627, après avoir eu une intrigue avec Montaigu, agent de l'Angleterre.

les goûts et les grâces de la jeunesse. Sa fille unique, qui l'avoit accompagnée dans tous ses voyages, n'étoit que trop disposée à suivre l'exemple d'une telle mère.

Dans cette cour agitée par tant d'intrigues on voyoit quelquefois paroître un jeune ecclésiastique livré en apparence aux occupations les plus sérieuses, mais méditant en secret les attentats les plus hardis. Jean-François-Paul de Gondy, destiné à être si fameux sous le nom de cardinal de Retz, étoit issu d'une famille de Florence qui avoit autrefois suivi en France Catherine de Médicis, et qui avoit fait une grande fortune. Forcé par ses parens à entrer dans l'Eglise, ayant l'expectative de l'archevêché de Paris dont son oncle Pierre de Gondy étoit titulaire, il ne possédoit aucune des vertus de son état. Son génie ardent ne lui avoit fait puiser dans la lecture des anciens que des théories de conjurations et de cabales, et il s'étoit trouvé entraîné par son penchant pour les femmes aux égaremens les plus scandaleux. Dans sa première jeunesse il s'étoit plusieurs fois battu en duel, et il avoit eu part à deux conspirations contre la vie du cardinal de Richelieu. Agé alors de vingt-neuf ans, l'ambition le portoit à mettre plus de circonspection dans sa conduite. Il venoit de terminer avec éclat ses études de Sorbonne, avoit obtenu le bonnet de docteur, et il aspiroit à devenir le coadjuteur de son oncle, vieillard foible, d'une santé délabrée, et qui ne pouvoit presque plus donner aucun soin à son diocèse. L'abbé de Gondy se montroit l'un des partisans les plus zélés de la Reine, qui, admirant ses talens, ne faisoit pas assez attention aux vices qui les flétrissoient.

Le parlement de Paris, ayant été fortement contenu par Richelieu, renfermoit, comme la cour, plusieurs germes de fermentation. Les hommes les plus attachés aux principes de la monarchie ne pouvoient se défendre d'un certain esprit d'opposition, produit par une administration long-temps oppressive et arbitraire. Tels étoient Matthieu Molé et Omer Talon. Molé, d'abord procureur général, s'étoit conduit courageusement dans deux affaires importantes : ce qui n'avoit pas empêché le cardinal de lui donner la première présidence. Comme chef de la compagnie, il n'avoit pas eu occasion de lutter contre le ministre, qui étoit mort un an après sa nomination. Les malheurs de la Reine avoient profondément touché son ame noble et généreuse ; mais quoique convaincu que, pour le bonheur des peuples, l'autorité royale doit s'exercer dans toute sa plénitude, il avoit formé le projet de rendre aux cours souveraines leur ancienne influence sur le gouvernement. C'étoit une ligne dont il étoit difficile de ne pas s'écarter dans les troubles qui se préparoient ; mais rien n'étoit impossible à la fermeté héroïque de ce grand magistrat. Talon, qui passoit pour l'homme le plus éloquent de son siècle, exerçoit depuis long-temps la charge d'avocat général : il avoit, ainsi que Molé, contrarié quelquefois les vues de Richelieu, mais ses éminentes vertus l'avoient préservé de la persécution. Voyant une nouvelle carrière s'ouvrir devant lui, il espéroit, quoique d'un âge fort avancé, être témoin de la restauration entière d'une compagnie dont l'abaissement l'avoit souvent fait gémir.

Si des hommes comme Molé et Talon n'étoient

pas étrangers à des idées qui pouvoient amener des désordres, l'ambition, des ressentimens particuliers, l'amour des nouveautés, entraînoient un grand nombre de leurs collègues à des théories plus dangereuses. Quelques-uns, parmi lesquels on remarquoit les présidens Barillon et de Blancménil, avoient rendu de grands services à la Reine, s'étoient attiré pour elle des persécutions, et se flattoient que sa reconnoissance seroit sans bornes. D'autres, excités par le conseiller Pierre Broussel, vieillard d'un esprit peu étendu, mais profondément aigri par les violences de Richelieu, vouloient un changement complet dans le gouvernement, et déclamoient à tous propos contre le despotisme. On voyoit de leur côté presque toute la jeunesse parlementaire qui formoit les chambres des enquêtes et des requêtes : plusieurs avoient des liaisons intimes avec l'abbé de Gondy.

On doit remarquer que, dans ce moment d'agitation, il se formoit une secte religieuse destinée à faire naître de grandes divisions dans l'Eglise. Jansénius étoit mort cinq ans auparavant (6 mai 1638), laissant une explication de la doctrine de saint Augustin qui avoit donné lieu à de vives controverses, et qui venoit d'être condamnée par le pape Urbain VIII. Son disciple l'abbé de Saint-Cyran, après avoir concilié à ce système plusieurs personnes opposées à Richelieu, avoit subi une longue captivité, moins pour ses prédications où respiroit en apparence la morale la plus austère, que pour des intrigues qui tendoient à une réforme politique et religieuse. Cette secte s'étoit fort étendue depuis la mort de Richelieu : presque tous les ennemis de l'ancien gouvernement s'y rallioient; et il étoit fort singulier de voir les hommes les plus dissolus, et les femmes les plus galantes, embrasser une doctrine dont le but apparent étoit de rétablir parmi les chrétiens les mœurs de la primitive Eglise.

Telle étoit la situation de la cour et de la ville dans le mois qui précéda la mort de Louis XIII. Les ministres, qui tous étoient des créatures de Richelieu, divisés entre eux, cherchant où se fixeroit le pouvoir afin de s'y rallier promptement, sembloient peu difficiles à renverser.

A leur tête étoit Jules Mazarin, originaire de Sicile, d'abord militaire, puis ecclésiastique, parvenu à la pourpre et au ministère par beaucoup de souplesse, et par quelques services importans rendus à la France. Sans vocation pour l'état que l'ambition lui avoit fait embrasser, il faisoit de la politique son unique étude. Chargé par Richelieu des affaires étrangères, il les avoit conduites avec dextérité. En tout l'opposé de cet homme auquel il devoit sa fortune et qu'il étoit destiné à remplacer, il montroit autant d'humilité, de douceur et de modestie, que Richelieu avoit fait paroître de hauteur, d'inflexibilité et d'orgueil. Il gardoit, comme on l'a vu, de grands ménagemens avec la Reine, qui, touchée de ses soins et convaincue de son habileté, sembloit disposée à fermer les yeux sur les sources de son élévation.

Anne d'Autriche n'avoit pas les mêmes sentimens d'indulgence pour les autres ministres : elle détestoit dans Bouthillier, surintendant des finances, un dévouement long et aveugle aux volontés de son persécuteur; dans Chavigny, fils de Bouthillier, appelé par

Richelieu au ministère à l'âge de vingt-quatre ans, et nommé depuis gouverneur de Vincennes, prison d'État, une âpreté de caractère qui lui faisoit presque toujours outrer les mesures rigoureuses; et dans Des Noyers, la conduite qu'il avoit récemment tenue dans l'affaire de Cinq-Mars, où elle avoit eu lieu de craindre d'être compromise. Le chancelier Seguier lui étoit un peu moins odieux, quoiqu'elle n'eût pas oublié l'affront qu'il lui avoit fait quelques années auparavant, en allant, par l'ordre du premier ministre, visiter sa cellule du Val-de-Grâce.

Madame de Chevreuse, dont la correspondance étoit plus active que jamais, lui conseilloit de donner toute sa confiance à Charles de L'Aubespine, marquis de Châteauneuf, autrefois garde des sceaux, et disgracié comme elle depuis plusieurs années. Châteauneuf, engagé dans les ordres sacrés, âgé de plus de soixante-dix ans, avoit été l'amant de cette dame pendant qu'elle étoit à la cour de France. Malgré cette liaison, qui lui avoit donné des relations secrètes avec la Reine, il s'étoit montré dans les premiers temps de son ministère l'exécuteur le plus dévoué des ordres de Richelieu. On l'avoit vu présider la commission chargée de condamner le duc de Montmorency, quoiqu'il pût s'en dispenser comme ecclésiastique, et quoique dans son enfance il eût été attaché à la maison de ce seigneur : complaisance qui fut alors généralement désapprouvée, et qui lui avoit attiré la juste haine de la princesse de Condé, sœur de Montmorency. Mais bientôt Châteauneuf s'étant, à l'instigation de sa maîtresse, brouillé avec le cardinal, et ayant voulu embrasser le parti de la Reine, avoit souffert la disgrâce, la prison et l'exil. Retiré à Angoulême où il gémissoit d'être oisif, il comptoit que la reconnoissance d'Anne d'Autriche le feroit rentrer avec éclat dans les affaires. L'âge ne diminuoit rien de son activité, et une grande partie des mécontens fondoit sur lui ses espérances.

Louis XIII, au milieu des intrigues produites par tant d'intérêts opposés, songeoit à faire des dispositions qui pussent après sa mort assurer la tranquillité du royaume. Il ne se fioit ni à la Reine son épouse, qu'il soupçonnoit d'entretenir des relations avec le roi d'Espagne par le moyen de madame de Chevreuse, ni à Gaston son frère, qui avoit pris une part peu glorieuse à tous les troubles de son règne. Dans cette perplexité, il demandoit à ses ministres un plan de régence où ces deux personnes eussent le moins d'autorité qu'il seroit possible. Presque tous, craignant les vengeances de la Reine dont ils connoissoient les ressentimens, lui proposèrent d'abord de nommer Gaston régent : conseil que Mazarin ne désapprouva pas ouvertement, mais qu'il fit bientôt abandonner. Des Noyers fut ensuite d'avis de partager également le pouvoir entre Anne d'Autriche et le frère du Roi : ce qui auroit sur-le-champ divisé la France en deux partis. Le monarque sentit si bien le danger d'une telle combinaison, qu'il chassa le père Sirmond son confesseur, chargé de le sonder à cet égard, et qu'il congédia en même temps Des Noyers. Le portefeuille de ce secrétaire d'État, qui étoit chargé de la guerre, fut donné à Le Tellier, ancien intendant des armées en Italie.

Le ministère, effrayé de cet acte de rigueur fait

par un prince mourant, lui soumit aussitôt un plan conforme à ses défiances, et qui ne s'éloignoit pas trop des anciens usages du royaume. Le Roi l'ayant adopté, manda le 19 avril à Saint-Germain, dans l'appartement où il devoit bientôt mourir, Gaston, le prince de Condé, les officiers de la couronne, les présidens du parlement de Paris, et deux conseillers de chaque chambre. Il fit lire en leur présence une déclaration par laquelle il donnoit à la Reine le titre de régente; à Gaston, celui de lieutenant général, et au prince de Condé celui de chef du conseil. Ce conseil se composoit des ministres actuels, qui pendant la minorité ne pouvoient être destitués; et tout devoit s'y décider à la pluralité des voix. D'après les ordres du monarque, cette déclaration fut à l'instant signée par la Reine et par Gaston. Le lendemain on la porta au parlement, qui l'enregistra sans remontrances. Cependant Anne d'Autriche, humiliée d'être ainsi traitée par son époux, dressa une protestation qu'elle écrivit de sa main, et la déposa chez un notaire.

Les partisans de cette princesse s'attachèrent à aigrir ses ressentimens, et lui renouvelèrent leurs protestations de dévouement sans bornes. Le duc de Beaufort vint lui offrir le secours de la maison de Vendôme; et Augustin Potier, évêque de Beauvais, frère du président de Blancménil, dans les entretiens de qui elle avoit autrefois trouvé des consolations, fit ses efforts pour l'animer contre Mazarin. Ces deux hommes étoient peu capables de la diriger dans des circonstances si difficiles.

L'état du Roi empiroit; et ce prince, qui n'avoit jamais joui du bonheur, se préparoit à la mort avec le courage tranquille qu'il avoit si souvent porté dans les combats. Le 12 mai, le danger paroissant plus pressant, Gaston et le prince de Condé appelèrent à Saint-Germain leurs amis en armes. La Reine effrayée, et croyant qu'on vouloit enlever ses enfans, les mit sous la garde du duc de Beaufort. Tout cela ne se fit pas dans le château sans un tumulte qui troubla les derniers momens du mourant. Ce monarque ayant expiré le surlendemain, toute la cour se rendit à Paris.

La Reine s'y trouva plus incertaine qu'auparavant sur le parti qu'elle devoit prendre. La confiance qu'elle venoit de témoigner au duc de Beaufort blessoit la maison de Condé, irritée de ce que ce prince avoit autrefois refusé d'épouser madame de Longueville; et Gaston, piqué des manières froides de sa belle-sœur, menaçoit de lui disputer la régence. Mazarin profita très-habilement de ces premières divisions pour se maintenir dans le ministère; il se rapprocha, par le moyen du prince de Marsillac, amant de madame de Longueville, de Gaston et du prince de Condé, leur fit les promesses les plus magnifiques, et sut les déterminer à entretenir la Reine dans les dispositions favorables qu'elle avoit pour lui. Il employa en même temps Vincent de Paul, qui, par ses vertus, avoit acquis un grand empire sur elle. Ce respectable prêtre, ne voyant que le bien de l'État, intéressa la conscience de la princesse : il lui représenta qu'il étoit de sa piété d'étouffer les préventions qu'elle pouvoit avoir contre une créature de Richelieu; et il lui fit observer que cet homme, qui n'avoit jamais eu avec elle de véritables torts, possédoit seul le secret des affaires.

La Reine donna quelques espérances à Mazarin, et gagna ainsi Gaston et le prince de Condé. Elle fit en même temps agir Beaufort et l'évêque de Beauvais près du parlement, afin d'obtenir qu'il cassât la déclaration qui la soumettoit à un conseil, et qu'il lui donnât la régence pleine et entière, telle qu'il l'avoit conférée en 1610 à sa belle-mère Marie de Médicis. Cette négociation n'éprouva aucune difficulté, parce qu'on ne doutoit pas que, revêtue de l'autorité souveraine, elle ne changeât entièrement le ministère, et n'y fît entrer ceux qui avoient partagé ses disgrâces.

Elle alla donc avec son fils, qui n'étoit âgé que de cinq ans, tenir un lit de justice le 18 mai, quatre jours après la mort de son époux. La vue du jeune Louis XIV, exposé pour la première fois aux regards du peuple dans une cérémonie publique, excita le plus vif attendrissement. La Reine en grand deuil, et paroissant plongée dans une profonde affliction, parla ainsi : « Je viens chercher de la consolation « dans ma douleur. Je suis bien aise de me servir « des conseils d'une si auguste compagnie. Je vous « prie, messieurs, de ne point les épargner au Roi « mon fils, ni à moi-même, selon que vous le jugerez « nécessaire en votre conscience au bien de l'Etat. » Ce discours produisit beaucoup d'effet sur l'assemblée. Depuis près de vingt ans le parlement étoit condamné, sous le rapport politique, à la nullité la plus absolue ; et il voyoit avec satisfaction que non-seulement on lui rendoit son ancien droit de faire des remontrances, mais qu'on l'autorisoit en quelque sorte à se mêler du gouvernement.

La discussion ne fut pas longue : quelques membres

auroient voulu qu'on demandât hautement que les ministres de l'ancienne tyrannie fussent sur-le-champ éloignés; mais l'évêque de Beauvais fit observer qu'il falloit laisser à la Reine la gloire de calmer toutes les plaintes; et il n'y eut que le président Barillon qui, aigri par d'amers ressentimens, osa désigner Mazarin comme le plus dangereux des hommes qui devoient leur élévation à Richelieu. Ces réclamations n'ayant eu aucune suite, le parlement cassa la déclaration du feu Roi, et Anne d'Autriche fut déclarée régente avec tous les pouvoirs attachés à ce titre.

Personne ne doutoit que le premier acte de sa puissance ne seroit de chasser le ministère dont elle avoit tant à se plaindre : tout le monde fut trompé. A peine quatre heures s'étoient-elles écoulées depuis le lit de justice, qu'elle envoya le prince de Condé prier Mazarin de diriger le conseil. Elle avoit employé ce temps à faire entendre au duc de Beaufort et à l'évêque de Beauvais que les services de ce ministre lui étoient nécessaires; et elle les avoit consolés, soit en donnant à l'évêque une place au conseil avec la promesse d'un chapeau de cardinal, soit en protestant au duc qu'elle ne feroit jamais rien sans le consulter. Ces deux hommes, fort peu prévoyans, ne s'étoient pas montrés difficiles à persuader. De son côté, Mazarin, affectant le plus grand désintéressement, faisoit en apparence les préparatifs de son départ pour l'Italie, lorsque le prince de Condé vint lui annoncer que la Reine lui accordoit sa confiance.

Cette décision, dont les suites devoient être si importantes, avoit été dictée à la Régente par les motifs les plus respectables. Elle possédoit assez de discernement pour avoir depuis long-temps aperçu que l'évêque et le duc, dont elle s'étoit autrefois servie par nécessité, étoient incapables de conduire les affaires; et elle croyoit que l'intérêt de ses enfans, à qui elle devoit sacrifier ses goûts particuliers, exigeoit qu'un homme habile guidât son inexpérience dans la carrière épineuse qu'elle avoit à parcourir. Cette princesse, âgée alors de quarante-deux ans, étoit encore belle; mais des manières graves avoient succédé en elle aux airs de coquetterie qui l'avoient plus d'une fois compromise dans sa jeunesse. Une piété solide, sans être exagérée, donnoit une grande régularité à sa conduite privée; et quoiqu'elle manquât de quelques unes des qualités qui conviennent à une régente absolue, elle en avoit à l'extérieur toute la majesté. Mazarin, moins âgé qu'elle d'un an, toujours soumis, toujours humble, toujours respectueux, prit insensiblement sur elle l'ascendant que devoit lui donner sa longue expérience dans la politique et dans les intrigues.

Une résolution aussi peu attendue excita beaucoup de murmures; mais la nouvelle d'une grande victoire remportée par le duc d'Enghien les étouffa momentanément, et sembla ouvrir la régence sous les plus heureux auspices. Nous avons vu que ce jeune prince avoit été envoyé par Louis XIII en Flandre pour arrêter les progrès de don Francisco de Melos, général de Philippe IV. Celui-ci, sachant que la mort du monarque ne pouvoit être éloignée, et se figurant que la France seroit agitée par des troubles, faisoit le siége de Rocroi, qui lui auroit ouvert l'entrée de la Champagne. D'Enghien vola au secours de cette place importante; il apprit en route la mort du Roi : ce qui ne l'empêcha pas de présenter la bataille aux Espagnols, malgré l'opposition du maréchal de L'Hôpital, qu'on lui avoit donné pour guide. Il remporta le 19 mai, pendant qu'on faisoit les funérailles de Louis XIII, une victoire complète. Ce succès, qui le mit si jeune encore au rang des grands généraux, combla de joie sa famille et affermit le pouvoir de la Régente. Peu de temps après il assiégea et prit Thionville : tout le conseil s'étoit opposé à cette entreprise qui sembloit hasardeuse; Mazarin seul en avoit été d'avis.

Cependant ce ministre, dès les premiers momens de son administration, s'étoit occupé de former un ministère dont il pût disposer seul; et, comme on devoit s'y attendre, le sort de ses anciens collègues fut entièrement subordonné à son intérêt. Il devoit à Chavigny la faveur dont il avoit joui auprès de Richelieu. Loin d'être reconnoissant, il fit entendre à la Reine, qui le détestoit, que c'étoit lui qui avoit déterminé le feu Roi à faire sa dernière déclaration. Il n'en fallut pas plus pour qu'elle demandât son éloignement. Mazarin feignit publiquement de le défendre, et l'écarta doucement, ainsi que son père le surintendant des finances, sans qu'on pût l'accuser d'ingratitude envers ces deux hommes, dont il eut l'air de déplorer la disgrâce et de demeurer l'ami.

La Reine ne haïssoit guère moins le chancelier Seguier. Pressée par les lettres de madame de Chevreuse, elle vouloit lui substituer Châteauneuf; mais Mazarin, redoutant les talens et l'esprit impérieux de cet ancien garde des sceaux, fit agir la princesse de Condé, dont il avoit autrefois condamné le frère; et les réclamations de cette sœur inconsolable obtinrent qu'il ne feroit point partie du conseil. Seguier fut donc conservé, malgré les préventions de la Reine-mère contre lui. Il aimoit le travail; il passoit pour posséder une connoissance approfondie des lois ; ses mœurs étoient graves et sévères ; et il auroit pu être d'une grande utilité à la régence, si sa conduite sous le règne précédent n'eût un peu diminué la considération qui lui étoit due.

Le surintendant Bouthillier fut remplacé par le président de Bailleul, auquel on adjoignit le comte d'Avaux. Ces deux hommes très-recommandables n'avoient aucune habitude des finances : le premier s'étoit jusqu'alors borné aux fonctions de son état ; le second, employé depuis long-temps dans les négociations, en avoit fait son unique étude. Leurs nominations n'étoient qu'un hommage rendu à l'opinion publique ; et c'étoit l'Italien d'Emeri, ancien ami de Mazarin, qui, sous le titre modeste de contrôleur général, devoit entièrement diriger cette partie. Le comte de Brienne eut la place de Chavigny, à qui l'on n'ôta pas le gouvernement de Vincennes, et qui se retira dans ce château. Presque en même temps l'abbé de Gondy, que Mazarin crut pouvoir s'attacher, eut la coadjutorerie de Paris, et fut nommé archevêque de Corinthe.

Ces arrangemens étoient à peu près terminés, lorsque madame de Chevreuse et Châteauneuf arrivèrent, l'un de Bruxelles, l'autre d'Angoulême, bercés des plus agréables chimères, et convaincus que toutes leurs espérances alloient se réaliser. La Reine accueillit madame de Chevreuse, qui alla descendre au Louvre comme une ancienne amie; mais elle lui représenta doucement que, le temps de leur jeunesse étant passé, il convenoit qu'elles eussent des habitudes plus graves, et lui déclara qu'elle étoit décidée à mettre dans Mazarin toute sa confiance. S'apercevant au bout de quelques jours que cette dame nouoit de nouvelles intrigues, elle lui fit entendre qu'elle feroit bien de s'éloigner ; et ce ne fut qu'à la sollicitation du ministre, contre qui elle cabaloit, qu'elle obtint la permission de rester à la cour. Châteauneuf, qui pouvoit la servir puissamment dans ses intrigues, éprouva un traitement plus rigoureux : il eut ordre de se retirer dans sa maison de Montrouge, où bientôt il fut entouré d'une cour nombreuse composée des ennemis particuliers de Mazarin, et de ceux qui commençoient à se plaindre de l'ingratitude de la Reine.

Madame de Chevreuse, appuyée par eux, continua de contrarier le ministère. Elle se lia étroitement avec la maison de Vendôme, et fit sentir au duc de Beaufort que son dévouement et ses anciens services étoient entièrement méconnus. De concert avec madame de Montbason, elle exalta cet esprit foible, et parvint à lui inspirer contre Mazarin une haine qui fut bientôt augmentée par les suites d'un incident frivole dont on se seroit à peine aperçu dans un autre temps.

Madame de Montbason ayant reçu beaucoup de monde, ses femmes lui apportèrent le soir deux billets qu'elles avoient trouvés dans le salon. Ils paroissoient écrits par une dame, et le style en étoit très-passionné. Après bien des conjectures malignes, madame de Montbason les attribua à madame de Longueville, sa rivale en beauté, et supposa qu'ils étoient adressés à Coligny, frère du duc de Châtillon. Dès le lendemain elle répandit ce bruit, qui produisit un grand scandale. La princesse de Condé, indignée de l'outrage fait à sa fille, sollicita de la Reine une satisfaction qu'il fut impossible de lui refuser; et Mazarin employa tout son talent pour les négociations, afin d'obtenir que madame de Montbason fît des excuses en présence de toute la cour. Il eut beaucoup de peine à déterminer cette dame fort altière à une démarche qui l'humilioit : y étant parvenu, il fallut long-temps discuter et peser les expressions dont elle se serviroit. La rédaction en fut enfin adoptée, après bien des conférences avec les deux dames intéressées; et elles furent écrites sur un petit papier qu'il fut convenu que madame de Montbason attacheroit à son éventail.

Le jour de cette scène étant venu, une foule immense de curieux remplissoit l'appartement de la Reine. Madame de Montbason y parut avec un air hautain qui donnoit un caractère plus piquant à sa physionomie : elle prononça son discours d'un ton moqueur, et ce ton fut surtout très-marqué lorsqu'elle eut à parler de la vertu de sa rivale. Il est inutile d'observer que cette satisfaction dérisoire ne fit qu'irriter davantage madame de Longueville et toute la maison de Condé. Quelques jours après on découvrit que ces billets, qui avoient fait naître à la cour tant de rumeur, étoient de madame de Fouquerolle, et qu'elle les avoit adressés au comte de Maulevrier. Cependant la princesse de Condé avoit obtenu qu'il seroit défendu à celle qui avoit insulté sa fille de paroître partout où elle se trouveroit. Cet ordre ayant été violé avec une impudence scandaleuse, Mazarin hasarda un premier coup d'autorité, et madame de Montbason fut exilée à Tours.

Le duc de Beaufort, furieux de l'éloignement de sa maîtresse, et excité en secret par madame de Chevreuse et Châteauneuf, ne garda plus aucune mesure. Ses ressentimens furent partagés par quelques esprits ardens, tels que Saint-Ibal, Montresor, Beaupuy, Fontrailles, Fiesque et Béthune, qui prétendoient que la Reine leur devoit beaucoup de reconnoissance, parce qu'ils avoient été autrefois de toutes les cabales dirigées contre le cardinal de Richelieu. Cette petite troupe d'ambitieux étoit assez insensée pour croire qu'elle formoit un parti redoutable ; et l'on donna le nom d'*importans* à ceux qui la composoient, parce qu'ils avoient un air vain et orgueilleux qui faisoit un contraste très-marqué avec l'humilité affectée de Mazarin. Le nouveau coadjuteur, quoique leur ami, ne jugea pas à propos d'entrer dans leurs intrigues : il venoit de recevoir des dignités qui pouvoient un jour lui faire jouer un grand rôle, et il ajournoit à d'autres temps l'exécution de ses projets chimériques. Le duc de Beaufort, appuyé par cette cabale, brava plusieurs fois Mazarin, qui eut l'air de supporter patiemment ses menaces : il osa même reprocher publiquement à la Reine son ingratitude. Cette insolence, si maladroite dans un chef de parti, fit accueillir des soupçons peut-être fondés : Mazarin crut ou feignit de croire que le duc, cédant aux conseils violens de ses amis, avoit le dessein de l'enlever ou de le faire assassiner. La Reine ayant partagé ses soupçons, Beaufort fut arrêté dans le Louvre le 2 septembre, et enfermé au château de Vincennes sous la garde de Chavigny, pour qui le ministre feignoit encore de l'amitié. Au même moment tous les importans furent exilés ; Châteauneuf eut ordre de quitter Montrouge et de s'éloigner de Paris; et madame de Chevreuse fut reléguée dans ses terres, d'où elle passa quelque temps après à Bruxelles.

Cette révolution de la cour entraîna la ruine de l'évêque de Beauvais, à qui la Reine avoit été autrefois si attachée. Il commit une imprudence qui montra le peu de fond qu'on pouvoit faire sur sa discrétion, et qui le perdit entièrement. N'ayant eu aucune part aux délibérations qui avoient précédé l'arrestation du duc de Beaufort, il demanda au prince de Condé comment il avoit pu y consentir. « Et vous, monsieur, qui êtes « le ministre de la Reine, lui répondit le prince, « comment ne l'avez-vous pas empêché? — Je l'aurois « fait, dit naïvement l'évêque, et j'aurois averti M. de « Beaufort, si je l'avois su. » Dès le lendemain Potier fut envoyé dans son diocèse, et perdit l'espoir de devenir cardinal.

Ces actes de rigueur excitèrent d'abord à la cour beaucoup d'effroi. On crut que Mazarin alloit marcher sur les traces de Richelieu, dont il étoit l'élève. Mais quand on vit qu'il étoit résolu d'épargner le sang, et qu'il ne pousseroit pas plus loin les poursuites, tout le monde se rassura. On admiroit son habileté, on aimoit sa bonté et sa douceur. « L'imagination de « tous les hommes, dit le cardinal de Retz, fut alors « saisie d'un étonnement respectueux : on se croyoit « bien obligé au ministre de ce que toutes les semaines « il ne faisoit pas mettre quelqu'un en prison, et l'on « attribuoit à la modération de son caractère les oc- « casions qu'il n'avoit pas de faire le mal. » D'ailleurs, en se montrant affable et accessible, il affectoit une modestie et un désintéressement qui faisoient un contrasté frappant avec le faste de son prédécesseur. Son équipage étoit celui d'un simple particulier; il répandoit avec profusion les grâces, et ne demandoit rien pour lui-même. Par des bienfaits ou par des promesses, il empêcha les princes de prendre aucun intérêt à Beaufort et à ses amis. L'abbé de La Rivière put compter sur un chapeau de cardinal. Gaston, dont cet abbé étoit le favori tout puissant, eut le gouvernement de Languedoc, Condé celui de Bourgogne, d'Enghien celui de Champagne; et le duc de Bouillon fut flatté de l'espoir d'être amplement dédommagé de la perte de Sedan.

Les esprits étant ainsi disposés, la Reine déclara Mazarin premier ministre : titre qu'il n'avoit pas encore osé prendre [fin de décembre]. Résolue d'habiter Paris, elle quitta le Louvre qui lui rappeloit de tristes souvenirs, et vint se fixer au palais qui eut dès lors et qui conserve encore aujourd'hui le nom de Palais-Royal. Ce palais, beaucoup plus commode que le Louvre, avoit été bâti à grands frais par le cardinal de Richelieu. La princesse n'aimant pas plus Saint-Germain, où elle avoit été constamment malheureuse, choisit pour maison de campagne le château de Ruel, qui lui fut cédé volontiers par la duchesse d'Aiguillon, nièce et héritière de Richelieu, qu'elle fit assurer de toute sa protection.

[1644] Les profusions que le ministre croyoit nécessaires au maintien de son autorité jetoient beaucoup de désordre dans les finances. Le président de Bailleul venoit d'en abandonner la direction; d'Avaux, son collègue, étoit parti pour le congrès de Munster avec Servien, qui commençoit à être employé dans les grandes affaires; et d'Emery, suivant les premières intentions de Mazarin, de contrôleur général étoit devenu surintendant. Cet homme, très-habile dans l'art de tirer de l'argent des peuples, imagina un nouvel impôt qu'il fonda sur des motifs spécieux. Dès le règne de Henri II on avoit été effrayé de l'accroissement que prenoit la capitale; et ce prince, par un édit du mois de novembre 1549, avoit expressément défendu qu'on bâtît de nouvelles maisons dans les faubourgs de Paris. Cet édit étoit tombé en désuétude; et, depuis un siècle, plusieurs édifices avoient été élevés. Le surintendant, ayant l'air de vouloir punir cette infraction, fit rendre un arrêt du conseil par lequel on ordonna *le toisé* de toutes ces maisons, et l'on imposa une taxe proportionnelle sur chaque propriétaire (1) [mars]. L'arrêt étant exécuté avec rigueur, pendant que la cour se trouvoit à Ruel, il y eut une émeute dans les faubourgs : les mutins parcoururent les rues de la ville, ralliés autour d'un drapeau formé d'un bâton auquel ils avoient attaché un mouchoir. Ce mouvement auroit pu avoir des suites fâcheuses si le premier président Molé n'eût effrayé les séditieux, et ne se fût opposé à quelques conseillers des enquêtes qui demandoient l'assemblée des chambres. La cour revint aussitôt à Paris, et tout parut apaisé.

Tandis que Mazarin creusoit sous ses pas un abyme

(1) En 1672, Louis XIV, jouissant du pouvoir le plus absolu, renouvela l'édit de Henri II. Le préambule est remarquable. « Il est à craindre, « dit le Roi, que la ville de Paris, parvenue à cette excessive grandeur, « n'ait le même sort des plus puissantes villes de l'antiquité, qui ont « trouvé en elles-mêmes le principe de leur ruine, étant très-difficile « que l'ordre et la police se distribuent commodément dans toutes les « parties d'un si grand corps. »

dont il n'apercevoit pas la profondeur, les succès qu'obtenoient les armées françaises donnoient un grand poids aux prétentions que les plénipotentiaires élevoient dans le congrès de Munster. Ces succès avoient été cependant mêlés de quelques revers. Rantzau avoit été battu en Allemagne ; mais Turenne et d'Enghien venoient de réparer ses fautes par la victoire de Fribourg. Le maréchal de La Mothe avoit en Catalogne laissé prendre Lérida, et une conspiration redoutable se formoit à Barcelone ; mais le comte d'Harcourt, chargé des fonctions de vice-roi dans cette province, devoit bientôt s'y trouver plus puissant que jamais. En Flandre, Gaston, ayant sous lui le maréchal de La Meilleraye, n'avoit éprouvé aucun obstacle, et s'étoit emparé de Gravelines. Mazarin, enivré de ses succès, voulut, à l'imitation de Richelieu, faire un exemple sur un général qui avoit perdu une place importante. Il fit arrêter La Mothe, l'enferma dans Pierre-Encise, et ordonna qu'on lui fît son procès à Grenoble. Cet acte de rigueur, qu'il étoit incapable de soutenir, ne produisit d'autre effet que de donner lieu à des Mémoires injurieux pour lui, lus avidement par ses ennemis, et dont il résultoit que le maréchal étoit victime de la plus aveugle injustice.

L'inquiétude qui agitoit en secret les esprits, quoique tout parût calme, se manifesta encore par un mouvement plus séditieux que celui auquel avoit donné lieu *le toisé*. Merlin, curé de Saint-Eustache, venoit de mourir, vivement regretté par le peuple des halles, dont il étoit le père ; et il avoit résigné son bénéfice à son neveu, qui portoit le même nom que lui. La résignation offrant quelques nullités, l'archevêque de Paris conféra la cure à Poncet, recommandé par la Reine. A l'instant les halles se soulevèrent avec fureur pour maintenir le neveu de Merlin. La cour envoya des troupes : elles furent repoussées, et les séditieux s'emparèrent de l'église. Ils montèrent au clocher, sonnèrent le tocsin, et parlèrent d'aller piller et incendier l'hôtel du chancelier Seguier, parce que, paroissien de Saint-Eustache, il n'avoit pas pris le parti de leur candidat. Les femmes de la halle, plus animées que les hommes, firent une députation à la Reine, qui crut devoir les recevoir au Palais-Royal; elles insistèrent pour obtenir le pasteur qu'elles désiroient, et dirent *que les Merlin avoient été leurs curés de père en fils*. Mazarin, qui s'embarrassoit peu quel seroit le curé de Saint-Eustache, céda aux vœux de cette populace, et donna dès lors le secret de sa foiblesse : on vit qu'il accorderoit tout à qui sauroit l'effrayer.

Cependant, sous l'administration de d'Emery, le désordre et la mauvaise foi s'introduisoient dans les finances. On exigeoit des fermiers et des receveurs généraux des avances énormes pour lesquelles on leur donnoit un gros intérêt. On remettoit aux partisans un tiers de ce qu'ils devoient, à condition qu'ils payassent sur-le-champ les deux autres tiers. Un quartier, puis deux quartiers des rentes sur l'Hôtel-de-Ville se trouvoient retranchés; on prononçoit la suppression d'un grand nombre de pensions; et la maison du Roi étoit privée de son traitement. Ces moyens de se procurer beaucoup d'argent ne suffisant pas, on créoit pour un million cent cinquante mille livres de nouvelles rentes, et l'on vouloit forcer les bourgeois à les acheter. On vendoit en même temps une multitude de charges inutiles, dont les noms bizarres excitoient la risée : c'étoient des offices de conseillers du roi, contrôleurs de bois de chauffage, de jurés crieurs de vin, de jurés vendeurs de foin. Le coadjuteur recueilloit en silence tous les murmures : sentant que le moment d'éclater n'étoit pas encore venu, il préparoit les ressorts des entreprises audacieuses qu'il méditoit ; il resserroit les liens qui l'unissoient avec plusieurs membres du parlement ; et d'immenses aumônes lui faisoient des partisans dévoués dans toutes les classes du peuple.

Au milieu de ces abus, comme on étoit délivré du joug terrible de Richelieu, on se livroit aux plaisirs avec une sorte d'ivresse. Les embarras du gouvernement donnoient lieu à des fortunes rapides, qui se dissipoient avec autant de promptitude qu'elles avoient été acquises. Les femmes de la cour, livrées presque toutes à la galanterie, n'étoient pas contrariées dans leurs intrigues par un ministre qui auroit désiré qu'elles n'eussent pas d'autres occupations ; tous les écarts trouvoient leur excuse, s'ils ne dégénéroient pas en vices grossiers ; et la Reine, dont la conduite étoit pieuse et régulière, renfermée dans un petit cercle de personnes aimables et vertueuses, toléroit des désordres qu'elle se croyoit hors d'état de réprimer. Le voluptueux Saint-Évremont a fort bien peint cette époque singulière.

> J'ai vu le temps de la bonne régence,
> Temps où régnoit une heureuse abondance,
> Temps où la ville aussi bien que la cour
> Ne respiroient que les jeux et l'amour.

Une politique indulgente
De notre nature innocente
Favorisoit tous les désirs :
Tout goût paroissoit légitime ;
La douce erreur ne s'appeloit point crime ;
Les vices délicats se nommoient des plaisirs.

Il se formoit néanmoins de temps en temps, dans cette cour dont l'extérieur étoit si frivole, des brigues sérieuses contre Mazarin : il les dissipoit facilement, et il opposoit aux emportemens de ses ennemis le flegme italien. *Le temps et moi,* disoit-il souvent.

[1645] Les murmures qui commençoient à s'élever dans le parlement contre les désordres de l'Etat n'étoient pas aussi faciles à réprimer. Les magistrats, dont les mœurs étoient austères, et qui ne trouvoient pas comme les courtisans des distractions dans les plaisirs, négligeoient les affaires judiciaires pour s'occuper de politique. Quelques-uns, parmi lesquels on remarquoit un ancien ami de Beaufort, le président Barillon, qui autrefois avoit expié par une longue captivité dans le château de Pignerol des services importans rendus à la Reine, provoquoient une assemblée des chambres, dans la vue d'examiner de près la situation des finances. Mazarin, qui craignoit que Molé ne pût empêcher cette assemblée, fit arrêter Barillon (25 mars) ; et, par une sorte de dérision, il le confina dans la même prison où il avoit souffert pour la Reine. Barillon, dont le caractère étoit ardent et impétueux, ne put supporter cet excès d'ingratitude : il succomba bientôt à ses chagrins, et sa mort, quoique naturelle, fut attribuée au poison par les ennemis du ministre.

Les succès militaires que la France continuoit d'ob=

tenir faisoient espérer à Mazarin qu'il déconcerteroit facilement toutes les intrigues formées contre lui ; mais, au moment où il comptoit le plus sur ce moyen de se maintenir, une conjuration tramée à Barcelone faillit lui enlever la Catalogne, dont la possession ouvroit aux Français le cœur de l'Espagne.

Le comte d'Harcourt y commandoit, comme on l'a vu, avec le titre de vice-roi : il n'avoit rien négligé pour gagner les partisans du roi d'Espagne ; et ses faveurs leur ayant donné de nouvelles forces, ils n'attendoient qu'un chef pour le faire périr ou le chasser du pays. Ce chef se présenta bientôt : c'étoit une femme jeune encore, d'une des premières familles de la Catalogne, renommée par sa beauté et ses intrigues galantes : elle détestoit les Français, dont les indiscrétions lui avoient attiré plusieurs désagrémens. Hippolyte d'Arragon, baronne d'Alby, entretenoit depuis long-temps des relations avec Philippe IV, par le moyen du duc de Toralto, gouverneur de Tarragone. Ce monarque ayant mis à sa disposition des fonds considérables, elle chercha long-temps quelqu'un qui pût les répandre sans la compromettre. Les confier à l'un de ses amans favorisés, c'eût été se déceler. Son choix tomba enfin sur un homme dont elle pouvoit disposer avec encore plus d'empire, et que sa situation rendoit très-propre à se charger sans péril de cette distribution. Onuphre Aquilles, bourgeois enrichi par le commerce, avoit des inclinations paisibles ; il ne songeoit qu'à jouir de son immense fortune, et il n'auroit jamais conspiré s'il n'eût éprouvé une passion violente pour madame d'Alby. Cette femme, qui ne sentoit aucun goût pour lui, avoit jusqu'alors dédaigné ses hommages : ce qui, loin de le rebuter, n'avoit fait qu'augmenter son amour. Tout-à-coup elle changea de conduite avec lui : elle se montra sensible à ses empressemens ; des faveurs accordées par calcul l'enivrèrent, et bientôt il devint capable de tout entreprendre pour continuer de plaire à une maîtresse adorée. Leur liaison fut tenue fort secrète, et l'on crut que la baronne le mettoit toujours au nombre de ses amans maltraités.

Onuphre, instruit des projets de madame d'Alby, les servit avec ardeur : ses anciennes relations de commerce lui permettant d'employer beaucoup d'argent sans faire naître des soupçons, il gagna un grand nombre de partisans parmi le peuple et dans la classe moyenne de la société. La baronne, voyant sa faction se grossir, sentoit le besoin d'être appuyée par le clergé, dont l'influence étoit grande à Barcelone. Elle entama des relations avec l'abbé de Gallicans, homme distingué par des talens supérieurs, de mœurs austères, sur qui par conséquent ses charmes ne pouvoient avoir aucun empire, mais qu'une haine aveugle contre les Français détermina facilement à servir avec elle la cause de l'Espagne.

Onuphre et Gallicans se virent de nuit chez madame d'Alby, et y concertèrent leur périlleuse entreprise. Il fut convenu que Philippe IV feroit avancer sa flotte près de Barcelone, qu'en même temps il enverroit des troupes dans le voisinage de cette ville, et qu'alors on provoqueroit un soulèvement général. Mazarin, qui n'avoit aucun soupçon de ce complot, le favorisa involontairement. Il chargea le marquis Du Plessis-Praslin, depuis maréchal de France, de faire le siège de Roses, et il ordonna au vice-roi de le soutenir. Le comte d'Harcourt sortit donc de Barcelone, où il ne laissa qu'une foible garnison. C'étoit une belle occasion pour les conjurés de faire éclater une révolte presque sans péril. Mais la flotte d'Espagne ne paroissant pas, ils crurent plus prudent d'attendre le résultat du siége de Roses, se flattant que le vice-roi seroit infailliblement battu sous les murs de cette ville. Il en arriva tout autrement qu'ils ne l'avoient espéré. Roses fut prise le 24 mai, et le 13 juin suivant d'Harcourt remporta une victoire complète sur l'armée espagnole près de Llorens. Ces nouvelles les découragèrent: ils étoient disposés à renoncer à leur entreprise ; mais la bâronne d'Alby, qui en étoit l'ame, trouva le moyen de les rassurer. Elle soutint que rien n'étoit perdu, leur apprit que Philippe IV rassembloit une nouvelle armée, et leur représenta qu'il ne convenoit pas à des hommes de cœur d'abandonner au premier revers une entreprise d'une si haute importance. Ces discours, remplis d'une énergie d'autant plus entraînante qu'elle s'unissoit aux charmes séduisans d'une femme aimable, les firent rougir de leur foiblesse, et ils résolurent d'augmenter leur parti, afin de pouvoir se déclarer à la première occasion favorable.

Leurs démarches les ayant compromis, le vice-roi eut avis de la conjuration pendant qu'il étoit occupé à faire le siége de Balaguer. Il revint aussitôt à Barcelone, et fit arrêter le bailli de Maratto, qui étoit entré récemment dans le complot, et dont les indiscrétions avoient contribué à éveiller les soupçons du gouverneur. Le bailli dénonça Onuphre, dont il avoit reçu de l'argent ; on s'assura sur-le-champ de lui, et l'on essaya d'arracher par les tourmens les noms et le secret des complices. Cet homme, qui dans toute sa vie n'avoit montré que des inclinations douces et voluptueuses, dominé alors par une grande passion, déploya une fermeté à laquelle on étoit loin de s'attendre. Dans la crainte d'exposer la femme qu'il aimoit, il garda pendant la question le silence le plus obstiné. Peu après il fut condamné à mort ; et ce que n'avoient pu les tourmens, la religion l'effectua. Un religieux l'accompagnoit à l'échafaud ; il lui fit sentir qu'il ne pouvoit sans crime ensevelir dans la tombe un secret qui intéressoit la tranquillité publique, et que son salut dépendoit des aveux sincères qu'il feroit avant de mourir. Cet infortuné, dégagé enfin des choses de la terre par les réflexions que lui suggéra son confesseur, se repentant d'une liaison qui l'avoit perdu, fit connoître les ressorts de la conjuration, et nomma sans exception tous ceux qui y avoient pris part.

La baronne d'Alby, l'abbé de Gallicans et tous les conjurés qui n'eurent pas le temps de fuir, furent aussitôt arrêtés. La baronne étonna ses juges par son courage et un sang froid qu'on n'auroit jamais cru pouvoir attendre d'une femme galante. Ses réponses furent courtes, énergiques ; et, loin de témoigner du courroux contre le malheureux qui l'avoit dénoncée, elle ne montra pour lui que de la pitié. Protégée par les hommes qu'elle avoit autrefois admis dans sa société, elle échappa au supplice, et il lui fut permis de se retirer à Tarragone près du duc de Toralto. L'abbé de Gallicans, s'étant prévalu des priviléges du clergé, ne fut condamné qu'à une prison perpétuelle, d'où il sortit peu d'années après pour être élevé aux plus grands honneurs, lorsque la Catalogne rentra sous la domination de l'Espagne.

Les avantages obtenus par les armées de Flandre et d'Allemagne contribuoient autant à l'affermissement de Mazarin que les événemens qui venoient de se passer au-delà des Pyrénées. En Flandre, Gaston, aidé par Rantzau et Gassion, s'étoit emparé de Bourbourg, de Menin, de Béthune, de Saint-Venant, d'Armentières et de Lens. En Allemagne, Turenne s'étoit, il est vrai, laissé battre à Mariendal; mais ayant été secouru à propos par le duc d'Enghien, ces deux grands généraux avoient gagné la bataille de Nordlingue, suivie de la prise de cette ville.

Le ministre peu effrayé de la fermentation du parlement, et répondant à ses murmures que les dépenses énormes qu'on faisoit avoient pour objet d'obtenir une paix honorable après une guerre glorieuse, cherchoit surtout à gagner les femmes de la cour à qui leur esprit et leur goût pour l'intrigue donnoient le plus d'influence. La princesse palatine et la princesse Marie, sa sœur, étoient de ce nombre : il crut remplir parfaitement son but à leur égard en mariant la seconde, qui, âgée de trente-trois ans, étoit encore très-belle, à Ladislas roi de Pologne, prince vieux et infirme (6 novembre). Il l'éloignoit ainsi pour jamais de la France où ses cabales auroient pu lui nuire, et il s'attachoit momentanément la princesse palatine, à laquelle il laissoit entrevoir, si les circonstances le permettoient, la perspective d'un sort presque aussi brillant.

[1646] Ces soins ne le détournoient pas des affaires

étrangères, pour lesquelles il avoit un talent tout particulier. Remarquant que les conférences de Munster ne prenoient aucune activité, il proposa au roi d'Espagne une paix séparée. Il vouloit que ce prince donnât au jeune Louis XIV sa fille aînée, l'infante Marie-Thérèse, qu'il avoit eue de sa première femme Elisabeth de France, fille de Henri IV; et il demandoit en dot la Flandre espagnole. Ces propositions, qui ne furent pas acceptées, annonçoient dans le ministre une grande prévoyance. Il pensoit que, si ce mariage s'accomplissoit (et il eut lieu en 1660), la succession d'Espagne pourroit échoir à un prince français; et il devinoit ainsi un événement qui ne devoit arriver que plus d'un demi siècle après. « Si le Roi très-chrétien,
« écrivoit-il à Servien et à d'Avaux, pouvoit avoir les
« Pays-Bas et la Franche-Comté en dot, en épousant
« l'infante, alors nous aurions tout le solide : car nous
« pourrions aspirer à la succession d'Espagne, quel-
« que renonciation qu'on fît faire à l'infante; et ce
« ne seroit pas une attente fort éloignée, puisqu'il
« n'y a que la vie de son frère qui l'en pût exclure. »

Cependant les deux plénipotentiaires auxquels Mazarin écrivoit cette lettre ne s'accordoient pas, et leurs divisions entravoient les négociations de Munster. « L'esprit de Servien, dit le comte de Brienne,
« excelloit en équivoques et en duplicité, au lieu
« que celui de d'Avaux affectoit une grande netteté :
« ce qui est d'un honnête homme; tâchant en même
« temps d'être trompé le moins qu'il pouvoit : ce qui
« est d'un homme d'esprit. » Mazarin préféroit Servien, et faisoit par là soupçonner qu'il ne désiroit pas sincèrement la paix. « Ce ministre, continue

« Brienne, aimoit les longs raisonnemens, qui n'abou-
« tissent à rien, qui égarent l'attention, et qui peu-
« vent recevoir une double interprétation ; et c'étoit
« ce qui lui plaisoit dans la manière de négocier de
« Servien. » Sous le prétexte de mettre d'accord deux
hommes chargés de si grands intérêts, Mazarin fit
partir pour Munster le duc de Longueville, dont la
médiation n'eut aucun succès, et qui revint bientôt à
la cour fort mécontent.

La guerre continuoit avec gloire en Flandre, en
Allemagne et en Catalogne ; mais le ministre attachoit
une bien plus grande importance à une expédition où
l'intérêt public étoit sacrifié à son intérêt particulier.
Il sollicitoit depuis long-temps un chapeau de cardinal
pour son frère Pierre Mazarin, religieux dominicain,
homme assez médiocre, auquel il avoit déjà procuré
l'archevêché d'Aix. Urbain VIII, dominé par les Barberins ses neveux, le lui avoit refusé. Ce Pape étant
mort en 1644, son successeur Innocent X ne s'étoit
pas montré plus flexible ; et il poursuivoit les Barberins, comme ayant abusé du pouvoir sous le pontificat
de leur oncle. Aussitôt Mazarin embrassa hautement
leur querelle, leur offrit un asyle en France, et envoya une armée en Italie pour s'emparer d'Orbitello,
place appartenant aux Espagnols, mais voisine de l'E-
tat ecclésiastique. Le prince Thomas de Savoie fut
chargé d'en faire le siége, tandis que l'amiral Urbain
de Maillé, duc de Brezé, neveu de Richelieu, beau-
frère du duc d'Enghien, jeune homme de la plus belle
espérance, devoit l'attaquer par mer.

L'expédition n'eut pas le succès que Mazarin avoit
attendu. Le duc de Brezé fut tué sur la flotte d'un

coup de canon, à l'âge de vingt-sept ans ; et le prince Thomas se trouva obligé de lever le siége. Ce revers, auquel le ministre fut très-sensible, ne le découragea pas ; une nouvelle armée, sous les ordres des maréchaux de La Meilleraye et Du Plessis-Praslin, marcha contre Piombino et Porto-Longone, places qui dépendoient de l'Espagne, mais dont le domaine utile appartenoit au prince Ludovic, neveu d'Innocent x. Elles furent prises, et le Pape effrayé sollicita un accommodement, dont les conditions furent le rétablissement des Barberins, et la pourpre pour l'archevêque d'Aix, qui prit le titre de cardinal de Sainte-Cécile. Mazarin, orgueilleux d'avoir humilié la cour de Rome, comptoit sur de grands succès en Catalogne ; mais le comte d'Harcourt, voulant assiéger Lérida, fut complétement battu par Léganès sous les murs de cette ville : échec dont le ministre ne put être consolé que par la belle campagne que Turenne fit en Allemagne, et par les avantages que remporta en Flandre le duc d'Enghien, qui s'empara de Dunkerque après un siége opiniâtre.

Ces expéditions militaires, qui n'offroient point de résultat décisif, entretenoient les brigues de la cour. La mort du duc de Brezé avoit laissé vacante l'amirauté, à laquelle aspiroient les maisons de Condé et de Vendôme. Chacune de ces maisons eut tour à tour l'espoir d'être préférée ; mais la Reine finit par garder pour elle-même cette charge importante : ce qui ne manqua pas de les irriter l'une et l'autre. Le vieux prince de Condé se retira même de la cour ; et l'on assure qu'il engagea son fils, qui étoit en Flandre, à se déclarer contre le ministère. Le duc d'Enghien, alors très-uni avec Gaston, sur qui l'abbé de La Rivière, auquel Mazarin promettoit toujours le chapeau de cardinal, avoit un grand ascendant, rejeta ce conseil dangereux; et le prince, honteux de son emportement, se réconcilia bientôt avec la Reine.

Cette réconciliation enhardit Mazarin à faire une tentative pour subvenir aux besoins pressans du trésor, épuisé par les dépenses de la guerre et par les profusions répandues sur les courtisans. De concert avec d'Emery, il fit rendre l'édit du *tarif* qui portoit création d'un impôt sur toutes les marchandises qui entroient à Paris. Aucune classe ne fut soustraite à cette mesure fiscale ; elle atteignit indistinctement les privilégiés et ceux qui ne l'étoient pas. On voulut d'abord éluder la vérification de cet édit dans une cour souveraine ; puis on le fit porter à la cour des aides, sous le prétexte que ce droit, n'étant pas domanial, se trouvoit du ressort de cette cour. Le parlement réclama vivement, et cela entraîna une longue contestation, à la suite de laquelle le ministre fut obligé de céder.

Au milieu de cette dispute, qui fut très-vive, le prince de Condé mourut (26 décembre). Ce fut, dans les circonstances, une perte funeste pour l'Etat. Ce prince, devenu sage après de longs malheurs, étoit alors décidé à ne plus entrer dans aucune cabale ; et il auroit probablement retenu son fils sur le bord du précipice qui alloit bientôt s'ouvrir sous ses pas. Le duc d'Enghien prit le nom de prince de Condé ; on lui donna le gouvernement de Bourgogne qu'avoit eu son père ; et son frère le prince de Conti obtint celui de Champagne et de Brie.

[1647] Mazarin, tourmenté par les murmures du parlement relativement à l'édit du tarif, commit quelques fautes dans la politique extérieure, qui lui firent perdre en France la juste estime dont il jouissoit sous ce rapport. Averti que l'Espagne prodiguoit ses efforts pour faire une paix séparée avec les Hollandais, et les détacher ainsi de la France, il donna ordre à Servien de quitter Munster et de partir pour La Haye, afin de s'opposer à ce traité. Servien, conformément aux instructions du ministre, employa de petites ruses qui ne réussirent point : il fut le jouet des deux puissances dont il vouloit empêcher le rapprochement; et il ne put empêcher que la Hollande n'accordât au roi d'Espagne, son ancien souverain, une suspension d'armes qui fut convertie en une paix définitive au commencement de l'année suivante.

Le dessein d'éloigner long-temps le nouveau prince de Condé, beaucoup plus redoutable que son père, ne réussit pas mieux à Mazarin. Il venoit de lui donner la vice-royauté de Catalogne, et de le charger de prendre Lérida, qui avoit été l'année précédente l'écueil du comte d'Harcourt. Le jeune prince, flatté d'avoir à terminer une entreprise difficile, partit sur-le-champ, et bientôt il investit Lérida; mais, n'ayant pas trouvé les munitions qu'on lui avoit promises, il fit de vains efforts pour s'emparer de cette place. Ses talens furent inutiles; et il eut le chagrin d'être obligé de lever le siége après vingt jours de tranchée ouverte : premier revers qu'éprouvoient ses armes, et qui laissa dans son cœur un profond ressentiment contre le ministre auquel il l'attribuoit. Il revint à Paris, et ne cacha son humeur ni au coadjuteur, ni aux magistrats mécontens.

L'absence de ce prince se fit en même temps sentir dans les Pays-Bas. Gassion et Rantzau, qui commandoient l'armée française, étant divisés, laissèrent l'archiduc Léopold, frère de l'Empereur, s'emparer d'Armentières et de Landrecies. Ils voulurent réparer cette faute par la prise de Lens; l'entreprise réussit : mais ce foible avantage fut chèrement payé, puisque Gassion, l'un des plus grands capitaines que possédoit la France, fut pendant le siége blessé à mort.

D'horribles désordres dans quelques Etats voisins augmentoient la fermentation qui agitoit Paris et les provinces. L'infortuné Charles 1er., en guerre avec ses sujets depuis six années, venoit d'être livré aux Anglais par l'armée d'Ecosse, et n'avoit trouvé qu'une rigoureuse prison dans l'île de Wight où il s'étoit réfugié. Henriette son épouse, fille de Henri IV, ne s'étoit dérobée au même sort que par une espèce de miracle. Retirée en France, où elle avoit été reçue avec tendresse par la Reine, elle habitoit le Louvre; et toutes les fois qu'elle paroissoit à la cour, sa présence rappeloit les déplorables suites des discordes civiles. Les Napolitains s'étoient révoltés contre le gouvernement espagnol; et la mort de Mazaniel n'ayant fait qu'augmenter leur fureur, ils avoient pris pour chef un autre homme de la lie du peuple, nommé Génare. Le duc de Guise, épris de mademoiselle de Pons, étoit venu à Rome pour faire rompre les liens qui l'unissoient avec la comtesse de Bossut; et, emporté par son caractère romanesque, aussitôt qu'il fut instruit des troubles de Naples, il voulut en profiter pour donner ce pays à la France. Sans attendre les instructions de Mazarin, il pénétra par mer dans la ville en passant au travers de la flotte ennemie ; il fut nommé généralissime des Napolitains, et se promit les plus grands succès. Mais le ministre sentit que, dans sa position, il ne lui convenoit pas de soutenir des révoltés. Le duc de Guise ne reçut aucun secours ; bientôt il fut trahi par ses partisans, livré aux Espagnols ; et il ne retira, d'une action plus téméraire qu'éclatante, qu'une vaine gloire et une longue prison.

Tous ces événemens n'étoient pas de nature à favoriser l'établissement de l'édit du tarif. Sur ces entrefaites, le jeune *Monsieur*, frère du Roi, tomba dangereusement malade. S'il mouroit, Gaston devenoit l'héritier présomptif de la couronne, et une telle perspective donnoit à ce prince, qui commençoit, ainsi que son favori l'abbé de La Rivière, à ne plus aimer Mazarin, l'espoir d'acquérir la plus grande influence pendant la minorité. Ses partisans le poussèrent à soutenir le parlement ; et la Reine, plus tremblante pour la vie de son fils que pour le sort de l'Etat, consentit que les magistrats fussent appelés au Palais-Royal pour conférer en sa présence avec son ministre. La discussion fut longue et orageuse : on entra dans les plus petits détails des dispositions de l'édit ; on en pesa toutes les conséquences ; et Mazarin, impatienté de tant de contradictions, laissa échapper un propos qui donna un grand avantage à ses ennemis : il dit qu'il *s'étonnoit qu'un corps aussi respectable que le parlement s'amusât à ces bagatelles*. Ce propos imprudent donna lieu aux commentaires les plus malins, et l'on répandit aussitôt que le ministre considéroit les intérêts du peuple comme des bagatelles.

Cependant le danger du jeune prince étant passé, la cour reprit courage : on fit des modifications à l'édit du tarif; et le 7 septembre le Roi, accompagné de sa mère, alla au parlement pour le faire recevoir dans un lit de justice. Une opposition formidable se manifesta, et presque tous les magistrats soutinrent que leur conscience ne leur permettoit pas de souffrir l'enregistrement. « Il y a, leur répondit le chancelier « Seguier, deux sortes de conscience : l'une d'Etat, « qu'il faut accommoder à la nécessité des affaires ; « l'autre aux actions particulières. » Propos qui répandit encore plus de défaveur sur le ministère que celui de Mazarin. Au milieu d'un tumulte peu respectueux, la présence du Roi fit enregistrer l'édit.

Deux mois après un orage bien plus redoutable s'éleva contre la régence. Le 10 novembre, le jeune Louis XIV, en sortant d'un spectacle, fut attaqué de la petite vérole, et bientôt il se trouva dans le plus grand danger. Tandis que la Reine au désespoir, s'étant enfermée avec son fils mourant, lui prodiguoit les plus tendres soins, une multitude de cabales se formèrent tant à la cour que dans le parlement, et toutes s'accordèrent pour donner la régence à Gaston aussitôt après la mort du Roi. Mazarin, se croyant perdu, imploroit l'appui de La Rivière, lui renouveloit la promesse d'un chapeau de cardinal, et s'engageoit à le faire entrer dans le conseil. Ce favori protestoit de son zèle, mais il agissoit dans un sens tout contraire. Dans un moment où la santé du Roi ne laissoit aucune espérance, il donna un grand souper à son maître; on ne rougit pas de s'y livrer à la débauche, et le duc d'Elbœuf but à la santé du nouveau régent : exemple qui fut suivi par tous les convives.

La Reine, indignée de cette orgie, ne pardonna jamais à Gaston de l'avoir autorisée par sa présence. Attaquée dans ce qu'elle avoit de plus cher et comme reine et comme mère, elle s'adressa au prince de Condé qui, mécontent de Mazarin, affecta de paroître neutre. Alors elle eut recours à ceux des membres du parlement sur l'attachement desquels elle croyoit pouvoir compter; et ces démarches, imposées par la nécessité, donnèrent à la compagnie des prétentions beaucoup plus hautes. Mais tant de projets, formés dans cet instant de crise, s'évanouirent par le rétablissement inopiné du Roi, et il n'en resta qu'une tendance plus forte à la faction et à la révolte.

Chavigny, qui, comme on l'a vu, avoit été long-temps dupe de Mazarin, devint alors son ennemi le plus acharné. « Il faisoit, observe Talon, profession « de dévotion, et même de jansénisme; et il se trou- « voit que tous ceux qui étoient de cette opinion « n'aimoient pas le gouvernement présent. » Il s'unit à Châteauneuf, dont il avoit été long-temps le rival et l'ennemi; ces deux anciens ministres cabalèrent dans le parlement, où ils trouvèrent les esprits très-disposés à servir leurs desseins. Presque tous ceux qui se lièrent à eux avoient des mécontentemens particuliers qu'ils couvroient avec art de l'intérêt public. Le président de Longueil étoit irrité de ce que la surintendance des finances n'avoit pas été donnée au président de Maisons son frère; le président Potier de Blancménil avoit aussi un frère dont il ne pouvoit pardonner la disgrâce à Mazarin : c'étoit l'évêque de Beauvais, chassé si honteusement du ministère; enfin le conseiller Broussel se plaignoit de ce que la Reine avoit refusé à son fils, qui se destinoit à la carrière des armes, une compagnie dans le régiment des Gardes.

Le coadjuteur, qui étoit d'accord avec eux sans se déclarer encore, avoit de même des griefs prétendus contre la cour; il s'étoit vainement efforcé d'obtenir l'autorisation de traiter du gouvernement de Paris avec le duc de Montbason : arrangement qui, sans guerre civile, l'auroit rendu le maître absolu de la capitale.

[1648] L'édit du tarif, modifié conformément à la dernière conférence tenue avec le parlement, n'ayant presque rien rapporté, Mazarin et d'Emery cherchèrent d'autres moyens de se procurer de l'argent; ils imaginèrent de créer douze charges de maîtres des requêtes, qui jusqu'alors avoient été entièrement à la disposition du Roi. Mais les titulaires actuels, pensant qu'elles perdroient de leur prix si elles étoient trop multipliées, et enhardis par l'anarchie qui commençoit à régner, s'assemblèrent le 8 janvier dans leur hôtel au nombre de cinquante-neuf, et jurèrent sur l'Evangile de ne souffrir aucune nouvelle création : ils envoyèrent ensuite quatre députés au parlement, qui consentit à les prendre sous sa protection.

Pendant que les magistrats se déclaroient ainsi contre le ministère avec les formes lentes que prescrivoient les anciens usages, le peuple, plus impatient, se mutinoit, et s'en prenoit à ce même parlement, qu'il accusoit de trahir sa cause. Le président de Thoré, fils de d'Emery, étoit surtout l'objet de sa haine; les mutins se portèrent au palais en poussant des clameurs séditieuses. Molé, que rien n'intimidoit, se présenta devant eux presque seul, et leur déclara qu'il alloit faire dresser des potences au milieu de la place pour y attacher les plus coupables : ils lui répondirent en fureur que les potences n'étoient faites que pour les lâches magistrats et les juges iniques. Cependant la fermeté du premier président les contint, et ils ne se permirent aucun excès. Après plusieurs jours de désordre, la cour, déployant un grand appareil militaire, voulut faire occuper la rue Saint-Denis, foyer de la sédition; mais les révoltés s'emparèrent des trois églises de cette rue, sonnèrent le tocsin, et s'y barricadèrent. Mazarin, effrayé des suites d'un combat au milieu de Paris, n'osa les faire attaquer : il répandit, pour couvrir la foiblesse de l'autorité, que tant de troupes n'avoient été mises sur pied que pour accompagner le Roi, qui vouloit aller à Notre-Dame remercier Dieu de sa guérison. En effet, le jeune monarque se rendit le 13 janvier en grande pompe dans cette église.

La tranquillité paroissant rétablie, la Reine conduisit le surlendemain son fils au parlement pour y faire enregistrer quelques nouveaux édits bursaux que le produit nul du tarif rendoit nécessaires. Dans ce lit de justice, l'avocat-général Talon, ne consultant que sa conscience, plaida éloquemment la cause des peuples accablés d'impôts, et servit involontairement les factieux. « Il ne reste plus à vos infortunés sujets, dit-il « en apostrophant la Reine, que leurs ames, parce « qu'elles n'ont pu être vendues à l'encan. » Il la conjura de se souvenir le soir dans son oratoire qu'elle commandoit à des peuples libres et non à des esclaves, et que les palmes et les lauriers n'étoient pas des fruits dont pussent se nourrir des malheureux ruinés depuis dix ans. Ces prières, prononcées d'un ton très-pathétique, émurent fortement la Reine ; mais lorsqu'elle fut de retour au Palais-Royal, Mazarin lui persuada que Talon avoit voulu insinuer qu'il falloit *la renvoyer dans son oratoire*: interprétation maligne qui changea en humeur la tendre compassion qu'elle avoit d'abord éprouvée. Cette princesse, peu habituée à gouverner, s'indignoit des obstacles que son ministre rencontroit de tous côtés ; elle n'en apercevoit pas la véritable cause, et elle auroit voulu qu'on les surmontât par la force. Douée d'une intrépidité rare, douce et affable lorsque des contrariétés ne l'irritoient pas, il ne lui manquoit que les leçons d'une longue expérience.

Piquée de l'obstination des maîtres des requêtes, elle les manda au Palais-Royal, où elle les reçut dans son grand cabinet, entourée de toute sa cour. Par son ordre, le chancelier leur fit une réprimande que la Reine trouva trop longue et pas assez sévère ; elle interrompit son ministre, et leur dit : « Vous êtes de « plaisantes gens de vouloir borner l'autorité du Roi ; « il vous montrera bien qu'il peut créer telles charges « qu'il lui plaît. » L'audience n'alla pas plus loin, et ceux qui venoient d'être traités avec tant de rigueur se retirèrent plus irrités que consternés. Peu de temps après [mars] ils furent tous interdits, et les conseillers d'État se trouvèrent chargés de rapporter les affaires. Cependant la cause des maîtres des requêtes devint bientôt celle des cours souveraines, qui craignirent que de nouvelles créations de charges n'avilissent celles que chacun de leurs membres possédoit. Dans ces conjonctures, Molé, ne démentant point son noble caractère, forma le projet de concilier ses devoirs envers le Roi avec les obligations que lui imposoit sa compagnie. Au milieu des épreuves les plus difficiles, on le verra demeurer dans cette ligne périlleuse avec une fermeté digne d'admiration.

Mazarin, n'ayant réussi dans aucun des expédiens qu'il avoit imaginés, essaya de profiter, pour obtenir de l'argent, d'une circonstance qu'il crut favorable. Au commencement du siècle, sous le règne de Henri IV, Charles Paulet, secrétaire de la chambre de ce prince, avoit inventé un droit sur toutes les charges de judicature; depuis cette époque, chaque magistrat pourvu d'office étoit obligé de payer tous les ans au trésor le soixantième du prix de l'achat : à cette condition sa famille héritoit de la charge. Si un magistrat se refusoit à ce paiement et mouroit dans l'année, sa charge étoit dévolue au Roi. Ce droit, qui, comme on le voit, assuroit l'hérédité des charges, n'étoit pas perpétuel, et tous les neuf ans le Roi le renouveloit; il avoit pris le nom de son inventeur, et on l'appeloit *la paulette*.

Neuf ans s'étant écoulés depuis le renouvellement de ce droit, Mazarin exigea des cours souveraines, le parlement excepté, quatre années de leurs gages par forme de prêt; et, à cette condition, il leur donna l'assurance que leurs charges continueroient d'être héréditaires. Il espéroit, en pourvoyant ainsi aux besoins les plus pressans de l'Etat, semer la division entre le parlement et les autres cours. Mais son attente fut bien trompée : les murmures les plus violens s'élevèrent contre cette sorte d'emprunt forcé ; la chambre des comptes, la cour des aides, le grand conseil se coalisèrent et députèrent au parlement, qui, n'ayant pas voulu profiter de l'exception qui lui étoit accordée, rendit le 13 mai le fameux *arrêt d'union*. Il fut décidé que deux conseillers de chaque chambre auroient, dans la salle de Saint-Louis, des conférences sur la réformation de l'Etat avec les députés des autres cours, et qu'à l'avenir personne ne seroit reçu dans aucune charge que du consentement de la veuve ou des héritiers du prédécesseur. En même temps les trésoriers de France, à qui on avoit voulu imposer une taxe extraordinaire, refusèrent hautement de s'y soumettre, et résolurent de se payer de leurs gages sur les fonds qu'ils avoient entre les mains.

La Reine, irritée de ces démarches hardies que, dans l'ignorance de nos usages, elle regardoit comme une révolte déclarée, contraignit son ministre à prendre des mesures de rigueur que sa position la rendoit incapable de soutenir. Voulant encore ménager le parlement qu'il redoutoit, il fit enlever, dans les derniers jours de mai, un président et trois conseillers de la cour des aides, et cinq trésoriers de France qui furent renfermés dans diverses prisons. Le 12 juin, un arrêt du conseil d'Etat cassa l'arrêt d'union.

Ces mesures ne firent qu'enhardir le parlement, qui vit bien qu'on le craignoit : il prétendit que l'acte du conseil d'Etat étoit illégal ; et il rendit un arrêt par lequel il décida que les conférences continueroient.

La Reine, dans un premier moment d'indignation, envoya Duplessis-Guénégaud, secrétaire d'Etat, et Carnavalet, lieutenant des gardes, enlever la feuille de cet arrêt. Le greffier en chef Du Tillet leur répondit qu'elle étoit entre les mains du greffier-commis. Ils cherchent cet homme, qui se dérobe à leurs regards; mais aussitôt les marchands du palais se soulèvent, les clercs se joignent à eux, le peuple les seconde, et les deux agens de la Reine sont trop heureux de pouvoir s'échapper.

La Reine, qui ne s'étoit pas attendue à une opposition si opiniâtre, crut qu'il seroit honteux pour elle de reculer; elle ordonna donc au parlement de venir en corps au Palais-Royal, et de lui apporter la feuille de l'arrêt [16 juin]. La compagnie se rendit près d'elle à l'heure indiquée; mais elle eut la douleur d'entendre le premier président, sur la fidélité de qui elle comptoit, lui déclarer qu'il étoit impossible d'obtempérer. Elle put lire dans sa noble tristesse la contrainte qu'il s'imposoit en faisant une démarche qu'il regardoit comme un devoir; aussi lui dit-elle d'une voix altérée : « Je connois vos intentions, je sais distinguer « les bons serviteurs des sujets séditieux; mais je « ferai un châtiment si exemplaire qu'il étonnera la « postérité. »

Ces menaces ne produisirent pas l'effet qu'elle avoit espéré, parce qu'on savoit que Mazarin effrayé ne cherchoit qu'un accommodement. Ce ministre eut beaucoup de peine à lui persuader que, dans cette crise qui pouvoit devenir terrible, il falloit tâcher d'obtenir par la négociation ce qu'il étoit impossible d'arracher par la force. « Vous êtes vaillante, lui di-

« soit-il, comme un soldat qui a du courage, parce « qu'il ne connoît pas le danger. » Enfin, l'ayant amenée à ce qu'il désiroit, il pria Gaston, dont l'abbé de La Rivière lui répondit, de se porter pour médiateur, et d'ouvrir avec le parlement des conférences dans le palais du Luxembourg qu'il occupoit [21 juin]. Le prince de Condé étoit dans ce moment à l'armée de Flandre.

Mazarin crut devoir assister à ces conférences pour y plaider la cause du gouvernement; mais, malgré tout son esprit, sa position le rendit ridicule. Tantôt il soutenoit les maximes les plus contraires aux libertés du royaume; tantôt il accabloit de louanges exagérées les magistrats, qu'il nommoit les restaurateurs de la France, les pères de la patrie. Son accent italien faisoit perdre à ses discours la gravité qu'ils auroient dû avoir : il appeloit l'arrêt d'union *arrêt d'oignon*; et cette méprise, qui ne tenoit qu'à une mauvaise prononciation, donnoit lieu à une multitude de plaisanteries. Gaston, qui agissoit alors de bonne foi, proposa de mettre les prisonniers en liberté et de rétablir *la paulette* sur le même pied qu'autrefois, pourvu que l'arrêt d'union fût rapporté, et que les assemblées de la salle de Saint-Louis cessassent. Cet expédient, qui auroit humilié le parlement, ne fut pas admis : Molé et Talon mêmes se déclarèrent contre; les conférences se rompirent, et il fut décidé que les chambres demeureroient assemblées pour travailler à la réformation de l'Etat.

Cette délibération, qui détruisoit toutes les espérances du ministre, fut portée à la Reine par le parlement en corps [27 juin]. Le premier président, irrité des ruses de Mazarin, mit dans son discours une aigreur qu'on n'attendoit pas de lui : il prétendit qu'on exigeoit de sa compagnie une amende honorable, et il finit par déclarer que, malgré l'arrêt du conseil, les chambres alloient se réunir. La Reine, interdite de ce ton auquel Molé ne l'avoit pas accoutumée, déclara qu'elle feroit savoir sa volonté : et, deux jours après, elle autorisa l'assemblée des chambres, qu'elle ne pouvoit plus empêcher.

Cette assemblée, qui dura pendant presque tout le mois de juillet, fut souvent très-orageuse. On passa en revue tous les abus, et l'on discuta les points les plus importans de droit public. Après bien des débats, les réclamations furent résumées en un petit nombre d'articles. On demanda la suppression des intendans de province, sorte de commissaires royaux établis récemment par Richelieu, choisis ordinairement parmi les maîtres des requêtes, et dont les fonctions tenoient à la magistrature et à l'administration. Les fortunes rapides et scandaleuses des financiers firent décider que le traité des tailles seroit cassé, qu'un quart de cet impôt seroit remis au peuple, et qu'il seroit formé une chambre de justice pour juger les prévaricateurs. On exigea qu'aucune création d'office ou d'imposition ne pût avoir lieu sans avoir été enregistrée par les cours souveraines. Enfin, comme plusieurs magistrats avoient été arbitrairement arrêtés, on insista, conformément aux anciennes coutumes de France, pour qu'aucune personne, de quelque condition qu'elle fût, ne pût être tenue en prison plus de vingt-quatre heures sans qu'on lui fît son procès, et qu'on la renvoyât devant ses juges naturels.

Dans les discussions qu'entraîna la rédaction de ces articles, on ne ménagea pas le surintendant d'Emery, et l'on se livra contre lui aux déclamations les plus violentes. Mazarin avoit d'abord eu le dessein de le soutenir; mais une circonstance des débats lui ayant fait soupçonner que cet homme, qui lui devoit son immense fortune, le trahissoit, il ne balança pas à l'abandonner, et crut par ce sacrifice apparent imposer silence à ses ennemis. Un conseiller, ami du surintendant, avoit en effet proposé de punir ceux qui seroient convaincus d'avoir fait passer de l'argent hors du royaume; et Mazarin, qui avoit quelques reproches à se faire sous ce rapport, regarda la proposition comme une attaque personnelle. Il chassa donc d'Emery, et mit à sa place le maréchal de La Meilleraye, guerrier célèbre, d'une réputation intacte, mais peu propre à des fonctions alors si difficiles. Les conseillers d'Etat d'Aligre et Barillon-Morangis lui furent donnés pour adjoints, avec le titre de directeurs des finances. Ce changement ne satisfit personne; le maréchal, dévoué au premier ministre, n'avoit aucune liaison dans le parlement, et sa nomination ne pouvoit être agréable aux deux partis qui divisoient cette compagnie, parce qu'ils portoient chacun un autre candidat. Le parti de Molé et de Talon demandoit la surintendance pour le comte d'Avaux, frère du président de Mesmes; et celui des ennemis personnels de Mazarin la désiroit pour le président de Maisons, frère du président de Longueil.

Cependant les articles arrêtés par l'assemblée de la salle de Saint-Louis furent discutés dans le conseil du Roi; il y fut décidé qu'on accorderoit presque tout ce qui étoit demandé. On consentit à la suppression des intendans de province, à l'exception de ceux du Lyonnais, de la Picardie et de la Champagne. On espéra que ces magistrats pourroient être maintenus, parce que Champlâtreux, fils du premier président, étoit chargé de la dernière de ces généralités. Au lieu de la remise d'un quart de la taille, on n'accorda que celle d'un huitième. Pour prix de tant de concessions, on exigea que les magistrats cessassent de s'occuper des affaires de l'Etat. Une déclaration fut rédigée dans ce sens ; et le Roi, accompagné de sa mère, la porta le 31 juillet au parlement, où il tint un lit de justice.

Les esprits étoient tellement exaspérés que le jeune monarque ne reçut aucun applaudissement sur son passage. Les magistrats écoutèrent la déclaration avec un silence de mécontentement; dès le lendemain ils protestèrent contre, et dressèrent les remontrances les plus violentes. La Reine, outrée d'une résistance si audacieuse, n'en parut que plus déterminée à maintenir son ministre ; elle forma le projet de tirer une vengeance éclatante de ce qu'elle regardoit comme la plus criminelle atteinte à l'autorité royale. Sa situation sembloit désespérée : l'argent lui manquoit pour les dépenses les plus urgentes ; et, dans sa détresse, elle se vit obligée d'emprunter cent mille francs à la princesse de Condé, qui étoit toujours son amie.

Le coadjuteur, sans se déclarer encore, étoit l'ame de tous les complots qui se tramoient; il tenoit souvent à l'archevêché des conférences secrètes avec Montrésor, Noirmoutiers, Saint-Ibal, Fontrailles, Varicarville et Argenteuil, qui tous ayant pris part aux cabales du règne précédent, ne s'étoient soustraits au supplice que par miracle. Laigues, amant de madame de Chevreuse qui, retirée à Bruxelles, sollicitoit pour le parti l'appui de l'Espagne, étoit l'intermédiaire des conjurés auprès de cette dame. Assuré de ces hommes entreprenans et intrépides, le coadjuteur n'agissoit pas moins auprès du parlement. Il avoit des relations intimes avec Longueil, Broussel, Blancménil, Le Coigneux, Viole et Charton, chefs de l'opposition ; et ces magistrats, peu habitués aux intrigues politiques, se mettoient aveuglément sous sa direction. Quoiqu'il ne prît aucun soin de cacher le scandale de ses mœurs, il pouvoit compter sur une grande partie du clergé de Paris. Sachant que les jansénistes, qui avoient été persécutés par Richelieu, portoient la même haine à Mazarin parce qu'ils le croyoient héritier de ses maximes, il se les concilia en ayant l'air de flatter leurs préjugés : bientôt ils devinrent ses plus zélés partisans ; et répandus dans toutes les paroisses, ils semèrent parmi les personnes pieuses des germes de mécontentement et de révolte. Au milieu de ces menées sourdes, le coadjuteur continuoit de fréquenter la cour; et comme il savoit que la peur avoit un grand empire sur Mazarin, il ne négligeoit rien pour exagérer le danger, sous les apparences du dévouement le plus sincère. Cette manœuvre, qui n'échappoit point à la pénétration de la Reine, lui inspiroit contre le prélat les préventions les plus fondées.

Ce fut alors qu'on donna le nom de *frondeurs* aux ennemis du ministère. Les Mémoires contemporains s'accordent sur l'origine de ce mot, qui, n'étant d'abord qu'un sobriquet de parti, a été admis depuis dans l'acception qui lui fut alors donnée. Les enfans du peuple s'amusoient avec des frondes dans les fossés de Paris, et lançoient quelquefois des pierres aux passans. Le lieutenant civil alloit souvent réprimer ce désordre : aussitôt qu'il paroissoit, la troupe se dispersoit ; avoit-il tourné le dos, elle se réunissoit et frondoit de plus belle. Bachaumont, jeune conseiller, fils du président Le Coigneux, ami de Chapelle et aussi gai que lui, s'avisa de comparer le parlement à ces petits frondeurs, parce que, comme eux, la compagnie ne gardoit aucune mesure quand elle étoit livrée à elle-même, et qu'elle ne reprenoit un peu de calme que lorsque Gaston, qui se donnoit pour médiateur, venoit y prendre place. Ce mot que les mécontens adoptèrent eut une vogue incroyable ; la mode s'en empara : tous les ajustemens des hommes et des femmes en eurent le signe, et bientôt l'on vit Mazarin lui-même porter à son chapeau une ganse à la fronde.

La Reine, dont l'autorité paroissoit détruite, fondoit quelques espérances sur le prince de Condé, qui, ayant quitté momentanément son armée, étoit venu passer quelques momens à Paris ; elle lui avoit fait de grandes promesses, et croyoit s'être assurée de son appui. Ce prince, étant reparti pour la Flandre, trouva les affaires dans un état peu satisfaisant ; l'archiduc Léopold, à la tête d'une armée formidable, s'empara presque à ses yeux de Furnes et de Lens. Outré de ce double échec, il résolut de tenter le sort d'une bataille ; il marcha donc contre l'archiduc, l'attaqua près de Lens [20 août], et remporta une grande victoire, à la suite de laquelle il reprit Furnes.

La nouvelle de cette victoire inattendue ranima

toutes les espérances de la Reine; elle crut que le moment étoit venu de venger les outrages faits à l'autorité royale, et ne cacha pas assez une joie qui avertit ses ennemis de se tenir sur leurs gardes. Le jeune Louis XIV, qui ne pouvoit connoître que par elle la situation des affaires, partagea ses transports, et dit indiscrètement : « Le parlement sera bien fâché de « cette victoire. » Mazarin montra beaucoup plus de modération; il ne parut animé que du désir de rapprocher les esprits, et ses propos ne respirèrent que la paix. Il dit même au coadjuteur, qui, fort inquiet, étoit venu observer la cour, qu'on verroit dans quelques jours comment il sauroit user de cet avantage, et qu'ainsi lui et ses amis pouvoient être tranquilles. Ce calme trompeur devoit être suivi d'un grand orage, car le ministre partageoit entièrement les projets vindicatifs de la Reine.

Il fut décidé que le *Te Deum* seroit chanté à Notre-Dame le 26 août, pour remercier le ciel de cette victoire. Le Roi, la Reine, les cours souveraines s'y rendirent; et, suivant l'usage, les Gardes françaises et suisses formèrent la haie depuis le Palais-Royal jusqu'à l'église. Quand la cérémonie fut achevée, Comminges, lieutenant des gardes du corps, homme ferme et déterminé, demeura dans le chœur avec sa compagnie, et les autres troupes eurent ordre de ne pas quitter leur poste. On remarqua que, au moment de sortir, la Reine dit tout bas quelques mots à Comminges; c'étoient les derniers ordres pour arrêter sur-le-champ Blancménil, Charton et Broussel. La présence de cet officier, les signes d'intelligence qu'on avoit vus entre lui et la princesse effrayèrent les magistrats, qui étoient encore dans l'église ; et tous se sauvèrent avec précipitation.

Comminges, resté seul avec sa troupe, se réserva l'arrestation de Broussel comme la plus difficile, parce qu'il étoit l'idole du peuple ; et il envoya deux exempts avec l'ordre d'enlever Blancménil et Charton. Ce dernier, averti à temps, s'échappa en passant sur les murs de son jardin. Broussel demeuroit dans la rue Saint-Landry, habitée par un grand nombre d'artisans ; ayant pris médecine ce jour-là, il n'avoit pas assisté à la cérémonie. Comminges fit arrêter son carrosse au bout de cette rue : il y laissa quatre exempts auxquels il ordonna de s'avancer vers lui, pour prêter main forte quand ils le verroient sortir de la maison avec son prisonnier ; suivi de deux autres qu'il fit demeurer à la porte, il entra seul chez Broussel, qu'il trouva entouré de ses enfans. A la vue de la lettre de cachet, le magistrat demanda le temps de s'habiller décemment. Toute sa famille poussa de grands cris ; et une vieille gouvernante, s'étant mise à la fenêtre, implora le secours du peuple qui, revenant de Notre-Dame, étoit naturellement attroupé.

La rage s'empare aussitôt de tous les esprits : on crie que le père du peuple va être sacrifié ; on veut briser le carrosse, mais les exempts le défendent avec courage. On alloit se porter à la maison, lorsque Comminges, voyant le danger s'augmenter à chaque minute, menace Broussel de le tuer s'il n'obéit pas sur-le-champ. Le vieillard effrayé s'arrache à sa famille désolée : il sort de chez lui en robe de chambre, nu-pieds ; la voiture s'avance, et Comminges s'y précipite avec lui. Chaque détour présente un obstacle que l'intrépide lieutenant trouve le moyen de surmonter. Dans la rue des Marmousets, les clercs d'un notaire veulent barrer le chemin avec le grand banc de l'étude : ils sont repoussés ; sur le quai des Orfèvres, le tumulte augmente, et le carrosse est renversé. Comminges en sort l'épée à la main ; les troupes qui occupoient les principales rues accourent à son secours, et le dégagent. Une voiture passe, il s'en empare, en fait descendre une dame à qui elle appartenoit, y entre avec Broussel, ordonne au cocher de se presser sous peine de la vie ; mais les chevaux s'emportent, et cette voiture est encore renversée. Se voyant sur le point d'être massacré, il se défend d'une main, et retient de l'autre son prisonnier. Heureusement Guitaut, son oncle, avoit prévu le danger auquel il pourroit être exposé ; et, par ses ordres, un carrosse vide se dirigeoit du côté de Notre-Dame. Comminges y fait entrer Broussel ; il gagne un relais placé près des Tuileries ; il s'arrête un moment au château de Madrid dans le bois de Boulogne ; puis il pousse jusqu'à Saint-Germain, où il laisse le prisonnier plus mort que vif.

Pendant ce désordre, Blancménil avoit été conduit sans bruit à Vincennes. En même temps trois conseillers, Laîné, Benoise et Loisel, reçurent des lettres de cachet par lesquelles ils étoient exilés dans des villes différentes.

Lorsque la nouvelle de l'enlèvement de Broussel fut connue dans tous les quartiers de la ville, un soulèvement général éclata. Les bourgeois suivirent l'impulsion qu'on avoit donnée au peuple : tous prirent les armes, et se portèrent en tumulte au Palais-Royal, disposés à se livrer aux violences les plus coupables. La Reine ne témoignoit aucune crainte : fatiguée de la longue indulgence de son ministre, elle se félicitoit de pouvoir enfin employer la force contre une troupe de rebelles; et la cour, dont une grande partie lui étoit contraire, favorisoit cette dangereuse disposition. Le coadjuteur, satisfait du résultat de ses manœuvres, voulut en assurer le succès en augmentant la terreur qu'il supposoit au ministre. Il sortit de l'archevêché, traversa les attroupemens sans courir aucun danger, et arriva aux portes du Palais-Royal où il trouva le maréchal de La Meilleraye, qui, entendant les propos affreux de la populace, ne partageoit pas la sécurité de la Reine. Ils entrèrent tous deux, et un moment après ils furent annoncés à la princesse.

Elle étoit dans son grand cabinet, entourée de ses ministres et d'une cour nombreuse. On s'entretenoit de la sédition, on n'y apercevoit aucun péril, on s'égayoit sur les circonstances de l'arrestation de Broussel, et l'on sembloit convaincu que tout ce bruit s'apaiseroit de lui-même à la chute du jour. Nogent et Beautru, depuis long-temps en possession d'amuser la Reine, prodiguoient les plaisanteries; et, au milieu d'une tranquillité apparente, chacun formoit des projets sur les résultats possibles de cette commotion. Lorsque le coadjuteur parut, Beautru dit à la Reine : « Il faut que Votre Majesté soit bien malade, puis« qu'on lui apporte l'extrême-onction. » Et tout le monde rit aux éclats. Gondy, un peu déconcerté, prétendit qu'il venoit offrir ses services : il insista sur le danger, et invoqua le témoignage du maréchal de La Meilleraye. « Il y a, lui répondit brusquement la

« Reine, il y a de la révolte à imaginer qu'on puisse
« se révolter. » Mazarin excusa ironiquement le coadjuteur ; il le loua sur sa sollicitude pour son troupeau, et les plaisanteries recommencèrent.

Alors on vit entrer le chancelier Seguier, qui, d'un air fort troublé, déclara que le trouble étoit plus sérieux qu'on ne paroissoit le croire. Les fidèles serviteurs du Roi commencèrent à s'inquiéter ; et Guitaut, sentant qu'il falloit prendre un parti, proposa de rendre Broussel mort ou vif. « Le premier, interrom« pit le coadjuteur, ne seroit ni de la piété ni de la
« prudence de la Reine ; le second pourroit faire cesser
« le tumulte. — Je vous entends, monsieur le coad« juteur, s'écria-t-elle indignée ; vous voudriez que je
« rendisse la liberté à Broussel. Je l'étranglerois plu« tôt de mes propres mains ; et ceux qui... » En prononçant ces dernières paroles, elle porta ses mains au visage du coadjuteur ; mais Mazarin lui dit un mot à l'oreille, et elle se calma aussitôt.

L'inquiétude où l'on commençoit à se livrer fut augmentée par l'arrivée du lieutenant criminel qui venoit de parcourir la ville, et qui, frappé de ce qu'il avoit vu et entendu, annonça que le danger étoit à son comble. A l'instant la scène change : les plaisanteries cessent, chacun craint les suites d'un tumulte où le peuple sera livré à une fureur aveugle, et tout tremble, à l'exception de la Reine. Mazarin adopte avec beaucoup d'habileté le seul parti convenable dans la circonstance : il déclare qu'on rendra Broussel, mais qu'il faut auparavant que le peuple se sépare ; et, pour compromettre le coadjuteur, il demande qu'il porte avec le maréchal de La Meilleraye ce message aux révoltés. Gondy sent tout le danger d'une telle mission; il exige au moins un écrit qui lui est refusé : toute la cour effrayée le presse de rendre un service aussi important à son pays ; on étouffe ses objections, on le pousse hors du cabinet, et il est obligé de céder au vœu général.

A peine ces deux envoyés furent-ils hors du palais, que le maréchal, croyant avoir affaire à une armée, mit l'épée à la main, et cria au peuple : *Vive le Roi! liberté à Broussel!* Les mutins, qui ne l'entendirent pas, crurent qu'il alloit les charger ; et, redoublant de fureur, ils lui lancèrent des pierres. Irrité de cette insulte, il blessa mortellement un crocheteur qui se trouvoit sous sa main, et marcha en avant avec quelques gardes, tandis que le coadjuteur, pour se concilier le peuple, recevoit la confession du mourant.

Gondy voulut ensuite joindre le maréchal, qui, étant parvenu jusqu'à la rue de l'Arbre-Sec, luttoit contre la populace; il avoit déjà réussi à calmer l'effervescence, lorsqu'une troupe qui débouchoit par la rue des Prouvaires ralluma le combat. Dans le désordre, il reçut à la tête un coup de pierre qui le renversa; s'étant relevé, il vit un bourgeois prêt à le frapper. « Ah! malheureux, lui cria-t-il, si ton père te « voyoit!.... » Et ce seul mot désarma l'assassin. S'étant enfin réuni au maréchal, ils revinrent sur leurs pas, harcelés par les flots de la populace, et ils rentrèrent dans le palais après avoir couru les plus grands dangers. « Madame, dit La Meilleraye à la Reine, un « homme de bien ne peut vous flatter en l'extrémité « où en sont les choses. Si vous ne mettez aujourd'hui « Broussel en liberté, il n'y aura pas demain pierre

« sur pierre à Paris. » Le coadjuteur essaya d'appuyer cet avis, mais la Reine l'interrompit. « Allez vous re-« poser, monsieur, lui dit-elle ironiquement ; vous « avez bien travaillé. » Gondy sortit furieux, et méditant des projets de vengeance ; cependant il fut obligé, pour sa propre sûreté, de donner aux mutins des espérances propres à les apaiser. Soumis à sa voix, ils s'abstinrent d'attaquer le Palais-Royal, mais ils ne désarmèrent pas.

Rentré à l'archevêché, il eut dans la soirée un grand nombre de visites. Luynes, qui étoit resté fort tard au Palais-Royal, lui dit qu'au souper de la Reine, où l'on paroissoit entièrement rassuré, il avoit été l'objet des plaisanteries de Beautru. Quelques momens après, il apprit que le chancelier devoit aller le lendemain en grande pompe au parlement, afin de le transférer à Montargis, et que Broussel seroit conduit au Havre. On l'avertit en même temps que le projet étoit de l'arrêter, et de le confiner à Quimper. Il en falloit bien moins pour porter aux derniers excès un caractère tel que celui du coadjuteur.

Depuis long-temps son plan étoit combiné, et cette nuit lui suffit pour en faire mouvoir presque tous les ressorts. En cas de guerre civile, il avoit déjà le dessein de mettre à la tête des frondeurs un homme d'un nom assez illustre pour se faire respecter, et d'un esprit assez borné pour n'être qu'un instrument entre ses mains. Le duc de Beaufort, échappé au mois de mai précédent du château de Vincennes, s'étoit d'abord réfugié en Bretagne, puis il s'étoit rapproché de Paris où il entretenoit des relations avec les mécontens. C'étoit bien là l'homme qui lui convenoit, et il se flattoit avec raison qu'un petit-fils de Henri IV, familier, populaire, et parlant le langage des halles, en seroit bientôt l'idole; mais le temps n'étoit pas encore venu de faire agir ce personnage. Toujours persuadé qu'on pouvoit tout obtenir en effrayant Mazarin, il résolut de renouveler dès le lendemain les journées des Barricades, qui, soixante ans auparavant, avoient forcé Henri III à quitter sa capitale. Il fit toutes ses dispositions avec Miran, maître des requêtes, colonel du quartier de Saint-Germain-l'Auxerrois; et il envoya l'ordre à Martineau, conseiller aux requêtes, colonel du quartier Saint-Jacques, dont la femme, sœur du président de Pommereuil, étoit sa maîtresse, de placer les premières barricades dans ce quartier. Ce magistrat, fatigué de la journée précédente, et ayant trop soupé, se trouva hors d'état d'obéir; mais sa femme se chargea de le suppléer. Jeune et belle, elle parcourut les rues aux flambeaux; elle excita le peuple qui n'étoit pas encore retiré, et elle exécuta ponctuellement les instructions de son amant.

Cependant le jour suivant, à six heures du matin, le chancelier Seguier partit de son hôtel pour se rendre au parlement. Ne se dissimulant pas le danger qu'il auroit à courir, mais résolu de le braver, il avoit dans son carrosse l'évêque de Meaux son frère, et la duchesse de Sully sa fille; quelques hoquetons formoient seuls son cortége. Au milieu du Pont-Neuf, à l'entrée du quai des Orfèvres, il trouva une barricade, et il résolut de gagner le palais par le quai des Augustins; mais le peuple le suivit en poussant des clameurs, et une autre barricade l'arrêta devant l'hôtel d'O, où demeuroit le duc de Luynes son ami. Là le tumulte redouble, il entend retentir de tous côtés les cris et les menaces les plus sinistres; la terreur trouble ses sens: il se jette avec son frère et sa fille dans l'hôtel dont la porte étoit ouverte, et il la referme aussitôt sur lui. Tout le monde y dormoit encore, à l'exception d'une vieille femme qui, étonnée de voir un chancelier de France implorer ses secours, le cache, ainsi que le prélat et la duchesse, dans un petit cabinet de planches placé au bout d'une grande salle. Quelques instans après les portes de l'hôtel sont forcées, le peuple s'y précipite en fureur; il parcourt les appartemens en criant qu'il faut non-seulement se défaire d'un traître, mais exposer dans les places publiques ses membres palpitans. L'infortuné ministre, qui se croit réservé au sort du maréchal d'Ancre, ne pense plus qu'à mourir en chrétien. Il se jette aux genoux de son frère, et le supplie de recevoir sa confession. Heureusement le tumulte empêche les mutins de découvrir sa retraite; et, dans la persuasion qu'il s'est échappé par une porte secrète, ils se livrent au pillage. La Reine, instruite du danger que court le chancelier, envoie aussitôt trois compagnies des Gardes pour le délivrer: ces troupes pénètrent jusqu'à lui, le ramènent; plusieurs coups de fusil sont tirés sur son carrosse: la duchesse de Sully, qui étoit à côté de lui, est légèrement blessée.

Cette scène terrible n'avoit fait qu'augmenter la rage du peuple: en moins de deux heures on compta dans Paris douze cent soixante barricades, et toutes les communications se trouvèrent interrompues.

Le parlement, entraîné par le torrent populaire,

s'étoit assemblé dès la pointe du jour. Il commença par décréter Comminges, et décida ensuite que toute la compagnie iroit à pied et en robe demander à la Reine la liberté des prisonniers. Ce cortége imposant, composé de cent soixante-six magistrats ayant Molé à leur tête, fut accueilli par les acclamations du peuple, et toutes les barricades s'abaissèrent devant lui. La Reine, dont les plans venoient d'être déconcertés par l'explosion qui avoit empêché le chancelier de se rendre au parlement, ne témoigna aucune foiblesse. Elle reprocha aux magistrats d'avoir souffert sans murmurer la prison du feu prince de Condé, et de faire tant de bruit pour celle de Broussel. Le premier président s'efforça de lui faire sentir le danger d'un refus. « Je sais bien, lui répondit-elle fièrement, qu'il
« y a du bruit dans la ville; mais c'est vous qui l'a-
« vez causé : vous m'en répondrez, messieurs du par-
« lement, vous, vos femmes et vos enfans. Le Roi
« mon fils se souviendra un jour de vos procédés, et
« saura bien vous en punir. » Mazarin leur parla plus modérément; il leur fit entrevoir qu'on rendroit les prisonniers, si le parlement vouloit s'engager à ne plus délibérer sur les affaires publiques. Ils se retirèrent très-mécontens; et Talon, qui étoit avec eux, observe dans ses Mémoires que presque toute la cour, voulant consommer la perte du ministre, les excitoit à la désobéissance. « Chose étrange, dit-il, que dans
« la maison même du Roi ses officiers et ses domes-
« tiques nous crioient en passant : *Tenez bon, on*
« *vous rendra vos conseillers.* »

Le parlement sortit avec beaucoup d'ordre du Palais-Royal pour retourner tenir une séance; mais l'air triste et les propos de quelques magistrats annoncèrent aux mutins que sa démarche avoit été inutile. L'émotion un moment calmée se ranima, et les soupçons se portèrent sur le premier président. Il étoit avec sa compagnie dans la rue Saint-Honoré près de la Croix du Trahoir, lorsqu'il vit éclater une insurrection aussi violente que celle du matin. Les magistrats sont aussitôt dispersés, et Molé se trouve presque seul en proie aux fureurs des séditieux. Un marchand de fer nommé Raguenet, armé d'un poignard, ose porter la main sur lui. « Retourne, traître, dit-il, si « tu ne veux être massacré toi et les tiens. Ramène-« nous Broussel, ou le Mazarin et le chancelier en « otages. » Le premier président désarme ce furieux par son sang-froid héroïque; il le menace, lui et ses complices, d'une punition exemplaire, avec autant de tranquillité que s'il eût été sur les fleurs de lis. Un peu de calme s'étant rétabli, il rallie sa compagnie, et il revient à petits pas vers le Palais-Royal.

La Reine ayant appris le retour du parlement voulut faire arrêter quelques conseillers des plus factieux, afin de les rendre responsables des excès auxquels le peuple pourroit se porter; Mazarin l'en empêcha. Molé, introduit dans le grand cabinet ainsi que sa compagnie, déploya cette éloquence qui lui étoit propre, et qui n'étoit jamais plus entraînante que dans les grands dangers. Gaston et le ministre se joignirent à lui; les princesses fondant en larmes tombèrent aux pieds de la Reine, qui, cédant enfin à des sollicitations si pressantes, consentit bien malgré elle à une négociation. La compagnie tint dans l'une des salles du Palais-Royal une séance où assistèrent Gaston et

Mazarin. Ce dernier promit l'élargissement des prisonniers, et le parlement rendit un arrêt par lequel il s'engageoit à ne délibérer jusqu'au 7 septembre, époque des vacances, que sur les rentes de l'Hôtel-de-Ville, et sur l'exécution de l'édit du tarif. Les magistrats sortirent ensuite en annonçant au peuple la liberté de Broussel et de Blancménil : l'effervescence parut se calmer.

Cependant le peuple resta sur pied toute la nuit suivante. Blancménil étoit déjà de retour à Paris; mais on prenoit un bien plus vif intérêt à Broussel, qui ne devoit arriver que le lendemain à huit heures du matin. Les bruits les plus absurdes se répandoient dans cette multitude égarée. Mazarin ayant fait placer quatre cents cavaliers au bois de Boulogne, pour le protéger dans le cas où il seroit obligé de fuir, on répandit que c'étoit une armée qui alloit saccager la ville. Les plus animés soutenoient qu'on étoit trahi, qu'on ne reverroit plus Broussel, et proposoient de s'assurer de la personne du Roi. Cette agitation redoubla lorsque, huit heures étant passées, on vit que Broussel n'arrivoit pas ; et une révolte plus terrible que les deux dernières auroit éclaté, si ce magistrat, dont le voyage avoit été involontairement retardé, n'eût paru un peu après dix heures. Il fut porté en triomphe dans toute la ville ; on lui décerna solennellement le nom de *père du peuple*, et un *Te Deum* fut chanté à Notre-Dame pour remercier Dieu de son retour.

Il paroissoit que, tous les vœux étant satisfaits, rien ne s'opposoit plus à ce que la tranquillité se rétablît ; mais ce n'étoit pas le compte de ceux qui souffloient le feu de la révolte. Dans la soirée de l'apothéose de Broussel, une voiture chargée de poudre fut arrêtée par le peuple dans le faubourg Saint-Antoine. Nouveau prétexte d'inquiétude et d'alarmes : on reparle de la prétendue armée stationnée dans le bois de Boulogne; on prétend qu'elle est de dix mille hommes, et que la reine Christine de Suède, alliée d'Anne d'Autriche, la commande. La rage s'empare de nouveau de tous les esprits, et le Palais-Royal est menacé plus sérieusement que le jour précédent. Alors la Reine, abandonnée de son ministre qui se prépare à partir la nuit suivante, montre une sécurité propre à désarmer ses plus cruels ennemis. Elle refuse de faire doubler sa garde, affecte d'être sans aucune crainte, et envoie au prévôt des marchands les clefs de la ville. Cette conduite produit l'effet qu'elle avoit attendu ; et les factieux se séparent à minuit, au grand regret de ceux qui les avoient excités. Le lendemain 29, après trois jours de troubles très-inquiétans, les affaires reprennent leur cours accoutumé.

Mazarin rassuré ne pensa plus à réaliser ses projets de départ. S'étant aperçu que le coadjuteur étoit le chef de la cabale, il essaya de le gagner en promettant de lui donner une grande part dans les affaires. Mais Gondy ne fut pas sa dupe. Le peu de succès de son entreprise lui faisant craindre la vengeance de la Reine, il ajourna le projet de se servir du duc de Beaufort, qui n'étoit arrivé à Paris qu'après le tumulte; et il résolut de se procurer l'appui du prince de Condé, qu'il savoit opposé au ministre. Il continuoit en même temps ses relations avec l'Espagne par le moyen de Luynes et de madame de Chevreuse. Excité par lui, le parlement, qui auroit dû se mettre en vacance le 7 septembre, prolongea ses délibérations sur des objets politiques, sans que le ministre pût l'empêcher.

La Reine, voyant que le parlement étoit si peu fidèle à ses engagemens, résolut de tirer le Roi de Paris, dans l'espoir que cette nouvelle position lui ouvriroit des chances plus favorables. Son plus jeune fils *Monsieur* avoit la petite vérole; sa tendresse maternelle souffroit de l'abandonner, mais elle fit céder à la nécessité ce sentiment qui exerçoit tant d'empire sur son cœur. Elle dit donc publiquement que son intention étoit d'aller passer quelques jours à Ruel, et donna pour motif que le Roi avoit besoin de prendre l'air de la campagne. Le 13 septembre elle le fit partir furtivement avec Mazarin; et, restant après eux afin de couvrir leur retraite, elle osa braver les murmures du peuple. Avec l'apparence de la plus grande sécurité, elle fit ses adieux à son enfant malade, qu'elle rassura en lui promettant qu'elle ne tarderoit pas à revenir; puis elle alla voir les religieuses du Val-de-Grâce; ensuite elle se fit conduire à l'Hôtel-de-Ville, où elle ordonna au prévôt des marchands de veiller à la tranquillité publique. Tant d'intrépidité imposa aux mutins, qui n'osèrent s'opposer à son départ.

Mazarin, moins contraint dans ses opérations, crut faire un usage utile de l'autorité royale en frappant les deux anciens ministres que l'ambition avoit poussés dans les rangs des factieux. Il exila en Berry Châteauneuf, et il fit enfermer dans le château de Vincennes Chavigny, qui en étoit gouverneur. Ce dernier étoit celui qui lui inspiroit le plus d'ombrage, parce que, très-lié avec le prince de Condé, il fómentoit ses mécontentemens. Ces deux coups d'Etat, hasardés par un ministre qu'on croyoit déjà renversé, excitèrent à Paris une grande rumeur. Le coadjuteur, ainsi que plusieurs magistrats, se crurent menacés du même sort; et ce fut la crainte plutôt que la fureur qui entraîna le président Viole, ami de Chavigny, à prononcer dans le parlement le discours le plus séditieux. Il se plaignoit amèrement de ce que la cour avoit attenté à la liberté des personnes, malgré les principes consacrés par la déclaration du 31 juillet précédent. Il prétendit que Paris alloit être assiégé; il demanda qu'on délibérât sur l'arrêt de 1617, qui, à l'occasion du maréchal d'Ancre, avoit interdit aux étrangers l'entrée du ministère. Il conclut à ce que la Reine fût suppliée de ramener le Roi dans la capitale, et de mettre en liberté Châteauneuf et Chavigny : conclusions qui, adoptées par une grande majorité, formèrent l'arrêt [22 septembre].

Viole ne s'étoit pas trompé sur les intentions secrètes de la Reine, qui étoit de soumettre Paris par les armes; mais elle étoit encore loin de pouvoir les réaliser. Le prince de Condé, qui, ayant quitté l'armée de Flandre, étoit venu la trouver à Ruel, au lieu de lui offrir son appui, s'entendoit avec le coadjuteur. Assez puissant pour faire pencher la balance du côté qu'il voudroit, il flottoit entre les deux partis. S'il fondoit de grandes espérances sur le renversement du ministre, il se souvenoit qu'il étoit prince du sang, et par là intéressé au maintien de l'autorité royale. Le résultat de ses conférences avec le coadjuteur fut donc qu'il ne prêteroit à Mazarin qu'une foible assistance, et qu'il le laisseroit *plutôt couler que tomber* : combinaison subtile inspirée par les séductions de quelques femmes, et qui semble peu digne d'un si grand homme.

Molé, forcé de porter à la cour le dernier arrêt du parlement, vint à Ruel avec une députation. La Reine, quoique profondément affligée des hésitations du prince de Condé, répondit avec sa fermeté ordinaire. Elle trouva singulier qu'on prétendît que le Roi n'eût pas, comme le moindre de ses sujets, la liberté de passer la belle saison à la campagne. Elle ajouta qu'elle avoit eu ses raisons pour exiler Châteauneuf, ainsi que pour faire arrêter Chavigny; et qu'elle n'en devoit compte qu'à son fils, lorsqu'il seroit majeur. Malgré le courage qu'elle faisoit paroître, elle trembloit pour son second fils, qui, entré en convalescence, se trouvoit encore au pouvoir des frondeurs; mais le premier écuyer Beringhen la tira bientôt de cette inquiétude. Ayant fait un voyage à Paris, il enleva secrètement le jeune prince, et le rendit à sa mère, qui, avertie du trouble que cet événement avoit causé dans la capitale, transporta la cour à Saint-Germain, lieu plus favorable que Ruel pour repousser une attaque imprévue.

Les séances du parlement devenant plus orageuses, le prince de Condé s'en prit au coadjuteur, et se refroidit pour lui. Cependant il persista dans sa politique incertaine, et il ne voulut pas que le ministre fût de nouveau tout puissant. Il résolut donc de demander une négociation, bien certain d'y jouer le principal rôle; et il ne craignit pas d'exiger que Mazarin en fût exclus. La Reine céda, bien malgré elle, à ses instances; mais elle eut l'espoir fondé que l'insolence des frondeurs le lui rameneroit bientôt.

Les conférences eurent lieu à Saint-Germain, depuis le 25 septembre jusqu'au 4 octobre. L'article qu'on débattit le plus fut celui de l'élargissement des prisonniers au bout de vingt-quatre heures, si le procès ne leur étoit pas fait. Le prince de Condé, qui étoit loin de présumer que dans peu de temps il auroit à regretter que cette disposition ne fût pas devenue une loi fondamentale, s'y opposa fortement. Il fut enfin décidé que l'article ne seroit applicable qu'aux magistrats des cours souveraines, et que les gens de la cour pourroient être tenus six mois prisonniers, avant que la justice prît connoissance de leurs délits. Dans ces discussions, l'aigreur des membres du parlement irrita le prince de Condé, et le rapprocha de Mazarin. Convaincu qu'on pouvoit tout obtenir de lui en l'effrayant, il l'aima mieux à la tête des affaires que le coadjuteur, dont les talens et l'ambition lui portoient quelque ombrage. Gaston, guidé par l'abbé de La Rivière, adopta le même système; et les deux princes, voulant que le sort du ministre fût toujours à leur disposition, contraignirent la Reine à consentir aux articles proposés par le parlement. Ces articles, outre ce qui étoit relatif aux prisonniers, portoient que les tailles seroient diminuées, que le Roi reviendroit à Paris, qu'on rappelleroit Châteauneuf, et que Chavigny seroit remis en liberté.

Le parlement, chargé de rédiger la déclaration énonciative de ce traité, y passa plus de quinze jours. De nouveaux débats très-animés eurent lieu, et, d'après l'avis de Broussel, on demanda sur les tailles une réduction plus forte que celle qui avoit été convenue. La Reine, croyant l'occasion favorable, rappela aux princes qu'ils lui avoient promis de maintenir les articles de la dernière convention, et les conjura de l'aider à soumettre le parlement. Ils éludèrent sa demande : la déclaration fut publiée telle que Broussel l'avoit voulu; Chavigny recouvra sa liberté, et fut relégué à Pont-sur-Yonne, chez son père Bouthillier. Le parlement prit le 25 octobre ses vacations, et le Roi rentra dans Paris le 31 du même mois, aux acclamations du peuple.

Pendant que Mazarin dirigeoit avec si peu de bonheur les affaires du dedans, il dictoit en quelque sorte la loi à l'Allemagne, et mettoit la dernière main au traité de Westphalie, qui fut, durant un siècle et demi, l'unique base du droit public de l'Europe [24 octobre]. Une victoire remportée par Turenne, sur les généraux Melander et Montecuculli, à Sumnerhausen près d'Ausbourg, avoit aplani toutes les difficultés. Par une singularité remarquable, ce traité, qui donnoit l'Alsace à la France, fut signé à Munster le même jour où les princes et le parlement imposoient au ministre, dans Saint-Germain, des conditions qui dégradoient l'autorité royale. La paix avec l'Espagne auroit été conclue en même temps si cette puissance, qui entretenoit des relations avec les chefs des frondeurs, n'eût compté avec raison sur les troubles qui devoient suivre.

Mazarin, obligé de se soumettre aux volontés de Gaston et de Condé, étoit souvent embarrassé pour les satisfaire l'un et l'autre. Pressé par le premier, il avoit sollicité un chapeau de cardinal pour l'abbé de

La Rivière; mais le second exigeoit qu'on donnât la préférence au prince de Conti, que sa famille destinoit à l'état ecclésiastique. Ce différend, qui pensa brouiller les deux princes, parce que La Rivière eut l'impudence de persister dans ses prétentions, fut calmé par Senneterre, d'Estrées et Le Tellier, qui se portèrent pour médiateurs : le prince de Condé consentit à demander pour son frère une nomination extraordinaire; et le favori de Gaston, à qui le champ fut laissé libre, obtint en outre de faire partie du conseil [15 novembre].

Le coadjuteur continuoit à entretenir dans le parlement un esprit de trouble et de révolte ; presque tous les soirs il réunissoit à l'archevêché Broussel, Blancménil, Novion, Viole, Croisy, Fouquet, Daurat, Quatre-Sols, Montanclos, Amelot, Le Coigneux et Bachaumont. Il leur faisoit redouter la vengeance de la Reine, il leur persuadoit que le dernier accord n'avoit rien de solide, et il en apportoit pour preuve que le ministre ne se pressoit pas d'exécuter les articles les plus importans de la déclaration.

Ces magistrats provoquèrent, malgré la résistance du premier président, une assemblée des chambres, où les princes crurent devoir assister [11 décembre]. Viole y fit une longue diatribe contre Mazarin, et l'accusa de faire marcher des troupes sur la capitale pour la saccager. Le prince de Condé répondit avec violence; de grands murmures s'élevèrent; et, irrité par un démenti, il fit un geste que le conseiller Quatre-Sols et quelques-uns de ses collègues prirent pour une menace outrageante. Alors le désordre fut à son comble : il fut impossible au premier président de le calmer, et la compagnie se sépara dans le tumulte le plus scandaleux. Condé furieux alla chez la Reine : il lui déclara qu'il ne pouvoit plus supporter tant d'insolence, et laissa entrevoir qu'il n'étoit pas éloigné d'employer la force pour soumettre les mutins. La princesse, enchantée de le voir dans ces sentimens, ne négligea rien pour l'y maintenir.

Le coadjuteur, effrayé des nouvelles dispositions de ce prince, lui suscita, dans sa propre famille, de redoutables adversaires. Madame de Longueville sa sœur étoit brouillée avec lui depuis quelque temps : confidente de sa liaison avec mademoiselle Du Vigean, elle avoit commis des indiscrétions; et Condé, de son côté, n'avoit pas craint de révéler au duc de Longueville l'intrigue de la princesse avec Marsillac. Ce tort, que les femmes pardonnent rarement, avoit laissé dans le cœur de madame de Longueville un ressentiment profond qui, joint à d'autres passions, la portoit naturellement à jouer, dans les troubles qui alloient éclater, un rôle opposé à celui de son frère. Avide de gloire, elle auroit voulu obtenir sur le grand théâtre du monde les mêmes triomphes que sa beauté et son esprit lui avoient autrefois procurés à l'hôtel de Rambouillet; mais son caractère ne répondoit pas à son ambition : paresseuse et frivole, elle étoit faite pour être gouvernée, et l'apparence de la domination suffisoit pour contenter son amour-propre.

Cette princesse exerçoit un grand empire sur son autre frère le prince de Conti, qui n'étoit encore âgé que de dix-huit ans, et qui, ne pouvant se résoudre à embrasser l'état ecclésiastique auquel sa famille le destinoit, faisoit des vœux pour que les circonstances lui présentassent l'occasion de se distinguer dans une autre carrière. Sa sœur, à laquelle il étoit uni par une amitié qui ressembloit à de la passion, nourrissoit avec soin ce penchant. Le duc de Longueville, quoique vivant très-froidement avec sa femme, partageoit ses mécontentemens : il se plaignoit de n'avoir pas obtenu la charge de colonel général des Suisses à la mort du maréchal de Bassompierre, arrivée en 1647; il avoit vu avec peine qu'on eût maintenu la duchesse d'Aiguillon dans la possession du Havre, seule place qui lui manquât en Normandie dont il étoit gouverneur; et il étoit irrité de ce que la Reine lui avoit refusé les prérogatives de prince du sang. Ces griefs lui faisoient suivre, presque en tout, l'impulsion d'une épouse qui avoit perdu son estime.

Gondy profita très-habilement des ressentimens de ces trois personnages. Madame de Longueville, alors enceinte, avoit emprunté, pour y passer la belle saison, la maison de Noisy, qui appartenoit à l'archevêque de Paris. Le coadjuteur étant allé fréquemment l'y voir, exalta son imagination par les discours les plus séduisans, lui montra la gloire qu'elle pouvoit acquérir dans une lutte contre l'autorité royale, la flatta par l'endroit le plus sensible en lui peignant l'ascendant que ses charmes ne manqueroient pas d'exercer, et la détermina sans peine à se mettre à la tête du parti de la Fronde, dont il lui exagéra les forces. Dans de longs entretiens avec une princesse si aimable, il avoit essayé de prendre sur son cœur le même empire qu'il obtenoit sur son esprit, et de marcher sur les brisées de Marsillac; mais, n'étant pas doué des agrémens extérieurs, il ne réussit pas, et leur liaison fut toute politique. L'assentiment de cette princesse assura bientôt à la faction le duc de Longueville et le prince de Conti.

Fort de ces appuis, le coadjuteur commença une guerre de plume avec le gouvernement. Par ses ordres, le poète Marigny fit une multitude de chansons pleines d'esprit et de sel ; et ses refrains, accueillis d'abord dans les salons, passèrent bientôt dans toutes les bouches. D'autres libellistes plus audacieux osèrent calomnier la Reine sur sa prétendue liaison avec Mazarin, et l'on habitua le peuple à ne plus lui donner que le nom ridicule de *dame Anne*. On ne négligea rien pour rendre le ministre odieux, et l'on renouvela contre lui l'accusation d'avoir fait empoisonner le président Barillon dans la prison de Pignerol. En même temps le bruit se répandit que, dans la nuit de Noël, on devoit faire une *Saint Barthelemy* de frondeurs.

La Reine, qui affectoit de mépriser la rage de ses ennemis, pressoit Mazarin de prendre enfin des mesures pour rétablir l'autorité royale. Mais comme il falloit auparavant se procurer de l'argent, ils imaginèrent une ressource dont ils ne prévirent pas l'effet sur l'opinion publique. Ils firent donc porter à la chambre des comptes une déclaration qui autorisoit les prêts sur les tailles à un intérêt de dix pour cent. Aussitôt le coadjuteur, tirant parti de cette faute, assembla les docteurs de Sorbonne, les curés, les chefs d'ordres religieux : il leur soumit la question de savoir si la religion permettoit ces sortes d'emprunts. Les jansénistes en exagérèrent les inconvéniens ; et, quelques jours après, Mazarin fut signalé par le clergé de Paris comme le plus grand des usuriers. La déclaration fut retirée, et cette tentative imprudente ne servit qu'à redoubler la haine qu'on portoit au ministre.

Cependant la Reine, persistant dans ses projets, employoit tous les moyens qui étoient en son pouvoir pour s'attacher le prince de Condé, qu'elle regardoit avec raison comme son plus ferme appui. Elle faisoit agir auprès de lui la princesse sa mère, dont elle avoit conservé l'amitié; elle aigrissoit ses ressentimens contre madame de Longueville et le prince de Conti; elle l'appeloit avec tendresse son troisième fils : et toutes les fois qu'il paroissoit dans la chambre du Roi, le jeune monarque couroit l'embrasser en implorant ses secours. D'un autre côté, Mazarin lui protestoit que si la cour triomphoit il seroit l'unique arbitre des affaires.

Lorsque la Reine se crut assurée de lui, elle assembla au Palais-Royal un conseil secret où il fut admis, ainsi que Gaston et l'abbé de La Rivière. Irrité des violences de la Fronde, il présenta un plan qu'il crut propre à la contraindre à une prompte soumission. Il falloit, selon lui, faire courir le bruit que les Espagnols menaçoient la Picardie, et sous ce prétexte appeler vers Paris toutes les garnisons des frontières. Lorsque ces troupes n'en seroient plus qu'à une journée, le Roi sortiroit comme pour aller à la chasse, se mettroit à leur tête, s'empareroit de l'arsenal, et s'établiroit au faubourg Saint-Antoine. Alors on donneroit au parlement l'ordre de se transférer à Montargis : s'il résistoit, l'armée entreroit dans la ville par une ouverture pratiquée derrière l'arsenal; les magistrats, cernés dans le Palais, seroient forcés d'obéir; et, dans le cas où le peuple voudroit renouveler les barricades, quelques volées d'artillerie suffiroient pour le dissiper.

Le secrétaire d'Etat Le Tellier trouva cet avis trop violent : il soutint qu'il suffisoit que le Roi et la Reine sortissent de Paris, et que cette ville fût ensuite bloquée. Il prétendit qu'en huit jours on affameroit la population immense qu'elle renfermoit, et que, dans sa détresse, elle forceroit le parlement à se soumettre. Ce dernier plan, qui convenoit au caractère timide du ministre, et qui ouvroit la voie à des négociations, fut adopté. La Reine auroit préféré le premier. Gaston avoit de l'aversion pour l'un et pour l'autre; mais son favori, ne voulant pas que Condé fût seul chargé de l'entreprise, le contraignit à céder au vœu général. Le départ de la cour fut fixé à la nuit du jour des Rois [6 janvier 1649].

[1649] Le secret, confié à tant de personnes, fut scrupuleusement gardé. Dans la soirée de la veille de cette fête, la Reine s'amusa, suivant sa coutume, à voir jouer son fils; ensuite elle donna une petite fête à ses femmes, puis elle se coucha en leur présence. A deux heures après minuit, Mazarin, Gaston, Condé, vinrent la trouver; elle fit lever ses enfans, et, accompagnée par Villeroy, Villequier, Guitaut, Comminges et la première de ses femmes, elle descendit dans le jardin par un escalier dérobé. Là elle monta en voiture avec ses deux fils, et, étant sortie de Paris par la porte de la Conférence sans le moindre obstacle, elle attendit dans la promenade du Cours le reste de la famille royale. Gaston arriva bientôt, suivi de son épouse *Madame*, et de sa fille *Mademoiselle*. Condé tarda plus long-temps : sa mère et sa femme se disposèrent à le suivre; mais le prince de Conti et madame de Longueville, dont ce départ inattendu déconcertoit les projets, cherchèrent des prétextes pour rester. Condé exerça sur le premier le pouvoir auquel il l'avoit habitué dès son enfance; mais il n'osa exposer la santé de sa sœur, qui prétendit que ce déplacement pourroit lui être funeste dans une grossesse avancée. Le duc de Longueville étoit depuis quelques jours dans son gouvernement de Normandie, d'où il vint joindre la cour le lendemain. Le prince amena donc toute sa famille, à l'exception de sa sœur et de son beau-frère. La Reine ordonna qu'on partît sur-le-champ pour Saint-Germain, où l'on avoit réuni à peu près huit mille hommes.

Le mystère dont on s'étoit cru obligé de couvrir ce voyage avoit empêché de faire aucune disposition pour le séjour de la cour dans ce château, démeublé depuis les dernières conférences qui y avoient été tenues. Ainsi la famille royale se vit privée des choses les plus nécessaires, au milieu d'une saison rigoureuse; et les princesses furent réduites à coucher sur la paille. Les officiers de l'armée, instruits de cette détresse, firent saccager les maisons de campagne voisines, pour leur procurer des lits et quelques meubles.

Le bruit du départ de la cour se répandit à Paris bien avant le jour. La consternation fut d'abord générale; mais bientôt les factieux la firent tourner en fureur. Le peuple prit les armes, toutes les portes furent gardées; on prodigua les insultes à ceux qui vouloient aller joindre la Reine, et dès huit heures du matin il ne fut plus possible de sortir de la capitale. Le parlement, qui s'assembla malgré la solennité de la fête, sembla partager l'effervescence des séditieux. Il apprit que Férou, prévôt des marchands, royaliste dans le cœur, mais obligé de céder à l'entraînement général, avoit reçu une lettre du Roi. Il manda aussitôt ce magistrat. La lettre portoit que quelques membres du parlement entretenoient des intelligences avec les Espagnols, qu'ils avoient eu le projet de s'emparer de la personne du monarque, et que Sa Majesté engageoit les bons bourgeois à se déclarer contre les rebelles. Le parlement défendit au prévôt de publier cette lettre : il lui ordonna de distribuer des armes au peuple ; et il enjoignit en même temps au lieutenant civil de pourvoir à l'approvisionnement de la ville en cas de blocus.

Tandis que le parlement désobéissoit ouvertement aux ordres du Roi, le coadjuteur feignit de s'y soumettre. Ayant reçu de la Reine l'invitation de se rendre à Saint-Germain, il sortit de l'archevêché avec un nombreux cortége ; mais un marchand de bois nommé Du Buisson, aposté par lui, arrêta sa voiture qui fut sur-le-champ mise en pièces, et il fut ramené chez lui par une multitude qui le conjuroit de ne pas abandonner son troupeau. Il est inutile d'observer que la Reine ne fut pas dupe de ses excuses.

Cependant ce chef de la Fronde n'étoit pas sans inquiétudes. Il sentoit que le moment n'étoit pas encore arrivé de mettre le duc de-Beaufort à la tête de la faction, et qu'il falloit s'appuyer d'un nom plus respectable. C'étoit sur le prince de Conti qu'il avoit jeté les yeux, et il vouloit que la Fronde lui donnât le titre de généralissime. Mais il venoit d'apprendre que ce prince s'étoit laissé entraîner à Saint-Germain, et que le duc de Longueville son beau-frère étoit disposé à s'y rendre. Il comptoit, il est vrai, sur le duc de Bouillon, dont l'esprit et les talens pouvoient lui être d'une grande utilité; et l'épouse de ce prince, aussi belle mais plus sage que madame de Longueville, lui montroit le zèle le plus ardent. Le maréchal de La Motte, que Mazarin avoit essayé de sacrifier après une campagne malheureuse en Catalogne, n'étoit pas moins dévoué à la Fronde. Mais ces personnages n'osoient éclater, tant qu'un prince du sang ne se seroit pas déclaré. Madame de Longueville, restée à Paris malgré les ordres positifs de la Reine, et craignant qu'on ne lui en fît un crime, partageoit les anxiétés du coadjuteur. Elle ne fondoit que de foibles espérances sur le crédit de la princesse palatine, son amie, auprès du prince de Condé; et elle redoutoit l'ascendant qu'avoit pris depuis peu sur ce prince la duchesse de Châtillon, qui, après avoir été mariée par lui à un descendant de Coligny, étoit parvenue à supplanter mademoiselle Du Vigean. Dans cette position, elle envoya Marsillac conjurer le prince de Conti et le duc de Longueville de revenir à Paris; tandis que le coadjuteur chargeoit Noirmoutier de la même mission.

La cour, avant de commencer les hostilités, voulut essayer si la crainte d'un siége porteroit le parlement à se soumettre. Delille, lieutenant des gardes du corps, se présenta au greffe avec des lettres de cachet pour chacun des membres, et un paquet contenant une déclaration adressée à la compagnie. Les magistrats prirent connoissance des lettres de cachet, où ils virent qu'ils étoient transférés à Montargis; mais ils refusèrent d'ouvrir le paquet. Ils décidèrent que les gens du Roi iroient à Saint-Germain dire à la Reine que si quelques particuliers avoient des relations avec l'Espagne, ils devoient être punis; mais que si l'accusation étoit fausse, les calomniateurs méritoient un châtiment exemplaire. Molé, irrité de cette translation, et entraîné lui-même par l'esprit de corps dans le mouvement général, ne craignit pas de déclarer qu'il étoit le premier président du parlement de Paris, et non celui du parlement de Montargis.

Le chancelier Seguier reçut mal les gens du Roi qui lui portèrent le message des magistrats, et il leur dit que, si la résistance continuoit, Paris seroit assiégé. Cette réponse, loin d'intimider le parlement, le remplit de fureur; il rendit, séance tenante, un arrêt par lequel Mazarin fut déclaré ennemi du Roi et de l'Etat, et perturbateur du repos public. Il lui étoit ordonné de se retirer sur-le-champ de la cour, et dans huitaine du royaume, passé lequel temps il étoit enjoint aux sujets du Roi de lui *courre sus* [8 janvier].

Cet acte, qui étoit de la part du parlement une déclaration de guerre, détermina la cour à ne plus différer le commencement du blocus. Condé, qui n'avoit que huit mille hommes pour intercepter les communications d'une si grande ville, fit ses dispositions en grand général. Il plaça le maréchal Du Plessis à Saint-Denis, pour empêcher l'arrivée des farines de Gonesse; il chargea le régiment des Gardes, qui ne dut point quitter les environs de Saint-Germain, de fermer le marché de Poissy; et le maréchal de Gramont fut campé près de Vincennes, afin d'arrêter tous les approvisionnemens qui pourroient venir de la Brie ou de la Beauce.

Le parlement, de son côté, fit de grands préparatifs de défense; et l'argent, qui avoit été refusé au Roi, lui fut prodigué. Les habitans consentirent à être taxés au double de ce qui avoit été exigé en 1636, lorsqu'après la prise de Corbie l'armée espagnole avoit menacé de saccager la ville. Les cours souveraines, les maîtres des requêtes, le châtelet, les avocats, les procureurs, l'université, rivalisèrent de zèle; et bientôt un million fut réalisé. Sous le ministère de Richelieu, vingt charges de conseillers avoient été créées malgré les réclamations du parlement: leurs titulaires étoient regardés comme des intrus; et ils résolurent de profiter de cette occasion pour se réhabiliter dans l'opinion publique. Chacun paya quinze mille livres : mais, comme on ne put se persuader que des hommes vendus autrefois à un ministre absolu fussent animés d'un véritable patriotisme, on tourna en ridicule leur prétendu dévouement, et ils furent appelés les *Quinze-Vingts*, sobriquet qui leur resta long-temps.

Lorsque le parlement eut les fonds nécessaires, il ordonna au prévôt des marchands de délivrer des commissions, afin de lever quatre mille hommes de cavalerie et dix mille d'infanterie. Dans l'incertitude où se trouvoient le coadjuteur, le duc de Bouillon, le maréchal de La Motte et leurs amis, il ne se présenta qu'un officier général pour faire cette levée: ce fut le marquis de La Boulaye, intéressé à plaire au parlement parce qu'il avoit un procès, mécontent de la cour qui lui avoit refusé la survivance de la charge de colonel des cent-suisses exercée par son beau-père, mais disposé à servir indifféremment Mazarin ou la Fronde, suivant le profit qu'il pourroit en tirer. Il exigea de chaque maison à porte cochère un cavalier ou cent cinquante livres, et de chacune des autres un fantassin ou trente livres. On se présenta en foule pour remplir les cadres qu'il avoit formés; mais cette troupe, composée de laquais et de gens du peuple, avoit plutôt l'air d'une cohue que d'une armée.

L'existence du marquis de La Boulaye, comme général en chef, ne dura qu'un moment. Charles de Lorraine, duc d'Elbœuf, prince ruiné sous le dernier règne, et père de trois fils dont il vouloit rétablir la fortune, quitta Saint-Germain avec eux, et vint offrir ses services au parlement. Sa présence causa le plus vif enthousiasme : on se figura qu'il imiteroit les Guises dont il descendoit, et l'on ne balança pas à dépouiller La Boulaye du commandement, pour le lui donner. Cette promotion inattendue désespéra le coadjuteur et madame de Longueville, qui ne pouvoient faire connoître à la multitude les intelligences qu'ils avoient à Saint-Germain, par le moyen de Marsillac et de Noirmoutier. Ils chargèrent ces deux négociateurs de presser l'arrivée du prince de Conti et du duc de Longueville, qui se décidèrent enfin à partir de la cour dans la nuit du 9 au 10 de janvier. Les deux princes, s'étant soustraits à la surveillance exercée sur eux, arrivèrent à Paris vers quatre heures du matin; mais les bourgeois préposés à la garde des portes ne purent se figurer qu'ils eussent abandonné sincèrement le chef de leur famille : ils craignirent une trahison, leur refusèrent l'entrée de la ville, et il fallut que le coadjuteur, averti de l'obstacle qui les retenoit, allât les chercher aux flambeaux.

Dès le même jour, le prince de Conti prétendit à la place de général en chef; et le duc d'Elbœuf, qui en étoit en possession, déclara qu'il vouloit la conserver. Aussitôt le coadjuteur déchaîna contre ce dernier toute sa cabale, et il lui suffit de quelques heures pour le discréditer. Il répandit que d'Elbœuf s'entendoit avec la cour, et il fit sentir aux officiers de la garde bourgeoise combien il étoit ridicule qu'un prince de Lorraine osât se mettre en rivalité avec un prince du sang. Mais ce qui produisit un effet décisif, ce fut une chanson de Marigny pleine de gaîté et de sel, où la jactance, l'avidité et la misère du prince lorrain et de ses trois fils se trouvoient relevées avec beaucoup de malice, et qui en un moment fut dans toutes les bouches (1).

(1) Voici cette chanson :

> Monsieur d'Elbœuf et ses enfans
> Font rage à la place Royale;
> Ils sont tous quatre piaffans,
> Monsieur d'Elbœuf et ses enfans.
> Mais sitôt qu'il faut battre aux champs,
> Ils quittent l'humeur martiale :
> Monsieur d'Elbœuf et ses enfans
> Font rage à la place Royale.
>
> Le prince monseigneur d'Elbœuf,
> Qui n'avoit aucune ressource,
> Et qui ne mangeoit que du bœuf,
> A maintenant un habit neuf;
> Et quelques justes dans sa bourse :
> Le pauvre monseigneur d'Elbœuf,
> Qui n'avoit aucune ressource.

Le parlement ne put s'empêcher de céder au mouvement imprimé par le coadjuteur. Le premier président et le président de Mesmes auroient voulu maintenir d'Elbœuf dans le commandement afin de l'opposer au prélat, et parce qu'ils le croyoient disposé, moyennant quelques avantages personnels, à se prêter à un arrangement avec la Reine. Leurs efforts furent inutiles, et le prince de Conti fut proclamé généralissime de l'armée parisienne. Dans ce moment, ceux que la crainte avoit retenus n'hésitèrent plus à se déclarer. On vit paroître le duc de Longueville, le duc de Bouillon, le duc de Beaufort et le maréchal de La Motte, qui vinrent offrir leurs services au parlement. Les trois derniers furent faits lieutenans généraux, et le duc de Longueville partit pour la Normandie, où il pouvoit être pour le parti d'une grande utilité. Plusieurs seigneurs suivirent l'exemple des princes. On remarquoit parmi eux le duc de Luynes, zélé janséniste, le comte de Maur, qui n'avoit pu obtenir de la cour la révision du procès du maréchal de Marillac, oncle de sa femme, condamné à mort sous Richelieu; et Tancrède, jeune homme de la plus belle espérance, que la duchesse de Rohan vouloit faire passer pour son fils, parce que sa fille unique avoit épousé, malgré ses parens, le comte Philippe de Chabot. Tous étoient entraînés dans la révolte par quelque intérêt particulier.

Ces levées de boucliers, qui remplissoient le peuple de joie et d'espérance, ne produisirent pas l'effet d'une scène que donnèrent, presque dans le même moment, les duchesses de Longueville et de Bouillon. Ces deux dames, d'une beauté ravissante, parurent sur le perron de l'hôtel-de-ville tenant chacune un de leurs enfans dans leurs bras, et déclarèrent qu'elles vouloient se mettre comme otages entre les mains du peuple. Cette démarche inattendue porta l'enthousiasme au plus haut degré ; et le coadjuteur l'augmenta, en faisant jeter de l'argent par les fenêtres. On disposa aussitôt dans l'hôtel-de-ville un appartement pour les deux princesses ; et ce fut là que, par la suite, se tinrent les conseils de guerre. Madame de Longueville y dominoit en reine, et les frondeurs lui formoient une cour dont l'étiquette, loin d'être sévère, offroit les contrastes les plus singuliers. On s'y permettoit, à la faveur du désordre, les propos les plus libres ; on s'y livroit aux déclamations les plus violentes contre la Reine et Mazarin. La duchesse mêloit à tout cela les plus agréables saillies : elle traitoit les affaires avec cette galanterie raffinée qui avoit fait l'occupation de sa vie entière; et sa cour présentoit tour à tour, et quelquefois en même temps, les délicatesses de l'hôtel de Rambouillet, les enchantemens du palais d'Armide, la gaieté licencieuse d'une réunion de jeunes officiers, et l'aspect terrible des assemblées des Seize.

Le même jour les Parisiens, animés par le dévouement des deux princesses, attaquèrent la Bastille où commandoit Du Tremblai, qui, sous le ministère de Richelieu, avoit eu la garde d'un grand nombre de prisonniers d'Etat, mais qui les avoit traités avec humanité et douceur. N'ayant reçu de la cour ni munitions, ni armes, ni vivres, il se rendit après la première décharge, et le peuple triompha d'une conquête aussi facile. La Louvière, fils de Broussel, à qui la

Reine avoit refusé un emploi dans les Gardes, fut nommé commandant de cette forteresse.

Au moment où le prince de Conti et le duc de Longueville avoient fui de Saint-Germain, le prince de Condé étoit parti pour une expédition sur Charenton. La Reine, ayant appris à son réveil l'évasion des deux princes, crut que Condé les avoit suivis. Alors la consternation se répandit à la cour : Mazarin se prépara de nouveau à partir, et Gaston ne parla plus que de négocier avec les frondeurs. On fut rassuré le soir, lorsqu'on vit revenir le prince de Condé ; il parut indigné de la conduite de son frère et de son beau-frère ; il lança contre l'un et l'autre les railleries les plus sanglantes, et témoigna pour eux un si grand mépris, que la Reine et le ministre se figurèrent qu'ils étoient moins dangereux, après avoir levé le masque, que s'ils fussent restés à Saint-Germain, où ils auroient pu correspondre secrètement avec la Fronde.

Quelques jours après, la cour, ayant appris que non-seulement la confiscation des biens de Mazarin avoit été prononcée, mais que les rebelles s'étoient emparés des caisses publiques, enhardie d'ailleurs par quelques avantages dus à la valeur du prince de Condé, crut pouvoir prendre une mesure sévère : elle déclara le parlement de Paris criminel de lèse-majesté, supprima les charges de tous ceux qui ne se rendroient pas sur-le-champ à Montargis, décida que les présidiaux du ressort seroient juges souverains ; et, afin de détruire l'influence que les parlemens prenoient dans les affaires, promit les États-généraux pour le 15 mars suivant. Les esprits étoient trop échauffés pour que cette mesure, dont l'exécution se trouvoit impossible, pût produire quelque effet.

Cette guerre de Paris, qui dura depuis le 10 janvier jusqu'au 24 février suivant, n'offrit que peu d'événemens remarquables, parce que les deux partis manquoient des forces nécessaires pour prévaloir l'un sur l'autre. La Fronde avoit dans la capitale d'immenses ressources, mais son armée étoit indisciplinée et indisciplinable; les généraux étoient divisés, et le généralissime n'avoit aucune expérience de la guerre. D'un autre côté, le prince de Condé commandoit, il est vrai, à des troupes qui avoient souvent vaincu sous ses ordres; mais elles étoient en trop petit nombre pour former le blocus complet d'une ville aussi considérable que Paris; et, malgré l'activité infatigable et la valeur de leur général, elles ne pouvoient empêcher que les habitans de la campagne, qui s'entendoient avec les frondeurs, ne leur fissent passer des vivres. Ainsi aucun avantage décisif ne pouvoit terminer cette lutte, où heureusement l'on ne remarquoit pas ces haines profondes qui rendent ordinairement les guerres civiles si sanglantes.

Cependant plusieurs hommes distingués périrent dans des affaires insignifiantes. Parmi eux fut moissonné, à la fleur de l'âge, ce jeune Tancrède que le parlement alloit reconnoître pour héritier de la maison de Rohan. Il fut frappé à une sortie que les frondeurs firent du côté de Vincennes, et la troupe qu'il commandoit n'auroit pas éprouvé une défaite honteuse si elle eût imité sa valeur. L'affaire de Charenton fut la seule action où les rebelles montrèrent un courage auquel les troupes royales n'étoient pas accoutumées. Clanleu tenoit ce poste pour les frondeurs. Attaqué à l'improviste par le prince de Condé dans la nuit du 7 au 8, il fit une résistance opiniâtre. Plusieurs royalistes furent tués sous les murs de cette bourgade ; et le duc de Châtillon, que le prince de Condé traitoit en ami intime, y reçut une blessure mortelle. Enfin la place fut emportée d'assaut; Clanleu aima mieux mourir que de se rendre, et neuf régimens des frondeurs furent passés au fil de l'épée par les troupes royales, irritées de la mort de Châtillon. La femme de ce seigneur, qui, comme on l'a vu, étoit aimée du prince, affecta une grande douleur; toute la cour parut y prendre part, mais personne ne crut qu'elle fût profondément affligée d'un événement qui lui donnoit la liberté de se livrer à ses penchans.

Pendant cette guerre, la reine d'Angleterre, que la cour, en fuyant de Paris, avoit laissée dans le Louvre, s'y trouvoit, au milieu d'un hiver rigoureux, privée des choses les plus nécessaires; et sa fille, qui devint depuis belle-sœur de Louis XIV, étoit obligée de rester au lit faute de feu. L'ame de cette Reine étoit abattue par l'infortune; le procès de son époux étoit depuis long-temps commencé, et elle n'en prévoyoit que trop l'issue. Dans cette position terrible, ne consultant que son amour maternel, elle eut recours au coadjuteur, qui profita de cette occasion pour reprocher à Mazarin d'avoir abandonné la fille et la petite-fille de Henri IV. Le parlement, d'après son avis, s'empressa de tenir une conduite entièrement opposée à celle du ministre, et il fit toucher aux deux princesses une somme de quarante mille francs. Le coadjuteur siégeoit alors dans cette assemblée en place de son oncle, malgré l'opposition du premier président, qui connoissoit parfaitement tous ses projets.

Ne se bornant pas à exercer son influence dans le parlement, le fougueux prélat voulut aussi figurer dans les opérations militaires. Il fit lever à ses frais un corps qu'on appela le régiment de Corinthe, du nom de son archevêché, et dont il confia le commandement au chevalier de Sévigné. Ce corps ayant été battu dans une sortie, les royalistes, et même quelques frondeurs, appelèrent cette déroute *la première aux Corinthiens* : plaisanterie dont il rit avec tout le monde, persuadé que, dans le rôle important qu'il jouoit, le ridicule ne pouvoit l'atteindre.

Il employoit cette arme contre ses adversaires, pour lesquels il avoit un trop grand mépris. Par ses ordres, Scarron faisoit *la Mazarinade;* le baron de Blot, ami de Desbarreaux, de Saint-Pavin et de Chapelle, improvisoit des couplets aussi malins que ceux de Marigny; Mézeraï, très-jeune alors, et qui ne s'occupoit pas encore de son Histoire de France, exhaloit sa bile dans de petits ouvrages pleins de fiel; et Gui-Patin faisoit courir des lettres où l'on trouvoit des idées hardies, jointes à des anecdotes très-piquantes. Paris étoit inondé de pamphlets, de libelles et de chansons; la duchesse de Longueville ne s'y trouvoit pas plus épargnée que la Reine; les ordres, les rangs étoient confondus, on n'avoit plus de respect pour rien; et cette grande ville offroit le spectacle de véritables saturnales.

Cependant il y avoit, dans cette multitude qui s'étoit soustraite à toute espèce de frein, un certain

nombre de personnes graves et pieuses qui, entraînées par les disciples de l'abbé de Saint-Cyran, croyoient de bonne foi la révolte légitime. Il importoit au coadjuteur de se concilier leurs suffrages; et ce fut dans cette vue qu'il composa un écrit intitulé : *Maximes morales et chrétiennes pour le repos des consciences dans les affaires présentes.* On remarque dans cet ouvrage, dont le ton faisoit le contraste le plus frappant avec celui des livres à la mode, le passage suivant : « Comme les rois sont les lieute-
« nans de Dieu pour la conduite temporelle des
« hommes, c'est de Dieu, et non pas des rois, que
« les hommes doivent prendre des lois et ordon-
« nances. Comme l'ame est plus précieuse que le
« corps, et l'intérêt du salut plus précieux que celui
« de la fortune, les maximes de la religion doivent
« être les règles de la politique : de sorte qu'on ne
« doit obéir aux rois que lorsqu'il est bien clair que
« leurs ordres sont d'accord avec la religion et les
« instructions de ses ministres. » Le coadjuteur, doué d'un grand talent pour la chaire, prêchoit dans les principales églises de Paris, et y développoit avec beaucoup d'art ces principes séditieux.

Pendant cette anarchie, madame de Longueville accoucha d'un fils dans son appartement de l'hôtel-de-ville [28 janvier]; et le baptême de cet enfant donna lieu à une fête bruyante. Il fut tenu sur les fonts par le prévôt des marchands Férou, et par la duchesse de Bouillon; on le nomma Charles-Pâris d'Orléans. Ce fut ce même enfant, né sous de si singuliers auspices, qui périt en 1672 au passage du Rhin, n'étant âgé que de vingt-trois ans, lorsque sa malheureuse mère s'efforçoit d'expier, par une rigoureuse pénitence, les égaremens de sa jeunesse.

Marsillac, qui, comme on l'a vu, exerçoit un grand empire sur madame de Longueville, auroit voulu avoir la principale autorité dans le parti; mais le coadjuteur, qui n'étoit pas disposé à la lui céder, mit en avant, conformément à ses anciens projets, le duc de Beaufort, dont les Parisiens commençoient à être idolâtres depuis qu'il avoit introduit, avec assez d'habileté, un grand convoi dans leur ville. Il fit proclamer ses louanges, en vers et en prose, par tous les écrivains qu'il soldoit; et, au bout de quelques jours, le peuple ne reconnut plus pour chef que ce prince. Il s'attacha en même temps le duc de Bouillon, qui, jaloux comme lui de Marsillac, se croyoit en état de procurer à la Fronde l'appui le plus formidable, parce que Turenne son frère, ébranlé par ses sollicitations, offroit d'amener au secours du parlement les troupes weimariennes qu'il commandoit en Allemagne. Cette division intestine ne perça point au dehors dans les premiers momens; mais elle fit naître une haine implacable entre le coadjuteur et Marsillac, et Mazarin ne manqua pas d'en profiter.

La guerre coûtoit déjà aux Parisiens plus de trois millions, dont la plus grande partie avoit été la proie des généraux; les maisons de campagne, les métairies des environs étoient dévastées; et le commerce se trouvoit entièrement ruiné. Dans la détresse qui commençoit à se faire sentir, Beaufort, Bouillon et le coadjuteur firent porter leur vaisselle à la monnoie : cet exemple fut peu suivi. Ils poussèrent le parlement à ordonner une nouvelle levée d'argent;

mais le zèle n'étoit plus le même qu'un mois auparavant, et il fallut employer la violence pour se procurer quelques fonds peu considérables.

Les agens du ministre, à la tête desquels étoient Denis-Antoine Cohon, ancien évêque de Dôle, Faure, évêque de Glandève, et de Lanne, conseiller au châtelet, essayèrent de propager dans le peuple les dispositions à la paix qu'ils remarquoient parmi les propriétaires et les gens modérés ; mais leurs efforts furent alors sans succès. La populace n'obéissoit qu'à Beaufort, dirigé par le coadjuteur ; et les jeunes gens qui composoient l'armée parisienne vouloient la continuation de la guerre, dont ils n'aimoient que la licence. La gaieté la plus folle présidoit à toutes les opérations militaires : on rioit des défaites qu'on essuyoit, comme des avantages qu'on remportoit quelquefois ; et cette frivolité, qui paroît extraordinaire dans une guerre civile, tenoit, soit au caractère du ministre qui étoit plutôt méprisé que haï, soit au génie de ses ennemis, qui, n'agissant que dans des intérêts particuliers et ne voulant pas la chute du trône, n'offroient point à la multitude les idées qui enflamment le fanatisme religieux ou politique. Ainsi le temps que dura cette guerre fut en quelque sorte une fête continuelle. Les femmes ne se lassoient point d'aller voir les revues que passoient les généraux à la place Royale, et plusieurs mettoient à profit, pour des intrigues d'amour, le service auquel étoient obligés leurs pères ou leurs maris. Le poète Montreuil, qui étoit alors fort jeune, a fort bien peint cette époque de désordre et de licence ; il parle ainsi à une demoiselle dont il est aimé :

En retardant la paix, c'est ma mort qu'on retarde.
Cette ville pour moi n'aura plus rien de doux :
Votre père importun n'ira plus à la garde;
Et moi, belle Philis, je n'irai plus chez vous.

C'étoit bien en effet pour contenter mes yeux
Que, dans votre balcon, je vous demandois place ;
Mais vous seule, Philis, me rendiez curieux,
Non le bourgeois armé qui passe et qui repasse.

Quand on a vu deux fois filer dans une rue
Des gens et des chevaux, on en est bientôt las;
Mais vous, lorsqu'aujourd'hui cent fois je vous ai vue,
Je songe que demain je ne vous verrai pas.

Cette peur et ce soin m'occupe à tout moment :
Je crains plus que la mort que ce trouble s'apaise.
Si la Reine s'accorde avec le parlement,
Je ne pourrai, Philis, vous parler à mon aise.

A présent que je suis auprès de vos tisons,
Au seul bruit des tambours on court à la fenêtre;
Vos suivantes, vos sœurs, tout vient à disparoître,
Et l'on n'écoute plus ce que nous nous disons.

Qu'on pille dans les champs les maisons de ma mère,
Et que tous les fermiers ne lui payent plus rien,
Que m'importe cela? Philis, laissons-les faire :
Pourvu que vous m'aimiez, je n'ai que trop de bien.

Qu'on suive leur parti, que l'on quitte le nôtre,
Que le prince et Paris soient tous deux pour le Roi :
Je me soucie autant de l'un comme de l'autre,
Et ne suis proprement que pour vous et pour moi.

Les chefs de la Fronde et leurs partisans n'avoient pas les uns pour les autres cette confiance aveugle qui

naît d'une parfaite unité de sentimens, et qui fait seule la force des factions : leurs liens n'étoient formés que par des intérêts passagers, et les subalternes n'avoient presque rien à gagner en servant des ambitions particulières. « Les dupes, dit Saint-Evremont té-
« moin oculaire, viennent là tous les jours en foule ;
« les misérables s'y rendent des deux bouts du
« monde. Jamais tant d'entretiens de générosité sans
« honneur, jamais tant de beaux discours et si peu
« de bon sens, jamais tant de desseins sans action,
« tant d'entreprises sans effet : toutes imaginations,
« toutes chimères; rien de véritable, rien d'essentiel
« que la nécessité et la misère. De là vient que les
« particuliers se plaignent des grands qui les trom-
« pent, et les grands des particuliers qui les aban-
« donnent. Les sots se désabusent par l'expérience, et
« se retirent; les malheureux, qui ne voient aucun
« changement dans leur condition, vont chercher
« ailleurs quelque autre méchante affaire, aussi mé-
« contens des chefs de parti que du favori. »

Le coadjuteur, effrayé de la décadence de son parti, et ne pouvant plus compter sur l'appui du prince de Conti et de madame de Longueville, résolut de traiter sérieusement avec l'Espagne. Depuis long-temps il entretenoit, par le moyen de madame de Chevreuse et de Laigues son amant, des correspondances avec le comte de Fuensaldague, gouverneur de Bruxelles, et avec l'archiduc Léopold qui commandoit dans les Pays-Bas ; il avoit même obtenu qu'ils envoyassent secrètement à Paris un bernardin appelé Arnolphini, muni de pleins pouvoirs et d'un blanc-seing. Souvent il conféroit avec ce religieux, qui, s'étant déguisé en gentilhomme, avoit pris le nom de don Joseph d'Illescas.

Madame de Chevreuse n'avoit pas tardé à suivre cet émissaire, et à profiter du désordre pour revenir dans une ville d'où la Reine l'avoit exilée (1); elle venoit d'arriver avec sa fille, qui, se trouvant alors dans tout l'éclat de la jeunesse et de la beauté, inspira au coadjuteur une sorte de passion, lui fit quitter ses autres maîtresses, et partagea bientôt ses sentimens. Cette nouvelle liaison augmenta pour le moment l'influence du coadjuteur, mais elle lui fit par la suite commettre un grand nombre de fautes, en l'assujettissant aux caprices de deux femmes habituées à n'employer dans la politique que les petites ruses de la galanterie.

Si les chefs de la Fronde pouvoient concevoir des inquiétudes fondées, la situation de la cour, qui étoit toujours à Saint-Germain, se trouvoit bien plus fâcheuse : outre qu'on y manquoit des choses les plus nécessaires, tandis que la disette se faisoit à peine sentir dans la capitale, les nouvelles des provinces et de l'armée y répandoient chaque jour la terreur. Le parlement de Rouen, poussé par le duc de Longueville, s'étoit déclaré pour la Fronde, et celui d'Aix avoit suivi cet exemple, par suite de ses disputes avec le comte d'Alais, gouverneur de la province. Un soulèvement général avoit éclaté à Reims : Tours étoit en pleine révolte, parce que le duc de La Trémouille qui y résidoit n'avoit pu obtenir le titre de prince, auquel il prétendoit comme issu par les femmes de Charlotte d'Arragon, héritière du royaume de Naples;

(1) Suivant quelques Mémoires, madame de Chevreuse ne revint à Paris qu'un mois après, époque de la pacification entre la cour et le parlement.

Mézières, place forte, arboroit l'étendard de la révolte par les ordres de son gouverneur Bussy-Lamet; et le marquis d'Hocquincourt, follement épris de madame de Montbason, qui le trompoit ainsi que le duc de Beaufort, mettoit Péronne à sa disposition, en lui envoyant ce billet : *Péronne est à la belle des belles.*

Turenne, jusqu'alors si fidèle, n'inspiroit pas plus de confiance que Bussy-Lamet et d'Hocquincourt. Mazarin, instruit qu'il recevoit souvent des dépêches du duc de Bouillon son frère, avoit envoyé près de lui Ravigny, chargé de surveiller ses moindres actions; et, ayant appris qu'il se disposoit à marcher au secours de la Fronde avec les troupes weimariennes, il emprunta huit cent mille livres au contrôleur général Hervard, et les mit à la disposition de son émissaire, afin qu'il pût regagner ces troupes : en même temps Condé écrivit aux officiers, qui presque tous avoient servi sous lui, de ne plus reconnoître Turenne, et d'obéir au comte d'Erlac, gouverneur de Brisach. Le succès de ces mesures précipitées étant fort incertain, la cour trembloit sur le parti que prendroit cette armée, qui, conduite par un général tel que Turenne, ne pouvoit manquer d'assurer le triomphe de la Fronde.

Au milieu de tant d'événemens désastreux, la cour apprit la mort du roi d'Angleterre Charles 1er., qui, condamné par ses sujets, avoit péri sur l'échafaud le 9 février. Cette nouvelle porta la Reine, trop préoccupée pour apercevoir la différence qui existoit entre les discordes civiles des deux Etats, à rabattre quelques unes de ses prétentions; et, d'un autre côté, la plupart des frondeurs, effrayés des excès auxquels peuvent se livrer des peuples révoltés, se montrèrent moins éloignés d'un accommodement. Mazarin, plus habile qu'eux, mit à profit ces dispositions. Il redoutoit moins toutes les clameurs de la Fronde qu'une négociation qui venoit de s'ouvrir, par le moyen de Marsillac et de l'abbé de La Rivière, entre madame de Longueville et Gaston. Cette princesse offroit la régence à l'oncle du Roi; elle lui désignoit Châteauneuf pour premier ministre, persuadée qu'elle obtiendroit de l'un et de l'autre tout ce qu'elle voudroit.

Mazarin détermina donc la Reine à faire partir un hérault chargé d'une lettre pour le parlement. Le coadjuteur, qui craignoit l'effet que produiroit la présence de cet envoyé dans la compagnie, dont plusieurs membres désiroient sincèrement la paix, prit un parti qui montre jusqu'à quel point il connoissoit la légèreté des assemblées délibérantes. Il sut persuader à Broussel, qui devoit opiner l'un des premiers, qu'un hérault ne s'envoie qu'à des égaux ou à des ennemis; que le parlement n'étoit ni l'un ni l'autre à l'égard du Roi, et qu'ainsi on manqueroit au respect dû au monarque si l'on recevoit un envoyé de cette espèce. Ce beau raisonnement, malgré les vives représentations du premier président Molé et du président de Mesmes, entraîna le parlement; et il fut décidé que les gens du Roi iroient à Saint-Germain expliquer les causes de ce refus. Ces magistrats furent bien reçus par la Reine, qui admit volontiers leur excuse.

Le coadjuteur, ouvertement brouillé avec madame de Longueville, poussé par madame et mademoiselle de Chevreuse, et ne pouvant se dissimuler que les affaires prenoient une tournure pacifique, ne vit d'autre moyen de soutenir son parti que de faire un traité avec l'Espagne : démarche à laquelle il s'étoit jusqu'alors refusé. Mais il étoit trop habile pour se charger seul d'une telle responsabilité, et il crut pouvoir la faire partager au parlement. S'étant donc concerté avec le duc et la duchesse de Bouillon, ils remplirent le blanc seing de don Joseph d'Illescas, et ils en firent une lettre de créance pour les cours souveraines. Ayant ensuite réuni en conseil extraordinaire le prince de Conti, le duc de Beaufort, le maréchal de La Mothe, Le Coigneux, Bellièvre, Nesmond, Novion et Violé, ils leur firent voir la prétendue lettre de créance, et parvinrent à leur persuader de présenter au parlement l'envoyé d'Espagne. Dans cette monstrueuse délibération, il n'y eut que Nesmond qui montrât quelque scrupule.

Conformément à la décision prise dans le conseil, le prince de Conti, qui, ainsi que madame de Longueville, ignoroit les artifices du coadjuteur, et qui pensoit que l'Espagne favoriseroit leurs projets, vint prendre séance au parlement le 19 février. Il dit qu'un gentilhomme étoit arrivé chargé des instructions de l'archiduc Léopold, et que ce prince désiroit que le parlement fût l'arbitre de la paix. Dans ce moment Talon, à la tête des gens du Roi, entra pour annoncer le résultat de sa mission à Saint-Germain : ce qui n'empêcha pas le prince de persister dans la proposition d'admettre l'envoyé d'Espagne. « Est-il
« possible, monsieur, s'écria le président de Mesmes,
« qu'un prince du sang de France propose de donner
« séance sur les fleurs de lis à un député du plus

« cruel ennemi des fleurs de lis! » Et se tournant du côté du coadjuteur et de Broussel : « Quoi ! mes-« sieurs, continua-t-il, vous refusez l'entrée au hé-« rault de votre Roi sous le prétexte le plus frivole!..» Le coadjuteur, qui devina la suite de cette phrase, interrompit aussitôt de Mesmes, et lui dit avec une présence d'esprit singulière : « Vous me permettrez, « monsieur, de ne pas traiter de frivoles des motifs « qui ont été consacrés par un arrêt. » Cette réplique, faite si à propos, dissipa les scrupules de la majorité, très-curieuse de connoître les offres de l'Espagne : on rendit un arrêt portant que l'envoyé seroit reçu, et que l'on transmettroit ensuite ses propositions à la Reine.

Don Joseph fut donc introduit avec tous les honneurs dus à l'ambassadeur d'un grand prince. Ayant pris place, il lut un discours qui avoit été composé par le coadjuteur. Ce discours portoit que son maître refusoit de continuer des négociations avec un ministre condamné ; qu'il reconnoissoit le parlement comme tuteur des rois pendant leur minorité, et qu'à ce titre il ne vouloit traiter qu'avec lui; que Mazarin avoit voulu faire précipitamment une paix avantageuse à l'Espagne pour opprimer ensuite les cours souveraines, mais que l'archiduc avoit rejeté ses propositions; qu'enfin ce prince offroit au parlement dix-huit mille hommes, qui seroient commandés par des officiers français et de son choix. Ce discours flatta singulièrement l'orgueil des magistrats, dont il consacroit les prétentions les plus exagérées. Cependant, suivant les dispositions de leur arrêt, ils envoyèrent à Saint-Germain une députation chargée de porter à la Reine les offres de l'Espagne : elle fut composée du premier président, du président de Mesmes, et des gens du Roi.

Ces magistrats, animés des meilleures intentions, firent leurs efforts pour excuser leurs confrères d'avoir reçu l'envoyé d'une puissance étrangère. Le lendemain le ministère leur répondit par une déclaration très-bien faite. L'intrigue qui avoit amené le moine Arnolphini sous le nom de don Joseph d'Illescas s'y trouvoit dévoilée : elle contenoit la preuve que le blanc seing de l'archiduc avoit été rempli à Paris ; elle admettoit les excuses du parlement, et elle attribuoit cette manœuvre criminelle à quelques particuliers, sans nommer toutefois le coadjuteur. Elle finissoit par annoncer qu'on n'avoit ordonné la translation du parlement à Montargis que pour le soustraire aux fureurs populaires, et que, s'il obéissoit, les troupes royales seroient aussitôt renvoyées dans leurs garnisons.

Le coadjuteur, le duc de Beaufort et le duc de Bouillon voyoient avec effroi que les Parisiens faisoient chaque jour des vœux plus ardens pour la paix. Ils comptoient, il est vrai, sur les secours promis par Turenne ; mais l'armée de ce général pouvoit refuser de lui obéir. L'espoir d'engager le parlement dans une négociation avec l'Espagne étoit évanoui ; et, s'ils traitoient seuls avec cette puissance, ils devenoient ennemis de l'Etat. La populace étoit encore disposée à suivre l'impulsion qu'ils voudroient lui donner ; mais quel fragile et quel dangereux appui ! Le duc de Bouillon proposa un parti désespéré à ses deux amis : il vouloit qu'on se servît du peuple pour *purger* le parlement, c'est-à-dire pour arrêter les royalistes, et qu'on excitât une révolte contre le corps municipal, à la tête duquel étoit le prévôt des marchands Férou, attaché secrètement au Roi. D'horribles massacres pouvoient résulter de cette combinaison; le duc de Bouillon n'en étoit pas effrayé.

Le coadjuteur, aussi peu scrupuleux, mais plus prudent, fit observer au duc qu'il ne convenoit pas à des hommes de leur rang de renouveler à Paris les horreurs qu'y avoient autrefois commises les Seize; et il lui persuada qu'il valoit mieux soustraire l'armée parisienne à la puissance des magistrats, en la tirant de la capitale. Les prétextes ne lui manquèrent pas pour faire adopter par le parlement cette mesure qui alloit le priver de toute sa force. Il prétendit qu'on ne devoit attribuer les dernières défaites qu'à la répugnance des soldats pour sortir de leurs foyers; que, dans la campagne, il seroit bien plus facile de les exercer et de les discipliner; et qu'enfin on n'auroit plus à se plaindre qu'ils vinssent troubler les séances par leurs clameurs. Cette opinion fut appuyée par les royalistes comme par les frondeurs. L'armée sortit pour aller camper entre la Marne et la Seine : l'infanterie fut ensuite placée à Villejuif et à Bicêtre, la cavalerie à Vitry et à Ivry.

Cependant Molé, de Mesmes et les gens du Roi étoient revenus de Saint-Germain avec l'espoir que, pour conclure la paix, la Reine n'insisteroit pas sur tous les articles de la déclaration. Le parlement les entendit le 29 février, et ils obtinrent avec beaucoup de peine qu'on ouvriroit des conférences avec la cour. Il fut convenu qu'on choisiroit pour négociateurs quatre présidens et deux conseillers de chaque chambre du parlement, les premiers présidens et deux conseillers de chacune des autres cours souveraines, deux échevins et deux généraux. Cette séance fut troublée par une foule de peuple qui inonda les salles du palais en criant : *Vive le coadjuteur! vive Beaufort! point de paix! point de Mazarin!* Le premier président, voyant le moment où les portes de la salle des séances alloient être forcées, s'adressa au duc de Beaufort, et lui dit tranquillement : « Monsieur, vous devriez sortir pour apaiser ce tumulte : autrement il pourroit devenir si grand que vous n'en seriez plus le maître vous-même. » Beaufort obéit sans répliquer à cette invitation, et en un instant le palais fut évacué. Après cette séance si tumultueuse, Molé retourna chez lui à pied et sans être accompagné. Dans sa route il fut assailli par le peuple en fureur ; un des séditieux voulut le poignarder. « Mon ami, lui dit-il avec fermeté, quand je serai mort, il ne me faudra que six pieds de terre. » Son sang-froid admirable suffit pour dissiper l'attroupement.

Les généraux, qui craignoient que leurs intérêts ne fussent compromis dans une négociation où le parlement auroit la principale influence, refusèrent de se joindre à lui. Ils dirent à don Joseph que s'ils souffroient cette négociation, c'étoit parce qu'ils étoient sûrs de la faire rompre par le peuple aussitôt qu'ils le voudroient. Ils laissèrent donc partir les députés des cours souveraines, qui commencèrent les négociations dans le château de Ruel. Mazarin s'y étoit rendu ; mais ils déclarèrent qu'ils ne traiteroient pas avec lui, et, pour abréger les discussions, il fut décidé que quatre personnes seulement seroient chargées de débattre les intérêts des deux partis. Ces hommes, auxquels on accordoit une si grande confiance, furent, du côté de la cour, le chancelier Seguier et le secrétaire d'Etat Le Tellier; et, du côté de la Fronde, les présidens Le Coigneux et Viole. Les prétentions s'élevèrent d'abord très-haut : la cour auroit voulu que tous les actes publiés pendant la rebellion fussent cassés, et que les magistrats allassent s'établir à Montargis. Le parlement résistoit hautement à ces conditions, et demandoit au contraire qu'on annulât tous les arrêts du conseil rendus depuis les troubles.

Pendant cette conférence, un nouvel envoyé de l'archiduc, don Francisco de Pilastro, vint à Paris. Les généraux, afin d'effrayer Mazarin, traitèrent avec cet envoyé, et convinrent que les troupes espagnoles destinées à les secourir s'avanceroient jusqu'à Pont-Avère. Le coadjuteur, qui croyoit alors de sa politique d'affecter le plus parfait désintéressement, ne prit aucune part à cette négociation. Croyant la paix inévitable, il étoit résolu, afin de conserver la confiance du peuple et de demeurer l'unique chef du parti, à ne point faire de démarches qui pussent l'engager, soit avec la cour, soit avec les ennemis de l'État. Le parlement, qu'il abandonnoit à lui-même, rendoit, en l'absence de Molé et de Mesmes, les arrêts les plus violens. Jusqu'alors la vente du mobilier de Mazarin s'étoit faite lentement, et sa bibliothèque, composée avec tant de soin par Naudé, avoit été épargnée : il fut ordonné que cette vente, suspendue pendant les conférences, seroit continuée; et les objets les plus précieux furent donnés à vil prix.

Cette mesure n'étoit pas propre à faciliter les négociations qui avoient lieu à Ruel. Mazarin y étoit revenu, malgré les protestations des magistrats. Les disputes devenoient chaque jour plus vives, et les esprits s'aigrissoient au lieu de se rapprocher. Alors le président de Mesmes, frappé des dangers du royaume, voulut avoir un entretien particulier avec le ministre. « Si les choses, lui dit-il, prennent un autre tour, il n'y « aura plus d'espoir de paix, et les mieux intention- « nés seront obligés de suivre le torrent. Notre de- « voir, dans cette position, est de payer de nos per- « sonnes pour sauver l'Etat. Nous hasardons tout : si « nous sommes désavoués, on nous fermera les portes, « on nous fera notre procès, on nous traitera de pré- « varicateurs. C'est à vous, monsieur, de nous faire « des propositions telles qu'elles nous donnent lieu « de justifier nos procédés; quelles qu'elles soient, « nous les signerons toutes. C'est l'unique expédient « qui nous reste : s'il réussit, nous aurons la paix; si « nous sommes désavoués, nous affoiblirons du moins « la faction, et le mal ne tombera que sur nous. »

Un si généreux dévouement étoit bien fait, non-seulement pour toucher Mazarin, mais pour l'éclairer sur sa véritable situation : cependant une nouvelle qu'il attendoit avec anxiété intimida ses ennemis et lui rendit toute sa confiance. Ruvigny, avec l'argent prêté par d'Hervard, avoit réussi à détacher l'armée de Turenne de son chef, et à la mettre sous les ordres de d'Erlac. Désormais le Roi pouvoit compter sur la fidélité de ces troupes, qui passoient pour les meilleures de l'Europe. Turenne, qui devoit être arrêté, s'échappa lui sixième : il se réfugia d'abord chez la landgrave de Hesse sa parente, puis il passa en Hollande.

Cette nouvelle, qui consterna le duc de Bouillon, le coadjuteur et les généraux, rapprocha les négociateurs de Ruel ; ils reconnurent la nécessité de faire des sacrifices réciproques, et les plénipotentiaires du parlement consentirent même à ce que le traité fût signé par Mazarin. Ce traité, conclu le 11 mars à onze heures du soir, contenoit des dispositions qui rendoient quelque lustre à l'autorité royale. Le Roi recevoit la soumission du parlement et de la ville de Paris, et il accordoit une amnistie générale, à partir du 6 janvier. Les arrêts des cours souveraines sur les matières politiques, les lettres de cachet, les déclarations, les arrêts du conseil d'Etat, étoient annulés. Le parlement devoit licencier ses troupes, le Roi éloigner les siennes. La Bastille et l'Arsenal étoient rendus au monarque : toute liaison avec l'Espagne étoit rompue. Aucune assemblée des chambres ne pouvoit avoir lieu jusqu'à la fin de l'année que pour les mercuriales. Les généraux avoient trois jours pour accéder à ce traité, qui devoit être enregistré dans un lit de justice tenu à Saint-Germain.

Les plénipotentiaires du parlement apportèrent à Paris ce traité le surlendemain 13 mars. Les généraux avoient excité le peuple contre eux : ils pensèrent être massacrés. La séance qui eut lieu le même jour au parlement, ne fut pas moins orageuse. Le duc d'Elbœuf, qui s'étoit flatté d'acquérir une grande fortune par la guerre civile, apostropha le premier pré-

sident et lui reprocha d'avoir sacrifié les intérêts des chefs de l'armée. « Si le parlement, lui répondit sé-
« vèrement Molé, a abandonné les généraux, ils ne
« se sont pas abandonnés eux-mêmes, puisqu'ils ont
« traité avec les ennemis de l'Etat. » D'Elbœuf, un peu déconcerté, répliqua que si c'étoit un crime, plusieurs magistrats en étoient complices. « Nom-
« mez-les, lui dit aussitôt le premier président d'une
« voix menaçante, nommez-les, et nous leur fe-
« rons leur procès comme à des criminels de lèse-
« majesté. »

La populace furieuse remplissoit les salles, et crioit qu'il falloit non-seulement brûler la signature de Mazarin, mais égorger tous ses partisans. Molé, avec une présence d'esprit digne d'admiration, sut contenir sa compagnie : son intrépidité imposa silence aux factieux, affermit les bien intentionnés, rassura les foibles ; et il fit décider que les plénipotentiaires, conformément au traité, retourneroient à Ruel pour y discuter les prétentions des généraux. Lorsque la séance fut terminée, la rage du peuple ne se calmant point, on engagea Molé, contre qui s'élevoient les plus horribles imprécations, à se retirer secrètement par le greffe. « La cour, répondit-il, ne se cache ja-
« mais : si j'étois assuré de périr, je ne commettrois
« pas cette lâcheté, qui ne serviroit d'ailleurs qu'à
« donner de la hardiesse aux séditieux. Ils me trou-
« veroient bien dans ma maison s'ils imaginoient que
« je les eusse redoutés. » Les ennemis les plus acharnés du premier président ne purent s'empêcher d'être émus par tant de courage. En sortant du palais, le coadjuteur lui donna le bras, résolu de le défendre au

péril de sa vie ; et le duc de Beaufort accorda la même protection au président de Mesmes. Dans le chemin, ils entendirent quelques voix faire retentir le cri de *république* : signal que l'exemple de l'Angleterre rendoit sinistre et redoutable, mais qui, par bonheur, étoit à peine compris par la multitude.

Cependant un troisième émissaire de l'archiduc, don Gabriel de Tolède, étoit arrivé à Paris. Non content de ce qui avoit été accordé à Pilastro, il vouloit que les généraux reçussent les troupes espagnoles dans la capitale. Ceux-ci ne l'écoutèrent que pour intimider le ministre, et lui arracher de meilleures conditions. Dans leurs folles prétentions, ils ne demandoient pas moins que la moitié du royaume. Mazarin ne les combattit qu'en rendant leurs propositions publiques. Cette avidité, qui faisoit un contraste si frappant avec le désintéressement du coadjuteur, ouvrit les yeux aux frondeurs les plus obstinés ; et dès lors les princes et les seigneurs furent perdus dans l'opinion. Le prince de Conti voulut en vain réparer cette faute, en déclarant au parlement [20 mars] que les généraux n'avoient exigé tant de concessions que pour prendre leurs sûretés contre Mazarin ; mais que, s'il étoit exclu du ministère, ils retireroient toutes leurs demandes. La suite fit voir combien cette déclaration étoit peu sincère.

En effet, ils consentirent huit jours après à ce que Mazarin restât en place. En rabattant des prétentions évidemment exagérées, ils obtinrent tout ce qu'ils désiroient, tandis que les subalternes n'eurent que la honte de les avoir servis à leurs dépens et sans aucun avantage. Le duc de Longueville avoit exigé qu'on lui donnât le Pont de l'Arche, place importante de la Normandie; le ministre ne s'étoit pas clairement expliqué, mais le prince de Condé avoit promis à son beau-frère d'employer toute son influence pour qu'il fût satisfait : engagement imprudent qui devoit avoir les suites les plus funestes.

Le traité conclu le 11 mars fut un peu modifié; on convint qu'il n'y auroit point de lit de justice à Saint-Germain, que les chambres pourroient s'assembler pendant le reste de l'année, en promettant néanmoins de ne pas user de cette permission; et que le gouvernement de la Bastille seroit donné à La Louvière, fils de Broussel. Le 5 avril, on chanta un *Te Deum* pour le rétablissement de la paix intérieure; mais personne n'étoit satisfait, et tout portoit à croire que les troubles ne tarderoient pas à renaître. La Reine resta encore quelques jours à Saint-Germain, où elle reçut avec beaucoup de froideur madame de Longueville qui vint la saluer; puis, résistant aux sollicitations des magistrats qui la prioient de revenir à Paris, elle conduisit le Roi à Compiègne, sous le prétexte de réorganiser l'armée royale qui devoit partir pour Ypres, assiégé alors par l'archiduc.

Avant de quitter Saint-Germain, la Reine, instruite de l'intrigue du chef de la Fronde avec la fille de madame de Chevreuse, avoit ordonné à ces deux dames de quitter Paris. Le coadjuteur, dans l'ardeur d'une passion nouvelle, blessa toutes les convenances de son état, en faisant publiquement des démarches pour empêcher cet exil. Dissimulant mal son embarras, il alla chez le premier président, auquel il représenta que c'étoit surtout contre les actes arbitraires et les lettres de cachet que la magistrature s'étoit soulevée ; et il le supplia d'employer son crédit auprès de la Reine pour faire révoquer une mesure qui ne manqueroit pas d'irriter le peuple à peine calmé. Molé, lisant dans ses yeux le motif qui l'amenoit, et sentant qu'il pouvoit être dangereux de le contrarier, ne le laissa pas achever. « C'est assez, mon bon seigneur, « lui dit-il ; vous ne voulez pas qu'elle parte, elle ne « partira pas. » Et s'approchant de son oreille, il ajouta malignement : « Elle a les yeux fort beaux. » Gondy, n'ayant plus à craindre l'éloignement de mademoiselle de Chevreuse, résolut de faire jouer à cette jeune personne un rôle important dans ses intrigues politiques. Il eut d'abord l'idée de la marier au duc de Beaufort, persuadé qu'elle prendroit bientôt sur ce prince foible l'empire qu'avoit eu jusqu'alors madame de Montbason, et que ce mariage ne l'empêcheroit pas de continuer son commerce avec elle ; puis, à la faveur des troubles, il la destina, comme on le verra, à un établissement beaucoup plus brillant.

Le prince de Condé, auquel Mazarin devoit son salut, étoit devenu le maître de la cour. Enivré des succès qu'il avoit obtenus à un âge où les hommes ordinairement commencent à peine leur carrière [1], croyant être aussi habile dans le gouvernement d'un Etat que dans le commandement d'une armée, il ne montroit pas cette sagesse et cette modération qui seules auroient pu le préserver des orages dont il étoit menacé. Plusieurs jeunes gens qui avoient servi sous lui l'entretenoient par leurs flatteries dans ces dispositions dangereuses ; ils étoient avantageux, indis-

---

[1] Il avoit vingt-huit ans.

crets, téméraires, ne mettoient aucune borne à leurs prétentions insensées; et la cour, dont ils vouloient être les arbitres, leur avoit donné le nom de *petits-maîtres* : mot que notre langue a conservé à peu près dans la même acception. Ces seigneurs, dont quelques femmes avoient exalté la vanité, s'amusoient à braver les frondeurs, qui étoient aussi étourdis qu'eux; et il résultoit de cette lutte des désordres et une licence dont la capitale fut constamment troublée pendant la courte trève que les deux partis avoient conclue.

Le lieu où la jeunesse se rencontroit le plus souvent étoit le jardin de Renard. Cet homme, qui avoit été autrefois valet de chambre de Potier, évêque de Beauvais, et ensuite garde des meubles du Roi, étoit parvenu à se concilier la bienveillance de la Reine, en allant chaque matin lui porter un bouquet. Reconnoissant des bontés de la princesse, il avoit fait faire un tableau où il figuroit sous les traits d'un jeune homme qui offre des fleurs à la Fortune; la déesse, d'une main, recevoit les fleurs, et de l'autre faisoit tomber une pluie d'or. La Reine, qui s'étoit amusée de cette allégorie, avoit accordé à Renard la jouissance d'une partie du jardin des Tuileries; il y avoit fait bâtir une jolie maison qui étoit devenue à la mode, et où les jeunes seigneurs alloient se régaler.

Ce jardin fut le théâtre des premiers désordres. Le marquis de Jarzai, l'un des plus fous d'entre les petits-maîtres, y alloit fréquemment souper avec ses amis, et il ne manquoit pas dans des orgies de porter plusieurs fois la santé de Mazarin. Peu satisfait de ces triomphes faciles, il voulut attaquer la Fronde dans ses chefs ; et, s'étant vanté de *faire manger de l'herbe à tous les bonnets carrés* (c'étoit ainsi qu'il désignoit le parlement), il résolut d'insulter publiquement le duc de Beaufort, qu'il avoit la simplicité de considérer comme l'homme le plus important du parti. Accompagné de Bouteville, depuis maréchal de Luxembourg, du commandeur de Souvray et du duc de Candale, il se promenoit dans la grande allée des Tuileries, lorsqu'il vit arriver le duc de Beaufort suivi de quelques jeunes magistrats. Ayant aussitôt formé le projet de lui disputer le passage, il n'eut pas l'occasion de l'exécuter, parce que le duc, qui ne faisoit aucune attention à lui, alla causer avec un conseiller dans une autre allée. Cette retraite, que Jarzai attribua mal à propos à la peur, enfla son orgueil, et il répandit partout que les frondeurs avoient reculé devant lui. Son indiscrétion ne fut pas long-temps impunie. Beaufort, ayant appris qu'il devoit donner un grand souper à ses amis dans le jardin de Renard, s'y rendit avec deux cents gentilshommes frondeurs; il fit entourer la table, tira brusquement la nappe, et renversa les mets sur les convives. Ceux-ci mirent l'épée à la main; mais n'étant pas les plus forts, il leur fallut céder. Un grand nombre de duels auroient suivi cette scène ridicule, si Gaston, à la sollicitation de la Reine, n'eût arrangé l'affaire. Les frondeurs crurent avoir triomphé, et ils firent courir un pamphlet intitulé : *Le branle des Mazarins dansé dans la maison de Renard, et composé par M. le duc de Beaufort.*

Des satires bien plus dangereuses circuloient publiquement ; et le parlement, malgré ses intentions hostiles contre la cour, ne put s'empêcher de fixer ses regards sur l'une de ces pièces, imprimée chez Marlot et intitulée : *La Custode du lit de la Reine*. C'étoit une peinture indécente de la prétendue liaison de la princesse avec Mazarin. Marlot ayant été arrêté fut condamné à être pendu ; mais, pendant qu'on le conduisoit au supplice, des garçons libraires et imprimeurs se mirent à crier que ce malheureux ne périssoit que pour avoir attaqué le ministre : le peuple se souleva, les archers furent un moment dispersés, le lieutenant criminel courut risque de la vie, et Marlot fut arraché à l'échafaud.

C'étoit surtout après s'être livrés chez des baigneurs à la débauche de la table, que les seigneurs frondeurs outrageoient non-seulement l'autorité royale, mais tout ce que la religion a de plus sacré. Un jour le duc de Brissac, Fontrailles, Matha et quelques autres, en sortant d'un festin, aperçurent des valets de pied du Roi, et les insultèrent. Ces hommes, ayant demandé qu'on respectât la livrée de leur maître, furent indignement battus. « Les rois ne sont plus de mode, « leur dit un de ceux qui les frappoient ; cela étoit « bon pour le temps passé. Allez porter ce que nous « vous donnons à votre maître, à la Reine et au car- « dinal. » La cour n'osa poursuivre les coupables, parce que, pour faire juger Brissac, il auroit fallu assembler les chambres. D'autres seigneurs du même parti ayant dîné chez Coulon, fameux baigneur, rencontrèrent un enterrement, et apprirent que l'homme qu'on portoit en terre étoit *Mazarin*. Ils se précipitèrent l'épée à la main sur la croix qui précédoit le cortége, en criant : *Voilà l'ennemi!* Mais le peuple témoigna son horreur de cette profanation, et la cérémonie funèbre put être achevée.

Cette anarchie régnoit non-seulement à Paris, mais dans presque toute la France; on refusoit de payer les impôts, la contrebande se faisoit publiquement, les rentes sur l'hôtel-de-ville ne pouvoient être acquittées, la cour éprouvoit le plus affreux dénûment, et la table du Roi étoit renversée.

Ce fut dans cette circonstance que le coadjuteur donna une scène qui ranima toutes les anciennes fureurs du peuple. Le duc de Beaufort, après s'être échauffé en jouant à la paume, but de la bière trop froide, et éprouva une colique violente. Le bruit se répandit qu'il avoit été empoisonné par le ministre; et quoique, au bout de quelques heures, son état n'inspirât plus aucune crainte, on soutint qu'il étoit encore en danger. A l'instant toutes les églises furent remplies de personnes qui sollicitoient sa guérison; et il fallut que pendant plusieurs jours l'hôtel de Vendôme fût ouvert à la multitude, afin qu'elle pût y contempler son idole. Très-peu de gens crurent de bonne foi au crime imputé à Mazarin, mais presque tout le monde se plut à en parler comme d'une chose certaine. Le coadjuteur ayant ainsi raffermi son crédit dans la capitale, reçut secrètement don Antonio Pimentel, quatrième émissaire de l'archiduc Léopold; il refusa l'argent que l'Espagne lui offroit, mais il s'assura du secours de cette puissance en cas qu'il en eût besoin. Instruit des divisions qui commençoient à déchirer la cour, il négocioit en même temps avec la Reine, par le moyen de madame de Chevreuse, mère de sa maîtresse.

Ces divisions étoient causées par les prétentions exagérées du prince de Condé : se vantant d'*avoir tiré Mazarin du gibet,* il croyoit devoir tout obtenir de ce ministre, qui, de son côté, auroit voulu ne lui accorder que le moins possible. Madame de Longueville profita de ces dispositions d'un frère dont elle avoit été long-temps chérie, et elle ne désespéra pas de le brouiller irrévocablement avec une cour qu'il avoit jusqu'alors fait gloire de défendre. Le rôle brillant qu'elle avoit joué à l'hôtel-de-ville de Paris pendant la guerre lui donnoit du goût pour les intrigues politiques : elle se croyoit en état de les diriger, et elle ne voyoit dans le retour de la tranquillité que l'obligation dont elle n'auroit pu se dispenser de retourner avec son mari. Marsillac, qui avoit beaucoup d'empire sur elle, la poussoit à une démarche décisive, et il se flattoit que rien ne pourroit résister à un parti qui auroit Condé à sa tête. Madame de Longueville, d'après les conseils de son amant, fit donc tous ses efforts pour se rapprocher de son frère, et elle y réussit par le moyen de la princesse leur mère, qui, ne connoissant pas ses motifs secrets, crut servir l'Etat en rétablissant la paix dans sa famille.

A peine cette réconciliation fut-elle faite, que madame de Longueville employa pour parvenir à son but toutes les ressources de son esprit aimable et insinuant. Prenant tour à tour le ton du reproche et celui de la plaisanterie, tantôt elle disoit au prince qu'il ne faisoit rien pour l'élévation de leur maison, et tantôt elle rioit de lui voir exécuter les ordres de Mazarin. Une nouvelle combinaison du ministre la servit merveilleusement : il avoit formé le projet de marier l'une de ses nièces au duc de Mercœur, frère du duc de Beaufort. Alors elle soutint à son frère que cet homme, qui lui devoit tout, cherchoit un autre appui que le sien, et se ménageoit habilement les moyens d'être ingrat. Ces discours firent sur lui l'impression la plus profonde; cependant il ne s'expliqua point, et laissa seulement entrevoir que sa conduite seroit réglée par les circonstances. Peu de temps après il partit pour son gouvernement de Bourgogne, dans l'intention de s'y faire des partisans. La Reine, avertie des menées de madame de Longueville, le vit partir avec regret; quand il vint prendre congé d'elle, il lui parut que ses manières avoient quelque chose de contraint et de dissimulé. « J'espère, monsieur, lui « dit-elle, que notre amitié sera désormais aussi cons- « tante qu'elle l'a été depuis la régence; il faut que « cela soit, malgré ceux qui désirent le contraire. »

Mazarin, moins affligé du départ de ce prince, crut qu'il pourroit sortir de sa dépendance s'il lui étoit possible d'obtenir sans lui quelques succès à la guerre. Il chargea donc le comte d'Harcourt de s'emparer de Cambray, et transporta la cour dans Amiens, afin d'être plus à portée de seconder les opérations du général; mais l'archiduc étant accouru au secours de la place, le siége fut levé, et le sennemis du ministre eurent un nouveau prétexte pour le décrier. Paroissant peu affecté de ce désagrément, il ramena la cour à Compiègne, et annonça l'intention de la faire bientôt rentrer à Paris. Il sentoit la nécessité de la présence du Roi pour rétablir quelque ordre dans la capitale; mais, avant de faire les préparatifs nécessaires, il lui fallut donner une somme considérable à madame de Montbason, afin qu'elle obtînt du duc de Beaufort qu'il ne s'opposât point à ce retour.

La nouvelle de l'arrivée prochaine du Roi produisit à Paris une vive sensation; et les mêmes hommes qui l'avoient en quelque sorte chassé de la ville, n'étant plus alors excités par les chefs de la Fronde, firent éclater beaucoup de joie. Le coadjuteur, voulant se donner tout l'honneur de cet événement, empêcha Beaufort d'aller à Compiègne, et résolut de s'y transporter lui-même, sans s'arrêter aux conseils de ses amis qui craignoient qu'il n'exposât sa liberté ou ses jours, en se mettant au pouvoir d'un ennemi implacable. Il connoissoit mieux qu'eux le caractère du ministre. En partant, il déclara qu'il ne le verroit pas, et tint parole, malgré les instances de la Reine qui le reçut avec bonté. Condé étoit revenu de Bourgogne, où il avoit formé une étroite liaison avec Bouchu, président du parlement. Son mécontentement n'éclatoit pas: il écoutoit madame de Longueville sans avoir l'air de vouloir suivre ses avis, et il sembloit encore indécis sur le parti qu'il prendroit. Comme la Reine n'attendoit que le retour de ce prince pour ramener son fils à Paris, l'entrée solennelle de la cour fut fixée à quelques jours de là [18 août].

Le jeune monarque fut reçu avec des acclamations en apparence unanimes; mais les frondeurs remarquèrent que Condé occupoit avec Mazarin une des portières du carrosse, et qu'ainsi le prince se déclaroit publiquement le protecteur du ministre. Ils exhalèrent leur humeur, et ce fut principalement sur la Reine qu'elle tomba. Cette princesse avoit menacé de punir sévèrement les séditieux, et elle revenoit au milieu d'eux avec l'impuissance de réprimer les outrages même les plus criminels. Son caractère sembloit se démentir, et l'on attribuoit à la crainte ce qui n'étoit que l'effet de la politique. Ce fut sur cette idée que le baron de Blot fit la chanson suivante, qui fut bientôt dans toutes les bouches :

La Reine a dit en sortant de la ville :
« Je m'en ressouviendrai ;
« Sachez, Français, que je suis de Castille,
« Que je me vengerai ;
« Ou bien j'aurai la mémoire perdue. »
Elle est revenue,
Dame Anne,
Elle est revenue.

La Reine a dit : « J'ai souffert en chrétienne
« Un si sensible affront :
« Je gagerois qu'avant que je revienne
« Ils s'en repentiront. »
Elle a, ma foi, sa gageure perdue :
Elle est revenue,
Dame Anne,
Elle est revenue.

Mazarin, qui avoit pour principe de laisser dire pourvu qu'on le laissât faire, donna peu d'attention à cette chanson satirique. A peine fut-il établi au Palais-Royal, qu'il s'occupa sérieusement du mariage de sa nièce avec le duc de Mercœur. Le duc de Vendôme y consentit, mais il fut désavoué par son fils aîné le duc de Beaufort; et le prince de Condé, sentant que Mazarin n'auroit plus besoin de lui si cette union se consommoit, témoigna son mécontentement par des

propos injurieux pour le ministre, dont il traita les nièces avec le dernier mépris. Il dit un jour qu'*elles étoient à peine bonnes pour épouser ses valets.* « Si Mazarin se fâche, ajouta-t-il, j'ordonnerai à Cham-
« fleury, son capitaine des Gardes, de me l'amener
« par la barbe à l'hôtel de Condé. »

Mazarin, dissimulant ces outrages, tâcha de ramener le prince par les promesses les plus séduisantes. Il lui offrit, soit la principauté de Montbelliard, soit celle de Charleville, soit le duché de Rhételois, qui étoient en vente. Voyant que ces ouvertures ne réussissoient pas, il lui fit proposer de conquérir la Franche-Comté, dont il seroit ensuite le souverain. Il alla même jusqu'à lui promettre qu'il recevroit de la Reine l'épée de connétable à laquelle prétendoit Gaston, afin de conserver le commandement suprême des armées après la majorité du Roi. Condé, persuadé que ces offres n'étoient que des piéges, les rejeta toutes.

Des troubles en Provence et en Guienne aigrirent encore les divisions du prince et du ministre. Les parlemens d'Aix et de Bordeaux faisoient la guerre au comte d'Alais et au duc d'Epernon, leurs gouverneurs. Ces deux cours avoient sollicité l'appui du parlement de Paris; les frondeurs s'étoient efforcés d'obtenir, à cette occasion, une assemblée des chambres : mais le premier président avoit modéré leur fougue, et les magistrats étoient entrés en vacance. Dans le conseil du Roi, ces désordres donnèrent lieu à des débats beaucoup plus violens, parce que Condé, qui haïssoit d'Epernon, avoit pris le parti du parlement de Bordeaux, et que Mazarin, qui se défioit du comte d'Alais parent et ami du prince, soutenoit le parlement d'Aix. Madame de Longueville, aidée de Chavigny qui, sorti de prison depuis la dernière pacification, étoit venu se fixer à Paris, ne négligea aucun moyen de provoquer entre son frère et le ministre une rupture irrévocable; et elle parvint à rapprocher Condé des frondeurs, qu'il avoit jusqu'alors détestés. Il eut des conférences secrètes avec le duc de Bouillon; et, se déclarant ouvertement le protecteur de ce prince, il demanda qu'il fût dédommagé de la principauté de Sedan qui lui avoit été enlevée sous le ministère de Richelieu.

Cependant Mazarin continuoit de presser le mariage de sa nièce avec le duc de Mercœur. Condé, pour l'embarrasser plutôt que dans l'espoir d'obtenir ce que désiroit son beau-frère le duc de Longueville, lui demanda pour ce prince le Pont-de-l'Arche, place importante de Normandie; et il prétendit que le ministre l'avoit promise en signant la paix. Mazarin, fatigué de ses prétentions, osa la lui refuser nettement; ce qui entraîna une scène à la suite de laquelle le prince passa la main sous le menton du cardinal, et lui dit avec un sourire moqueur : « Adieu, Mars. » [12 septembre.] Trois jours après, Condé, cédant aux pernicieux conseils de ceux qui l'entouroient, déclara publiquement qu'il ne vouloit plus être le serviteur ni l'ami du plus lâche et du plus ingrat des hommes; qu'il étoit las de porter seul la haine publique, et qu'il falloit que Mazarin quittât le ministère et le royaume. Non content de cet éclat, il lui écrivit quelques jours après une lettre pleine de sarcasmes, dont l'adresse portoit : *A l'illustrissimo signor fachino.*

On vit alors les frondeurs se mettre en foule à la suite du prince de Condé. Beaufort et le coadjuteur allèrent lui offrir leurs services ; et ce dernier se réconcilia facilement avec madame de Longueville, qui sacrifia son ressentiment au désir de jouer un grand rôle dans une faction. Plusieurs conseils furent tenus à l'hôtel de Condé : on y conçut le plan d'un nouveau ministère, à la tête duquel seroient Châteauneuf et Chavigny, et dont le coadjuteur feroit partie. Le prince, pour cimenter sa réconciliation avec les frondeurs, leur donna dans le même temps un dîner chez un célèbre baigneur nommé Prud'homme. Le coadjuteur, Beaufort, le maréchal de La Motte, Noirmoutiers, Laignes, Turenne y furent admis : on y chanta les chansons les plus outrageantes pour le ministre, et Condé parut y applaudir. Mais ce jeune prince, peu versé dans la connoissance des hommes, méprisoit plus Mazarin qu'il ne le haïssoit, et sacrifioit ses véritables intérêts à un dépit que la moindre apparence de soumission pouvoit faire cesser.

Le ministre, qui le connoissoit bien, fit sentir à l'abbé de La Rivière, favori de Gaston, que son maître deviendroit absolument nul si Condé se rangeoit décidément du côté des frondeurs ; et cet abbé obtint facilement de l'oncle du Roi qu'il se portât pour médiateur dans cette grande querelle. Rien ne fut négligé pendant la négociation pour flatter la vanité du prince ; et, comme on le prenoit par son foible, il consentit, malgré les représentations et les larmes de madame de Longueville, à se rapprocher de l'homme dont peu de jours auparavant il avoit juré la perte. Les conditions qu'il imposa furent très-dures : il voulut que le Pont-de-l'Arche fût sur-le-champ donné au duc de Longueville; que le mariage de mademoiselle de Mancini avec le duc de Mercœur fût rompu; que les nièces du ministre ne se mariassent que de son consentement; qu'aucune charge, aucun bénéfice ne fussent donnés sans sa participation; et que le choix des généraux ainsi que des officiers de l'armée lui fût soumis. Mazarin, bien certain d'éluder quand il le voudroit ces engagemens, y souscrivit sans peine. Les frondeurs accusèrent Condé de duplicité et de perfidie; et ce prince, brouillé avec ses anciens et ses nouveaux amis, se trouva en apparence le maître de la cour. Mais son orgueil l'empêcha d'apercevoir que sa situation étoit devenue aussi difficile que dangereuse.

L'essai qu'il s'empressa de faire de son autorité ne fut pas heureux: il obtint de la Reine que, contre les règles de la cour, elle donnât le tabouret à deux femmes de ses amies, la princesse de Marsillac et madame de Pons. Cette promotion excita les murmures des ducs, des maréchaux de France et de la haute noblesse: les simples gentilshommes se joignirent à eux; et, dans les premiers jours de décembre, une assemblée imposante de la noblesse se réunit chez Montglat, grand-maître de la garde-robe. Elle choisit pour son président le maréchal de L'Hospital; et elle rédigea une requête fort énergique à la Reine, qui ne fut pas fâchée, non plus que son ministre, de voir un parti nombreux et puissant se former contre Condé.

Mais Mazarin ne jouit pas long-temps de cette petite satisfaction. Le coadjuteur et les frondeurs, qui ne cherchoient qu'à remuer, se réunirent à la noblesse, et l'entraînèrent à inviter le clergé, qui étoit alors assemblé, à se joindre à elle. Il ne manquoit plus que le tiers-état pour former les Etats-généraux, qui étoient universellement demandés, et que la Reine avoit promis pendant le blocus de la capitale. Le ministre, effrayé des suites que pourroit avoir une assemblée aussi puissante dans des temps de troubles, prodigua de nouveau les soumissions et les flatteries au prince de Condé : il parvint à le faire consentir à la suppression des deux tabourets ; et la noblesse, qui s'étoit réunie sous un si frivole prétexte, trompa les espérances des frondeurs en se séparant.

Au milieu de ces divisions, les finances étoient tombées dans le désordre le plus complet. Le maréchal de La Meilleraye, à qui elles avoient été confiées l'année précédente, les avoit volontairement abandonnées ; et cette administration avoit été provisoirement confiée aux directeurs généraux d'Aligre et Morangis. Tous les financiers, tous ceux qui se mêloient d'affaires, des hommes de la cour, quelques magistrats même intéressés dans les emprunts, désiroient le retour de d'Emery, sacrifié peu de temps auparavant avec tant d'éclat, et dont on regrettoit l'habileté et les vastes conceptions. Mazarin eut l'air de céder à une espèce de vœu général en le rappelant ; mais il se fit un ennemi mortel du président de Maisons, frère de Longueil, auquel il avoit promis la surintendance à la dernière pacification. Le crédit parut se rétablir à l'arrivée du nouveau surintendant ; il fit distribuer de l'argent au petit peuple, et il déconcerta pour quelques jours les projets séditieux des frondeurs.

Cette faction, ne pouvant disposer de la populace qui sembloit calmée prit le parti de soulever une classe de bourgeois très-nombreuse et très-puissante dans la capitale. Les fonds pour payer les rentes de l'hôtel-de-ville de Paris se prenoient sur le produit des entrées ; et, malgré les soins de d'Emery, ce produit étoit devenu presque nul, parce que la licence qui régnoit empêchoit depuis long-temps de le recouvrer avec exactitude. Les rentiers, se trouvant donc en arrière de plusieurs quartiers, témoignoient beaucoup de mécontentement, et étoient fort disposés à suivre l'impulsion qui pourroit leur être donnée par les factieux. L'un d'eux, nommé Joly, conseiller au châtelet, étoit étroitement attaché au coadjuteur, et fut chargé par lui d'exciter ses confrères. C'étoit un homme qui poussoit la hardiesse jusqu'à la témérité : aucun scrupule ne l'arrêtoit quand il s'agissoit d'exécuter les ordres de celui qu'il regardoit comme son maître ; son esprit étoit cultivé, et une éloquence entraînante pouvoit lui procurer un grand ascendant sur des bourgeois peu éclairés.

Joly parvint à convoquer une assemblée générale des rentiers, parmi lesquels se trouvoient plusieurs magistrats : il les harangua et leur fit partager ses ressentimens. Le résultat de la délibération assez orageuse qui s'ouvrit fut la création de douze syndics, et l'envoi d'une députation chargée de solliciter l'appui du coadjuteur et du duc de Beaufort. Ce commencement de révolte fixa l'attention du premier président, qui assembla chez lui les rentiers, leur promit que le parlement appuieroit leurs justes réclamations, et chercha, mais en vain, à obtenir d'eux qu'ils renonçassent à leurs syndics. Mazarin employa d'autres moyens pour tirer parti de ce trouble, puisqu'il étoit impossible de le calmer. Il fit répandre le bruit que les frondeurs, indignés de la conduite du prince de Condé dont ils venoient d'être abandonnés, avoient contre lui des projets d'assassinat. Pour donner quelque vraisemblance à cette fable, il résolut de se servir du marquis de La Boulaye, disposé à embrasser le parti qui le paieroit le mieux, et que nous avons vu, au commencement de la guerre civile, appelé un moment au commandement général de la milice parisienne. Il lui fut facile de le gagner, et de le rendre le principal agent d'une intrigue très-extraordinaire. En même temps le ministre, pour cacher son jeu, donna l'ordre d'arrêter Descoutures, l'un des syndics les plus ardens. Cet homme n'étoit pas chez lui lorsqu'on vint pour le saisir.

Les frondeurs, inquiets des bruits que faisoit circuler Mazarin, tinrent pendant la nuit un grand conseil chez le président de Bellièvre. On y remarquoit le coadjuteur, Noirmoutiers, Fosseuse, Laignes, Argenteuil et Joly. Beaufort n'y avoit pas été admis, parce que madame de Montbason savoit lui arracher tous ses secrets. La délibération fut longue, et l'on décida enfin que le meilleur moyen de faire tomber les bruits qui couroient étoit de persuader au peuple que la cour avoit voulu faire assassiner l'un des rentiers. Joly se présenta pour jouer le principal rôle dans ce drame; et toutes les mesures furent prises pour qu'il produisît le plus grand effet.

Le samedi 11 décembre, à sept heures et demie du matin, Joly passa en carrosse dans la rue des Bernardins. En face de la maison du président Charton, l'un des syndics, un agent du coadjuteur, nommé Destainville, tira un coup de pistolet dans le carrosse, et prit la fuite. Joly, qui s'étoit fait d'avance une légère blessure au bras, fut conduit chez un chirurgien du voisinage; et quand il fut pansé on le transporta chez lui. Ce prétendu assassinat répandit la terreur dans le quartier, et ensuite dans le reste de la ville. Les frondeurs firent croire qu'il avoit été ordonné par le ministre; et le président Charton, saisi d'un effroi dont les frondeurs ne purent s'empêcher de rire, vint supplier le parlement de lui donner des gardes. On décida qu'il seroit fait une enquête.

Deux heures après, le marquis de La Boulaye commença le rôle dont Mazarin l'avoit chargé. Il se précipita dans le palais avec deux cents hommes de la plus vile populace : tous crioient que, après avoir assassiné Joly, on alloit tuer le duc de Beaufort. Cette troupe parcourut ainsi la cité, cherchant plus à faire du bruit qu'à provoquer un véritable soulèvement. A l'entrée de la nuit, La Boulaye, conformément aux instructions du ministre, plaça huit cavaliers sur le Pont-Neuf, vis-à-vis la place Dauphine, lieu où devoit passer le prince de Condé en revenant du Palais-Royal; et il se posta dans la chambre d'une femme publique, d'où il pouvoit observer tout ce qui se passeroit. Les cavaliers prirent bientôt querelle avec les bourgeois et le guet : dans ce moment un écuyer du prince de Condé traversa le pont en carrosse, et l'on tira sur lui.

La nouvelle de ce qui vient d'arriver est aussitôt portée au Palais-Royal : on ne doute plus qu'un complot ne soit formé pour assassiner Condé. Le prince, toujours intrépide, veut aller lui-même vérifier les faits ; mais tout le monde le conjure de ne point exposer sa vie. Il est enfin décidé qu'à onze heures du soir l'un de ses gens se mettra dans son carrosse et passera sur le pont : l'épreuve semble décisive, car le malheureux écuyer est blessé d'un coup de fusil précisément à l'endroit indiqué. Alors tous les gentilshommes qui se trouvent chez la Reine montent à cheval, et reconduisent le prince à son hôtel.

Mazarin, satisfait du succès de ses premières tentatives, fit répandre le lendemain les bruits les plus alarmans. On disoit que non-seulement les frondeurs avoient voulu faire périr le prince, mais que leur projet étoit d'enlever le Roi : ces bruits étoient accueillis avidement par leurs ennemis, et acquirent tant de consistance que Beaufort fut sur le point de se sauver à Mézières. Le coadjuteur, déterminé à braver l'orage, le retint, et lui fit sentir qu'en fuyant il se déclareroit coupable. Tous deux prodiguèrent, mais en vain, leurs efforts pour persuader à Condé qu'ils étoient innocens. Le prince, aigri contre eux, présenta le 14 décembre une requête au parlement, à l'effet d'obtenir qu'on poursuivît ceux qu'il soupçonnoit d'avoir voulu l'assassiner. La Boulaye et deux hommes obscurs furent décrétés de prise de corps ; mais le premier, puissamment protégé, s'échappa sur un cheval des écuries du ministre.

L'enquête commença, et le parlement entendit trois témoins dont l'existence équivoque et les noms ridicules servirent merveilleusement le parti de la Fronde : ces hommes s'appeloient Cantot, Gorgibus et Sociande. Ils étoient munis de brevets du Roi contresignés Le Tellier, par lesquels il leur étoit prescrit d'assister aux assemblées des rentiers qui se tenoient chez Descoutures, de feindre de partager leur mécontentement, et de rendre compte au gouvernement de tout ce qui se passeroit. Ces témoins à brevets, les seuls qu'on eût pu trouver jusqu'à ce moment, blessèrent toutes les idées reçues sur l'administration de la justice; les plus honnêtes gens pensèrent qu'on avoit compromis la dignité royale en donnant de semblables brevets, et plusieurs soutinrent que des espions vendus au ministère ne dévoient pas être admis comme témoins. Le coadjuteur profita très-habilement de ces dispositions, qui ne pouvoient manquer d'attirer beaucoup d'intérêt sur sa cause : les curés de Paris le secondèrent avec zèle, et en un moment tous les nuages dont Mazarin avoit voulu envelopper sa conduite furent dissipés.

Ce changement si subit dans l'opinion n'empêcha pas le ministre d'essayer du moins de compromettre le coadjuteur, afin de lui imposer silence pour quelque temps. L'information contenoit quelques charges contre lui, mais elles ne paroissoient pas assez sérieuses aux avocats généraux Talon et Bignon pour entrer dans le réquisitoire du ministère public; et il n'y eut que le procureur général Méliant qui voulut qu'il en fût fait mention. Mazarin se flattoit aussi de pouvoir empêcher Gondy d'assister à la séance du parlement, où cette grande affaire devoit être débattue. A sa prière, la Reine avoit ordonné au vieil archevêque de Paris, oncle du coadjuteur, d'y aller prendre place. Mais Gondy en ayant reçu l'avis, la veille de la séance, par un billet de madame de Lesdiguières, l'une de ses amies, trouva sur-le-champ le moyen de prévenir l'exécution d'un ordre qui l'auroit mis dans l'impossibilité de se défendre. Le chirurgien de son oncle lui étoit vendu : cet homme, en se servant d'une ruse de comédie, persuada facilement au vieillard qu'il étoit malade, qu'il courroit le plus grand danger s'il sortoit de sa chambre ; et l'archevêque, donnant dans le piége, envoya dès le grand matin présenter ses excuses à la Reine.

La séance où de si grands débats devoient avoir lieu étoit fixée au 22 décembre. Le prince de Condé s'y rendit avec un cortége de plus de mille gentilshommes ; le coadjuteur y parut presque seul, et tout le monde fut frappé de sa hardiesse. Il déclara que, se voyant accusé, il apportoit sa tête ; qu'il renonçoit à tous les priviléges de son rang ; mais que, si l'accusation étoit fausse, il demandoit la punition des calomniateurs. Il avoit été décidé qu'on s'occuperoit d'abord de l'affaire de Joly ; mais le président de Mesmes soutint qu'on devoit commencer par découvrir les mystères d'un complot qui menaçoit le Roi et l'État. Il parut persuadé qu'on avoit voulu non-seulement assassiner le prince de Condé, mais enlever le jeune monarque pour le dépouiller de son autorité ; et il finit par comparer à la conjuration d'Amboise ce qui n'étoit que le résultat d'une frivole intrigue. Le parlement, entraîné par le ton de solennité avec lequel il avoit parlé, se rendit à son avis.

De nouveaux témoins furent entendus ; et, malheureusement pour le prince de Condé, leurs noms étoient aussi ridicules que ceux des témoins à brevets. Ces gens sans aveu s'appeloient Pichon, Pau, La Comette, Marcassaire, Fillon, etc. Ils déposèrent que le coadjuteur et le duc de Beaufort s'étoient entendus avec La Boulaye pour faire assassiner le prince de Condé, le président Molé et d'autres royalistes. Après qu'ils eurent été entendus, le procureur général Méliant, contre l'avis des deux avocats généraux, conclut à ce que Gondy, Beaufort et Broussel fussent assignés pour être ouïs. Le coadjuteur prit aussitôt la parole, et prononça l'un de ses discours les plus remarquables. Il insista principalement sur les brevets donnés aux témoins; il dit que les tyrans les plus odieux de Rome n'avoient pas eu recours à de si honteux moyens. Il s'étendit sur les mœurs abjectes de ces témoins qui osoient accuser le petit-fils de Henri IV, un magistrat vénérable, et le coadjuteur de Paris. « Voilà, ajouta-t-il en finissant, tout ce que je sais « de la moderne conjuration d'Amboise. » Des applaudissemens éclatèrent de toutes parts, et les jeunes conseillers des enquêtes parurent surtout convaincus de l'innocence de Gondy.

Molé, sans se laisser ébranler par ces clameurs, fit observer au coadjuteur, à Beaufort et à Broussel, qu'il y avoit des conclusions contre eux, et qu'ils devoient donc quitter à l'instant leurs places. Ils répondirent que le premier président et le prince étant parties, puisqu'on prétendoit que le complot étoit dirigé contre eux, devoient aussi se retirer. Un grand tumulte s'éleva, et il fut enfin décidé qu'on ne délibéreroit que sur la première question. Un arrêt, rendu à une majorité de douze voix, ordonna que les accusés sortiroient. La séance avoit duré neuf heures,

» le peuple s'étoit rassemblé autour du palais : instruit de la fermeté qu'avoit déployée le coadjuteur, il le porta en triomphe à l'archevêché.

Profitant de cet engouement, il voulut prêcher le jour de Noël dans la paroisse de Saint-Germain-l'Auxerrois. Une foule immense accourut pour l'entendre. Son sermon roula sur la charité : il affecta de faire ressortir l'injustice et l'acharnement de ses ennemis, auxquels il feignit de pardonner. Tout l'auditoire et surtout les femmes fondirent en larmes.

L'affaire du coadjuteur fut continuée au parlement le 27 décembre. Se croyant triomphant, il s'y rendit avec un cortége aussi nombreux que le prince de Condé : chacun étoit armé d'un poignard, et il en portoit un dont le manche paroissoit. Beaufort, frappé de ce spectacle si nouveau, dit en riant à La Moussaye, partisan du prince de Condé : *Voilà le bréviaire de M. le coadjuteur.* Lorsqu'on eut pris place, les accusés demandèrent qu'on admît leur récusation contre le prince et le premier président, qu'ils regardoient comme parties dans l'affaire. Cette discussion, pendant laquelle Molé fut obligé de se retirer à son grand regret, occupa plusieurs séances; et ce ne fut que le 4 janvier 1650 que la récusation se trouva rejetée à une majorité de quatre-vingt-dix-huit voix contre soixante-deux.

L'intention de Mazarin n'étoit pas de faire triompher le prince de Condé, qui, dans sa position à la cour, ne pouvoit qu'abuser de son ascendant : il avoit voulu seulement le brouiller avec les frondeurs, et son but étoit rempli. Il fit donc en sorte que le procès intenté contre les chefs de la Fronde ne fût plus poussé avec la même chaleur; et, par le moyen de l'abbé de La Rivière, il parvint à faire adopter à Gaston ce changement inattendu de système. Le prince de Condé fut quelque temps la dupe du ministre; il crut que les délais qui entravoient la marche de l'affaire n'avoient pour objet que de trouver les preuves dont on avoit besoin pour perdre ses ennemis. Mais s'étant bientôt aperçu qu'on le trompoit, il ne garda plus aucune mesure, ni avec la Reine, ni avec Mazarin.

Le jeune duc de Richelieu étoit devenu éperdument amoureux de madame de Pons, femme plus âgée que lui, mais très-séduisante; il vouloit l'épouser malgré la duchesse d'Aiguillon sa tante, et quoique la Reine, qui honoroit la duchesse de sa protection, s'y opposât ouvertement. Condé prit sur lui d'unir les deux amans, dans l'espoir qu'ils livreroient au duc de Longueville le port du Havre, dont ils se trouvoient possesseurs. Mais il fut trompé dans son attente; car, après le mariage, de Bar, gouverneur de la place, détermina le duc de Richelieu à demeurer fidèle à la Reine et à sa tante. Le prince ne recueillit donc de cette entreprise mal concertée que l'inconvénient d'avoir augmenté le nombre de ses ennemis.

Il montra plus d'imprudence encore dans une tentative qu'on ne peut expliquer que par les passions qui l'aveugloient. Le marquis de Jarsay, l'un des *petits-maîtres* que nous avons vus l'année précédente braver ridiculement le duc de Beaufort, s'étoit persuadé qu'il pourroit devenir l'amant de la Reine, parce qu'il avoit remarqué qu'elle s'amusoit de ses folies. Il communiqua ses prétentions au prince de

Condé, et lui fit sentir que s'il réussissoit il parviendroit facilement à chasser Mazarin. Le prince, irrité contre le ministre, et convaincu qu'il seroit le maître absolu de la cour s'il le faisoit disgracier, entra dans les chimères de Jarsay. Ce jeune homme, encouragé par lui, écrivit à la Reine des lettres qui, sous l'apparence du badinage, renfermoient quelque chose de plus sérieux ; et elles lui furent remises en secret par madame de Beauvais sa première femme de chambre. La princesse crut d'abord que c'étoit une plaisanterie ; mais, ayant bientôt pénétré le mystère de cette intrigue, elle résolut de faire à Jarsay un affront public. En présence de toute la cour, au moment où le marquis l'abordoit avec cette confiance que donne la fatuité, elle lui parla ainsi : « Vraiment, M. de Jarsay, vous
« êtes bien ridicule ; on m'a dit que vous faites l'a-
« moureux : voyez un peu le joli galant ! Je ne vous
« ai jamais cru trop sage, mais je n'aurois jamais
« imaginé que vous extravagassiez jusqu'à ce point.
« Allez, sortez de ma présence, et ne vous y remon-
« trez jamais. Vous me faites pitié ; mais il ne faut
« pas s'étonner de votre folie : vous tenez de race. »
En effet, le maréchal de Lavardin, grand-père du marquis, avoit autrefois voulu faire la cour à Marie de Médicis, et en avoit été accueilli de même.

Cette scène, loin de déconcerter le prince de Condé, ne fit que le rendre plus opiniâtre dans le projet chimérique qu'il avoit formé. Il se déclara hautement le protecteur de Jarsay, et il exigea que la Reine consentît non-seulement à lui pardonner, mais à le revoir. Vainement le ministre lui fit observer qu'on n'imposeroit pas une telle condescendance à une simple demoiselle, et qu'à plus forte raison une régente du royaume ne pouvoit s'y prêter sans se déshonorer. Le prince déclara que toutes les bienséances devoient céder à ses volontés; et il fallut que la Reine se soumît à cet arrêt. Ainsi Condé exerçoit, sans opposition apparente, une autorité despotique; mais il ne s'apercevoit pas que sa conduite étoit généralement désapprouvée, que les partisans du ministre ne soupiroient qu'après sa perte, et que, brouillé avec les frondeurs, il se trouvoit privé de toute espèce d'appui.

La duchesse d'Aiguillon, qui avoit eu récemment à se plaindre de lui, et qui conservoit soigneusement les traditions de son oncle le cardinal de Richelieu, expliqua sans peine à la régente la fausse position où Condé s'étoit mis, et lui conseilla de le faire arrêter. Ce coup hardi n'étonna point Mazarin; mais il jugea qu'il ne pouvoit l'exécuter sûrement qu'avec le secours des frondeurs, devenus depuis quelque temps les ennemis implacables du prince. Il employa donc dans cette négociation madame de Chevreuse, qui lui répondit bientôt du coadjuteur. Quand la Reine fut assurée des dispositions de ce chef de la Fronde, elle lui écrivit le billet suivant : « Je ne puis croire, « nonobstant le passé et le présent, que M. le co- « adjuteur ne soit à moi. Je le prie que je puisse le « voir sans que personne le sache que madame et « mademoiselle de Chevreuse. Ce nom sera sa sû- « reté. ANNE. » Gondy, fort satisfait de pouvoir ainsi terminer un procès qui ne laissoit pas que de l'inquiéter, convaincu qu'il ne lui seroit pas difficile d'exciter le peuple contre le prince de Condé, et persuadé que la Reine, fatiguée d'être opprimée, agissoit de bonne foi, s'empressa d'accepter ce rendez-vous.

Dès le lendemain il se rendit un peu avant minuit au cloître de Saint-Honoré. Gabouris, porte-manteau de la Reine, vint l'y chercher; il le fit passer par une maison qui donnoit d'un côté dans la rue Croix-des-Petits-Champs, et de l'autre dans la rue des Bons-Enfans; puis il le fit monter par un escalier dérobé dans l'oratoire, où Anne d'Autriche lui fit l'accueil le plus flatteur. Un quart-d'heure après, le cardinal Mazarin entra, et eut avec le coadjuteur une scène fort comique : il supplia la Reine de lui permettre de manquer au respect qu'il lui devoit, pour embrasser un homme qu'il aimoit avec tendresse; il prétendit qu'il étoit au désespoir de ne pouvoir lui donner sur-le-champ son chapeau, et il lui offrit en dédommagement l'abbaye de Fécamp ou la grande aumônerie. Le coadjuteur, pour conserver sa réputation de désintéressement, crut devoir tout refuser. Alors la Reine et le ministre lui demandèrent son appui pour l'arrestation du prince de Condé, et insistèrent seulement pour que le duc de Beaufort ne fût pas dans la confidence, parce qu'il ne manqueroit pas de tout révéler à madame de Montbason, qui avoit alors une intrigue avec Vignerol, attaché au prince. Le coadjuteur consentit volontiers à prêter l'appui de son parti au coup d'Etat qui se préparoit, mais il exigea de grandes récompenses pour ses amis. Cela fut l'objet d'une seconde conférence tenue dans le même lieu, à la même heure, et entre les mêmes personnes. Il y fut décidé que le prince de Conti et le duc de Longueville partageroient la prison du prince de Condé. La Reine et le ministre s'engagèrent à donner au duc de Vendôme la surintendance des mers; au duc de Beaufort son fils la survivance de cette charge; à Noirmoutiers et à Vitry le titre de duc; à Châteauneuf les sceaux; à Laignes une charge de capitaine des Gardes de Monsieur; à Brissac le gouvernement de l'Anjou, et au chevalier de Sévigné une somme de vingt mille livres.

Dans ces deux entrevues, le coadjuteur, s'étant trouvé quelques momens en tête à tête avec la Reine, avoit essayé de lui faire la cour, mais n'avoit pas poussé l'impertinence aussi loin que Jarsay. Mademoiselle de Chevreuse, instruite de ce projet insensé, s'en étoit alarmée, et il avoit cherché à la rassurer en lui disant qu'il n'aimeroit jamais *cette Suissesse*, nom injurieux que les frondeurs donnoient à la Régente. Ce propos revint à la princesse qui en fut fort irritée, mais qui sentit la nécessité de dissimuler.

Il falloit encore, pour l'arrestation des princes, obtenir le consentement de Gaston; et cela pouvoit être difficile, parce que l'abbé de La Rivière, comptant toujours sur la renonciation du prince de Conti au chapeau de cardinal, ne manqueroit pas de s'opposer à cette mesure. Une frivole intrigue causa tout-à-coup la disgrâce de ce favori. Gaston étoit amoureux de mademoiselle de Saugeon, attachée à son épouse. Cette jeune personne, cédant aux conseils de La Rivière, qui craignoit l'ascendant qu'elle pourroit prendre sur son amant, s'étoit retirée aux Carmélites; mais ses scrupules n'avoient pas duré, et elle étoit revenue au Luxembourg, où, plus en faveur que jamais, elle s'étoit unie à Madame pour perdre La Rivière. Madame de Chevreuse, autrefois maîtresse de Gaston, appuya les sollicitations de ces deux personnes; et elles parvinrent à lui faire croire que c'étoit lui qui le premier avoit eu le dessein de provoquer l'arrestation des princes. Il y mit encore plus d'ardeur que la Reine et Mazarin; mais il fut convenu que la disgrâce de l'abbé de La Rivière n'éclateroit qu'après l'exécution. Quoique cette grande résolution fût enveloppée dans le secret le plus profond, les trois princes conçurent de l'inquiétude, et prirent la résolution de ne jamais se trouver ensemble au Palais-Royal.

Mazarin ne négligea rien pour rassurer le prince de Condé : jamais il ne fut plus humble, plus affectueux, plus soumis que quelques jours avant de lui infliger le châtiment qu'il lui destinoit. On prétend que, par une ruse peu digne d'un premier ministre, il lui fit signer l'ordre d'arrestation sous le prétexte qu'on avoit découvert la retraite du rentier Descoutures, et qu'il importoit de s'en assurer.

Un grand conseil fut indiqué pour le 18 janvier; Condé s'y rendit avec le prince de Conti, malgré plusieurs avertissemens sinistres qui lui étoient parvenus la veille et dans la matinée. Le duc de Longueville y fut attiré, à l'insu des deux autres princes, par l'espoir d'obtenir une grâce qu'il sollicitoit pour le fils du marquis de Beuvron son ami. Aussitôt qu'ils furent entrés au Palais-Royal, les portes en furent fermées; et la Reine, qui feignit une indisposition, fit annoncer qu'elle n'assisteroit pas au conseil. La princesse douairière de Condé, sa plus ancienne amie, dont elle avoit reçu des secours dans des temps malheureux, profitant de la liberté qu'elle avoit de se rendre chez elle à toutes les heures, entra dans sa chambre au moment où elle venoit de congédier les courtisans ; et cette apparition inattendue déchira son cœur. Il lui fallut cependant soutenir une conversation insignifiante, et dissimuler une émotion qui auroit pu la trahir. Cette émotion fut augmentée par le prince de Condé, qui, sachant que sa mère étoit chez la Reine, y vint avant le conseil. Ces trois personnes s'entretinrent quelques instans : la Reine soutint, non sans peine, le rôle pénible qui lui étoit imposé ; et elle eut la douleur, au moment où cette visite fut terminée, de voir le prince faire à sa malheureuse mère des adieux qu'il ne soupçonnoit pas devoir être les derniers.

L'abbé de La Rivière s'étoit aussi rendu au conseil, dont il étoit membre ; mais le ministre le prit en particulier, et l'entraîna dans son cabinet sous prétexte d'une conférence importante. Gaston n'y étoit pas venu : son caractère timide l'avoit empêché de vouloir être témoin d'un coup d'Etat qu'il croyoit dans son intérêt ; et, à l'exemple de la Régente, il avoit supposé une indisposition.

Cependant les trois princes étant réunis dans la salle du conseil, Mazarin en avertit la Reine, qui donna ses derniers ordres au capitaine des Gardes Guitaut. Alors elle fit venir le jeune Louis XIV, l'instruisit de ce qui alloit se passer, et le mena dans son oratoire, où tous deux se prosternèrent au pied des autels pour implorer l'assistance divine.

Tandis que le ministre faisoit toutes ces dispositions, le prince de Condé s'entretenoit gaiement avec le comte d'Avaux; le prince de Conti, plongé dans une profonde rêverie, se promenoit seul dans la salle; et le duc de Longueville, incommodé de la goutte, étoit assis sur un canapé. Ils étoient dans cette position, lorsqu'on vit paroître Guitaut, suivi de Comminges son neveu et son lieutenant, et de Croisy, enseigne. Les ordres de la Régente ayant été signifiés aux trois princes, Condé crut d'abord que c'étoit une plaisanterie; puis il envoya le chancelier et Servien au ministre pour demander au moins des explications sur une mesure qui lui sembloit si extraordinaire. Ils ne revinrent point, et il ne lui fut plus permis de douter que la Reine ne voulût être obéie. Il essaya de s'échapper, mais la porte étoit gardée par douze soldats. Il prit alors son parti avec courage, et fit ses adieux à tous ceux qui étoient dans la salle. Conti eut l'air de partager sa résignation; mais Longueville, souffrant et malade, parut attéré.

On fit descendre les princes par un escalier dérobé, pour les conduire dans le jardin du Palais-Royal qu'on avoit fait entièrement évacuer : cet escalier étoit garni de gardes, dont la figure sombre pouvoit inspirer quelque crainte. « Guitaut, dit le prince de Condé, « voilà qui sent bien les Etats de Blois. — Mon- « seigneur, répondit le capitaine, je suis homme « d'honneur. Si cela étoit, je ne m'en mêlerois pas. » Les princes, arrivés dans le jardin, furent menés à pied vers une porte qui donnoit sur la rue Vivienne; là se trouvoit un carrosse, où ils montèrent avec Comminges. Miossens prit le commandement de l'escorte; et le carrosse, après être sorti par la porte de Richelieu, se dirigea sur Vincennes, en faisant le tour des murs de la ville. Dans cette saison, les chemins de traverse par où il fallut passer étoient très-mauvais, et la voiture versa. Condé, s'étant élancé dehors, voulut fuir; mais Miossens l'arrêta. « La « belle occasion, lui dit le prince, pour un cadet « de Gascogne! — Monseigneur, lui répliqua l'offi-« cier, je fais mon devoir (1). » La voiture fut relevée, et l'on se remit en route. Condé étoit toujours occupé des moyens de s'échapper; il sembloit même ne pas douter qu'avant d'arriver à sa destination il seroit délivré par ses amis. « Monseigneur, lui dit « Comminges, je suis votre serviteur, mais je le « suis encore plus du Roi : j'ai promis de vous « mener à Vincennes, et je le ferai. S'il vous venoit « du secours, je vous poignarderois tous les trois « plutôt que de vous laisser échapper, et de ne pas « rendre bon compte à Sa Majesté du dépôt qu'elle « m'a confié. » Les princes ne répondirent que par un morne silence; peu de momens après ils arrivèrent à Vincennes, où ils furent d'abord enfermés dans la même chambre. Condé essaya, mais en vain, de tirer son frère et son beau-frère de la sombre mélancolie dans laquelle ils étoient plongés.

On a vu que Mazarin avoit conduit l'abbé de La Rivière dans son cabinet pendant les derniers préparatifs de l'arrestation des princes. Ils causèrent quelque temps d'affaires qui y étoient étrangères; mais lorsque le ministre eut la certitude que le coup d'Etat

---

(1) Miossens eut peu de temps après la récompense de sa fidélité; il fut fait maréchal de France, et prit le nom de maréchal d'Albret.

étoit exécuté, il en fit part au favori de Gaston. Celui-ci traita ce récit de fable; et son incrédulité obstinée excita la gaieté du ministre qui, tout en plaisantant, lui soutint que rien n'étoit plus vrai et plus sérieux. La Rivière, tremblant, lui demanda si Gaston y avoit eu part; et, sur la réponse affirmative, il s'écria : « Je suis perdu ! » En effet, son maître, qu'il s'empressa d'aller trouver, l'accueillit avec une telle froideur, qu'il vit bien que sa disgrâce étoit irrévocable. Il se retira d'abord dans une maison charmante qu'il possédoit à Petit-Bourg, puis il fut confiné dans un couvent d'Aurillac; enfin il lui fut permis d'aller résider à Langres, dont il devint évêque, et où il ne jouit d'aucune considération. Telle fut la chute de ce favori, qui passoit pour l'un des hommes de son temps le plus versé dans l'intrigue. Gaston eut seul à le regretter, parce que, espérant obtenir le chapeau de cardinal, il empêchoit ce prince de se brouiller entièrement avec la Reine, et servoit presque toujours de médiateur dans les querelles fréquentes qui s'élevoient entre lui et le ministre. Depuis sa retraite, Gaston ne fit plus que des fautes; son caractère incertain le portant à flotter continuellement entre la cour et la faction, il ne sut jamais prendre de parti décisif, et creusa l'abyme où devoient bientôt l'engloutir les rêves de son ambition.

Quelques momens avant cette conversation du ministre et de l'abbé de La Rivière, le coadjuteur avoit fait avertir le duc de Beaufort de l'arrestation des princes, et c'étoit madame de Chevreuse qui s'en étoit chargée. Elle lui donna cette nouvelle comme un grand secret que la Reine lui avoit confié au sortir de la messe; et Gondy eut grand soin qu'il ne pût voir madame de Montbason avant que les prisonniers fussent arrivés à Vincennes.

Quand la Reine eut la certitude qu'ils étoient enfermés dans cette forteresse, elle fit ouvrir les portes du Palais-Royal. Aussitôt tous les appartemens furent remplis de frondeurs, à la tête desquels on remarquoit Laignes et Noirmoutiers. Jamais révolution n'avoit été plus prompte ni plus inattendue; quelques jours auparavant on vouloit les perdre, et leurs chefs étoient compromis dans un procès d'assassinat : maintenant ils sembloient posséder tout le pouvoir, tout le crédit, et même toute la faveur. Lorsque la Reine parut, ils lui prodiguèrent les acclamations, mirent l'épée à la main, et jurèrent de la défendre. Elle leur répondit avec mesure, réserve et décence ; elle ne témoigna point de joie d'être délivrée des persécutions d'un prince qui s'étoit en quelque sorte constitué son tyran; et elle sembla vivement regretter d'avoir été obligée de faire arrêter un si grand homme. Elle partit ensuite pour le Luxembourg, afin de voir Gaston qu'on supposoit malade. Sa voiture étoit entourée de ces mêmes gentilshommes frondeurs qui, l'année précédente, l'avoient abreuvée de toutes les espèces d'outrages.

Le petit nombre d'amis qu'avoit conservés le prince de Condé ne fut instruit de son arrestation qu'au commencement de la soirée. La duchesse de Longueville étoit avec la princesse palatine, lorsqu'elle en reçut le premier avis; elle courut sur-le-champ annoncer cette triste nouvelle à sa mère, pour qui ce fut un coup terrible. Bouteville, depuis maréchal de

Luxembourg, parent des princes, se laissa entraîner par une ardeur insensée. Accompagné de quelques gentilshommes dévoués, il voulut d'abord aller au Val-de-Grâce enlever les nièces de Mazarin : mais la veille elles avoient été conduites au Palais-Royal ; ensuite il parcourut les rues, et s'efforça de soulever le peuple en répandant que le duc de Beaufort avoit été arrêté. La révolte commençoit lorsque le duc parut aux flambeaux avec le coadjuteur, qui fit connoître au peuple que c'étoit au contraire le plus implacable ennemi de la Fronde qui venoit d'être enfermé à Vincennes. Tout se calma sur-le-champ : des cris d'alégresse succédèrent à des cris de rage ; le peuple, au lieu de marcher sur le Palais-Royal, fit des feux de joie pour l'arrestation des princes, et Bouteville eut à peine le temps de se dérober à la fureur de la multitude qu'il avoit abusée un moment.

Le ministre crut qu'il étoit inutile de traiter avec rigueur la princesse douairière de Condé, qui jusqu'alors avoit été l'amie de la Reine ; il porta le même jugement sur la jeune épouse du prince, qui, comme on l'a vu, passoit pour avoir peu d'influence sur lui, et qui n'avoit pas encore donné lieu de soupçonner le grand caractère qu'elle devoit bientôt déployer. Il se borna donc à reléguer les deux princesses à Chantilly, et il leur laissa la garde du duc d'Enghien, qui n'avoit que sept ans. Mais il n'eut pas la même sécurité à l'égard des duchesses de Longueville et de Bouillon, qui avoient joué un si grand rôle dans les troubles précédens ; et il résolut de les faire arrêter.

Par l'ordre de la Reine, le secrétaire d'État de La Vrillière alla trouver madame de Longueville, et lui dit qu'elle étoit mandée au Palais-Royal. Elle feignit d'être disposée à le suivre, lui demanda seulement la permission de passer un moment dans une autre chambre, s'esquiva par un escalier dérobé, trouva dans la cour le carrosse de la princesse palatine où elle s'élança, et se réfugia dans une maison du faubourg Saint-Germain. Elle y fut bientôt jointe par mademoiselle de Longueville sa belle-fille, fort étrangère aux factions, mais obligée de partager son sort. Après avoir tenu conseil avec Marsillac, elle partit secrètement pour la Normandie, dont son époux étoit gouverneur; et, contre leur attente, la ville de Rouen refusa de les recevoir.

« Il paroissoit beaucoup plus facile de s'assurer de la duchesse de Bouillon, qui dans ce moment étoit en couches; mais cette princesse avoit encore plus de caractère et de résolution que madame de Longueville. Elle fit d'abord échapper ses quatre fils, encore très-jeunes, après les avoir déguisés en filles, et leur procura un asyle chez le maréchal de Guébriant; ensuite elle se soumit fort tranquillement en apparence à la nécessité d'être gardée à vue par Carnavalet, lieutenant des gardes du corps. Elle n'eut pour compagnie, pendant ses couches, que mademoiselle de Bouillon sa belle-sœur, et que sa fille aînée, qui fut depuis duchesse d'Elbœuf. Lorsqu'elle fut relevée, Carnavalet, touché du sort d'une femme si aimable, finit par la surveiller moins rigoureusement; et elle trouva le moyen de s'échapper avec sa fille par le soupirail d'une cave, pendant qu'il jouoit au reversis dans le salon. Elle crut avoir une retraite assurée chez Barthet, qui sembloit dévoué à sa famille; mais cet homme avoit été acheté par Mazarin, qui le fit peu de temps après secrétaire d'Etat. Il la livra au moment où elle alloit partir pour Bordeaux, et elle fut conduite à la Bastille.

Les fils de la duchesse de Bouillon, que Mazarin vouloit garder comme otages, furent l'objet des recherches les plus rigoureuses, et parvinrent néanmoins à lui échapper. Pendant qu'on les conduisoit en Guienne, l'un d'eux, qui fut depuis fameux sous le nom de cardinal de Bouillon, tomba malade à Blois, et fut recueilli par madame de Fléchine, femme d'une fidélité à toute épreuve, mais fort craintive. Elle ne négligea aucune précaution pour dérober à tous les regards cet enfant précieux, ainsi que de Fargues son valet de chambre. Mais quand la cour passa dans le pays pour se rendre en Guienne, ses terreurs redoublèrent, et elle ne trouva pour eux d'autre asyle qu'un bosquet touffu de son parc, où elle leur portoit elle-même à manger. Après le passage de la cour, elle les plaça dans une petite tourelle d'où elle ne leur permit de sortir que la nuit : pendant plus d'une année leur unique occupation fut de faire des paniers d'osier ou de lire la Vie des Saints.

Le duc de Bouillon et le vicomte de Turenne, dont on vouloit s'assurer, se sauvèrent : le premier en Limousin, le second à Stenay. D'autres partisans du prince de Condé, parmi lesquels on remarquoit le comte de Tavannes, Guitaut, neveu du capitaine des gardes, Persan, Chavagnac, Duras et Coligny, s'échappèrent aussi, et allèrent porter dans les provinces de nouvelles semences de troubles. Il n'y eut que Marsin, vice-roi de Catalogne, et le président

Perrault, intendant du prince, qui furent arrêtés.

Deux jours après l'arrestation des princes [20 janvier], une déclaration du Roi fut envoyée au parlement. Tous les torts de Condé y étoient rappelés avec beaucoup de détail, et l'on accusoit ce prince de n'avoir remporté des victoires que pour devenir le maître absolu du royaume. Cette déclaration fut écoutée en silence; et l'on put remarquer la profonde tristesse du premier président, qui, ne se dissimulant pas des fautes trop réelles, ne pouvoit penser sans regret aux services qu'auroit pu rendre un si grand homme. Quelques jours après, le duc de Beaufort, le coadjuteur et Broussel furent déclarés innocens; et une amnistie générale, dans laquelle La Boulaye fut nommément compris, imposa silence à Joly, qui sembloit vouloir s'obstiner à poursuivre son prétendu assassin. Le coadjuteur succéda, près de Gaston, à la faveur de l'abbé de La Rivière; son génie gigantesque et entreprenant éblouit Madame et Mademoiselle. Les sceaux furent donnés à Châteauneuf; et le chancelier Séguier, tombé dans une espèce de disgrâce, se retira mécontent de la cour.

Madame de Longueville, n'ayant pu être reçue à Rouen, étoit partie pour Dieppe, dans l'espoir de séduire Montigny qui en étoit gouverneur. La cour la suivit en Normandie avec un corps d'armée commandé par le comte d'Harcourt [1er février]; et tout plia devant elle. Mademoiselle de Longueville, se fiant aux promesses de Mazarin, quitta sa belle-mère, vint trouver la Reine, en fut bien accueillie, et obtint la permission de se retirer à Coulommiers, pour y passer tout le temps que dureroient les troubles. Les mêmes offres furent faites à madame de Longueville, qui refusa obstinément d'y souscrire. Alors Du Plessis fut chargé d'aller occuper Dieppe, et d'y arrêter la princesse. Après avoir en vain conjuré Montigny de se déclarer en sa faveur, elle crut qu'elle auroit plus de succès auprès des échevins, qui quelque temps auparavant lui avoient fait témoigner le dévouement le plus absolu. Elle alla comme une suppliante à l'hôtel-de-ville de Dieppe, et elle y remplit un rôle bien différent de celui qu'elle avoit joué l'année précédente à l'hôtel-de-ville de Paris. Elle s'abaissa aux plus humbles prières pour attendrir ces bourgeois ; mais ni son éloquence, ni sa beauté, ni ses larmes ne produisirent aucun effet sur eux. Voyant l'inutilité de ses efforts, elle prit la résolution de se sauver par mer en Hollande sur un vaisseau qu'elle faisoit depuis quelques jours tenir prêt dans la rade. Elle ignoroit que Mazarin en avoit gagné le capitaine. Le passage étant très-périlleux dans cette saison, la princesse sentit renaître les sentimens de religion qu'on lui avoit inspirés pendant son enfance, et que malgré ses nombreux égaremens elle n'avoit jamais entièrement étouffés : elle chercha donc des consolations au pied des autels, et fit une confession générale.

Du Plessis fut reçu dans la ville à la première sommation; et madame de Longueville, retirée au château, vit bien qu'elle seroit livrée si elle ne fuyoit promptement. Dans la nuit du 8 au 9 février, par un temps affreux, elle sortit furtivement, accompagnée de quelques femmes et de cinq hommes, parmi lesquels se trouvoit le poëte Sarrazin. Tout son espoir étoit dans ce vaisseau où elle devoit être arrêtée. Aucune barque n'étoit près du rivage, et il falloit faire un trajet dans la mer pour en atteindre une. Un pêcheur prit la princesse dans ses bras, et essaya de la porter jusqu'à la barque; mais la tempête étant devenue plus violente, il ne put résister aux vagues, et la laissa tomber. Ceux qui l'accompagnoient la crurent perdue, et l'on eut beaucoup de peine à la retirer de la mer. Son trouble étoit si grand, qu'elle voulut qu'on tentât de nouveau de la soustraire par le même moyen aux poursuites de ses ennemis. L'entreprise fut jugée non-seulement dangereuse, mais impossible. Telle étoit l'horrible position d'une princesse habituée jusqu'alors à la vie la plus délicate et la plus voluptueuse, et qui auroit pu être tranquille, honorée et heureuse, si elle n'eût pas eu la folie de vouloir jouer un rôle dans la politique.

Elle étoit transie de froid et sur le point de succomber à tant de maux, lorsque heureusement on trouva des chevaux qui la conduisirent dans la maison isolée d'un gentilhomme, où elle obtint un asyle momentané : ce fut là qu'elle apprit que le capitaine du vaisseau, sur qui elle comptoit, étoit vendu à Mazarin. Pendant quinze jours elle changea plusieurs fois de retraite, et n'échappa que par miracle à ceux qui la poursuivoient. Enfin on parvint à la faire embarquer sur un navire anglais, déguisée en homme, et feignant de fuir les suites d'un duel. Elle alla en Hollande, passa ensuite dans les Pays-Bas, fit une vaine tentative pour surprendre Arras, et finit par se retirer à Stenay, où, peu corrigée par des leçons si terribles, elle noua une intrigue de galanterie avec Turenne.

Les rapides succès que le ministre avoit eus en Normandie entraînèrent la soumission de presque toutes les places qui appartenoient aux princes; et il n'éprouva quelque résistance qu'en Bourgogne, dont il venoit d'enlever le gouvernement au prince de Condé, pour le donner au duc de Vendôme. Dans son dernier voyage à Dijon, le prince s'y étoit fait un parti assez nombreux, à la tête duquel étoit le premier président Bouchu; mais il avoit un adversaire redoutable dans l'avocat général Millotet, qui, doué de talens distingués, et zélé royaliste, exerçoit une grande influence sur les habitans de la ville et de la province. Dès le 23 janvier, cinq jours après l'arrestation des princes, le comte de Tavannes étoit arrivé à Dijon, et il avoit employé vainement tous les moyens de soulever le parlement et le peuple. Contenu par Millotet, il étoit sorti de la ville, avoit levé quelques troupes, et s'étoit rendu maître de Seurre, passage important de la Saône. Le marquis de Tavannes son oncle, fidèle à la cause royale, avoit pris les armes contre lui, et l'on étoit sur le point de voir renaître en Bourgogne ces discordes sanglantes dans lesquelles deux Tavannes avoient figuré, du temps de la Ligue [1], sous des bannières différentes. L'oncle et le neveu se trouvèrent en présence près du village d'Arc-sur-Tille; et le premier éprouva un échec par la défection du régiment de Persan, qui avoit autrefois servi sous le prince de Condé.

Le duc de Vendôme, nouveau gouverneur de la province, se rendit à Dijon le 16 février, et fut peu de temps après suivi de la cour, qu'on reçut avec ac-

---

[1] *Voyez* Mémoires de Gaspard de Tavannes (première série).

clamations, grâce aux soins de Millotet. Pendant qu'elle séjourna dans cette ville, l'avocat-général découvrit un attentat qui, s'il eût eu son exécution, auroit pu compromettre les jours du jeune Roi. Un magasin à poudre étoit placé dans les caves d'un bâtiment appelé le petit Clervaux, peu éloigné du palais des anciens ducs de Bourgogne où demeuroit le monarque. Des scélérats essayèrent d'y mettre le feu au moyen de mêches souffrées : heureusement le torrent de Suzon, ordinairement à sec une partie de l'année, se déborda tout-à-coup, et, ayant pénétré dans les caves, empêcha les mêches de s'enflammer. Malgré toutes les recherches de Millotet, les auteurs de ce crime ne purent être découverts. Cependant Mazarin, voyant que la province se déclaroit pour lui, résolut de s'emparer de Seurre, et conduisit le Roi à ce siége. Le comte de Tavannes fut bientôt obligé de capituler [21 avril]; mais il obtint de sortir avec sa troupe, et il alla joindre à Stenay Turenne et madame de Longueville.

Pendant cette expédition, le garde des sceaux de Châteauneuf n'avoit pas quitté Paris, où il étoit chargé de présider le conseil et de pourvoir aux affaires courantes. Le Tellier, Lyonne et Servien, placés auprès de lui, devoient le surveiller et rendre compte de tout au ministre, qui croyoit mal à propos n'avoir rien à redouter d'un vieillard de près de quatre-vingts ans. Instruit que ce vieillard, autrefois et encore si mondain, aspiroit au chapeau de cardinal, il se flattoit de pouvoir l'opposer au coadjuteur, qui, malgré son désintéressement affecté, avoit en secret la même prétention. La surveillance rigoureuse de Châteauneuf ne put empêcher que, dans l'absence de la cour, la mère et l'épouse du prince de Condé, reléguées comme on l'a vu à Chantilly, ne se missent en état de donner à Mazarin les inquiétudes les plus sérieuses et les plus fondées.

On avoit négligé de s'assurer de la duchesse de Châtillon, qui, ayant perdu son époux l'année précédente au siége de Charenton, étoit devenue la maîtresse du prince de Condé : ce qui n'avoit pas mis obstacle à ce qu'elle contractât presque en même temps une liaison de galanterie avec le duc de Nemours, ami du prince. Cette dame força Nemours à travailler à la délivrance de son rival ; et, pour réussir dans une entreprise si difficile, ils jetèrent les yeux sur Lenet, homme plein d'habileté, de sang-froid, de courage, ayant autant de talent que de goût pour les intrigues politiques, et dévoué depuis long-temps à la maison de Condé.

Lenet se rendit en secret à Chantilly, où il trouva les deux princesses dans des dispositions bien différentes. La mère, accablée de douleur, sembloit avoir perdu toute espérance, tandis que l'épouse, se flattant de pouvoir obtenir l'estime et la confiance de son mari dont elle avoit été jusqu'alors privée, étoit décidée à s'exposer à tous les dangers pour le délivrer. Il releva le courage de l'une, calma l'impétuosité imprudente de l'autre, et leur conseilla d'abord de négocier avec les frondeurs, qui, dans la position actuelle des choses, pouvoient seuls procurer la délivrance des princes. Leurs tentatives ayant été inutiles pour le moment, parce que les esprits étoient encore trop échauffés, elles pensèrent, d'après les avis de Lenet, à profiter des troubles d'une province qui sembloit disposée à lever l'étendard de la révolte. Le parlement de Bordeaux n'ayant eu aucune part au dernier traité fait avec les frondeurs, persistoit à demander l'éloignement du duc d'Epernon, gouverneur de Guienne, que Mazarin s'obstinoit à maintenir, dans l'espoir de faire épouser l'une de ses nièces au duc de Candale, fils de ce seigneur.

Il sembloit facile de trouver une retraite assurée dans cette province mécontente, d'y faire la guerre avec les secours de l'Espagne, et d'arriver par la force au but vers lequel on tendoit. Deux généraux habiles offroient d'y défendre, les armes à la main, la cause des princes. Le duc de Bouillon, réfugié dans la vicomté de Turenne, espéroit lever des troupes en Limosin; et Marsillac, devenu duc de La Rochefoucauld par la mort de son père arrivée depuis peu, se flattoit de pouvoir mettre en mouvement presque toutes les forces du Poitou, où il exerçoit une grande influence. Gourville, autrefois domestique de ce dernier, actuellement son ami par les services importans qu'il lui avoit rendus dans la dernière guerre, aussi actif mais plus téméraire que Lenet, fut l'agent des ducs près de la petite cour de Chantilly. Les princesses, séduites par une entreprise qui offroit quelques chances de succès, se livrèrent entièrement à la direction de ces deux hommes, qui sembloient dignes de toute leur confiance. Il fut convenu qu'elles s'échapperoient de Chantilly, et que, tandis que la mère iroit à Paris seconder les intrigues de la duchesse de Châtillon, la belle-fille partiroit pour la Guienne avec le jeune duc d'Enghien son fils.

Ce projet d'évasion étant parvenu vaguement aux oreilles de Châteauneuf, il envoya un petit corps de troupes commandé par Du Vouldy, gentilhomme ordinaire du Roi, avec l'ordre de cerner Chantilly, et de faire conduire les deux princesses dans un autre lieu plus éloigné de la capitale. La princesse mère feignit d'être malade ; quant à l'épouse du prince de Condé, par une rencontre des plus singulières, elle n'étoit pas connue de Du Vouldy : ce qui lui procura des moyens faciles de lui échapper. A peine fut-elle instruite de son approche, qu'elle prit la résolution de faire passer pour elle une jeune Anglaise qui lui étoit attachée, et qui s'appeloit mademoiselle Gerber ; en même temps elle substitua au duc d'Enghien, qu'elle déguisa en fille, un enfant du voisinage âgé comme lui de sept ans. Tandis qu'elle se cachoit dans une chambre écartée pour y saisir la première occasion favorable de fuir, mademoiselle Gerber, occupant l'appartement de la princesse et vêtue comme elle, reçut Du Vouldy, et parut disposée à lui obéir lorsque l'état de sa prétendue belle-mère le permettroit.

Lenet et Gourville procurèrent bientôt à la jeune princesse les moyens de s'échapper. Dans la nuit du 14 au 15 avril elle sortit furtivement du château accompagnée de son fils et de quelques femmes, trouva des chevaux prêts, traversa Paris sans être reconnue, et parvint, presque sans s'arrêter, jusqu'à Montrond. Cette place, qui étoit alors assez forte, et dont le commandant étoit dévoué au prince de Condé, est située sur les confins du Berri, du Bourbonnais et du Nivernais : il y avoit des armes et des munitions ; et la princesse, avant que les ducs de Bouillon et de La

Rochefoucauld eussent fait leurs dispositions pour entrer en Guienne, y appela tous les ennemis de Mazarin, ainsi que ceux qui avoient conservé quelque attachement pour son mari. Devenue, en quelque sorte malgré elle, le chef d'un parti, elle n'imita la duchesse de Longueville ni dans ses étourderies, ni dans ses égaremens, ni dans ses entreprises romanesques. Uniquement occupée de la délivrance de son époux, elle déploya une énergie et une constance de caractère dignes d'une nièce du cardinal de Richelieu; et, malgré sa jeunesse, elle eut au milieu des troubles une gravité de conduite digne des plus grands éloges, si tant de belles qualités eussent été employées à la défense d'une meilleure cause.

Du Vouldy, qui continuoit encore de garder mademoiselle Gerber, fut enfin détrompé lorsqu'il apprit que sa véritable prisonnière étoit arrivée à Montrond. Il redoubla de soins pour surveiller la princesse mère, dont l'état sembloit exiger les plus grands ménagemens; mais, aidée par la duchesse de Châtillon, qui étoit venue la trouver sous le prétexte de lui donner des soins, elle s'échappa aussi la veille de Pâques, dans la nuit du 19 au 20 avril. Après avoir fait plusieurs détours, et s'être cachées dans divers lieux, elles arrivèrent à Paris le 26, lendemain du jour où la cour revenant de Bourgogne y avoit fait son entrée.

La première démarche de la princesse mère fut d'aller trouver le premier président, qui, sans approuver la conduite du prince de Condé, gémissoit de la prison d'un si grand homme, et voyoit avec peine que les frondeurs se fussent emparés du gouvernement. Elle lui montre une requête qu'avoit déjà rédigée Lenet : il la trouva trop véhémente, et il en composa une plus modérée, plus sage et plus forte en raisons. Munie de cette pièce, elle se rendit le lendemain 27 dès six heures du matin au parquet des huissiers, accompagnée de la duchesse de Châtillon et d'une vingtaine de personnes des deux sexes. Ce jour-là toutes les chambres devoient s'assembler à sept heures pour les mercuriales. Cette princesse, autrefois si fière, attendit les conseillers au passage, et les supplia de lui accorder leur protection. Des Landes-Payen voulut bien se charger de lire la requête ; mais on décida qu'il ne seroit point passé outre avant qu'on connût les intentions de Gaston. Il fut seulement permis à la princesse de se prévaloir pour quelques jours de la sauve-garde du parlement ; et elle fut autorisée à loger provisoirement soit chez les présidens Viole ou de Mesmes, soit chez La Grange, maître des requêtes. Elle choisit cette dernière maison, parce qu'elle étoit située dans la cour du palais.

Le coadjuteur, qui gouvernoit Gaston, le détermina facilement à se montrer inflexible. Ce prince ayant pris la résolution d'aller au parlement le 29, il l'y suivit avec le duc de Beaufort. Au passage du parquet des huissiers, la princesse se jeta à leurs pieds ; et, s'adressant particulièrement à Gondy, elle lui rappela qu'il étoit son parent. « Je faillis à mourir de honte, « dit-il dans ses Mémoires. » Mais il avoit pris son parti ; et Gaston, poussé par lui, exigea que la princesse quittât sur-le-champ la capitale. Le seul égard qu'on eut pour sa santé fut de lui permettre de n'aller pas plus loin que Berny. Peu de temps après elle partit pour Châtillon-sur-Loing avec la duchesse de Châtillon, et elle y mourut de chagrin le 2 décembre. Telle fut la fin de la princesse de Condé, dont l'extrême beauté avoit autrefois séduit Henri IV. Après avoir, du temps de Richelieu, vu son frère périr sur l'échafaud, et s'être montrée irréprochable pendant les troubles de la régence, elle fut victime des fautes de ses enfans.

La jeune princesse sa belle-fille, qu'aucun malheur ne pouvoit abattre, attendoit à Montrond que les ducs de Bouillon et de La Rochefoucauld lui eussent assuré une retraite en Guienne. Elle y étoit observée par le comte de Saint-Aignan qui commandoit un corps de troupes dans les environs, et qui avoit l'ordre de lui fermer tous les passages. Ayant appris que Lenglade, secrétaire du duc de Bouillon, avoit obtenu des mécontens de Bordeaux la promesse qu'ils la recevroient, elle s'échappa de Montrond avec son fils dans la nuit du 9 au 10 mai, et partit pour la Guienne avec cinquante chevaux. Ce voyage lui fut extrêmement pénible : il fallut marcher sans presque s'arrêter, éviter tous les lieux habités, et ne se reposer que dans des maisons isolées ; enfin, après s'être soustraite à toutes les poursuites, elle arriva le 14 dans une plaine voisine de Saint-Céré, où elle avoit donné rendez-vous aux ducs de Bouillon et de La Rochefoucauld.

Ils s'y trouvèrent à la tête de huit cents chevaux. Bientôt leur troupe fut augmentée, et ils purent offrir à la princesse seize escadrons et quelques bataillons d'infanterie. Elle leur présenta son fils, et les manières aimables de cet enfant remplirent d'ardeur tous les soldats. Elle s'avança ensuite jusqu'à Limeuil, où le chevalier de La Valette, qui tenoit la campagne pour le Roi, n'osa l'attaquer. Ce général fut battu par les deux ducs le 24 mai, et ce léger avantage donna de la consistance au parti des princes.

Le duc d'Epernon, ayant été obligé de quitter Bordeaux, attendoit le maréchal de La Meilleraye, qui venoit à son secours avec une petite armée. Cette ville, abandonnée par son gouverneur et travaillée par les émissaires des ducs, étoit assez bien disposée pour la princesse : on y répandoit que son époux n'étoit en prison que parce qu'il avoit voulu soutenir les intérêts de la ville. Mais Mazarin y avoit plusieurs partisans puissans, parmi lesquels on remarquoit l'avocat général La Vie et les trois jurats Le Franc, Duglas et Pontac : les personnes honnêtes redoutoient d'ailleurs les suites d'une guerre civile. La Vie, ayant appris que la princesse s'approchoit, prit sur lui de faire fermer les portes ; mais le peuple en fureur les rouvrit : et la princesse, profitant habilement de ce mouvement, devança le moment où elle étoit attendue, et fut reçue sans obstacle le 31 mai.

Son entrée dans Bordeaux fut signalée par tous les transports de l'alégresse la plus vive : trente mille personnes allèrent à sa rencontre ; vingt-deux carrosses lui formèrent une suite pompeuse ; les vaisseaux furent pavoisés, et l'artillerie la salua comme si son fils eût été l'héritier de la couronne. Cet enfant, instruit par elle, souriait avec beaucoup de grâce à la multitude qui se disputoit l'honneur de lui baiser les mains. Elle alla descendre chez le président de La Lane, partisan zélé de son époux ; et le premier acte de son pouvoir fut de sauver un homme qui étoit venu s'opposer à ce qu'on la reçût. Le maréchal de camp Alvimar, agent secret de Mazarin, ayant été découvert, on parla de le massacrer : les factieux vouloient que cette exécution rendît les deux partis irréconciliables ; mais la princesse s'opposa fortement à cet attentat : elle prit le proscrit sous sa protection spéciale, voulut qu'il eût un asyle auprès d'elle, et peu de temps après lui procura les moyens de fuir. Le peuple, attendri de sa douceur, ne cessa point pendant toute la journée d'être assemblé devant la maison qu'elle habitoit : elle fut obligée à plusieurs reprises, et jusqu'à plus de minuit, de paroître avec son fils sur une terrasse d'où elle pouvoit être vue de loin. On les combloit de bénédictions, et l'on maudissoit leurs ennemis.

Le parlement devoit s'assembler le 1er. juin : la princesse s'y rendit accompagnée d'une foule immense ; elle se tint constamment à la porte du palais, adressant la parole à chaque conseiller, et leur faisant embrasser son fils, qui, les mains jointes, leur demandoit la liberté de son père. Les chambres étant réunies, l'avocat général La Vie osa s'opposer à ce qu'elle fût admise à la séance ; on ne lui répondit que par des murmures, et elle saisit ce moment pour paroître avec le duc d'Enghien au milieu de cette grande assemblée, où sa présence excita un attendrissement général. « Messieurs, dit-elle d'une voix altérée, je viens
« demander justice au Roi, en vos personnes, contre
« la violence du cardinal Mazarin, et remettre la
« mienne et celle de mon fils entre vos mains. J'es-
« père que vous lui servirez de père : l'honneur qu'il
« a d'être proche parent de Sa Majesté, le caractère

« dont vous êtes revêtus vous y obligent. Il est le
« seul de la maison royale qui soit en liberté; il n'est
« âgé que de sept ans. Monsieur son père est dans
« les fers : vous savez tous, messieurs, les services
« qu'il a rendus à l'Etat, l'amitié qu'il vous a témoi-
« gnée dans les occasions, celle dont s'honoroit pour
« vous mon beau-père. Laissez-vous toucher par tant
« de titres ; ne refusez pas votre commisération à la
« famille la plus malheureuse et la plus injustement
« persécutée. » Le duc d'Enghien s'écria aussitôt :
« Servez-moi de père, messieurs ; le cardinal Mazarin
« m'a ôté le mien. »

L'attendrissement étoit à son comble ; mais les plus
sages du parlement parvinrent à faire sentir qu'il ne
falloit pas trop s'avancer, et que le résultat de la délibération qu'on alloit prendre pouvoit être la guerre
civile. Le premier président demanda donc à la princesse si, lorsqu'on lui auroit promis sûreté et protection, elle consentiroit à vivre dans Bordeaux en
bonne sujette du Roi, et à ne rien entreprendre
contre le service de Sa Majesté. Elle se soumit à cette
condition avec une satisfaction apparente, et il lui en
fut donné acte. En général, les Bordelais tenoient
plus à l'éloignement de d'Epernon qu'à la liberté des
princes : la situation de la princesse les touchoit;
mais ils craignoient la guerre civile, qui devoit détruire leur commerce. Ils étoient donc peu disposés à
recevoir les ducs de Bouillon et de La Rochefoucauld,
qui, avec une partie de leurs troupes, s'étoient établis dans le faubourg de Lormont; mais Lenet, qui
avoit eu le temps de pratiquer des intrigues, leur ménagea par le secours de la populace le moyen d'être

introduits. La princesse alla visiter leur quartier le 2 juin, et ils la suivirent dans la ville, sans que les partisans de Mazarin, effrayés de l'attitude du peuple, osassent leur opposer aucune résistance. Ce fut ainsi que le parti des princes se trouva maître de Bordeaux.

Tout parut d'abord lui promettre les plus heureux succès : le parlement de Toulouse se joignit pour le soutenir au parlement de Bordeaux, et il entama des négociations avec le baron de Vateville, gentilhomme franc-comtois, émissaire de l'Espagne. Le duc d'Epernon fut déclaré perturbateur du repos public par les deux cours souveraines: ce qui ne l'empêcha pas de s'emparer de l'île Saint-George, poste important à trois lieues de Bordeaux, pendant que le maréchal de La Meilleraye s'approchoit avec son armée. Ce revers enflamma toutes les têtes; et les Bordelais, s'étant enrôlés, renforcèrent la petite armée de la princesse. Dans leur premier enthousiasme ils marchèrent sur Saint-George, reprirent ce poste, et firent prisonnier le marquis de Canoles, lieutenant-colonel du régiment de Noailles. Un succès sur lequel ils n'avoient osé compter leur fit croire qu'ils étoient invincibles. Ils nommèrent le petit duc d'Enghien leur généralissime, et les deux ducs furent destinés à servir sous lui en qualité de lieutenans-généraux. La princesse, qui avoit reçu cent mille livres du roi d'Espagne, les leur distribua : elle broda leurs drapeaux, sur lesquels elle représenta une grenade au moment où elle éclate, avec cette devise, *coacta;* voulant faire entendre que sa position la contraignoit malgré elle à faire la guerre au Roi.

Cependant le roi d'Espagne, à sa prière, lui envoya comme ambassadeur don Joseph Osorio : elle fit faire à ce envoyé une brillante réception, et elle n'en tira que la modique somme de quarante mille écus. La présence d'un ambassadeur étranger réveilla les scrupules du parlement, qui jusqu'alors n'avoit cédé qu'avec répugnance au torrent populaire; et il rendit un arrêt par lequel il lui ordonnoit de sortir de la ville. Cet acte, que les magistrats étoient hors d'état de soutenir, donna lieu à un soulèvement général du peuple, qui se porta au palais avec l'intention de commettre les plus horribles excès. L'agitation fut bientôt au comble; et la princesse, malgré l'opposition du duc de Bouillon, résolut d'aller elle-même braver tous les périls pour préserver le parlement.

Elle sortit de son hôtel à pied, accompagnée de Lenet et de quelques-unes de ses femmes. La foule qui entouroit le palais s'ouvrit avec respect pour la laisser passer : elle pénétra jusqu'à la grand'chambre, où elle parla fort éloquemment, et s'efforça de faire sentir aux magistrats que l'unique moyen de calmer l'effervescence étoit de revenir sur l'arrêt du 9. N'ayant pu réussir à les y décider, elle leur dit que le danger qui les menaçoit étoit extrême, et qu'elle alloit essayer de le détourner; elle voulut sortir du palais, mais le peuple la força d'y rentrer. A l'instant on entendit au dehors un tumulte épouvantable, et quelques coups de fusil furent tirés : le jurat Pontac étoit venu avec un petit nombre d'amis au secours du parlement, et il étoit aux prises avec la multitude. La princesse, aussi courageuse que son mari, s'élance vers les portes, arrive sur le perron, où elle est témoin du plus affreux désordre : les deux partis se prodiguent les menaces, et des flots de sang vont couler. Elle descend au milieu de ces hommes furieux, les harangue, et parvient à les toucher : bientôt ils ne s'occupent plus que de l'héroïsme qu'elle vient de montrer ; les armes tombent de leurs mains, et ils l'accompagnent jusque chez elle en la comblant de bénédictions. Depuis ce moment, qui fut l'un des plus glorieux de sa vie, elle n'éprouva plus d'opposition de la part du parlement.

Turenne et madame de Longueville, qui étoient à Stenay, ne se conduisirent pas avec autant d'habileté. Ils étoient entrés en négociation avec don Gabriel de Tolède, agent de l'archiduc Léopold, qui leur avoit donné les fonds nécessaires pour lever des troupes ; et Turenne avoit pris le titre de *lieutenant général pour la liberté des princes*. Une garnison espagnole avoit été reçue par lui dans Stenay ; et après avoir pris le Catelet, il s'étoit emparé de la ville de Guise, dont le château étoit resté au pouvoir de Bridieu. Le maréchal Du Plessis-Praslin fut chargé par le ministre d'aller au secours de cette dernière place, et la cour s'avança jusqu'à Compiègne : les troupes royales harcelèrent celles de Turenne, les réduisirent à la famine, et les forcèrent d'évacuer Guise [1er. juillet].

Pendant que la Guienne et la Picardie étoient dans cette situation, Paris se trouvoit fort agité ; et la Reine, à son retour de Compiègne, remarqua que les frondeurs, peu satisfaits d'avoir presque toute l'autorité, intriguoient de nouveau contre son ministre, et demandoient qu'on satisfît les Bordelais en privant d'Épernon de son gouvernement. Mazarin ne trouva d'autre moyen de les apaiser que d'augmenter encore leur puissance : il fit nommer prévôt des marchands Le Fèvre, l'un des amis les plus dévoués du coadjuteur ; et le surintendant d'Emery étant mort le 25 mai, il donna cette charge importante au président de Longueil, à qui elle avoit été tant de fois promise. Il annonça ensuite qu'il vouloit aller négocier avec les Bordelais ; mais la Fronde s'opposa au départ de la cour, et elle ne put sortir de Paris qu'en faisant la promesse de ne pas aller plus loin que Fontainebleau. Il fut décidé que, pendant cette courte absence de la Régente, Gaston seroit chargé du gouvernement, et que le garde des sceaux Châteauneuf, le premier président Molé et Le Tellier formeroient son conseil.

Mazarin, hors de la capitale, se mit peu en peine de tenir les engagemens qu'il avoit pris avec la Fronde ; la cour quitta bientôt Fontainebleau pour aller à Orléans, puis elle passa à Tours et à Poitiers. Les frondeurs, craignant que l'affaire de Bordeaux ne s'arrangeât sans eux, conjurèrent la Reine de revenir, et lui exagérèrent les dangers que pouvoient courir la Picardie et la Champagne, menacées par l'armée de Turenne. Le ministre, se fiant au maréchal Du Plessis qu'il avoit chargé de garder cette frontière, n'eut aucun égard à leurs représentations ; et la cour se trouva le 1er. août dans la petite ville de Libourne, à huit lieues de Bordeaux.

Cette ville ne sembloit nullement disposée à se soumettre. Le parlement, dominé par la princesse de Condé, venoit de rendre un arrêt par lequel il étoit défendu aux habitans de recevoir Mazarin, et qu ordonnoit de fermer les portes aux troupes royales tant qu'il seroit ministre. Les jurats, sur lesquels la cour comptoit, avoient été déposés sous prétexte que leur temps étoit fini, et quoique la Reine eût ordonné de surseoir à l'élection. Leurs successeurs étoient entièrement dévoués au parti des princes. Dans cette position, le parlement de Bordeaux crut devoir envoyer à la cour une députation composée du président Pichon et de trois conseillers : ces envoyés avoient ordre de ne pas voir le ministre. La Reine les reçut avec bonté; et ils paroissoient incliner vers la paix, lorsqu'un événement imprévu ralluma toutes les haines.

Richon, bourgeois distingué de Bordeaux, commandoit le château du Vair sur la Dordogne, et étoit assiégé par le maréchal de La Meilleraye. Trahi par sa garnison que Mazarin avoit gagnée, il fut livré au maréchal, qui annonça l'intention de faire un grand exemple sur un rebelle pris les armes à la main. La princesse de Condé, avertie du danger de Richon, envoya sur-le-champ à La Meilleraye un trompette chargé de lui rappeler qu'elle avoit des prisonniers en son pouvoir, et de lui dire qu'elle useroit de représailles. Cette menace ne fit aucune impression sur le maréchal, qui ordonna que Richon fût pendu.

La nouvelle de cette exécution, loin de répandre l'effroi à Bordeaux, y excita l'indignation la plus vive. Le duc de Bouillon, plus ardent que les autres, entraîna le conseil de la princesse à décider que l'on feroit périr un prisonnier; et l'on choisit pour victime l'un des plus distingués, le marquis de Canoles, qui avoit été pris quelque temps auparavant à l'île Saint-George. Tous les préparatifs du supplice furent disposés sans que cet infortuné en eût le moindre soupçon ; et, pour donner plus de complices à ce crime, on fit confirmer l'arrêt par les trente-six capitaines de la ville. La princesse, dont les larmes et les prières n'avoient pu calmer la fureur de ses partisans, supplia du moins que l'exécution fût remise au lendemain, espérant faire échapper le condamné pendant la nuit. Ses instances furent inutiles : on alla saisir Canoles dans la soirée, au moment où il jouoit gaiement avec des dames ; on le traîna sur le port, et il fut attaché à une potence. A peine revenu de son premier effroi, il avoit demandé un confesseur ; cette dernière consolation lui fut inhumainement refusée. « Il est ma-« zarin, disoit-on ; il doit être damné. » [6 août]

La guerre entre les Bordelais et l'armée royale devint plus vive que jamais. Le maréchal de La Meilleraye et d'Epernon s'emparèrent de l'île Saint-George après avoir éprouvé la résistance la plus opiniâtre ; et l'on remarqua qu'ils épargnèrent les prisonniers. La perte de ce poste important ne découragea point les Bordelais : ils résolurent de fortifier leur ville ; la princesse et ses femmes allèrent travailler aux remparts, et bientôt tout le monde, suivant leur exemple, se mit à l'ouvrage. Cette ardeur, que la discipline ne régloit pas, ne put empêcher l'armée royale de s'emparer du faubourg de Saint-Surain, qui fut défendu avec un grand courage par le duc de La Rochefoucauld. Ce seigneur fit ensuite plusieurs sorties ; mais il sembla bientôt évident que Bordeaux ne pourroit résister long-temps aux forces du Roi.

Tandis que Mazarin avoit l'espoir fondé d'étouffer promptement les troubles de la Guienne, ses ennemis reprenoient courage dans la capitale, et la seule chance favorable qui lui fût ouverte étoit qu'ils ne s'accordassent pas sur les moyens de le renverser. La duchesse de Châtillon, aidée par le duc de Nemours son amant, ainsi que par la princesse palatine, travailloit à multiplier les partisans des princes; et ils étoient puissamment secondés par le poëte Montreuil, secrétaire du prince de Conti, qui montroit une activité incroyable. D'un autre côté, les frondeurs épioient toutes les actions du ministre, et se préparoient à profiter de ses moindres fautes. Si ces deux partis se fussent réunis, Mazarin ne pouvoit plus subsister; mais la haine qui les animoit l'un contre l'autre étoit encore trop forte pour qu'ils se rapprochassent; et il falloit que de nouveaux événemens ouvrissent à l'intrigue les moyens de leur faire oublier les injures qu'ils s'étoient si souvent prodiguées.

Il ne résulta de cette situation singulière des partis dans la capitale qu'une légère émotion qui n'eut aucune suite sérieuse. Le 8 août, pendant que Gaston étoit au parlement, une troupe composée de quatre-vingts officiers autrefois attachés au prince de Condé, et commandée en apparence par un maçon, parcourut les environs du palais en criant : *Vivent les princes! point de Mazarin!* Le peuple, toujours dévoué aux frondeurs, ne prit aucune part à cet attroupement, qui fut aisément dissipé par le duc de Beaufort. Au milieu du tumulte, le coadjuteur reçut dans son rochet un coup de poignard, dont il ne fut point blessé.

La ville de Bordeaux, pressée par le maréchal de La Meilleraye dont l'armée s'étoit accrue, commançoit à désespérer de pouvoir se défendre, et le découragement s'emparoit de toutes les ames. La princesse, qui s'étoit aperçue de ce changement, prit aussitôt son parti avec autant de sagesse que de dignité. Elle alla remercier le parlement des efforts qu'il avoit faits pour elle, lui déclara qu'elle ne demandoit pas qu'il défendît plus long-temps sa cause, et le pria seulement de lui procurer des passe-ports pour se retirer dans les pays étrangers. Les ducs de Bouillon et de La Rochefoucauld furent loin de montrer la même résignation : ils résolurent d'obtenir des secours de l'Espagne pour rallumer la guerre en Guienne; mais il falloit que ces secours fussent sollicités par la princesse, et ils savoient qu'elle étoit déterminée à n'en plus demander. Ils lui extorquèrent sa signature par la ruse la plus inexcusable. Pendant la nuit, tandis qu'elle dormoit profondément, Lenet l'éveilla, et feignit de lui présenter une lettre pressée dont il lui avoit parlé la veille. A moitié endormie, elle signa, sans le lire, un pouvoir pour l'agent qui devoit être envoyé à Madrid. Cet agent étoit le marquis de Lusignan, chargé par les deux ducs d'aller traiter directement avec don Louis Du Haro, premier ministre de Philippe IV.

Tous les obstacles à la paix furent aplanis par la résignation de la princesse de Condé. Le parlement de Bordeaux obtint une amnistie dans laquelle furent compris les deux ducs et tous les chefs de l'insurrection. On ne fit pas mention dans le traité de la destitution de d'Epernon, mais elle fut prononcée immédiatement après la signature des articles [28 septembre]. Avant de quitter Bordeaux, la princesse voulut y laisser des souvenirs qui ne pussent facilement s'effacer : accompagnée de son fils, elle alla visiter les membres du parlement et les principaux bourgeois ; elle les remercia de leur zèle, et leur fit embrasser le jeune prince, qui leur promit en pleurant de ne jamais oublier leurs services. Les magistrats décidèrent qu'ils paieroient ses dettes : elle leur donna en retour six galères, dix galiotes et un vaisseau qui lui appartenoient. Le 3 octobre, elle s'embarqua pour aller à Coutras : plus de vingt mille personnes l'accompagnèrent au port ; les acclamations lui furent prodiguées, et jamais adieux ne furent plus touchans.

A peine avoit-elle perdu de vue cette ville où elle étoit si regrettée, qu'elle rencontra un petit bâtiment où se trouvoit le maréchal de La Meilleraye, chargé par Mazarin de la prier d'aller voir la Reine qui étoit à Bourg. Elle ne crut pas devoir se refuser à cette invitation amicale ; et, à quelque distance du lieu où étoit la cour, elle trouva des carrosses qui avoient été envoyés au devant d'elle. Introduite devant la Régente avec les ducs de Bouillon et de La Rochefoucauld, elle lui parla ainsi : « Je viens, madame, me jeter aux
« pieds de Votre Majesté, pour lui demander pardon
« si j'ai fait quelque chose qui lui ait déplu. Excusez
« les efforts d'une demoiselle qui a eu l'honneur d'é-
« pouser le premier prince du sang, pour briser ses
« fers, et assurer la liberté à cet enfant qui est son
« fils unique. Vous nous voyez à vos genoux pour
« solliciter en faveur de ce que nous avons de plus
« cher. — Je suis bien aise, ma cousine, répondit la
« Reine, que vous connoissiez votre faute ; vous aviez
« pris une mauvaise voie pour obtenir ce que vous

« désirez : maintenant que vous allez tenir une autre
« conduite, je verrai quand et comment je pourrai
« vous satisfaire. » Mazarin étoit présent : la princesse
ne daigna pas jeter un regard sur lui.

Malgré cet affront, le ministre alla lui rendre une
visite dans la journée ; elle le reçut avec la même froideur, et le jeune duc d'Enghien refusa de l'embrasser.
Cela ne l'empêcha pas de combler de témoignages d'amitié La Rochefoucauld, Bouillon, Lenet, et de leur
prodiguer les promesses. Il voulut même qu'ils montassent tous trois dans son carrosse, et fit avec eux
une longue promenade. Lenet témoignant tout bas
à La Rochefoucauld son étonnement d'une réunion si
bizarre, cet homme qui étoit alors livré à tous les
écarts d'une ame passionnée, mais qui devoit devenir
par la suite un penseur profond ; lui répondit tranquillement : « Tout arrive en France. »

Après avoir pris congé de la Reine, la princesse
partit pour Coutras, où elle se sépara des deux ducs ;
puis, les circonstances la rappelant dans les environs de Paris, elle vint à Milly en Gatinais, d'où elle
se rendit à Montrond, place où elle espéra trouver
plus de sûreté. Cependant la cour fit son entrée à
Bordeaux le 5 octobre ; elle y fut reçue sans aucune
acclamation, n'y resta que peu de jours, et se mit
en route le 15 pour revenir à Fontainebleau, où elle
étoit appelée par des affaires de la plus haute importance.

En effet, pendant l'absence de Mazarin les partisans des princes avoient fait une tentative pour les
délivrer ; et les frondeurs, peu satisfaits de l'influence
qu'ils exerçoient dans le gouvernement, montroient

moins de répugnance à se rapprocher d'eux. Pendant les premiers jours de leur captivité, les princes avoient été traités par Comminges avec beaucoup d'égards; mais ensuite on leur avoit donné pour gardien de Bar, ancienne créature de Richelieu, dévoué au ministre actuel, et disposé à la plus grande sévérité. Le prince de Conti et le duc de Longueville étoient tombés dans l'abattement : Condé seul n'avoit rien perdu de sa gaieté et de son sang-froid. Il partageoit ses loisirs entre la lecture de quelques bons livres et la culture des fleurs; et quelquefois il feignoit d'être malade, afin de pouvoir s'entretenir plus librement avec d'Alençay son chirurgien, qui avoit beaucoup de relations au dehors. Dans ces conversations il parloit souvent de son épouse, dont il avoit long-temps méconnu les belles qualités, et pour laquelle il témoignoit alors la plus vive admiration. Un jour, en arrosant des œillets, il dit à d'Alençay : « Aurois-tu « jamais imaginé que ma femme feroit la guerre pen- « dant que je cultiverois mon jardin (1)? »

Malgré la vigilance rigoureuse de de Bar, il entretenoit des correspondances avec la princesse palatine, le président Viole; les ducs de Bouillon et de La Rochefoucauld, Arnauld, officier distingué, et Gourville, qui travailloient avec ardeur à multiplier ses partisans. Ces relations avoient lieu au moyen d'écus creux qui se fermoient à vis, et dans lesquels on insé-

---

(1). Ces sentimens de Condé pour son épouse ne se soutinrent pas. En 1571, une scène violente qui eut lieu à l'hôtel de Condé, et dans laquelle la vie de la princesse fut exposée, donna lieu à des soupçons qui sembloient injustes. Condé, qui vivoit froidement avec elle, les accueillit, et elle fut reléguée à Châteauroux.

roit des billets : ces écus étoient mêlés par Montreuil, chargé de lui faire passer des fonds, à un grand nombre de pièces d'argent : les sacs étoient adressés à de Bar, qui les remettoit lui-même au prince, dont il servoit ainsi les projets sans le savoir.

Gourville, de concert avec le prince, forma le projet hardi de le délivrer. Instruit que, dans les compagnies de Gardes françaises chargées de garder le château de Vincennes, il se trouvoit quelques sergens et caporaux qui gémissoient d'être obligés de tenir en prison leur ancien général, il contracta des liaisons avec eux, leur distribua de l'argent, et leur promit qu'on formeroit un régiment d'Enghien dont ils seroient officiers. Il fut convenu que le dimanche suivant, pendant que de Bar seroit à vêpres, ils surprendroient l'église et la forteresse; qu'ils feroient sortir les princes, et que Dalmas, écuyer de Condé, tiendroit des chevaux prêts à quelque distance. Ce complot échoua par une indiscrétion. Un des hommes qui devoient accompagner Dalmas conçut des scrupules, alla le vendredi se confesser au grand-pénitencier, et, sans s'expliquer de vive voix, lui laissa un billet ainsi conçu : « Dimanche, à trois heures, « on doit mettre les princes en liberté; il y a pour « cela intelligence à Paris. » Le pénitencier porta sur-le-champ le billet au coadjuteur. Beaufort, à cette nouvelle, courut à Vincennes avec une troupe de cavalerie. Les conjurés virent qu'ils étoient découverts; Gourville s'enfuit à La Rochefoucauld; et les compagnies chargées de la garde des princes furent changées.

Cette tentative manquée donnoit moins d'inquiétude au garde des sceaux et au coadjuteur, qui dirigeoient le conseil de Gaston, que les succès récemment obtenus par Turenne. Ce général avoit quitté Stenay, s'étoit joint aux troupes de l'archiduc, avoit battu le maréchal d'Hocquincourt près de Fismes, et annonçoit l'intention de marcher sur Vincennes pour délivrer les princes de vive force. Son arrivée étoit impatiemment attendue par leurs amis : le duc de Nemours et le comte de Tavannes lui tenoient à Paris deux cents chevaux prêts ; et Bussy-Rabutin, parti de Bourgogne, s'avançoit à grandes journées avec un corps plus nombreux de cavalerie.

Le conseil de Gaston, composé en grande partie de frondeurs, sentit la nécessité de transférer les princes dans une autre prison. Il auroit voulu les mettre à la Bastille, afin de pouvoir disposer d'eux suivant les circonstances ; mais Mazarin, qui étoit encore devant Bordeaux, insistoit avec la plus grande force pour qu'ils fussent conduits au Havre, dont la duchesse d'Aiguillon, amie de la Reine, n'avoit pas cessé de disposer. Gaston, toujours irrésolu, fit adopter un parti moyen beaucoup plus favorable au ministre qu'à la Fronde : par ses ordres, les princes furent menés à Marcoussis dans les derniers jours d'août. Ce château, qui appartenoit à la maison d'Entragues, étoit situé près de Montlhéry, fortifié avec soin, et entouré de fossés remplis d'eau. Cette mesure inattendue déconcerta les projets de Turenne, qui s'éloigna de la capitale et alla faire le siége de Mouzon.

Quand les princes furent sortis de Vincennes, les habitans de Paris s'empressèrent d'aller visiter ce château. La chambre de Condé attiroit surtout un grand nombre de curieux : on prenoit intérêt à ses malheurs, on s'entretenoit de ses belles actions, et l'on oublioit presque ses fautes. Mademoiselle de Scudéry, en y entrant, aperçut les œillets qu'il avoit cultivés. Emue par les souvenirs que ces fleurs faisoient naître, elle improvisa les vers suivans qu'elle écrivit sur le mur :

> En voyant ces œillets qu'un illustre guerrier
> Arrosa de sa main qui gagnoit des batailles,
> Souviens-toi qu'Apollon a bâti des murailles,
> Et ne t'étonne plus de voir Mars jardinier.

Ces vers circulèrent bientôt à Paris : on applaudit au courage de mademoiselle de Scudéry, qui avoit une grande réputation littéraire ; et les partisans du prince profitèrent avec habileté de ce petit succès.

La cour arriva le 7 novembre à Fontainebleau, et le garde des sceaux Châteauneuf y fut appelé. Mazarin, mécontent de la conduite équivoque qu'avoit tenue le coadjuteur pendant la guerre de Bordeaux, répandit contre lui les bruits les plus odieux : il prétendit qu'il n'avoit voté dans le conseil de Gaston pour la translation des princes à la Bastille, qu'afin de se rendre maître absolu de leurs personnes ; et il l'accusa d'avoir négocié avec Turenne et l'archiduc. Voyant en outre avec inquiétude que dans le château de Marcoussis les princes étoient presque au pouvoir des frondeurs, il fit tous ses efforts pour attirer Gaston à Fontainebleau, dans l'espoir de l'amener à consentir à ce qu'ils fussent conduits au Havre. Le coadjuteur, connoissant la foiblesse de son protecteur, et craignant le sort de l'abbé de La Rivière, s'opposa vainement à ce voyage : tout ce qu'il put obtenir de Gaston fut qu'il demanderoit pour lui le chapeau de cardinal, et qu'il ne consentiroit qu'à cette condition à la nouvelle translation des prisonniers.

La Reine reçut très-bien son beau-frère. Avant d'entrer en discussion sur l'affaire du coadjuteur, elle obtint son adhésion pour le changement de prison des princes, et elle donna sur-le-champ des ordres pour l'exécution de cette mesure importante. Quand il fut question du chapeau de cardinal, elle dit gravement qu'elle ne pouvoit accorder cette grâce sans avoir consulté son conseil. Tout étoit préparé pour faire rejeter la demande, et l'on comptoit principalement sur l'opposition du garde des sceaux Châteauneuf, qui, comme on l'a vu, désiroit depuis long-temps cette grande dignité. Lorsque l'affaire fut discutée, Mazarin affecta de donner un avis favorable; mais le garde des sceaux se jeta aux genoux de la Régente, lui rappela les torts du coadjuteur, et la conjura de ne point dégrader la majesté royale en accordant une telle récompense à un ennemi. Mazarin eut l'air d'être entraîné par les raisons de Châteauneuf: il pria la Reine d'excuser sa foiblesse, et le conseil se déclara contre les desirs de Gaston, qui, furieux d'avoir été joué, revint très-mécontent à Paris.

Le comte d'Harcourt, général qui avoit acquis beaucoup de gloire sous le ministère de Richelieu, fut chargé de conduire les princes au Havre; et, quelques jours avant son arrivée à Marcoussis, on fit une seconde tentative pour les délivrer. De sept soldats qui gardoient leur antichambre, quatre avoient été gagnés par Arnauld. Il fut convenu qu'à un signal donné ils égorgeroient leurs trois camarades, ouvriroient les portes aux princes, et les conduiroient jusqu'à l'étang, où Arnauld les recevroit dans un bateau de cuir, et assureroit leur fuite. L'indiscrétion de quelques jeunes gens qui devoient les escorter fit échouer ce projet; et les princes, surveillés avec rigueur par le comte d'Harcourt, arrivèrent au Havre le 27 novembre.

Condé, ne perdant point sa gaieté dans un événement qui sembloit éloigner le moment où il seroit libre, se contenta de chansonner un général chargé d'une mission peu honorable, selon les préjugés des mécontens. Le couplet qu'il improvisa est très-connu :

> Cet homme gros et court,
> Si connu dans l'histoire,
> Ce grand comte d'Harcourt
> Tout couronné de gloire,
> Qui secourut Casal et qui reprit Turin,
> Est maintenant recors de Jules Mazarin.

Ce couplet eut à Paris encore plus de succès que les vers de mademoiselle de Scudéry. Le mécontentement de Gaston, le dépit du coadjuteur ranimèrent dans toutes les classes du peuple la haine qu'on avoit eue autrefois pour Mazarin. On étaloit impunément à la place de Grève, à la Croix du Trahoir, sur le Pont-Neuf et à la place Maubert, des tableaux où il étoit représenté la corde au cou. « *Vivit tamen,* « disoit Guy-Patin dans une de ses lettres, *et fruitur*

« *diis iratis*. » Cependant le parti des frondeurs ne s'étoit pas encore rapproché de celui des princes : c'étoient deux factions séparées, et qui ne s'accordoient que dans le désir de renverser le ministre. La première s'enorgueillissoit du nom de *vieille Fronde*, et l'autre se faisoit appeler *nouvelle Fronde*.

C'étoit sous ces auspices sinistres que la cour étoit rentrée dans la capitale le 15 novembre. Mazarin, persistant dans son projet de perdre le coadjuteur, chercha d'abord à le brouiller avec mademoiselle de Chevreuse. Il se servit du duc d'Aumale, l'un des plus beaux hommes de son temps, qui fit une cour assidue à cette demoiselle. Mais, comme il manquoit d'esprit, il fut aisément écarté par l'amant en titre. La princesse de Guémené, ancienne maîtresse de Gondy, offrit au ministre un moyen qui lui paroissoit beaucoup plus sûr pour le débarrasser de son ennemi : elle proposa de le faire enlever de nuit, et de le tenir quelque temps enfermé dans une petite serre qui faisoit partie de son jardin. Il n'est pas besoin de dire que Mazarin rejeta cet expédient proposé par une femme jalouse et irritée.

Le coadjuteur, instruit de ce qui se tramoit, sembla oublier la conduite que Châteauneuf venoit de tenir à Fontainebleau; s'étant réconcilié avec lui, il lui fit sentir adroitement qu'il étoit en position de remplacer Mazarin, et lui démontra que l'unique moyen de le renverser étoit la réunion des deux Frondes. Madame de Rhodes, jeune femme très-intrigante, maîtresse du garde des sceaux et amie de la princesse palatine, contribua beaucoup à la réconciliation momentanée de ces deux hommes, qui quelques jours auparavant passoient pour ennemis implacables.

La princesse palatine, qui s'étoit servie de madame de Rhodes dans cette grande affaire, entreprit alors de rapprocher d'une manière solide les deux partis opposés au ministre, et montra, en négociant avec tant d'hommes irrésolus et passionnés, une force d'esprit et une prudence qu'on n'auroit jamais cru devoir attendre d'une femme galante. Ayant eu de nuit une longue conférence avec le coadjuteur, elle lui fit adopter le plan qu'elle avoit conçu. Il consistoit à n'admettre dans ce grand secret ni le premier président, qu'on savoit attaché au prince de Condé, mais dont on redoutoit la vertu rigide, ni aucun membre du parlement; et à conclure, au nom des princes, trois traités séparés avec les personnages qui pouvoient les servir le plus utilement. On promettoit à Gaston que le jeune duc d'Enghien épouseroit mademoiselle d'Alençon, l'une de ses filles; au duc de Beaufort, que madame de Montbason recevroit une somme de cent mille écus; et au coadjuteur, que le prince de Conti épouseroit mademoiselle de Chevreuse.

Tandis que la princesse et le coadjuteur faisoient secrètement des démarches pour la conclusion de ce traité, il arriva un événement dont le ministre essaya de se servir pour empêcher tout rapprochement entre les deux Frondes. Saint-Églan, gentilhomme du duc de Beaufort, allant le chercher à dix heures du soir chez madame de Montbason, fut assassiné par quatre hommes déguisés. La cour fit aussitôt courir le bruit que ce meurtre avoit été commis par le parti des princes; mais cette faction soutint au contraire, dans un libelle intitulé *les dernières Finesses de Mazarin*, que le ministre avoit voulu se défaire du duc de Beaufort. Ces deux opinions se discutoient avec la dernière chaleur, lorsqu'on apprit que les meurtriers étoient arrêtés, et que c'étoient de simples voleurs.

Cependant le ministre, inquiet des dangers qui le menaçoient, voulut imposer à ses ennemis par un coup d'éclat. Instruit que l'archiduc avoit conduit son armée en Flandre pour lui faire prendre des quartiers d'hiver, et que Turenne n'avoit plus pour tenir la campagne qu'environ sept mille hommes, il résolut de le faire attaquer par le maréchal Du Plessis-Praslin, dont les troupes étoient renforcées de toutes les garnisons de Champagne, et des corps qui avoient été employés en Guienne. Il partit pour cette expédition le 4 décembre; et, contre sa coutume, il se montra prodigue avec les soldats, dont il ne négligea rien pour se concilier l'amour. Rhetel, dont il avoit gagné le gouverneur, fut pris, et Turenne battu dans les environs de cette place [15 décembre]. Mazarin essaya de s'attribuer l'honneur de cette victoire, et il revint triomphant à Paris avec une escorte de cinq cents chevaux [1er. janvier 1651]. Les deux Frondes se moquèrent de sa présomption, mais ne laissèrent pas d'être un moment déconcertées de ce succès inattendu.

Elles reprirent bientôt courage, et poussèrent les magistrats du parlement à présenter des remontrances à la Reine pour obtenir la liberté des princes. Cette princesse étant malade tarda quelque temps à les recevoir; enfin le 20 janvier une députation de cette cour fut admise en sa présence. Molé, chargé de porter la parole au nom de sa compagnie, fit valoir les grands services du prince de Condé, excusa ses fautes, et supplia la Régente de lui pardonner. Quoiqu'il ne fût point sorti des bornes du respect, son ton déplut à la Reine, qui lui répondit sèchement qu'il falloit d'abord que Turenne et madame de Longueville rendissent Stenay, et rentrassent dans le devoir. Lorsque les magistrats furent retirés, le jeune Louis XIV, choqué comme sa mère du discours qui venoit d'être prononcé, lui dit que s'il n'avoit pas craint de lui déplaire il auroit imposé silence au premier président, et l'eût chassé.

Les traités d'union entre les deux Frondes étoient signés par le coadjuteur et par le duc de Beaufort; mais Gaston hésitoit encore, malgré les sollicitations pressantes de la princesse palatine et de madame de Chevreuse. Une imprudence de Mazarin leva tous ses scrupules. Ce prince se trouvant au Palais-Royal avec la Reine et son ministre, la conversation tomba sur les affaires présentes, et devint très-vive. Mazarin, échauffé par la dispute, compara fort gauchement le parlement de Paris au parlement d'Angleterre, le coadjuteur à Cromwell, et le duc de Beaufort à Fairfax. Gaston lui répondit avec chaleur que la comparaison étoit odieuse, que les frondeurs n'avoient que des vues honorables, et qu'ils pouvoient bien haïr le ministre sans cesser d'être attachés au Roi et à l'Etat. La Reine, au lieu d'essayer de calmer cette dispute qui pouvoit avoir les suites les plus funestes, prit le parti de Mazarin, et se laissa emporter par son indignation. Gaston, craignant d'être arrêté, se retira précipitamment : il jura qu'il ne se remettroit plus au pouvoir de la Régente, et dès le jour même il signa le traité [31 janvier].

Le coadjuteur, tirant parti de la colère et de la crainte du prince, lui représenta que les circonstances ne permettoient plus de temporiser ; que Mazarin pouvoit, en faisant sa paix particulière avec les princes, désunir les deux Frondes ; et que la majorité du Roi, fixée au 15 mars, lui ouvriroit nécessairement les chances les plus favorables. Ces réflexions ne déterminèrent point encore Gaston à se mettre entièrement à découvert. Seulement il autorisa Gondy à déclarer au parlement qu'il désiroit que les princes fussent mis en liberté : déclaration qui fut faite le 1er. février, et qui produisit un effet incroyable. Encouragé par ce succès, le prince manda au Luxembourg Châteauneuf et Le Tellier : il leur prescrivit de ne rien expédier sans avoir pris ses ordres, et les chargea de dire à la Reine qu'il ne la verroit plus tant que Mazarin seroit ministre. En qualité de lieutenant général, il fit venir les colonels de quartier, leur dit de faire prendre les armes aux compagnies bourgeoises, et leur défendit d'obéir à d'autres commandemens que les siens.

Ces dispositions inattendues portèrent la terreur au Palais-Royal. La Reine conjura son beau-frère de venir au conseil ; et, sur son refus, elle offrit, quoique malade, d'aller le trouver, accompagnée d'un seul écuyer. Voyant qu'il rejetoit toutes ses propositions, elle lui fit promettre que le Roi épouseroit l'une de ses filles ; mais Gaston, dirigé par le coadjuteur, ne vit dans ces propositions, en apparence si brillantes, que de nouvelles ruses de Mazarin. Il demeura inflexible, et annonça l'intention d'aller au parlement.

Cette séance, l'une des plus remarquables de celles qui se tinrent dans ces temps de troubles, fut indiquée au 4 février. Mazarin, voyant qu'un rapprochement avec Gaston étoit devenu impossible, essaya de faire diversion aux objets qui devoient être traités, en dirigeant contre Gondy une accusation capable de le perdre. Châteauneuf, quoique réconcilié nouvellement avec le coadjuteur, s'y prêta volontiers, tant parce qu'il n'avoit pas été compris dans les traités ménagés par la princesse palatine, que parce qu'il savoit que le prince de Condé, dont il étoit haï, ne le laisseroit pas au ministère. Molé tint la même conduite, parce qu'il vouloit que la liberté des princes ne fût due qu'à la Reine. En même temps cette princesse fit partir pour le Havre Lyonne et le maréchal de Gramont; ils étoient chargés de négocier avec les princes, mais ils n'avoient pas de pouvoirs. Gaston se rendit donc au parlement de bonne heure, et avec l'appareil d'un lieutenant général du royaume. A peine la délibération fut-elle commencée, qu'un maître des cérémonies entra dans la salle, et remit au premier président une lettre de cachet : cette lettre portoit qu'une grande députation étoit appelée au Palais-Royal pour entendre une communication de la Reine.

La séance fut suspendue, malgré l'opposition du coadjuteur et de ses amis; et Molé partit avec la députation. La Reine fit lire devant ces magistrats une déclaration faite avec beaucoup d'art, dans laquelle toute la conduite de Gondy depuis les troubles étoit dévoilée, et qui contenoit contre lui les accusations les plus justes et les plus violentes. La députation revint au palais; on donna lecture de la déclaration, et le premier président proposa d'aller sur-le-champ aux voix. Les frondeurs qui remplissoient les pièces voisines poussèrent des cris affreux, et pendant quelques momens il fut impossible de délibérer. Cela donna au coadjuteur le temps de préparer sa réponse. Il résolut de la faire courte, énergique, et de l'assaisonner, s'il étoit possible, d'une citation tirée des anciens, et applicable à la circonstance. Aucune ne se présentant à son esprit, et le calme commençant à se rétablir, il composa une phrase qui pût en tenir lieu, et s'efforça de lui donner la tournure d'un passage de Cicéron. Certain que cette phrase latine produiroit un grand effet dans sa péroraison, il prit la parole avec une audace qui fit renaître toutes les espérances de ses partisans. Il commença par annoncer qu'il ne s'amuseroit pas à réfuter des calomnies tant de fois reproduites; il rappela ensuite les *témoins à brevets*, qui dans son dernier procès s'étoient montrés les vils instrumens de ses ennemis; puis il fit une profession de ses principes, et il termina par ces mots: *In difficillimis reipublicæ temporibus, urbem non deserui; in prosperis, nihil de publico delibavi; in desperatis, nihil timui.* Ses conclusions furent qu'on fît des remontrances pour la liberté des princes et pour l'éloignement de Mazarin.

Ce discours, qui fut accueilli par les acclamations les plus vives, fit entièrement tomber l'accusation. Le comte de Brienne, secrétaire d'État, invita Gaston à se rendre chez la Reine, afin de prendre avec elle les mesures que les conjonctures exigeoient; et le premier président, apercevant que c'étoit la dernière ressource sur laquelle on pût compter, joignit ses prières à celles de Brienne. Devenu éloquent par le profond sentiment dont il étoit pénétré, il peignit des couleurs les plus fortes le bouleversement terrible auquel un refus donneroit lieu; et, d'une voix étouffée par les sanglots, il s'écria : « Ah ! monsieur, ne perdez pas le « royaume ; vous avez toujours aimé le Roi. » L'avocat général Talon prit alors la parole, et se surpassa ; il conjura Gaston de se rapprocher de la Reine ; il invoqua les mânes de Henri IV, et s'étendit sur la fidélité qui étoit due au petit-fils de ce grand monarque ; ensuite il se mit à genoux, et recommanda, les larmes aux yeux, à saint Louis la France déchirée par les factions. Tout le monde fut ému ; mais Gaston représenta qu'il pouvoit être arrêté s'il alloit au Palais-Royal. Le premier président, reprenant la parole, lui répondit de sa sûreté ; et, se laissant emporter par son zèle, il avança qu'il étoit possible que les princes fussent déjà libres, puisque la Reine lui avoit commandé d'annoncer au parlement que Gramont et Lyonne étoient chargés de les tirer de leur prison. Cette assertion imprudente irrita Gaston, qui répondit avec humeur : « Vous en savez donc plus « que moi ? » Il refusa obstinément d'aller trouver la Reine, et les conclusions du coadjuteur formèrent l'arrêt.

La fermentation qui résultoit de la réunion des deux Frondes gagna toutes les classes : la noblesse et le clergé s'assemblèrent séparément, prirent une attitude menaçante, et Mazarin sentit qu'il étoit nécessaire de céder momentanément à l'orage. Ayant fait secrètement les préparatifs de son départ, il prit le parti de sortir de Paris dans la nuit du 7 au 8 février. La Reine s'étoit opposée, tant qu'elle l'avoit pu, à cette résolution ; elle auroit voulu du moins le suivre avec ses enfans, et recommencer la guerre. Mais Mazarin, plus habile et plus prudent qu'elle, lui fit sentir tous les inconvéniens d'une lutte pour laquelle rien n'étoit disposé, et lui persuada qu'il valoit mieux qu'elle feignît de le sacrifier. Elle lui donna pour de Bar, commandant du Hâvre, une lettre qui prescrivoit à cet officier de ne remettre les princes qu'aux mains du ministre, sans avoir égard à aucun ordre postérieur.

Mazarin avoit envoyé quelques-uns de ses gens à la porte de la Conférence, par où il comptoit partir ; mais le peuple se souleva, et en arrêta deux. Rempli d'effroi, il sortit furtivement par la porte de Richelieu, dont il avoit gagné le gardien. Il n'étoit accompagné que de son capitaine des gardes et du comte de Broglie ; à quelque distance il trouva le comte d'Harcourt, qui, à la tête de deux cents chevaux, le conduisit à Saint-Germain.

La Reine, se figurant que l'éloignement de Mazarin rendroit Gaston plus traitable, lui envoya, dans la soirée du 8, les ducs de Vendôme, d'Elbœuf, de Schomberg et quatre maréchaux de France, avec l'ordre de lui dire qu'elle vouloit consulter les grands du royaume sur les affaires présentes, que cette assemblée auroit lieu au Palais-Royal, et qu'elle le supplioit de l'honorer de sa présence. Gaston resta inflexible; et le duc d'Elbœuf, qui, après avoir été l'un des plus implacables ennemis de Mazarin dans la première guerre, s'étoit vendu à lui, fut celui des envoyés qui fit le plus d'efforts pour déterminer le prince à se fier aux promesses de la Régente. Il s'offrit même pour otage. Gaston, qui, d'après les insinuations du coadjuteur, avoit conçu un grand mépris pour le duc, sortit de son caractère qui étoit ordinairement fort doux, et lui fit cette réponse accablante : « Il vous « sied bien, Mazarin fieffé, de vous offrir pour ma « caution; je vous trouve bien hardi de vous présen- « ter devant moi, vous qui êtes vendu au cardinal. « Rendez grâce à ceux qui vous accompagnent : sans « leur considération, je vous apprendrois le respect « que vous me devez. Sortez, et n'ayez jamais l'au- « dace de vous présenter devant moi. » Les envoyés n'insistèrent pas davantage; et la Reine, à laquelle ils rendirent compte de leur mission, assembla un conseil pour délibérer sur les moyens de sortir d'une position si difficile.

Châteauneuf, qui se flattoit de remplacer Mazarin, soutint que la Reine ne calmeroit les esprits qu'en ne laissant aucun doute sur l'exclusion irrévocable de son ministre. Les partisans de ce dernier feignirent de partager cet avis, persuadés que les circonstances ameneroient des chances plus favorables; et la Reine, moins disposée à dissimuler, ne céda qu'avec la répugnance la plus marquée aux conseils du garde des sceaux. Il fit sur-le-champ connoître cette résolution au parlement, qui rendit un arrêt par lequel il étoit ordonné à Mazarin et à sa famille, sous peine d'être déclarés rebelles, de sortir du royaume dans un délai de quinze jours. Les nièces du ministre partirent aussitôt pour Péronne.

La Reine, en faisant ce grand effort sur elle-même, méditoit un dessein qu'elle n'avoit communiqué qu'à ses plus intimes confidens : c'étoit de sortir secrètement de la capitale avec ses deux fils, et d'aller joindre son ministre. Cependant, pour déconcerter la surveillance de Gaston et du coadjuteur, elle envoya Châteauneuf conférer avec eux sur la liberté des princes. Tout sembloit favoriser son projet d'évasion, lorsque mademoiselle de Chevreuse, qui avoit conservé beaucoup de relations avec la cour, en fut instruite. Elle courut avertir Gaston dans la nuit du 9 au 10 février.

Cette nouvelle causa dans le Luxembourg une grande rumeur. Madame et Mademoiselle accoururent près du prince ; et le coadjuteur ne tarda pas à venir proposer les mesures les plus violentes. Il demanda que les bourgeois s'armassent à l'instant pour s'opposer à l'évasion du Roi, et que la Régente fût gardée comme prisonnière. Gaston, effrayé de cet attentat, refusa d'en donner l'ordre : Madame, plus déterminée, le signa ; et le coadjuteur alloit l'emporter, quand le prince le lui arracha des mains et le déchira. Il ne voulut pour le moment que charger de Souches, capitaine de ses gardes suisses, d'aller observer ce qui se passoit chez la Reine. Cette volonté si prononcée de Gaston n'empêcha pas le coadjuteur de faire prendre les armes aux bourgeois, et de les diriger sur le Palais-Royal, qui fut bientôt entouré.

De Souches se présenta le premier de la part du lieutenant général, et déclara qu'il vouloit voir le

Roi. La Reine, surprise au milieu de la nuit, fit ouvrir les portes, et toute la populace se précipita dans les appartemens. Il fallut que le maréchal de Villeroy levât les rideaux du jeune monarque, et que chacun, en traversant sa chambre à coucher, pût le contempler à son aise. Il étoit heureusement plongé dans un profond sommeil. Pendant cette visite qui dura plus de trois heures, la Reine, ayant éu le temps de revenir de sa première frayeur, s'entretint familièrement avec les bourgeois. Ses femmes remarquèrent surtout qu'elle eut une longue conversation avec un M. Du Laurier qui prétendoit être de la cour, parce qu'il avoit autrefois servi, comme valet de chambre, le maître-d'hôtel du Roi. « Nous admirâmes, dit madame
« de Motteville, avec quelle cordialité la Reine et ce
« monsieur parloient ensemble. »

Cette surveillance dura jusqu'au retour des princes; et la Reine, comme elle l'avoit redouté, se trouva prisonnière des deux Frondes. Ceux qui lui étoient attachés prétendoient qu'elle n'avoit pas eu le projet de fuir, et que c'étoit une fable inventée pour justifier la captivité dans laquelle on vouloit la tenir. Un jour madame de Motteville, en qui elle avoit beaucoup de confiance, lui demanda ce qui en étoit. « Ah !
« madame, lui répondit-elle tristement, où ne serois-
« je pas mieux ? A votre avis, quel moyen de ne pas se
« souhaiter ailleurs ? Vous le voulez, mon Dieu : il
« faut vous obéir. » La police rigoureuse que le coadjuteur avoit établie ne se bornoit pas au Palais-Royal, où des gardes de Gaston couchoient dans la chambre du Roi : toute la capitale s'en ressentoit : on arrêtoit ceux qui étoient soupçonnés d'être partisans

de Mazarin ; il n'étoit permis de sortir qu'avec des passe-ports, et les femmes étoient obligées de se démasquer.

Gaston se rendit au parlement le 10, et ne craignit pas d'avouer tout ce qu'avoit fait le coadjuteur : il déclara que dans deux heures la lettre de cachet pour la liberté des princes seroit expédiée. Alors le premier président s'écria tristement : « Monsieur le prince est « libre, et le Roi notre maître est prisonnier ! — Il « l'étoit, répliqua aussitôt Gaston, entre les mains de « Mazarin : il n'y est plus. » La Reine espéroit du moins qu'après cette assurance donnée au parlement, Gaston viendroit chez elle : il ne s'y rendit que lorsqu'on eut la nouvelle certaine que les princes étoient libres. Leur entrevue fut courte et froide.

Cependant Mazarin, qui, comme on l'a vu, n'avoit cédé qu'avec regret à l'orage, étoit allé de Saint-Germain au Pont-de-l'Arche. La liberté des princes ne dépendoit que de lui, et il réfléchit long-temps sur le parti qu'il prendroit. Il eut d'abord l'idée de les faire transporter par mer dans le château de Brest, dont le gouverneur lui étoit dévoué ; mais, d'après les lettres alarmantes de la Reine, il résolut d'aller les délivrer lui-même, dans l'espoir qu'il ne lui seroit peut-être pas impossible de se réconcilier avec eux et de les brouiller avec les frondeurs.

Il arriva au Havre le 13 février de grand matin, et son premier soin fut d'aller voir le prince de Condé. Il le pria, au nom de la Reine, de tout oublier, et de servir l'Etat comme il l'avoit fait jusqu'à l'époque des troubles ; il lui demanda son amitié, en observant cependant avec quelque dignité que la réponse du prince sur ce dernier point n'influeroit en rien sur le parti qui alloit être pris à son égard. Condé lui répondit : « J'ai toujours été serviteur du Roi, et de « vous aussi, monsieur, ajouta-t-il ironiquement. » Ayant appris qu'il étoit libre, il fit apporter à déjeuner, et se mit à table avec Mazarin. Ce dernier ne négligea rien pour lui faire croire qu'il ne devoit son malheur qu'à Gaston et à la Fronde ; et le prince feignit malignement d'entrer dans ses raisons. Après le repas, les princes montèrent en voiture : avant de les quitter, Mazarin se jeta aux pieds de Condé, et, les larmes aux yeux, lui demanda sa protection. Il ne reçut pour réponse qu'un éclat de rire ; et ce fut ainsi qu'ils se séparèrent. Le ministre, voyant toutes ses espérances déçues, partit pour Brulh, petite ville d'Allemagne, appartenant à l'électeur de Cologne.

Les princes arrivèrent à Paris le 16 février : Gaston alla au devant d'eux jusqu'à Saint-Denis ; il les embrassa tendrement, et leur présenta Beaufort et le coadjuteur, qu'ils accueillirent avec les manières les plus affectueuses. Ils entrèrent en triomphe à Paris, et le peuple, totalement changé à leur égard, témoigna encore plus de joie que lorsqu'ils avoient été arrêtés. La Reine, redoutant quelque violence, avoit doublé les postes extérieurs du Palais-Royal, et rempli les appartemens d'officiers réformés qui lui avoient été fournis par le maréchal d'Aumont. Ses craintes n'étoient pas fondées : les princes vinrent lui présenter leurs hommages ; elle les reçut froidement, et ils allèrent dîner au Luxembourg, où l'on s'égaya beaucoup aux dépens de Mazarin. On remarqua qu'au milieu de cette ivresse ce fut Condé qui montra le plus de modération. Le surlendemain la Reine déclara les princes innocens, et cet acte fut aussitôt enregistré au parlement.

Cependant, après ce grand changement qui répandoit tant de joie dans la capitale, la cour et les partis se trouvoient dans la position la plus fausse. La Reine, qui ne faisoit des vœux que pour le retour de son ministre, entretenoit sans cesse des correspondances avec lui par le moyen des secrétaires d'Etat de Lyonne, Le Tellier et Servien, et n'agissoit que d'après ses conseils. Châteauneuf, qu'elle ne voyoit qu'avec dépit à la tête du ministère, vouloit remplacer Mazarin; il tâchoit d'empêcher son retour en France, et feignoit néanmoins de le désirer. Condé, qui n'étoit pas sincèrement réconcilié avec la vieille Fronde, craignoit que le coadjuteur ne devînt ministre; et il auroit mieux aimé Mazarin, dont il avoit eu tant d'occasions d'éprouver la foiblesse. Trop habile pour faire éclater tout de suite ses défiances, il eut l'air de vouloir exécuter le traité ménagé par la princesse palatine, et il alla chez madame de Chevreuse lui renouveler la promesse qu'il avoit faite de marier le prince de Conti à sa fille. Cette dame, conseillée par le coadjuteur, lui répondit qu'elle ne se prévaudroit jamais d'un traité fait dans une prison, et qu'elle le laissoit libre de tenir ou de rompre ses engagemens: démonstration de désintéressement et de délicatesse qui força le prince à redoubler ses protestations.

La princesse palatine, dont l'esprit étoit d'une grande mobilité, pénétra les secrets sentimens du prince de Condé; et, connoissant l'aversion que la Reine avoit pour la vieille Fronde, elle résolut tout-à-coup de rompre les traités qu'elle avoit eu tant de peine à conclure. Elle s'attacha donc, avec le secours de la duchesse de Châtillon, à faire naître la discorde entre le prince et le coadjuteur. La Reine, persuadée qu'elle ne pouvoit relever l'autorité royale qu'en divisant les factions, entra volontiers dans cette vue, et fit au prince les plus belles promesses, en exigeant seulement qu'il laissât le Roi libre de choisir ses ministres : ce qui vouloit dire qu'il ne s'opposât pas au retour encore éloigné de Mazarin.

Le parlement s'occupoit alors d'une déclaration qui avoit été arrachée à la Reine contre ce ministre, et ce fut là qu'éclatèrent les premiers débats entre les deux Frondes. Molé, sachant que le coadjuteur aspiroit à la pourpre, et voulant empêcher qu'il ne devînt ministre, proposa d'insérer dans la déclaration l'exclusion expresse des cardinaux, sous le prétexte qu'ils avoient prêté serment à un souverain étranger. Le prince de Condé appuya fortement cette proposition, qui fut combattue par le coadjuteur et ses amis. Pendant cette discussion, le clergé qui étoit assemblé soutint les droits des cardinaux; et la noblesse, qui se réunit en même temps, renouvela la demande des Etats-généraux. La Reine, qui avoit cru devoir retarder la déclaration de la majorité de son fils jusqu'au 7 septembre, répondit qu'elle s'occuperoit de cette dernière demande le 8 du même mois, persuadée qu'elle éluderoit alors facilement sa promesse.

Sur ces entrefaites, madame de Longueville revint à Paris avec Turenne, qui, fatigué de ses caprices et irrité de ses infidélités, avoit pris la résolution de remplir désormais ses devoirs de sujet, et de ne plus se mêler d'intrigues politiques. Cette princesse craignit l'ascendant que mademoiselle de Chevreuse, jeune et belle, pourroit prendre sur le prince de Conti, dont elle avoit jusqu'alors dirigé toutes les actions; et elle s'unit à la princesse palatine pour persuader à Condé de rompre sur-le-champ le mariage, lui faisant sentir qu'il y auroit une sorte de gloire à braver toutes les suites de cette rupture. La Rochefoucauld, qui détestoit la vieille Fronde, s'unit à elle ; et Condé, après quelque résistance, suivit leurs conseils.

Il commença par refuser de payer les cent mille écus qu'il avoit promis à madame de Montbason ; et, non content de manquer à son engagement, il se moqua de l'avidité de cette dame qui n'osa se plaindre publiquement, mais qui ne tarda pas à faire partager son ressentiment au duc de Beaufort. Il défendit ensuite au prince de Conti de continuer de voir mademoiselle de Chevreuse. La Reine, d'accord avec lui, appela au ministère Chavigny son zélé partisan, et ôta les sceaux à Châteauneuf qu'elle détestoit, pour les confier à Molé, sous la condition qu'il exerceroit toujours les fonctions de premier président. Seguier fut rappelé, et, comme chancelier, il présida le nouveau conseil.

Ce changement, qui, contre toute attente, anéantissoit entièrement l'influence de l'ancienne Fronde, remplit de fureur Gaston, le coadjuteur et Châteauneuf. Ce dernier, malgré son grand âge, parloit de se mettre en pleine révolte : il vouloit porter les sceaux au Luxembourg, et ne les quitter qu'avec la vie.

Gaston, feignant d'ignorer la part que Condé avoit prise à ce changement, convoqua dans la bibliothèque de son palais les princes et les frondeurs. Il se plaignit amèrement de la Reine, s'étendit sur sa mauvaise foi, et tâcha de prouver qu'elle avoit manqué à tous ses engagemens. Les princes gardèrent le silence, et le coadjuteur proposa les mesures les plus violentes. Gaston, effrayé de l'attitude des princes, n'osa prendre un parti ; et, laissant l'assemblée dans la bibliothèque, il passa chez son épouse qui avoit auprès d'elle madame et mademoiselle de Chevreuse. Toutes trois lui reprochèrent sa foiblesse, et l'exhortèrent à suivre les conseils du coadjuteur. Il balbutia quelques excuses ; il fit observer que l'unique moyen de relever la vieille Fronde seroit d'arrêter de nouveau les princes, et remarqua que rien n'avoit été préparé pour un coup si hardi. « S'il ne tient qu'à cela, répondit vivement « mademoiselle de Chevreuse, j'en fais mon affaire ; « ils sont dans la bibliothèque, où ils attendent Votre « Altesse : il n'y a qu'à donner un tour de clef pour « les enfermer. J'y cours, j'envie cet honneur à votre « capitaine des gardes. Ce sera une belle chose qu'une « fille arrête un gagneur de batailles. » Cette jeune personne, qui avoit la témérité des femmes de ce temps, alloit exécuter son projet : mais Gaston la retint ; et, après avoir un peu réfléchi, il congédia tout le monde.

Le prince de Conti, à qui sa famille avoit défendu d'aller chez mademoiselle de Chevreuse, continuoit de la voir en secret. Fatigué de la tyrannie de madame de Longueville, il s'étoit attaché à cette demoiselle qu'on lui avoit destinée pour épouse, et qui, douée à la fleur de l'âge des charmes les plus piquans, lui avoit inspiré une sorte de passion. Flatté dans cette fantaisie par la mère et par la fille, il n'étoit pas éloigné de contracter avec la dernière un mariage clandestin. Condé, instruit à temps de la folie de son frère, ne perdit pas un moment pour l'éclairer sur la conduite antérieure de sa maîtresse : il lui apprit que non-seulement elle avoit eu des intrigues avec Noirmoutiers et Caumartin, mais que le coadjuteur étoit actuellement son amant. Le jeune prince, frémissant des suites qu'auroit pu avoir son penchant, rompit aussitôt avec les dames de Chevreuse ; et Condé, ne gardant plus avec elles aucun ménagement, envoya Viole leur déclarer cette résolution de la manière la plus outrageante. Mademoiselle de Chevreuse dissimula son ressentiment, et affecta même de rire d'une démarche si solennelle : elle craignoit ainsi que sa mère d'être exilée ; mais la Reine, d'après les conseils qu'elle reçut de Mazarin, les laissa à Paris, afin de conserver un aliment aux discordes qui divisoient l'ancienne et la nouvelle Fronde.

Le coadjuteur, se trouvant dans la position la plus fausse, eut l'air de renoncer à la faveur de Gaston, avec lequel il conserva néanmoins des relations secrètes. Il se confina en apparence dans le cloître Notre-Dame, où pour sa sûreté il fit loger Châteaubriand, Château-Renaud, Lameth, Argenteuil, Humières, ses partisans dévoués, et cinquante officiers écossais qui étoient venus à Paris avec Montrose après la mort de Charles 1er. Dans cette retraite, il affectoit de ne voir que les chanoines et les curés ; mais il alloit toutes les nuits à l'hôtel de Chevreuse, où se composoient les pamphlets contre l'union de Condé et de la cour.

Ce prince n'usoit pas du pouvoir avec plus de prudence que lorsque, après la première guerre civile, il avoit forcé la Reine à le faire arrêter. Ayant voulu se rapprocher de Gaston, qu'il croyoit irrévocablement brouillé avec le coadjuteur, il lui sacrifia Molé, son ami le plus sage et le plus fidèle, et il exigea que les sceaux lui fussent retirés. La Reine, qui sentoit de quel appui elle alloit se priver en éloignant du ministère un homme d'une fermeté si éprouvée, s'efforça, par toute sorte de moyens, d'adoucir cette disgrâce. Elle le fit venir, lui offrit pour Champlâtreux son fils une charge de secrétaire d'Etat, pour lui le chapeau de cardinal, et un présent de cent mille écus. Molé crut devoir tout refuser. « Je me trouve bien « heureux, madame, lui dit-il en rendant les sceaux, « de connoître l'estime que vous faites de ma fidé- « lité, et plus heureux encore de pouvoir contribuer « à votre repos. » Cependant, en tenant une conduite si opposée à celle de Châteauneuf, il ne peut prendre sur lui, dans le moment, de pardonner à Condé son ingratitude.

Ce ne fut pas la seule faute que commit le prince pendant cette courte époque où il exerça un pouvoir presque absolu. Il voulut que la Reine renvoyât sur-le-champ Lyonne, Le Tellier et Servien, auxquels il donnoit le nom de *sous-ministres*, et qui n'agissoient en effet que d'après les instructions qui leur étoient transmises de Brulh par Mazarin. C'étoit ôter à la princesse les seuls amis qui lui restassent, et il étoit à croire qu'elle feroit les derniers efforts pour les conserver. Il se brouilla en même temps avec la princesse palatine, à laquelle il devoit sa liberté, et qu'il avoit tant d'intérêt à ménager. Cette dame avoit alors pour amant le fils de La Vieuville, et le prince avoit promis de faire donner au père la charge de surintendant des finances ; mais il ne tint pas plus cet engagement que ceux qu'il avoit contractés avec mesdames de Chevreuse et la duchesse de Montbason.

La princesse palatine fit sentir à la Reine que tout autre joug étoit préférable à celui qu'imposoit le prince de Condé, et qu'il étoit à croire qu'elle tireroit un meilleur parti du coadjuteur, si elle le mettoit à la tête des affaires. Les instructions arrivées de Brulh se trouvant d'accord avec ce conseil, on changea encore de système, et il fut résolu qu'on négocieroit avec Gondy. Le maréchal Du Plessis-Praslin alla donc dans la nuit trouver ce dernier à l'archevêché, et lui offrit le ministère de la part de la Reine. Le coadjuteur, d'abord ébloui de cette proposition, mais réfléchissant ensuite que, dans la situation des choses, il ne pourroit être que le jouet de Mazarin et des sous-ministres, affecta un grand désintéressement, et laissa entrevoir qu'il n'accepteroit que le chapeau de cardinal. Il reçut d'ailleurs avec empressement l'invitation qui lui fut faite par le maréchal de voir secrètement la Reine dans la nuit du 31 mai.

Cette entrevue eut lieu avec autant de mystère que celles qu'il avoit obtenues l'année précédente. La Reine lui offrit de nouveau le ministère, qu'il refusa ; puis elle lui parla du chapeau de cardinal, qu'il ne balança pas à accepter. Le commencement de la conférence roula sur Mazarin : le coadjuteur n'opposa pas d'objection à son retour, mais il observa qu'il devoit être éloigné, afin qu'on pût avoir le temps de calmer les esprits ; et il exigea qu'il lui fût permis de déclamer encore contre le ministre : sans quoi il perdroit tout-à-coup sa popularité, et par conséquent son influence. La Reine ne consentit qu'avec peine à cette condition; et elle parla des chagrins que lui donnoit le prince de Condé. Gondy, avec sa jactance ordinaire, prit l'engagement de le brouiller dès le lendemain avec Gaston, et de le faire sortir de Paris dans huit jours. « Touchez là, s'écria la Reine avec « un transport de joie : vous êtes après-demain car- « dinal et le second de mes amis. » Ils parlèrent ensuite du ministère actuel; et le coadjuteur proposa de remettre Châteauneuf à la tête des affaires, dans l'espoir que ce vieillard n'ayant pas long-temps à vivre, il trouveroit peut-être des circonstances favorables pour le remplacer. La Reine lui fit observer qu'il étoit bien crédule et bien fou ; et, tirant un papier de son secrétaire, elle lui montra le brouillon de l'acte d'accusation dressé contre lui le 4 février précédent, écrit de la main de Châteauneuf. Ils rirent ensemble de cette perfidie; et, quand ils se séparèrent, la Reine donna l'ordre à Gondy de se concerter avec la princesse palatine.

Le coadjuteur sortit de sa retraite, et reprit publiquement l'empire qu'il n'avoit pas cessé d'avoir en secret sur Gaston. Partout il s'élevoit contre l'ambition insatiable du prince de Condé, contre sa conduite avec la vieille Fronde qui l'avoit tiré de prison. En même temps, lorsqu'il alloit au parlement, il déclamoit contre Mazarin, sans parler néanmoins des sous-ministres.

La Reine, satisfaite de sa conduite, le fit appeler dans la nuit du 23 juin, pour lui communiquer un grand projet. Il s'agissoit d'arrêter le prince de Condé; mais on sentoit l'impossibilité de l'attirer, comme la dernière fois, au Palais-Royal. On s'étoit d'abord décidé pour une proposition du maréchal d'Hocquincourt, qui avoit offert de l'enlever de nuit dans un pavillon de son hôtel où il couchoit. Gondy fit sentir à la Reine que le courage reconnu du prince pourroit rendre l'exécution sanglante, et elle y renonça. Il fut ensuite question de le saisir au Luxembourg; mais elle observa que Gaston pourroit le tenir en son pouvoir : ce qui donneroit à ce prince trop de puissance. Rien ne fut décidé : la Reine, en congédiant Gondy, lui remit sa nomination au cardinalat, dont Mazarin, par ses relations à Rome, se proposoit bien d'empêcher l'effet.

Cependant les amis du prince de Condé l'engageoient à rallumer la guerre. Madame de Longueville, craignant d'être obligée de retourner près de son mari qui la rappeloit, ne cessoit de l'exciter; et elle étoit secondée, tant par La Rochefoucauld qui avoit eu la foiblesse de rentrer dans ses chaînes, que par Nemours qui auroit voulu que le prince s'éloignât de madame de Châtillon. Pressé de tous côtés, et poussé par son dépit, il chargea Sillery d'aller à Bruxelles négocier avec les Espagnols; et il envoya des émissaires en Guienne pour y rallier ses partisans.

Ces préparatifs de révolte, qu'il ne cherchoit point à cacher, firent naître de nouveau à la Reine l'idée de s'assurer de lui; mais il fut averti par Chavigny, qui faisoit encore partie du conseil. Il prit alors la résolution de ne plus paroître qu'avec une escorte nombreuse, et de rester à Paris pour y braver son souverain. Quelques jours après, il rencontra dans le Cours le jeune monarque qui venoit de se promener à Surêne, et il passa sans lui rendre les hommages qu'il lui devoit : ce qui fut présenté à la Reine comme un outrage public fait à la majesté royale.

Pendant que le prince se conduisoit avec tant de légèreté, il fut averti dans la soirée du 6 juillet, par un émissaire de madame de Châtillon, qu'une troupe nombreuse de soldats se réunissoit dans la rue des Boucheries, voisine de son hôtel : c'étoit une fausse alarme, car ces hommes sans aveu n'avoient pour objet que de protéger une voiture de vin entrée en contrebande. Quelques momens après on lui dit, avec aussi peu de fondement, que deux compagnies des Gardes venoient de prendre les armes et marchoient sur le faubourg Saint-Germain. Ne doutant plus qu'on ne voulût s'assurer de lui, il monte à cheval, et, accompagné de six gentilshommes, il sort par la porte Saint-Michel, en faisant avertir le prince de Conti de venir le joindre aux Chartreux. Tandis qu'il l'attend à la porte de ce monastère, un grand bruit se fait entendre ; il croit que c'est un escadron de cavalerie envoyé pour le poursuivre : il se jette dans un chemin de traverse et gagne Saint-Maur, l'une de ses maisons, où il est bientôt suivi par sa famille et un nombre considérable d'amis.

Le lendemain, le prince de Conti se rendit au parlement, et il déclama long-temps contre ce qu'il appeloit la perfidie de la cour : il déclara que son frère n'étoit parti pour Saint-Maur que parce que sa liberté se trouvoit en danger dans la capitale. Il ajouta que Mazarin, quoique éloigné, gouvernoit toujours par le moyen des sous-ministres Lyonne, Servien, Le Tellier ; et il donna pour preuve de l'ascendant qu'il conservoit à la cour le voyage que le duc de Mercœur alloit faire à Brulh pour épouser l'une de ses nièces. Le coadjuteur répondit par une attaque directe contre le prince de Condé, auquel il reprocha d'avoir long-temps soutenu Mazarin, et de ne l'avoir renversé que pour s'emparer du pouvoir absolu. Gaston prit ensuite la parole, et déclara qu'il n'avoit été formé aucun projet contre la liberté du prince.

Dans la matinée, la Reine avoit envoyé le maréchal de Gramont à Saint-Maur, tant pour examiner ce qui s'y passoit que pour négocier, si cela se trouvoit possible. Le maréchal ayant été mal accueilli, elle fit venir le coadjuteur dans la nuit du 7 au 8 juillet, et eut avec lui une longue conférence. Ils parlèrent de la situation des affaires ; et Gondy, s'apercevant que la Reine craignoit une nouvelle guerre civile, s'avança jusqu'à lui conseiller d'abandonner également Mazarin et Condé, de gouverner seule, et de s'appuyer sur les forces de l'ancienne Fronde, qui lui seroit alors dévouée. Ce n'étoit pas là le compte de la princesse, qui lui répondit avec aigreur : « Il semble que vous « êtes venu pour me déclarer la guerre en face ; c'est « un plaisant moyen de rétablir l'autorité royale que « celui de chasser le ministre du Roi malgré lui. » Cependant elle se radoucit aussitôt, sentant le besoin qu'elle avoit du coadjuteur pour lutter contre Condé.

Gaston, toujours flottant entre les partis, traitoit, à l'insu du coadjuteur, avec la petite cour de Saint-Maur, et il s'étoit engagé à faire chasser les sous-ministres. Ces intelligences ne purent être long-temps secrètes; et la Reine, en ayant été averti par Gondy, se crut obligée d'autoriser son beau-frère à continuer cette négociation, dans l'espoir qu'il ne sacrifieroit pas entièrement ses intérêts. Les deux princes se virent dans un jardin du faubourg Saint-Antoine, et convinrent, après une courte conférence, qu'il falloit que les sous-ministres fussent éloignés. Gaston, à son retour, se vanta d'avoir combattu de toutes ses forces pour la cause de la Reine; et cette princesse, piquée d'une telle duplicité, dit malignement au coadjuteur : « Il a combattu tout de même que s'il avoit eu l'épée « à la main. »

Il y eut ensuite plusieurs séances du parlement, où la vieille Fronde, tout en déclamant contre Mazarin, faisoit ses efforts pour empêcher l'éloignement des sous-ministres. Dans celle du 13, le prince de Conti, pour se venger du coadjuteur, fit insulter madame et mademoiselle de Chevreuse au moment où elles descendoient de voiture pour se rendre aux tribunes. Gondy, blessé par l'endroit le plus sensible, résolut d'obtenir une réparation éclatante : le lendemain, les deux dames revinrent avec un cortége si nombreux et si menaçant que le prince fut obligé de leur faire un profond salut : triomphe dont se vanta hautement la vieille Fronde, et qui montre quelles passions méprisables se mêloient aux plus sérieux intérêts.

Au milieu de cette fermentation que rien ne sembloit pouvoir calmer, la Reine reçut, par un courrier de Mazarin, une instruction portant qu'il falloit céder à l'orage, mettre le prince de Condé dans son tort, et éloigner les sous-ministres. Cette instruction renfermoit en même temps les moyens de continuer une correspondance fréquente et sûre entre Brülh et Paris [20 juillet]. La princesse ne balança pas à suivre ce conseil, qui la tiroit momentanément d'embarras ; elle ne regretta que Le Tellier, qui avoit pris de l'ascendant sur elle en l'absence du ministre, et dont celui-ci étoit peut-être jaloux.

Cette importante concession ne servit, comme l'avoit prévu Mazarin, qu'à rendre le prince de Condé plus audacieux. Cependant il auroit dû s'apercevoir que tous ses anciens amis n'approuvoient pas sa conduite. Turenne et Bouillon, qui étoient allés le joindre à Saint-Maur, revinrent à la cour ; le duc de Longueville le fit prier de ne plus compter sur lui; et le maréchal de La Motte, attaché à ce dernier, partit avec lui pour la Normandie. Peu effrayé de ces défections, Condé entra dans Paris le 21 avec un cortége imposant, alla descendre au parlement, et demanda, sans pouvoir l'obtenir, une déclaration qui enlevât aux sous-ministres tout espoir de rentrer dans les affaires. Malgré cette espèce d'avantage qu'elle venoit de remporter, la Reine crut devoir encore céder. Ayant mandé le parlement par députés, elle protesta qu'elle ne songeoit pas à faire arrêter Condé, et que les sous-ministres étoient éloignés pour toujours [26 juillet]. En même temps elle rappela au coadjuteur la promesse qu'il lui avoit faite de ne pas souffrir que le prince fût le maître de Paris ; et Gondy, dont elle réveilla l'audace, fit des préparatifs pour disputer le pavé au vainqueur de Rocroy et de Lens. Celui-ci devint plus impérieux et plus exigeant. Il dénonça au parlement plusieurs agens de Mazarin, parmi lesquels on remarquoit Ondedei son confident intime ; Barthet,

Silhon, l'abbé Fouquet; et il dit que ces hommes étoient sans cesse sur la route de Brulh. Il ne manqua pas d'envelopper dans sa dénonciation le duc de Mercœur, dont il annonça que le mariage avec une nièce de Mazarin étoit consommé. Malgré l'opposition du coadjuteur, on rendit un arrêt contre les agens du ministre, et l'on manda le duc de Mercœur. Celui-ci, ayant comparu, déclara qu'il ne s'étoit marié que de l'aveu du prince : ce qui étoit vrai, car ces liens avoient été formés avant l'éloignement de Mazarin.

La Reine et le coadjuteur, effrayés des progrès rapides que faisoit dans le parlement le parti du prince, eurent recours à Châteauneuf, qui, après avoir rendu les sceaux, s'étoit retiré à Montrouge. Ils le chargèrent de dresser contre Condé une accusation dans laquelle la Régente retraceroit tout ce qu'elle avoit fait pour obtenir la paix, et en appelleroit à la France entière. Châteauneuf, flatté d'avoir une occasion d'exercer sa fureur contre un prince qu'il considéroit comme son ennemi personnel, et saisissant avec empressement cette occasion de rentrer dans les affaires, rédigea une diatribe encore plus violente que celle qu'il avoit faite quelques mois auparavant contre le coadjuteur. Lorsque cette pièce fût achevée, et que chacun y eut ajouté quelque trait, on voulut donner la plus grande solennité à la communication qui en seroit faite. La Reine ne se borna point à mander le parlement : elle appela aussi la chambre des comptes, la cour des aides, et le corps de ville [17 août]. La déclaration qui fût lue devant ces magistrats commençoit par une nouvelle promesse de ne jamais rappeler ni Mazarin, ni les sous-ministres; elle contenoit ensuite le détail de tous les torts dont Condé s'étoit rendu coupable depuis le commencement des troubles ; et sa conduite étoit présentée sous les couleurs les plus odieuses.

Cet éclat, dont on n'avoit pas assez calculé les suites, pensa donner lieu à un massacre général. Le lundi 21 août, le parti du prince et celui du coadjuteur devoient se mesurer au parlement ; et chacun prit ses mesures pour soutenir une lutte qui pouvoit devenir sanglante. Condé arma tous ses amis, qui, ayant autrefois partagé ses victoires, promirent de lui faire un rempart de leurs corps. De son côté le coadjuteur fit, dans l'intérieur du Palais, des dispositions de défense : il y plaça les gentilshommes qui, depuis quelque temps, logeoient dans le quartier de l'archevêché ; et, d'après ses ordres, les habitans du pont Saint-Michel en occupèrent les dehors. La Reine lui donna en outre tous les seigneurs qui lui étoient restés attachés. Gaston, qui feignit d'être malade pour ne pas se trouver à cette séance, permit à une partie de ses gens de suivre Condé ; et à l'autre d'accompagner le coadjuteur. Chaque parti eut son mot de ralliement : celui du prince étoit *saint Louis,* celui de Gondy *Notre-Dame.*

La séance commença dès sept heures du matin, et toutes les salles étoient remplies de gens armés qui n'attendoient qu'un signal pour s'entr'égorger. Condé, sans s'occuper de l'accusation dirigée contre lui, annonça d'un air audacieux qu'il ne croyoit pas qu'il y eût personne qui osât lui disputer le pavé. Le coadjuteur répondit avec fermeté que tout le monde devoit le céder au Roi. « Je vous le ferai bien quitter,

« dit Condé en fureur. — Il ne sera pas aisé, répliqua
« le hardi prélat. » A l'instant un tumulte épouvantable s'élève dans l'assemblée : on se mêle, on se menace, on se prodigue les injures. Les présidens se précipitent au milieu de ces furieux, et les supplient de ne pas souffrir que le temple de la justice devienne un théâtre de carnage. Le calme se rétablit, chacun reprend sa place; et le prince de Condé, sur les instances de Molé, ordonne à La Rochefoucauld d'aller congédier ses partisans. Le coadjuteur sort pour aller donner aux siens les mêmes ordres. Au moment où il arrive dans la grand'salle, il voit que tout le monde a mis l'épée à la main ; et ses efforts, ainsi que ceux de La Rochefoucauld, eussent été vains, si le marquis de Crenan, capitaine des gardes du prince de Conti, ne fût parvenu à ramener un peu de calme dans les esprits. Alors le coadjuteur veut rentrer ; mais La Rochefoucauld, qui tenoit la porte entr'ouverte, la pousse sur lui avec violence, la fixe par une barre de fer; et le malheureux prélat, presque étouffé, se trouve dans une situation telle que sa tête et la partie supérieure de son corps étoient dans l'antichambre de la salle des séances, tandis que le reste demeuroit exposé à tous les coups. Pesch, homme du peuple, vendu à la maison de Condé, s'avance pour le poignarder : il est retenu par Argenteuil.

Le danger extrême du coadjuteur fut bientôt connu des magistrats ; et Champlâtreux, fils du premier président, quoique ennemi déclaré de la vieille Fronde, courut le délivrer. Ils rentrèrent avec La Rochefoucauld, que la fureur aveugloit au point qu'il ne sentoit pas l'horreur de l'action qu'il venoit de commettre. Le coadjuteur la lui reprocha vivement, et ils s'injurièrent comme des hommes du peuple. Les esprits étoient trop agités pour qu'on pût entamer une délibération : tout le monde se retira; et le Palais, qui avoit dû être le théâtre d'une scène sanglante, fut évacué avec assez de tranquillité.

Cependant le coadjuteur réfléchit sérieusement sur la position que son orgueil lui avoit fait prendre. Le peuple, toujours animé contre Mazarin, et croyant qu'il travailloit à son rappel, commençoit à l'abandonner. Sa rivalité avec un prince du sang pouvoit avoir les suites les plus dangereuses, surtout si, comme il y avoit lieu de le présumer, la cour ne lui prêtoit qu'un appui momentané. Ces réflexions le portèrent à supplier la Reine de permettre qu'il suspendît cette lutte inégale, et de l'autoriser à passer quelque temps sans aller au parlement. Elle n'y consentit qu'avec peine, regrettant peut-être, conformément aux vues secrètes de son ministre, que les deux Frondes terminassent des débats qui pouvoient entraîner leur ruine. Une rencontre imprévue les auroit fait renaître, sans le respect que montra le prince de Condé pour les fonctions augustes que remplissoit son rival.

Le coadjuteur, revêtu de ses habits pontificaux, suivoit la procession de la grande confrérie. Condé, en allant à son hôtel, le rencontra dans la rue du Paon avec ce cortége pacifique; et aussitôt le peuple insulta le prélat, en criant : *A bas le coadjuteur!* Le prince, prenant sur-le-champ son parti, imposa silence, descendit de carrosse avec les ducs de Rohan et de La Rochefoucauld, et se mit à genoux. Le coadjuteur, couvert, lui donna sa bénédiction; puis il se découvrit et lui fit une révérence profonde. Cette conduite de deux hommes qui peu de jours auparavant passoient pour ennemis implacables leur fit honneur, et répandit quelque calme dans les esprits.

Cependant le prince de Condé voyant approcher le moment de la majorité, et réfléchissant aux suites que pourroit avoir alors le renouvellement de la guerre, avoit entamé des négociations avec la Reine. Il vouloit avant tout que l'on revînt sur l'accusation qui avoit été dirigée contre lui, et que l'on reconnût son innocence. Mais la Reine, d'après les instructions reçues de Brülh, traîna l'affaire en longueur; et, le 7 septembre, Louis XIV alla en grande pompe au parlement déclarer sa majorité, sans que le prince, qui soupçonnoit quelque piége, osât se trouver à cette cérémonie.

Dès le lendemain la Reine, se croyant plus forte, changea le ministère. Châteauneuf fut placé à la tête des affaires, les sceaux furent donnés une seconde fois à Molé, et La Vieuville devint surintendant des finances. Par ce dernier choix on s'assuroit de la princesse palatine, qui, comme on l'a vu, avoit pour amant le fils de ce seigneur. Chavigny, serviteur de Condé, fut renvoyé du conseil et exilé en Touraine. Cependant il obtint, sous prétexte de santé, l'autorisation de rester à Paris; et l'on dit que la Reine, qui ne savoit pas assez dissimuler son humeur, laissa échapper, en y consentant, ces paroles peu mesurées:
« J'aurai du moins le plaisir de le voir sur le pavé
« comme un laquais. »

Le prince de Condé, craignant d'être arrêté, s'étoit retiré à Chantilly, où il essaya encore de négocier par l'intermédiaire de Gaston, dont le coadjuteur avoit rallumé les ressentimens, et qui, ne voyant plus en lui qu'un rival, prit la résolution de l'éloigner de la cour à quelque prix que ce fût. Le plan de pacification proposé par Condé pouvoit, dans les circonstances, être accepté sans trop compromettre l'autorité royale; et il annonça qu'il alloit en attendre la réponse à Angerville en Gatinais, dans la maison du président Perrault. Par une méprise qu'on ne peut attribuer au hasard, le courrier porteur de cette réponse se rendit à Angerville en Beauce; et le prince, après avoir attendu quelques jours, partit fort mécontent pour Montrond, où il trouva son épouse, le prince de Conti, madame de Longueville, Nemours, La Rochefoucauld et le président Viole. Tous l'excitèrent à la guerre, et il ne céda qu'à regret à leurs instances. « Souvenez-vous, leur « dit-il, que c'est vous qui me faites tirer l'épée, « et que je serai peut-être le dernier à la remettre « dans le fourreau. » Cependant il laissa dans Montrond son épouse et son fils; il partit avec La Rochefoucauld pour Bordeaux, et il y fut reçu le 12 septembre avec acclamation. Lenet, chargé de ses pouvoirs, alla négocier en Espagne; et le prince de Conti, suivi de madame de Longueville, se rendit à Bourges avec quelques troupes levées à la hâte.

Le prince, instruit par Chavigny que le coadjuteur avoit repris sur Gaston tout son ascendant, résolut de le faire enlever pour l'enfermer ensuite dans le château de Damvilliers, ville qui lui appartenoit; et

Gourville, accompagné de quelques hommes déterminés, fut chargé de cette expédition. Condé n'avoit pu lui donner que très-peu d'argent ; mais Gourville, fort entreprenant et peu scrupuleux, comptoit s'en procurer aux dépens des caisses royales. Il ne tarda pas à en trouver l'occasion. Arrivé à La Rochefoucauld, il sut que Machière, collecteur des tailles, étoit en tournée, et il se fit indiquer sur-le-champ la direction qu'il avoit prise : l'ayant atteint dans un cabaret de village au moment où il comptoit ses écus, il le menaça, l'intimida, et lui enleva, au cri de *vivent les princes !* tout l'argent dont il étoit dépositaire. Il gagna ensuite Paris, où il prit le nom de La Mothe, et il y fut joint par La Rochecourbon, gouverneur de Damvilliers [octobre].

Ils apprirent que le coadjuteur continuoit d'aller tous les soirs chez mademoiselle de Chevreuse, qui demeuroit avec sa mère dans la rue Saint-Thomas-du-Louvre, et qu'il n'en sortoit qu'entre minuit et deux heures, prenant son chemin par le guichet du Louvre et par le quai. Leur embuscade fut aussitôt dressée, et ils crurent que Gondy ne pouvoit leur échapper. Mais deux circonstances fortuites le préservèrent d'un danger qu'il ignoroit. Ce jour-là il s'étoit rendu à l'hôtel de Chevreuse dans la voiture de Caumartin, et il n'avoit pas été reconnu ; il en étoit sorti plus tôt que de coutume, parce que madame de Rhode l'avoit prié de la ramener chez elle : et sa voiture, au lieu de se diriger du côté du quai, avoit pris la rue Saint-Honoré pour aller à l'hôtel de Brissac, où demeuroit cette dame.

Gourville attendoit impatiemment le résultat de

son entreprise, lorsqu'à minuit l'un de ses émissaires vint lui dire que plusieurs voitures étoient sorties de l'hôtel de Chevreuse, qu'on n'avoit pas reconnu celle de Gondy, et qu'il sembloit que tout le monde s'étoit retiré. Il eut alors la hardiesse d'aller lui-même frapper à la porte de l'hôtel, et de demander si le coadjuteur y étoit encore. Le suisse lui répondit qu'il étoit sorti depuis long-temps avec madame de Rhode. Ce contre-temps ne le déconcerta point, et il remit la partie au lendemain. Gondy, quoique ayant reçu l'avis qu'on vouloit se saisir de lui, alla le soir chez madame de Pomereuil, l'une de ses anciennes maîtresses; et, à sa sortie, il ne fut manqué que de quelques minutes. Il se rendit ensuite chez madame de Chevreuse, où l'on ne soupçonnoit pas qu'il dût achever la soirée, et il revint fort tard à l'archevêché sans avoir éprouvé aucun accident. Cependant il découvrit bientôt quels étoient ceux qui vouloient l'enlever, et il obtint du garde des sceaux un ordre pour les faire arrêter. Gourville échappa aux poursuites, et put aller joindre Condé à Bordeaux; La Rochecourbon fut atteint à Chartres. On commença contre lui un procès criminel; mais le coadjuteur, frappé de la hardiesse de l'entreprise, et disposé à l'indulgence pour tout ce qui avoit quelque chose de romanesque, le fit relâcher.

Cependant le prince de Condé, maître de Bordeaux, y fut joint par son épouse et par son fils; il avoit fait de vains efforts pour entraîner Turenne et Bouillon dans son parti; mais Marsin, réintégré dans le gouvernement de Catalogne, lui avoit amené des troupes : ce qui fit perdre à la France la possession de cette province; et Lenet avoit obtenu du roi d'Espagne qu'il envoyât une somme considérable. Avec ce secours, Condé leva une petite armée que le temps ne lui permit pas de discipliner, et il osa tenir la campagne en présence du comte d'Harcourt, qui étoit à la tête des meilleures troupes de France.

La Reine, instruite que le prince avoit été bien reçu en Guienne, et que la guerre civile y étoit rallumée, crut nécessaire d'y conduire le jeune Roi. Une nouvelle liaison, contractée par le coadjuteur, lui donnoit quelque sécurité sur la conduite que tiendroient les vieux frondeurs pendant son absence. En effet Gondy, ayant eu depuis quelque temps l'occasion de voir souvent la princesse palatine, avoit été ébloui par ses charmes, séduit par son esprit; et il étoit devenu son amant. Toutes les nuits il alloit la voir mystérieusement dans la voiture de Joly, et n'en paroissoit pas moins très-attaché à mademoiselle de Chevreuse. La princesse usoit de son ascendant sur lui dans les intérêts de la Reine, et elle entretenoit une correspondance fort active avec Mazarin, au retour duquel elle travailloit.

Le coadjuteur, cédant à ses sollicitations, fit sentir à Gaston que pendant le voyage du Roi il resteroit l'unique maître de la capitale, et le décida facilement à y consentir. Les ministres, à l'exception de Molé et de La Vieuville, accompagnèrent le monarque; et la princesse palatine prit la résolution de suivre la Reine, promettant à son amant, non-seulement de l'instruire de tout, mais de veiller soigneusement à ses intérêts. La cour sortit donc de Paris sans obstacle le 17 septembre; et, après avoir fait quelque séjour à Fontainebleau, elle se dirigea sur Bourges. Cette ville, où le prince de Conti et madame de Longueville n'avoient pas eu le temps de faire des préparatifs de défense, se rendit à la première sommation, et ils n'eurent que le temps de partir précipitamment pour Bordeaux.

La Reine, encouragée par ce premier succès, fit publier une déclaration par laquelle le prince et la princesse de Condé, le prince de Conti et madame de Longueville, Nemours et La Rochefoucauld, étoient réputés criminels de lèse-majesté, si dans un mois ils ne mettoient bas les armes. Cette déclaration ne fut enregistrée au parlement que près d'un mois après, et ce retard vint de ce que le bruit couroit que l'exilé de Brulh alloit bientôt reparoître. Le coadjuteur, toujours disposé aux résolutions extrêmes, auroit voulu former un tiers-parti également ennemi de Condé et de Mazarin ; mais Gaston ne put jamais s'y résoudre.

Condé, à la tête d'une armée peu habituée au service militaire, tenta vainement de s'emparer de Cognac; et il fut obligé de reculer devant le comte d'Harcourt, qui ne cessoit de le harceler vivement. Une fantaisie de madame de Longueville augmenta encore son embarras. Le poète Sarrazin, secrétaire du prince de Conti, s'étant mis dans la tête de gouverner cette princesse, n'avoit trouvé d'autre moyen d'y parvenir que de la brouiller avec La Rochefoucauld, et de lui donner pour amant le duc de Nemours sur lequel il avoit beaucoup d'ascendant. Il fut servi dans cette intrigue par mademoiselle de La Verpilière, fille d'honneur de la princesse, très-adroite et très-ambitieuse. Leur trame réussit, tant par la légèreté naturelle de madame de Longueville, que parce que celle-ci vouloit humilier madame de Châtillon dont Nemours étoit l'amant. Il n'est pas besoin de dire que ce changement inattendu fit naître un grand trouble dans la petite cour de Bordeaux. Condé, pour y mettre fin, envoya Nemours commander en Flandre un petit corps de troupes. La princesse voulut ensuite renouer avec La Rochefoucauld ; mais, éclairé sur l'inconstance de son caractère, il rejeta ses avances, sans cesser néanmoins d'être fidèle à la cause qu'il avoit embrassée.

Molé et La Vieuville étoient, comme on l'a vu, les seuls ministres qui fussent restés à Paris. La Reine, comptant sur l'inébranlable fidélité du premier président, l'y avoit laissé pour s'opposer aux entreprises que pourroient tenter les frondeurs. De nouveaux bruits s'étant répandus sur le retour prochain de Mazarin, le peuple se souleva et se porta au Luxembourg. Gaston répondit qu'il n'avoit aucun pouvoir, et qu'on devoit s'adresser à Molé, qui étoit ministre. La foule entoura bientôt l'hôtel de ce dernier, pendant qu'il avoit une conférence avec La Vieuville, Du Plessis-Guénégaut, le maréchal de L'Hospital, gouverneur de Paris. Aussitôt qu'il entendit les clameurs de la multitude, il ordonna qu'on ouvrît les portes, se présenta aux mutins, les menaça de les faire pendre, et les dissipa en un moment par son courage extraordinaire. La Vieuville, qui avoit essayé de se sauver, pensa être massacré dans une rue voisine : exemple qui prouve que, dans les émeutes populaires, la fermeté et le sang-froid offrent plus de chances contre le péril que les ressources d'une prudence pusillanime.

La cour, après s'être emparée de Bourges, s'étoit

arrêtée à Poitiers pour observer la lutte du prince de Condé et du comte d'Harcourt. Le ministère étoit fort uni : Châteauneuf sembloit faire des progrès dans l'esprit de la Reine, et elle désiroit moins le retour de Mazarin. Ces apparences trompeuses, qui séduisirent Châteauneuf, le portèrent à mettre à la tête du ministère le prince Thomas de Savoie, cousin de la Reine, fort âgé, sourd et bègue, absolument dépourvu de mérite, et dont il se flattoit de pouvoir entièrement disposer. Il obtint même de la Reine qu'elle feroit écrire à Mazarin, par le comte de Brienne, qu'elle désiroit qu'il allât passer quelque temps à Rome. Cette intrigue, quoique très-secrète, ne put échapper aux partisans de Mazarin, dont la cour étoit remplie. Madame de Navailles, fort aimée d'Anne d'Autriche, lui représenta tous les dangers d'une telle résolution, et lui fit sentir qu'elle ne pourroit jamais entièrement se fier à Châteauneuf. « Je crains, lui répondit-elle tris-
« tement, le malheur que le cardinal semble traîner
« à sa suite ; le pauvre homme n'est pas heureux, et
« comme les affaires vont fort bien avec ces gens-ci, il
« faut attendre du moins que nous ayons rangé au
« devoir M. le prince. »

Les ministres, persuadés que la Reine étoit détachée de Mazarin, semblèrent ne plus mettre aucun obstacle à son retour : ce qui enhardit le duc de Mercœur, qui avoit épousé l'une de ses nièces, à faire les derniers efforts pour qu'il fût rappelé. Aidé par le maréchal Du Plessis-Praslin, il eut pendant la nuit de fréquentes conférences avec la Reine, et ils obtinrent que le comte de Brienne, qui avoit envoyé à Mazarin l'ordre de partir pour Rome, fût chargé de le presser de revenir.

Ce ministre étoit à Dinan dévoré d'inquiétudes lorsqu'il reçut cette nouvelle. Toutes ses mesures étoient prises : il avoit levé quelques troupes en Allemagne avec lesquelles il se mit en route, et il envoya l'ordre à Navailles, gouverneur de Bapaume, de venir le joindre avec les garnisons des places frontières. Bientôt il se vit à la tête d'une armée de huit mille hommes; il en donna le commandement au maréchal d'Hocquincourt qui prit ses couleurs, et il arriva dans Sedan où il fut reçu comme en triomphe.

En même temps la Reine avoit envoyé à Paris Barthet, serviteur de Mazarin, pour obtenir le consentement de la vieille Fronde. La princesse palatine y étoit revenue, et ce fut chez elle que se tinrent les conférences. Turenne et Bouillon ne mirent aucune opposition ; le coadjuteur fit entendre quelques murmures : mais dominé par la princesse, et craignant que sa nomination au cardinalat ne fût révoquée, il prit l'engagement de ne jamais traiter avec le prince de Condé. C'étoit tout ce qu'on désiroit. Madame et mademoiselle de Chevreuse, refroidies pour Gondy depuis qu'elles savoient sa nouvelle liaison, affectèrent de blâmer ses murmures, et promirent de se soumettre à tout ce que la Reine désiroit. Broussel, gagné par le surintendant La Vieuville, fit la même déclaration : ainsi la vieille Fronde paroissoit dans une désorganisation complète.

Châteauneuf, trompé par les dispositions apparentes de la Reine, avoit témoigné, comme on l'a vu, qu'il ne mettroit aucun obstacle au retour de Mazarin ; mais quand ce retour fut décidé il ne lui fut pas possible de dissimuler sa fureur : il éclata en invectives contre la Reine, lui reprocha son ingratitude ; et, sûr de sa disgrâce prochaine, il voulut du moins se faire un mérite de son opposition. L'occasion ne tarda pas à s'en présenter.

Le parlement de Paris, presque étranger aux intrigues du coadjuteur et de la princesse palatine, nourrissoit contre Mazarin la même horreur que dans les premiers temps de la Fronde. Talon même et les plus vertueux magistrats, tout en blâmant Condé d'avoir rallumé la guerre civile, ne pouvoient s'habituer à l'idée qu'un ministre qu'ils croyoient avoir justement proscrit reviendroit pour exercer, le Roi étant majeur, l'autorité souveraine dans toute son étendue. Molé auroit peut-être calmé cette effervèscence, s'il n'eût été appelé sur-le-champ à la cour avec La Vieuville. Il partit le 17 décembre sans avoir pris congé de sa compagnie, et laissant au président de Bailleul les fonctions de premier président. Quelques momens avant son départ, il parla ainsi au coadjuteur : « Je m'en vais « à la cour, et je dirai la vérité ; après quoi il faudra « obéir au Roi. » Paroles qui montrent que ce grand magistrat croyoit devoir sacrifier ses répugnances au repos public, et qu'il ne mettoit aucune opposition au retour de Mazarin.

Le parlement, abandonné à lui-même, ne garda plus aucune mesure. Gaston s'y rendit le 29 décembre ; et, après avoir annoncé que Mazarin s'avançoit avec une armée dans le cœur du royaume, il présenta sous les plus noires couleurs les projets de vengeance qu'il lui supposoit. Une indignation mêlée de terreur s'empara de tous les esprits, et Talon, entraîné par le mouvement général, conclut à ce que ce ministre, qui rentroit à main armée, fût déclaré criminel de lèse-majesté, perturbateur du repos public, lui et ses adhérens, et qu'il fût ordonné aux communes de lui courir sus. Les têtes ardentes des enquêtes firent rendre un arrêt encore plus rigoureux. Il fut décidé que la bibliothèque de Mazarin, amassée avec tant de soins et de dépenses par le célèbre Naudé, seroit vendue à l'encan, et qu'on prélèveroit sur le prix une somme de cent cinquante mille livres qui seroit donnée à celui qui le livreroit mort ou vif. Cet arrêt avoit beaucoup de rapport avec celui qui avoit été rendu en 1569 contre l'amiral de Coligny; mais les temps n'étoient plus les mêmes.

La bibliothèque fut vendue à vil prix, et en quelque sorte pillée (1). La récompense promise ne tenta personne. On en fit des plaisanteries, et il courut un grand nombre de chansons, dans lesquelles on partageoit la somme entre ceux qui apporteroient, soit le nez, soit une oreille, soit quelque autre partie du corps du cardinal.

Cet arrêt n'intimida pas Mazarin, qui entra le 2 janvier 1652 dans Epernay. A cette nouvelle, le parlement ordonna aux conseillers Bitaut et Du Coudray d'aller à sa rencontre, et de soulever les communes contre lui. Accompagnés de quelques paysans, ils rencontrèrent près de Sens les avant-postes de son armée; et, ayant voulu faire une sommation, ils furent chargés et mis en déroute par une compagnie de cavalerie. Bitaut fut fait prisonnier; et Du Coudray s'étant

---

(1) Gaulmain, maître des requêtes, fit à cette occasion une épigramme fort piquante contre le parlement; elle finit par ce vers :

Vendidit hic libros, vendere jura solet.

échappé, le bruit courut qu'il avoit péri dans le combat. Aussitôt le parlement délibéra sur le supplice qu'il falloit infliger au général de l'armée de Mazarin. Cette délibération sembloit ridicule à tous ceux qui avoient conservé quelque bon sens; et le jeune conseiller Bachaumont, qui siégeoit derrière le coadjuteur, lui dit en riant : « Je vais acquérir une merveil-
« leuse réputation ; car j'opinerai à écarteler M. d'Hoc-
« quincourt, qui a été assez insolent pour charger des
« gens qui armoient les communes contre lui. » Ce mot, qui courut dans les bancs des enquêtes, empêcha que la délibération n'eût aucune suite.

Depuis quelque temps le parlement avoit envoyé des députés à la cour pour représenter les inconvéniens du rétablissement de Mazarin, et il attendoit leur arrivée, lorsqu'il reçut un message du prince de Condé qui lui offroit des secours contre l'ennemi commun. Quoique le prince fût déclaré rebelle par un arrêt, le président de Bailleul ne put empêcher la lecture du message. Les promesses qu'il contenoit ranimèrent les esprits, et les conclusions de Talon se sentirent de cette nouvelle effervescence. On y voit un homme de bien, qui croit remplir ses devoirs en s'opposant au retour d'un ministre dont l'administration lui paroît funeste à l'Etat. Il demanda donc qu'il fût envoyé un trompette à d'Hocquincourt pour réclamer Bitaut et le corps de l'infortuné Du Coudray ; que le même d'Hocquincourt fût décrété de prise de corps ainsi que ses principaux officiers, et que le message du prince de Condé fût transmis aux députés de la compagnie pour être présenté au Roi. « Attendez,
« ajouta-t-il, le retour de vos députés pour vous dé-

« cider; attendez que Sa Majesté vous ait fait con-
« noître ses intentions. Conservez dans cette ren-
« contre l'autorité royale, comme vous avez fait per-
« pétuellement, parce que, comme toutes sortes
« d'extrémités sont légitimes à l'égard de Mazarin,
« toutes sortes de respects et de déférences sont dues
« à l'autorité royale, dont il n'est jamais permis de se
« départir [11 janvier]. »

Molé avoit eu à Poitiers de fréquentes conférences avec ces députés; dans la dernière qu'il leur accorda, il leur rappela les devoirs des sujets envers leur prince, et leur fit sentir qu'il n'y avoit plus de prétextes de ne pas se soumettre. Il leur dit que probablement le parlement ignoroit que l'ordre avoit été donné à Mazarin de rentrer en France, de lever une armée, et de la joindre à celle du Roi pour écraser les rebelles de Bordeaux. « Il importe, leur dit-il en les congédiant,
« de ne point s'abuser sur la nature des pouvoirs, et
« que ceux qui doivent céder enfin n'entreprennent
« pas de l'emporter par une fermeté apparente et ex-
« traordinaire, puisque dans cette rencontre la ma-
« jesté seroit violée, et tous les liens rompus. » Cette exhortation ne produisit pas l'effet qu'il attendoit, et les députés revinrent à Paris avec l'intention secrète de prolonger l'opposition.

Mazarin, poursuivant son voyage, n'éprouva quelque résistance qu'à Gien et à Selles. Le Roi, informé qu'il approchoit de Poitiers, fit deux lieues pour aller au devant de lui [28 janvier]. Dès lors le prince Thomas disparut du conseil, et l'autorité sembla quelques jours partagée entre Mazarin et Châteauneuf. La Reine croyoit devoir ménager ce dernier dans l'espoir qu'il demanderoit lui-même à se retirer ; mais bientôt la discorde éclata entre ces deux hommes dévorés de la même ambition, et depuis long-temps ennemis irréconciliables. La ville d'Angers venoit de se déclarer pour le prince de Condé; et le conseil fut partagé entre l'avis d'aller sur-le-champ soumettre cette ville, et celui d'envoyer l'armée en Guienne. Les deux principaux ministres s'étant trouvés d'une opinion différente, la Reine se déclara contre Châteauneuf, qui, piqué au vif, offrit sa démission; elle fut sur-le-champ acceptée, et il partit pour Tours, ne désespérant pas, quoiqu'au bord du tombeau, de pouvoir encore se venger.

La puissance de Mazarin parut alors plus affermie que jamais : Angers fut bientôt soumis, et le comte d'Harcourt conserva en Guienne une telle supériorité sur le prince de Condé, que la cour n'eut pas besoin de s'y transporter. Tant de succès inattendus firent croire mal à propos au ministre qu'il n'éprouveroit plus aucun obstacle. A sa douceur habituelle et pleine de prévenance, succéda une réserve froide et orgueilleuse; et l'on assure même que, réfléchissant à toutes les folies de ses ennemis, il conçut du mépris pour un peuple qui n'avoit pas eu assez de force et de constance pour arracher le timon des affaires à un étranger. Il résolut de s'emparer de l'esprit du jeune Roi, et de se mettre désormais à l'abri des revers, soit en acquérant d'immenses richesses, soit en formant des alliances puissantes. On vit que, oubliant tout ce qu'il devoit à une Reine qui s'étoit sacrifiée pour lui, il travailla lentement à détruire son crédit, ne pouvant lui pardonner d'avoir été un moment indécise sur son retour. Ce fut dans ces dispositions, qui n'étoient pas encore soupçonnées par Anne d'Autriche, qu'il lui fit prendre la résolution d'aller à Tours, afin de se rapprocher de la capitale, dont les mouvemens lui donnoient plus d'inquiétude que ceux de la Guienne.

Le coadjuteur suivoit toujours la ligne qu'il s'étoit tracée : il continuoit de déclamer contre le ministre, sous le prétexte qu'une conduite opposée lui auroit fait perdre son ascendant sur le peuple ; mais il repoussoit toutes les avances que lui faisoit faire le prince de Condé pour réunir de nouveau les deux Frondes. Gaston suivoit à peu près le même système ; mais il disoit souvent que la politique lui prescrivoit *de ne pas laisser périr M. le prince;* ce qui signifioit que les circonstances pourroient l'amener à se liguer encore avec lui contre Mazarin. Quelques troupes qu'il avoit levées étoient commandées par le duc de Beaufort, qui, brouillé avec le coadjuteur, n'attendoit que l'occasion pour se déclarer en faveur du prince.

Dans ces circonstances on apprit que le duc de Nemours arrivoit de Flandre avec la petite armée que Condé l'avoit chargé de commander. Attiré à Paris par madame de Châtillon, il ne put y entrer qu'avec quelques officiers ; et, après y avoir perdu un temps précieux, il essaya de faire passer la Seine à son armée qu'il vouloit conduire en Guienne ; mais tous les postes étoient soigneusement gardés par les troupes royales, et il n'auroit pu réussir dans son dessein sans une défection à laquelle la Reine étoit loin de s'attendre.

Le chancelier Séguier, irrité d'être éloigné du ministère et de se trouver à Paris dans une espèce de disgrâce, embrassa le parti de Gaston, qui désiroit que les troupes de Nemours allassent joindre le prince; et il fit en sorte que le duc de Sully, son gendre, qui commandoit à Mantes, ouvrît ce passage. Cette action fut désapprouvée par ceux mêmes qui avoient le plus de haine pour Mazarin; et Talon, qui avoit parlé depuis peu dans un sens entièrement opposé aux desseins de la cour, la condamna sévèrement. « Cette conduite, dit-il dans ses Mémoires, est in-« digne d'un homme qui a le titre de chancelier de « France, lequel, étant chef de la justice, quelque « disgrâce qui lui arrive, ne doit pas perdre le sen-« timent de sa dignité, ni cesser de donner l'exemple « de l'obéissance aux ordres du Roi. » Le duc de Beaufort, sans avoir d'ordres précis de Gaston, joignit ses troupes à celles de Nemours, et marcha vers Orléans.

Pendant que le coadjuteur refusoit d'employer son ascendant sur Gaston pour servir la cour, et tenoit une conduite au moins fort équivoque, il obtint le chapeau de cardinal, quoique Mazarin eût fait en secret tous ses efforts pour empêcher Innocent x de le lui donner. Le bailli de Valençay, ambassadeur de France à Rome, étoit chargé de s'opposer sans éclat à cette nomination, ou du moins de la faire différer; mais l'abbé Charier, agent du coadjuteur, homme très-habile, gagna la princesse de Rossane, nièce du pontife, et fit disparoître tous les obstacles. Innocent n'avoit balancé quelque temps que parce qu'il se figuroit, assez mal à propos, que le candidat étoit janséniste. Aussitôt que cette nouvelle fut parvenue à Paris, le coadjuteur, transporté de joie, fit partir pour la cour Argenteuil, l'un de ses confidens. Mazarin, piqué d'avoir été dupe, mais cachant son ressentiment, reçut l'envoyé avec de grandes démonstrations de tendresse, et lui dit que, lorsque la tranquillité seroit rétablie, il avoit l'intention de partager le pouvoir avec son nouveau confrère. Le coadjuteur prit dès lors le nom de cardinal de Retz, sous lequel nous le désignerons désormais.

Il sentit que sa nouvelle dignité lui imposoit une conduite plus grave et plus décente. Se trouvant au parlement dans une assez fausse position, il cessa d'y aller sous le prétexte que son titre ne lui donnoit un rang que lorsqu'il suivoit le Roi, et que, comme coadjuteur, il ne pouvoit siéger qu'au-dessous des ducs et pairs. Ses amis, à l'exception de madame et de mademoiselle de Chevreuse, jalouses de sa liaison avec la princesse palatine, firent éclater leur joie, et fondèrent les plus grandes espérances sur son élévation ; mais la bourgeoisie et le peuple, excités par les partisans des princes, le regardèrent comme un homme entièrement vendu à la cour. Chavigny surtout, qui depuis la régence, avoit été si malheureux dans ses vues d'ambition, fit composer contre lui les libelles les plus sanglans. Il y répondit par un petit écrit intitulé : *les Contre-temps du sieur de Chavigny;* pamphlet plein de sel et de gaieté, qui fit pleurer de rage celui contre lequel il étoit dirigé.

Ses ennemis, irrités de le voir sortir triomphant de tous les piéges qu'ils lui dressoient, soulevèrent la populace, qui se porta en foule au Luxembourg, où il se trouvoit avec Gaston. Les séditieux poussoient les cris les plus sinistres, et demandoient la tête du nouveau cardinal. Le prince, effrayé, ne savoit quel parti prendre; mais Retz le rassura, en offrant d'aller lui-même dissiper cette émeute. Il sortit donc presque seul par la porte qui donnoit sur la rue de Tournon; et cet homme extraordinaire montra autant de fermeté que Molé en avoit déployé dans de semblables occasions. Il étonna les mutins par son audace, il les intimida par ses discours menaçans; et la multitude, d'abord si furieuse, s'écoula tranquillement sans s'être livrée à aucun excès. A peine échappé à ce danger, il se rendit chez une jeune personne qu'il aimoit depuis quelques jours, et dont il se flattoit de triompher; mais il fut moins heureux dans cette entreprise que dans celle qu'il venoit d'exécuter avec tant de succès. Il éprouva une résistance obstinée; et l'on pourra s'en étonner, quand on saura que cette demoiselle si réservée fut dans la suite la fameuse comtesse d'Olonne.

Mazarin, ayant fixé le Roi à Tours, ne tarda pas à rappeler Le Tellier, Lyonne et Servien, contre lesquels on s'étoit déchaîné avec fureur quelques mois auparavant. Fort de leur appui, il exila Châteauneuf à Montrouge, puis à Leuville, où ce vieillard mourut le 26 septembre de l'année suivante, sans être guéri de l'ambition qui avoit fait le tourment de sa vie.

Cependant le ministre, à qui la conduite incertaine de Gaston donnoit de la défiance, résolut d'envahir ses apanages, et de s'emparer s'il étoit possible de la ville d'Orléans. Il conduisit donc la cour à Blois, et il y fut bientôt menacé par les armées réunies des ducs de Nemours et de Beaufort, qui s'approchoient de la Loire. Ces deux généraux, quoique beaux-frères, ne s'accordoient pas. Beaufort, conformément aux ordres de Gaston, désiroit qu'on surprît Blois; et Nemours insistoit sur ce qu'on passât la Loire pour se rapprocher du prince de Condé. Ce dernier avis l'ayant emporté dans le conseil, on marcha sur Montrond; mais on fut repoussé par Palluan qui bloquoit cette place, et il fallut revenir dans les environs d'Orléans.

Les magistrats de cette ville avoient décidé qu'ils ne recevroient ni l'armée des princes, ni celle du Roi; mais cette dernière étoit la plus redoutable, se trouvant depuis peu renforcée par Turenne, qui étoit venu en partager le commandement avec d'Hocquincourt. Beaufort n'ayant pu entrer dans Orléans, principale ville de l'apanage de Gaston, conjura ce prince de s'y rendre, lui promettant que sa présence seule suffiroit pour en faire ouvrir les portes. Gaston, ayant consulté Retz, s'y refusa; mais Mademoiselle, beaucoup plus résolue que son père, offrit d'aller commander l'armée. Elle avoit eu beaucoup à se plaindre de Mazarin; et quoique bien plus âgée que le Roi, elle nourrissoit la folle idée de l'épouser: projet qui ne pouvoit s'exécuter que si le ministre étoit chassé. Condé, instruit des chimères de la princesse, les flatta, et lui écrivit plusieurs lettres où il la traitoit en reine. Mademoiselle obtint les pouvoirs les plus étendus; mais son père lui donna pour l'accompagner deux conseillers au parlement chargés en secret de réprimer son ardeur. Elle partit, habillée en amazone, avec les comtesses de Fiesque et de Frontenac, qu'on appeloit ses *maréchales de camp*.

Au moment où elle arrivoit devant Orléans, Molé, au nom du Roi, se présentoit à la porte opposée; mais l'entrée leur fut refusée à l'un et à l'autre. Alors Mademoiselle, sans écouter les conseils des deux magistrats qui l'engageoient à temporiser, descendit de voiture; et, n'ayant avec elle que son jeune frère le duc de Valois, mesdames de Fiesque et de Frontenac, et quelques gardes, elle s'achemina vers la porte Banière, qu'elle trouva barricadée. Après avoir attendu trois heures, elle suivit les bords du fossé, encouragée par le peuple qui, du haut des murs, crioit : *Vivent les princes! point de Mazarin!* Lorsqu'elle fut près de la Loire, les bateliers la reçurent avec transport; et, sur un ordre qu'elle leur donna, ils allèrent démolir une vieille porte murée qu'on appeloit *la porte brûlée*. A peine eurent-ils pratiqué une petite ouverture, que la princesse y passa ainsi que sa suite. Aussitôt la populace se précipita au devant d'elle : on la porta en triomphe à l'hôtel-de-ville, et le désordre ne permit pas à ses deux dames de rester à ses côtés. Elles devinrent quelques momens le jouet de la multitude, dont elles furent obligées de souffrir les caresses grossières ; et, peu de jours après, il courut une chanson fort piquante sur l'embarras où elles s'étoient trouvées. En voici un couplet :

> Fiesque, cette bonne comtesse,
> Alloit baisant les bateliers ;
> Et Frontenac (quelle détresse!)
> Y perdit un de ses souliers.

Les magistrats d'Orléans, cédant malgré eux au torrent populaire, eurent l'air de reconnoître l'autorité de Mademoiselle; mais ils ne voulurent jamais souffrir qu'elle fît entrer ses troupes dans la ville.

Elle fut donc obligée d'aller présider le conseil de guerre dans le cabaret d'un faubourg, et elle y fut témoin d'une scène qui lui prouva le peu de respect qu'elle inspiroit aux deux généraux. Il s'agissoit de savoir si l'on attaqueroit Blois ou Montargis. Beaufort et Nemours n'étant pas d'accord, la dispute s'échauffa : ils en vinrent aux injures, puis aux coups, s'arrachèrent leurs perruques; et Beaufort, plus animé que son collègue, lui donna un soufflet. Aussitôt ils mirent l'épée à la main; mais Mademoiselle se précipita au milieu d'eux, et ce ne fut qu'à force de prières qu'elle réussit à les calmer. Ils parurent se réconcilier ; mais Nemours conserva de cette injure un ressentiment qui lui devint bientôt funeste. Les témoins soutinrent qu'il n'avoit pas reçu un soufflet. « Si c'en « étoit un, dit malignement Retz dans ses Mémoires, « c'étoit du moins un de ces soufflets problématiques « dont il est parlé dans les Provinciales. » Cependant le conseil se remit à délibérer, et l'on décida qu'on attaqueroit Montargis.

Chavigny, qui étoit resté à Paris, ne comptoit point sur les succès que se promettoient les deux généraux, et il avoit pressé Condé de quitter la Guienne pour venir commander leur armée. Le prince n'hésita pas à suivre cet avis : il avoit presque toujours été battu par le comte d'Harcourt, dont les troupes étoient mieux disciplinées que les siennes; et les divisions qui venoient d'éclater entre La Rochefoucauld et madame de Longueville lui rendoient le séjour de Bordeaux insupportable. Il pensoit, d'ailleurs que, s'il parvenoit à se rendre maître de la capitale, la Guienne ne manqueroit pas de lui rester fidèle. Il confia donc le commandement général de ses troupes au prince de Conti, en chargeant Marsin et Lenet, non-seulement du soin de veiller à la conservation de son épouse et de son fils, mais de la direction secrète de ses affaires.

Après avoir fait ces dispositions, il partit d'Agen le dimanche des Rameaux [26 mars]; et quoique le comte d'Harcourt fût dans le voisinage, il ne prit avec lui que sept personnes : La Rochefoucauld, Marsillac son fils, Chavagnac, Guitaut, Bercennes, Rochefort et Gourville. Ce fut avec cette foible escorte qu'il entreprit un voyage de cent vingt lieues en pays ennemi.

Il avoit fait partir devant lui le marquis de Lévi, muni d'un passe-port du comte d'Harcourt qui l'autorisoit à emmener un certain nombre de domestiques; et sa troupe devoit passer pour faire partie du cortége de ce seigneur. Chacun prit des noms supposés, et le prince adopta celui de Motheville. Chavagnac, qui quelques mois auparavant avoit conduit Nemours en Flandre, servit de guide; et Gourville, autrefois domestique de La Rochefoucauld, remplit les fonctions de pourvoyeur. Le plan qu'on adopta fut de s'écarter le plus possible des grandes routes, et de ne se reposer que dans des lieux isolés. Condé, pour mieux se déguiser, essaya de faire la cuisine et de ferrer des chevaux; mais il ne réussit dans aucun de ces deux emplois.

Un soir ils s'arrêtèrent chez un gentilhomme périgourdin nommé Bassiniac, qui, sans les connoître, leur donna volontiers l'hospitalité. Au souper, ils s'entretinrent des affaires présentes; et, pour égayer le repas, le gentilhomme s'amusa aux dépens de madame de Longueville, dont il raconta les amours fort en détail. Le prince et La Rochefoucauld n'osèrent interrompre ce récit; leurs compagnons remarquèrent qu'ils pâlissoient de colère: mais ils eurent assez d'empire sur eux-mêmes pour ne pas se trahir. Poursuivant leur course périlleuse, ils passèrent la Loire près du Bec d'Allier, et pensèrent se noyer. Près de La Charité, où commandoit Bussy qui avoit abandonné leur parti, il s'en fallut peu qu'ils ne fussent arrêtés; et dans les environs de Cosne le prince, qui avoit été reconnu, fut poursuivi par les troupes royales, aux recherches desquelles il ne parvint à se soustraire que par une sorte de miracle.

Ayant échappé à tant de dangers, il entra dans la forêt d'Orléans le lundi 1er. avril, sept jours après son départ d'Agen : là il donna l'ordre à Gourville de se rendre à Paris pour négocier avec Gaston, et dans la soirée il se présenta devant les avant-postes du duc de Nemours, dont il eut peine à se faire reconnoître. Son arrivée étoit d'autant plus nécessaire, que le duc de Beaufort venoit d'être battu en attaquant le pont de Gergeau. Les soldats sentirent renaître leur courage à la vue d'un si grand général; il prit le commandement de l'armée, et il alla dès le surlendemain assaillir Montargis, dont il s'empara le jour même [3 avril]. Il écrivit aussitôt à Mademoiselle la lettre la plus flatteuse, et il lui marqua qu'il se faisoit gloire d'avoir exécuté un plan arrêté dans un conseil qu'elle avoit daigné présider.

Quatre jours après, Condé fut instruit que le défaut de fourrages avoit forcé Turenne et d'Hocquincourt, généraux de l'armée royale, à se séparer. La cour s'étoit retirée à Gien; Turenne étoit à Briare; et d'Hocquincourt, qui occupoit les environs de Bleneau, avoit eu l'imprudence de disperser ses troupes dans sept villages. Le prince le surprit dans la nuit du 7 au 8 avril, lui enleva ses quartiers les uns après les autres, et le contraignit à se retirer en désordre dans Bleneau. S'il eût profité de l'ardeur de ses troupes pour aller attaquer Turenne, il est probable qu'il l'auroit défait; mais il commit une faute en s'obstinant à faire mettre bas les armes aux fugitifs de l'armée qu'il venoit de vaincre : ce qui donna le temps à son noble adversaire d'être averti de ce qui venoit de se passer, et d'ordonner sur-le-champ les dispositions nécessaires.

Turenne, au moment de se mesurer avec Condé dont il avoit été l'ami et dont il connoissoit les talens extraordinaires, étoit agité des plus noires pensées. Il se figuroit que d'Hocquincourt, furieux de sa défaite, prétendroit qu'il l'avoit abandonné; que la Reine l'accuseroit de s'être entendu avec l'ennemi, et qu'il demeureroit seul responsable de tous les désastres qui pouvoient arriver. On lui conseilla de se porter à Gien pour protéger la retraite de la cour : il répondit que s'il y arrivoit en fugitif on lui fermeroit peut-être les portes; et que le seul parti qui lui restoit à prendre étoit d'aller dégager d'Hocquincourt, et de ravir au prince le fruit de sa victoire. « Je suis las de ma des-
« tinée, s'écria-t-il dans son profond chagrin : c'est
« encore pis qu'à Rethel. Il faut périr, ou tout sauver. »
A la pointe du jour il arriva dans une plaine située entre Ozouars et Bleneau : il y prit une excellente position, et quoique inférieur en nombre il soutint

toute la journée avec avantage les attaques réitérées de Condé.

Cependant la cour, qui étoit à Gien, avoit été avertie dans la matinée de ce qui étoit arrivé pendant la nuit. L'alarme y régnoit ; car il étoit clair que Condé, s'il étoit vainqueur, viendroit enlever le Roi. La Reine seule ne montra aucune frayeur. Au moment où elle apprit l'entière défaite d'Hocquincourt, elle étoit à sa toilette, et elle eut assez de sang-froid pour ne pas l'interrompre. Mazarin, qui connoissoit mieux le danger, disposa tous les préparatifs d'une retraite : par ses ordres, les bagages de la cour passèrent la Loire, et la garde du pont fut confiée aux régimens des Gardes et de la marine. Son intention, en cas de malheur, étoit de conduire le Roi à Amboise, et de là en Bretagne. Après avoir pris ces précautions, il mena le jeune monarque sur les hauteurs voisines, d'où ils purent voir la lutte opiniâtre des deux armées. Turenne finit par avoir un avantage décisif, puisqu'il contraignit le prince à se retirer sur le canal de Briare; et il entra triomphant à Gien, où sa présence dissipa toutes les inquiétudes.

Condé, voyant qu'il étoit impossible de s'emparer de la personne du Roi, résolut d'aller à Paris, où Gourville avoit entamé des négociations avec Gaston : il laissa le commandement de son armée au comte de Tavannes, et n'emmena avec lui que La Rochefoucauld, Beaufort et Nemours. La nouvelle du combat de Bleneau étoit parvenue dans la capitale, et Chavigny n'avoit pas manqué de répandre que c'étoit une victoire décisive remportée sur le parti de la cour. Le peuple se trouva donc disposé à recevoir Condé comme un triomphateur. Gaston, après quelques hésitations, prit le parti d'aller au devant de lui ; et il fit son entrée le 11 avril, aux acclamations générales. Retz, ne voulant pas trahir ostensiblement les engagemens qu'il avoit contractés avec la Reine, affecta de se tenir à l'écart.

Ce jour-là le parlement étoit assemblé. Quelques membres, rappelant la déclaration qui avoit été rendue contre le prince le 4 décembre de l'année précédente, observèrent qu'il venoit de commander une armée rebelle, et qu'il avoit encore les mains teintes du sang des sujets du Roi : mais leur voix fut étouffée, et l'avocat général Talon n'osa donner de conclusions. Dans la séance du lendemain, Gaston, entièrement subjugué, amena Condé, et avoua tout ce qu'il avoit fait. Bailleul, qui remplissoit les fonctions de premier président, osa faire quelques remontrances au prince, et il fut interrompu par des huées. Malheureusement, au milieu de cette fermentation, on reçut une lettre de la Reine, portant qu'il étoit sursis aux mesures prises contre Mazarin. Cette lettre réveilla toutes les passions ; les plus sages magistrats parurent oublier les torts de Condé, et il fut décidé qu'on tiendroit à l'hôtel-de-ville une assemblée générale, où les deux princes feroient une déclaration de leurs sentimens.

Condé se flattoit de dominer dans cette assemblée, presque entièrement composée de bourgeois ; et il avoit chargé l'apothicaire Desnots, l'un de ses plus ardens émissaires, de proposer une ligue de toutes les grandes villes de France contre Mazarin. Mais la fermeté et l'éloquence du président Aubri firent échouer cette tentative insensée : il soutint qu'il falloit se borner à demander l'éloignement du ministre et le retour du Roi dans la capitale. Cet avis fut adopté ; et le prince ne put en obtenir davantage de la chambre des comptes et de la cour des aides, qu'il avoit appelées à délibérer sur le même objet. Le séjour qu'il fit à Paris lui fut plus nuisible qu'utile : sa présence y causoit la plus horrible anarchie, parce que Retz, irréconciliable avec lui, répandoit sur ses intentions les bruits les plus sinistres. Tous les jours on voyoit éclater des séditions, et la majorité des habitans commençoit à faire des vœux pour le rétablissement de l'autorité royale.

La cour, avertie de ces dispositions, quitta Gien pour se rapprocher de Paris ; et, protégée par Turenne et d'Hocquincourt, elle s'établit à Saint-Germain le 28 avril. Pendant cette marche, le comte de Tavannes, général de l'armée de Condé, se porta sur Etampes, s'en empara, et y trouva des provisions pour six mois. Mademoiselle, enorgueillie de ce succès, dont on ne manqua pas de lui exagérer les avantages, voulut passer la revue de l'armée victorieuse ; et elle partit d'Orléans avec les comtesses de Fiesque et de Frontenac ; mais, pendant que la princesse s'enivroit des louanges que lui prodiguoient les officiers, Turenne et d'Hocquincourt firent une attaque imprévue ; et elle n'eut que le temps de fuir du côté de Paris [4 mai]. Le combat fut vif, et l'armée des princes rentra précipitamment dans Etampes, tandis que celle du Roi s'empara d'un faubourg et le saccagea. Dans cette expédition, d'Hocquincourt avoit commis une faute grave qui détermina Mazarin à le faire partir pour son gouvernement de Péronne; de sorte que Turenne demeura seul chargé du commandement des troupes royales : ce qui leur promettoit désormais des avantages certains.

Condé, inquiet du voisinage de la cour, tira quelques troupes d'Etampes, arma des bourgeois de bonne volonté; et, s'étant mis à leur tête, il s'empara de Saint-Cloud, de Charenton et du pont de Neuilly. Ces petits succès ne dérangèrent pas le plan de Turenne qui vouloit reprendre Etampes, où se trouvoient les forces les plus considérables du prince. Il fit donc le siége de cette ville, et le jeune Louis XIV voulut y assister. Tavannes lui opposa une résistance opiniâtre; et, dans les combats qui se livrèrent sous les murs de la place, le chevalier de La Vieuville, ancien amant de la princesse palatine, l'un des officiers les plus distingués de l'armée royale, reçut un coup mortel. Etampes alloit être emporté, lorsque l'arrivée d'un personnage qui n'avoit pas encore figuré dans ces scènes de désordres vint en augmenter la confusion.

Charles IV, duc de Lorraine, frère de l'épouse de Gaston, avoit été chassé trois fois de ses Etats, et il ne lui restoit pour tout bien qu'une armée de dix mille hommes composée d'aventuriers. Mazarin s'étoit flatté de se l'attacher, en lui offrant cent mille écus en pierreries et autant en argent; et il avoit tellement compté sur lui qu'il avoit ordonné, non-seulement qu'on laissât entrer son armée en France, mais qu'on lui fournît des vivres. Il paroît que Condé et Gaston lui avoient fait des promesses plus magnifiques : aussi se déclara-t-il pour eux dès qu'il fut arrivé à Dammartin; et, ayant cantonné ses troupes dans les villages voisins de la capitale, il y entra le 31 mai.

Il descendit au Luxembourg, où il fut parfaitement accueilli par sa sœur; et aussitôt toutes les intrigues tendirent, soit à l'attacher irrévocablement au parti des princes, soit à le faire revenir à celui de la cour. Il feignoit d'être incertain, afin d'obtenir de meilleures conditions, et il n'opposoit souvent que des plaisanteries aux propositions les plus sérieuses. Sa réputation de galanterie engageoit surtout les femmes à essayer de le faire pencher pour la cause qu'elles favorisoient. Un jour qu'il étoit pressé par quelques-unes de déclarer enfin ses résolutions : « Dansons, mesdames, « leur répondit-il ; cela convient mieux aux dames « que de parler d'affaires. » Son caractère plein de gaieté plaisoit aux Parisiens, dont ses troupes ravageoient les maisons de campagne. Les femmes alloient visiter son camp, et il leur donnoit des fêtes.

Après avoir long-temps balancé, il sembla prendre un parti moyen; et il convint avec Mazarin que si Turenne levoit le siége d'Etampes, il consentiroit à se retirer en Flandre. Cette convention fut exécutée par la cour; mais le duc, au lieu de partir, campa près de Villeneuve-Saint-George, d'où il parut vouloir menacer les troupes du Roi. Turenne le surprit le 15 juin, et le força de tenir sa parole, après avoir exigé de lui des otages.

Il ne s'agissoit plus, entre Condé et Tûrenne, que de se disputer la capitale, sans pouvoir compter ni l'un ni l'autre sur des secours étrangers. Après avoir réuni toutes leurs forces, le premier s'établit à Saint-Cloud, et le second à La Chevrette près Saint-Denis.

Pendant que ces deux grands généraux faisoient leurs préparatifs, Mazarin négocioit à Paris, où le désordre étoit à son comble. Le 25 juin, le président Bailleul et quelques conseillers avoient manqué d'être massacrés; et cet attentat, augmentant la consternation, faisoit faire de sérieuses réflexions aux différens corps de la bourgeoisie. Les émissaires du ministre en profitèrent, pour obtenir du corps municipal et des colonels de quartier qu'on ne laisseroit pas entrer dans la ville l'armée de Condé.

La position de ce prince devenoit de jour en jour plus difficile. Menacé d'être attaqué à Saint-Cloud, il prit la résolution d'aller camper à Charenton, au confluent de la Marne et de la Seine; mais l'impossibilité de traverser Paris rendoit cette marche très-périlleuse. Il l'entreprit dans la nuit du 1er. au 2 juillet. Son armée fut partagée en trois corps, le premier sous les ordres de Tavannes, le second sous ceux de Nemours; et il se réserva le commandement du troisième. Beaufort, général des troupes de Gaston, l'avoit joint et formoit son arrière-garde. L'ordre étoit de passer par le bois de Boulogne, et de suivre ensuite le contour des murs de la ville. Turenne attaqua l'arrière-garde, la mit en déroute; et Beaufort, obligé de se retirer à Paris avec quelques fuyards, répandit l'alarme. Pendant ce temps-là, Condé, entré seul dans la ville, étoit allé voir Gaston, et l'avoit vainement conjuré de se déclarer. Instruit de la défaite de son arrière-garde, il envoya l'ordre à Tavannes, qui étoit déjà près de Charenton, de se replier sur le faubourg Saint-Antoine; et il y courut lui-même, déterminé à faire les derniers efforts pour rappeler la victoire.

Bientôt toute son armée fut réunie dans le faubourg : aucune retraite en cas de malheur ne lui étoit ouverte à Paris, dont les portes étoient barricadées ; la bourgeoisie étoit sous les armes, et elle avoit annoncé son intention bien prononcée de demeurer neutre.

Le jeune Roi, persuadé qu'il y auroit un combat peut-être décisif, vint se placer avec son ministre et sa cour sur les hauteurs de Charonne, tant pour encourager Turenne que pour voir par lui-même quel seroit le résultat de cette lutte terrible. La Reine sa mère, inquiète des suites que pourroit avoir une défaite, alla chercher au pied des autels de l'espoir et des consolations. Elle s'enferma dans l'église des Carmélites de Saint-Denis, se prosterna devant le Saint-Sacrement ; et, pendant toute la journée, on ne la vit interrompre ses prières que pour venir de temps en temps apprendre des nouvelles de ce qui se passoit.

Le combat s'engagea vers huit heures du matin. Turenne étoit supérieur en forces, parce qu'il avoit reçu la veille un renfort amené par le maréchal de La Ferté ; mais Condé, barricadé dans le faubourg, avoit l'avantage de la position. Ces deux généraux déployèrent tous leurs talens : tantôt vainqueurs, tantôt vaincus, ils étoient également habiles à profiter de leurs succès et à réparer leurs revers. Enfin le faubourg fut forcé, et Turenne s'y précipita. Chaque maison étoit attaquée et défendue avec cette ardeur qu'on ne voit que dans les guerres civiles : les partisans de Condé résistoient en désespérés ; les soldats de Turenne les pressoient avec l'ivresse de la victoire. Bientôt les amis les plus intimes du prince furent presque tous tués ou blessés : La Rochefoucauld reçut un coup qui le priva quelque temps de la vue, et Nemours fut mis hors de combat. Les portes de la ville restant toujours fermées, il étoit impossible de leur donner des secours; et cette armée, sur le point d'être vaincue, auroit été exterminée si Mademoiselle n'eût pris la résolution audacieuse d'aller la dégager.

Cette princesse, qui avoit eu d'abord le fol espoir d'obtenir la main du Roi, nourrissoit depuis quelque temps l'idée plus raisonnable de s'unir à Condé, dont l'épouse étoit dangereusement malade à Bordeaux. Prenant donc à lui le plus vif intérêt, elle songea aux moyens de le servir dans cette circonstance difficile. Elle ne pouvoit compter sur Retz, qui, cantonné à l'archevêché, avoit déclaré qu'il seroit absolument neutre : l'irrésolution de son père lui fit croire qu'elle pourroit le décider à empêcher la ruine entière du prince. Elle sortit des Tuileries où elle demeuroit, et se rendit au Luxembourg. Aidée par Madame, elle supplia Gaston de se déclarer, lui représentant que si Mazarin avoit un triomphe complet, jamais il ne lui pardonneroit sa conduite depuis les troubles. Le foible Gaston résista long-temps aux prières de sa fille et de son épouse; enfin elles lui arrachèrent l'ordre de laisser entrer dans la ville les blessés et les bagages de l'armée de Condé. Munie de cet ordre, Mademoiselle courut à l'hôtel-de-ville, où, appuyée par la populace qui s'étoit précipitée sur ses pas, elle força le maréchal de L'Hospital et les magistrats à y donner leur adhésion.

De là elle se dirigea vers la porte Saint-Antoine, qu'elle fit ouvrir; et le premier objet qui frappa ses yeux fut La Rochefoucauld, tout sanglant, soutenu par son fils Marsillac et par Gourville. Bientôt elle vit une multitude de blessés qu'on s'empressoit d'introduire dans la ville : elle les encouragea, et leur fit donner des secours. S'étant approchée de la Bastille, elle entra dans une maison voisine appartenant à un maître des comptes nommé La Croix, et elle y établit momentanément son quartier. Ce fut de là qu'elle fit avertir Condé des ordres qu'elle étoit chargée d'exécuter. Il étoit temps, car le prince se trouvoit en pleine défaite. Le combat s'étant ralenti quelques momens par la lassitude des deux partis, il arriva dans le plus grand désordre, couvert de poussière, de sueur et de sang. « Ah! mademoiselle, s'écria-t-il, vous voyez un « homme au désespoir. J'ai perdu tous mes amis, « pardonnez à ma douleur; mais je suis le plus mal« heureux des hommes. » Mademoiselle, après lui avoir dit que la plupart des amis qu'il pleuroit n'étoient que blessés, le pressa d'entrer dans la ville afin de prendre quelque repos. Cette proposition le révolta : il déclara qu'il ne fuiroit jamais devant Mazarin; qu'il vouloit s'ensevelir sous les ruines de son parti. Et il partit, en suppliant la princesse de le seconder.

Les blessés furent répartis dans diverses maisons ; et les bagages de l'armée vaincue ayant été introduits furent conduits à la place Royale. Alors Mademoiselle fit inviter La Louvière, fils de Broussel, gouverneur de la Bastille, à se déclarer pour le prince. Il répondit qu'il lui falloit un ordre de Gaston; et elle l'envoya aussitôt demander. La scène avoit changé au Luxembourg : l'oncle du Roi, pressé par les sollicitations de Madame, avoit enfin pris la résolution de secourir ouvertement Condé. Ainsi, non-seulement il donna l'ordre que réclamoit sa fille, mais il alla lui-même au faubourg Saint-Antoine. Le combat s'étant de nouveau ralenti, le prince vint le trouver ; ils s'embrassèrent tristement, causèrent quelques minutes, et convinrent que l'armée entreroit le soir dans Paris. Il étoit alors trois heures ; Gaston se rendit à l'hôtel-de-ville, et Condé retourna vers ses soldats qui se défendoient toujours, mais qui continuoient de plier.

Mademoiselle, se croyant suffisamment autorisée par la conduite que venoit de tenir son père, entra dans la Bastille, monta sur les tours, fit charger les canons, ordonna qu'ils fussent dirigés contre l'armée royale, et enjoignit à La Louvière de les faire tirer si la retraite du prince étoit troublée. Au moment même, Turenne fit une attaque combinée de manière à empêcher l'ennemi de se retirer dans la ville. Cette tentative n'ayant pas réussi, Condé put entrer à la tête de son armée ; et ses soldats comblèrent de bénédictions la princesse qui venoit de les dérober à une perte certaine. Cependant l'arrière-garde, qui étoit encore hors des murs, fut vivement assaillie ; et elle auroit probablement succombé, si La Louvière, conformément aux ordres de Mademoiselle, n'eût fait tirer seize volées contre l'armée royale. Le désordre que causa dans les rangs cette attaque inattendue fut augmenté par une seconde décharge qui eut lieu presque immédiatement ; et l'arrière-garde de Condé fut sauvée. Turenne, quoique vainqueur, n'avoit pas rempli son but ; il se replia sur Saint-Denis, où il établit son quartier-général.

La cour, qui avoit observé le combat sur les hauteurs de Charonne, fut très-étonnée en voyant le feu de la Bastille. Quelques-uns disoient que probablement le canon étoit dirigé contre les rebelles; d'autres soutenoient que Mademoiselle ayant cru devoir se rendre dans cette citadelle, on lui rendoit les honneurs dus à son rang. Le maréchal de Villeroy, qui s'étoit trouvé à plusieurs batailles, devina plus juste, et il assura qu'on tiroit sur les troupes royales. Le fait ayant été avéré quelques momens après, Mazarin annonça sur-le-champ quelles devoient être, pour la princesse, les suites de cette action téméraire. « Voilà, dit-il, un coup de canon qui vient de tuer « son mari. »

Le même jour le parlement s'étoit réuni, afin de rendre quelque arrêt suivant les circonstances; et il avoit décidé que le 4 juillet une assemblée générale se tiendroit à l'hôtel-de-ville, pour aviser aux moyens d'obtenir la paix. Dans l'intervalle de deux jours qui s'écoula entre le combat et cette assemblée, Condé et Gaston employèrent tous les moyens de ranimer la fureur du peuple contre le ministre. Le bruit se répandit que le prince, loin d'avoir été défait par Turenne, l'avoit forcé à se retirer à Saint-Denis; et que cette affaire étoit plus glorieuse pour lui que toutes ses autres victoires. Ses partisans accréditèrent une relation aussi fausse, et la firent sans peine adopter à la populace. Alors Condé résolut de profiter de l'assemblée pour se rendre maître de la capitale. Son plan étoit de donner à Gaston le titre de lieutenant général de l'Etat, avec les mêmes pouvoirs qu'avoit eus Mayenne pendant la ligue; de prendre celui de généralissime, d'ôter le gouvernement de Paris au maréchal de L'Hospital, et d'en revêtir le duc de Beaufort; de remplacer Lefèvre, prévôt des marchands, par Broussel dont il s'étoit assuré; et de forcer l'archevêché, pour y saisir le cardinal de Retz.

Tout étant disposé pour l'exécution de ce plan, une foule considérable de peuple se rassembla sur la place Dauphine dans la matinée du 4 juillet. Les émissaires du prince donnèrent un signe de ralliement qui consistoit en un bouquet de paille, et que tout le monde fut obligé de porter, sous peine des insultes les plus graves. A quatre heures l'assemblée de l'hôtel-de-ville s'ouvrit; et les principaux bourgeois dont elle étoit composée, loin d'être intimidés par le mouvement de la matinée, formèrent le projet d'opposer la plus opiniâtre résistance aux propositions qui devoient être faites par les rebelles. Ce fût dans ces dispositions qu'ils reçurent Gaston et Condé.

Quand ils eurent pris place, le maréchal de L'Hospital lut une lettre qu'il venoit de recevoir du Roi. Le monarque déclaroit qu'il étoit satisfait de la conduite des Parisiens; qu'il savoit que les troupes rebelles n'étoient entrées dans la ville que malgré eux, et qu'il les engageoit à persévérer dans la même obéissance. Il finissoit par leur insinuer qu'ils feroient bien de renvoyer l'assemblée à des temps plus calmes. Les deux princes voulurent prendre la parole, mais ils s'aperçurent bientôt qu'ils ne seroient pas écoutés favorablement. Ils se retirèrent donc de très-mauvaise humeur; et, en descendant sur la place, ils eurent l'imprudence de dire au peuple dont elle étoit inondée que l'assemblée, entièrement vendue à Mazarin, ne cherchoit qu'à gagner du temps: propos qui enflamma toutes les têtes. La nuit approchoit: on savoit à l'hôtel-de-ville que la fermentation augmentoit de momens en momens, et quelques membres proposèrent de se retirer. On se levoit pour sortir, lorsque l'insurrection la plus terrible éclata.

La populace commença par tirer contre les fenêtres : on lui répondit par une décharge qui tua quelques personnes, et les gardes de l'hôtel-de-ville firent à la hâte des barricades à toutes les issues. Alors les rebelles en fureur allèrent chercher du bois sur le quai, en placèrent des monceaux devant les portes, y mirent le feu, et l'incendie s'étendit bientôt avec rapidité dans l'intérieur. Le désordre et la terreur y régnoient; l'assemblée n'entrevoyoit aucun moyen de salut : les uns vouloient fuir ou se cacher, les autres essayoient en vain de parlementer; et les curés de Paris, qui se trouvoient réunis, suffisoient à peine pour recevoir les confessions. Tous les passages étant ouverts, la multitude se précipita dans les salles au travers des flammes; et, emportée par le premier mouvement de rage, elle égorgea plus de cinquante personnes, parmi lesquelles se trouvoient des échevins et des magistrats. L'assemblée entière, formée de ce qu'il y avoit de plus distingué, alloit éprouver le même sort, si la cupidité n'eût calmé la frénésie de ces monstres. Ils laissèrent se retirer, moyennant de fortes rançons, ceux qui avoient échappé au massacre.

Gaston et Condé étoient au Luxembourg, lorsqu'ils apprirent le résultat terrible du propos qu'ils avoient tenu en sortant de l'hôtel-de-ville. Ils crurent que le duc de Beaufort, autrefois l'idole de la populace, pourroit apaiser ce tumulte : mais ce prince ne parvint point à se faire écouter; et il fallut que Mademoiselle allât l'aider à sauver ceux qui étoient encore exposés aux fureurs du peuple. Ils entrèrent ensemble vers minuit dans l'hôtel-de-ville, où le feu n'étoit pas encore éteint : toutes les salles étoient désertes, et ils ne trouvèrent que le maréchal de L'Hospital et le prévôt des marchands Le Fèvre, qui s'étoient réfugiés dans des cabinets écartés. Le prévôt se mit sous la sauvegarde de Beaufort; mais le maréchal refusa celle de la princesse : il aima mieux sauter par une fenêtre (1), et courir le risque d'être assassiné s'il étoit reconnu. Il rentra chez lui sans accident.

(1) Des détails intéressans sur l'assemblée, l'incendie et le massacre de l'hôtel-de-ville, se trouvent dans une lettre inédite de Corbinelli, qui étoit à Paris dans ce moment. Il est possible qu'il se trompe sur quelques circonstances d'un événement dont il n'étoit instruit que par le bruit public ; mais sa lettre exprime très-bien l'effet que cet événement produisit dans la capitale. Nous allons la transcrire. « Pour nouvelles, je
« vous dirai qu'on fit hier assemblée générale à l'hôtel-de-ville, et ce,
« pour pourvoir à la sûreté et à la police de Paris. Le prévôt des mar-
« chands opina qu'il falloit prier le Roi que, comme bon pilote, il prît
« garde que ce grand vaisseau ne pérît dans la tempête où il étoit. Là-
« dessus on s'écria qu'il ne parloit point de Mazarin ni de son éloigne-
« ment, et qu'il falloit qu'il le déclarât. Il reprit aussitôt que ce qu'il
« venoit de dire étoit la même chose que l'éloignement de Mazarin.
« M. le duc d'Orléans arriva sur ces entrefaites; il commença par un
« remerciement de la grâce que Paris avoit faite à son armée de l'avoir
« retirée, et pria ensuite la ville de lui continuer la même bonne vo-
« lonté. Après quoi il se leva, suivi de M. le prince et du duc de Beau-
« fort. Quand il fut au bas de l'escalier, il dit que la plupart de ceux
« qu'il venoit de laisser en haut étoient mazarins, et qu'on ne laissât
« sortir personne qui n'eût signé l'union avec eux. Là-dessus tout le
« monde cria : *l'union!* en tirant une grêle de mousquetades aux vîtres
« de l'hôtel-de-ville, et allumant un grand feu à la porte. Cela remplit
« de terreur les esprits de tout le monde, et obligea l'assemblée de jeter
« un papier où il étoit parlé d'union, mais non signé. Le peuple de-
« manda des ôtages, et l'on lui donna les curés de Saint-Jean et de
« Saint-Merry. Cependant Genarvi, conseiller au parlement, et......,
« furent tués. M. de Beaufort entra ensuite à l'hôtel-de-ville, apaisa

La nouvelle de l'incendie et du massacre parvint à Saint-Denis dans la soirée, et les détails en furent exagérés. Mazarin étoit alors dans l'appartement de la princesse palatine, où se trouvoit madame de Rhode qui, se mêlant toujours d'intrigues et de négociations, étoit venue de Paris dans la matinée, déguisée en cordelier. Cette jeune femme étoit belle-fille du maréchal de L'Hospital; et, comme on disoit qu'il avoit été tué, elle s'évanouit. Le ministre, trop préoccupé pour faire attention à son état, courut chez la Reine; et lorsqu'elle eut repris ses sens, elle fut outrée de ce qu'il l'avoit abandonnée sans secours. Ne consultant que son dépit, elle se revêtit à la hâte de son déguisement, et revint à pied jusqu'à Paris, quoique la nuit fût avancée et le temps très-mauvais. La fatigue lui donna une maladie dont elle mourut quatre jours après. Loin de la plaindre, on se moqua d'elle; et les plaisanteries redoublèrent lorsqu'on sut que sa garde-robe étoit remplie de plusieurs habits de moines, dont elle se servoit pour ses intrigues politiques et galantes.

Pendant tous ces mouvemens, Retz s'étoit tenu cantonné à l'archevêché; il avoit fait remplir les tours de Notre-Dame de bombes, de fusils et de grenades :

« le peuple, et fit sortir ses amis, en les mettant en sûreté entre les
« mains de ses gens armés. Ce matin à huit heures, on ne savoit encore
« ce qu'étoit devenu le maréchal de L'Hospital, qui s'étoit sauvé déguisé
« en prêtre. On dit depuis une heure que M. de Beaufort a été fait par
« le peuple gouverneur de Paris, et M. Broussel prévôt des marchands.
« Vous avez su que mardi dernier 2 de ce mois, lorsque les troupes des
« princes entroient ici, on tira sur celles du Roi le canon de la Bastille.
« Le parlement ne veut plus s'assembler : on dit qu'il sort de Paris. On
« ne sauroit vous représenter l'horreur et le désordre où la ville est
« enveloppée. »

la garde se faisoit régulièrement à sa porte ; et la petite garnison qu'il entretenoit étoit commandée par le vicomte de Lameth et par le marquis de Château-Renaud. Lorsque le calme fut rétabli, il se montra dans la ville avec une escorte formidable ; et Condé n'osa le faire attaquer.

Ce prince triomphoit en apparence ; mais il étoit devenu odieux à tous les hommes paisibles, qui lui attribuoient le massacre ; et il ne pouvoit plus espérer de dominer que par la crainte. Il se servit de ce ressort dangereux pour faire assembler le parlement, qui depuis le massacre n'avoit tenu aucune audience [18 juillet]. Cette cour, après une délibération de deux jours, et à une majorité de soixante-quatorze voix contre soixante-neuf, déclara que le Roi n'étoit plus en liberté, et qu'il étoit prisonnier de Mazarin. La même majorité revêtit Gaston du titre de lieutenant général de l'Etat, et Condé de celui de généralissime. En même temps Beaufort devint gouverneur de Paris, tandis que Broussel fut installé dans les fonctions de prévôt des marchands. Le nouveau lieutenant général, voulant imiter ce qui avoit été fait par Mayenne pendant la Ligue, forma un conseil à qui les pouvoirs les plus étendus furent confiés. Il le composa du prince de Condé, du chancelier Seguier, de Beaufort, de Nemours et de La Rochefoucauld, de Nesmond et de Longueil, membres du parlement, d'Aubry et de Larcher, membres de la chambre des comptes, et de Le Noir, membre de la cour des aides. Ce conseil, dont l'installation fut faite avec beaucoup de pompe, n'inspira aucune confiance. Il voulut lever un impôt extraordinaire, et presque tout le monde refusa de le payer. Le parti de la Fronde, malgré tous les efforts de Condé, étoit en pleine décadence ; et le massacre de l'hôtel-de-ville lui avoit fait autant de tort que, dans le siècle précédent, l'assassinat de Brisson, de Larcher et de Tardif en avoit fait à la Ligue.

Dès la première séance, une dispute éclata entre Nemours et Beaufort, qui étoient ennemis depuis la scène qu'ils avoient eue dans un faubourg d'Orléans en présence de Mademoiselle. Il ne s'agissoit en apparence que de préséance ; mais on croit que Nemours étoit surtout irrité de ce que madame de Châtillon qu'il aimoit toujours, recevoit avec complaisance les hommages de Beaufort. Celui-ci fit en vain quelques efforts pour éviter un duel ; ils se battirent derrière l'hôtel de Vendôme, et Nemours succomba.

Mazarin, à qui tous ces désordres donnoient les espérances les plus fondées, transporta la cour de Saint-Denis à Pontoise ; et, quelques magistrats s'étant échappés de Paris, il résolut d'établir dans la résidence du Roi un parlement qu'il pût opposer à celui de la capitale. C'étoit encore une imitation de ce qui s'étoit fait pendant la Ligue ; mais, dans les deux partis, l'enthousiasme étoit loin d'être le même. Le parlement de Pontoise ne compta d'abord que quatorze membres, et il fut installé par Molé le 7 août. Cette compagnie si peu nombreuse excita des plaisanteries, même à la cour ; et Benserade fut très-applaudi lorsqu'il raconta « qu'il venoit de rencontrer « à la promenade tout le parlement dans un carrosse « coupé. » Le chancelier Séguier, appelé par la Reine, quitta un parti dans lequel il n'étoit entré que malgré lui ; et, étant sorti de Paris sans être reconnu, il entra dans le ministère, quoique les sceaux ne lui fussent pas rendus.

Le nouveau parlement ne trouva d'autres moyens de se populariser que de déclamer contre Mazarin, et de demander son éloignement. Le ministre, dont la politique avoit prescrit cette conduite, reconnoissoit la nécessité de disparoître encore pour quelque temps, afin de calmer l'opinion de la capitale; mais il différoit son départ, parce qu'il s'apercevoit que le duc de Bouillon prenoit de l'ascendant sur la Reine. Ses inquiétudes à cet égard furent bientôt dissipées, car le duc mourut presque subitement d'une fièvre maligne le 9 août. Alors il demanda publiquement au Roi la permission de se retirer, et il obtint du monarque la lettre la plus honorable. Il accompagna ensuite la cour, qui se rendit à Compiègne; et, après avoir donné à ses partisans les instructions nécessaires, il prit la route de Bouillon. Ce fut de là que, pendant quelques mois, il transmit des ordres qui furent ponctuellement exécutés par Lyonne, Le Tellier et Servien. Bussy alla l'y voir, et il en parle ainsi dans la partie inédite de ses Mémoires : « Une chose que j'admirai,
« c'est que, étant dans un petit château au milieu
« des Ardennes, avec un train fort médiocre, il gou-
« vernoit l'Etat comme s'il eût été à la cour; et l'on
« n'y faisoit pas une démarche tant soit peu consi-
« dérable que ce ne fût sur ses résolutions. »

L'éloignement de Mazarin n'empêcha pas d'abord les parlemens de Paris et de Pontoise de lancer des arrêts l'un contre l'autre; mais toute la bourgeoisie de la capitale faisoit les vœux les plus ardens pour la paix; et cette disposition força les princes à négocier.

Gaston, qui venoit de perdre son fils unique le jeune duc de Valois, agissoit avec sincérité; il n'en étoit pas de même de Condé, qui attendoit un secours puissant de la part des Espagnols et du duc de Lorraine. La Reine, instruite de leurs sentimens, faisoit à son beau-frère les plus belles promesses, et refusoit de lire les lettres du prince.

Cependant Fuensaldague, à la tête de douze mille Espagnols, avoit quitté la Flandre pour venir appuyer Condé, tandis que le duc de Lorraine, entré de nouveau en France, marchoit sur Paris. Mazarin eut l'art de persuader au premier qu'il étoit trahi par le duc, et de le décider à repasser les frontières. Tranquille de ce côté, il engagea la Reine à continuer les négociations. Retz, qui depuis quelque temps avoit observé la plus exacte neutralité, et qui brûloit de recevoir le chapeau de cardinal des mains du Roi, reprit son ascendant sur Gaston, et renoua ses relations avec la princesse palatine, qui avoit beaucoup de crédit à la cour. Il vouloit avoir tout l'honneur de la pacification, qui ne pouvoit plus être éloignée; et son projet étoit de conduire à Compiègne une députation du clergé pour supplier le Roi de revenir à Paris. Le Tellier, Lyonne et Servien s'opposèrent tant qu'ils le purent à ce qu'il lui fût permis de faire cette importante démarche; mais la princesse palatine, ayant fait sentir à Mazarin qu'elle pouvoit lui être utile, reçut bientôt de ce ministre des instructions qui aplanirent tous les obstacles.

Retz partit donc pour Compiègne le 9 septembre, avec une députation nombreuse du clergé de Paris. Quelques courtisans, indignés de sa conduite passée, auroient voulu qu'on s'assurât de lui mort ou vif ; mais ce conseil violent fut rejeté. Le lendemain il parut devant la Reine, lui adressa un discours fort éloquent, et ne craignit pas de condamner publiquement toutes les calomnies que les frondeurs avoient répandues contre elle depuis les troubles. Il fit le plus bel éloge de sa régence ; et l'on entendit l'auteur des barricades comparer le jeune monarque à Saint-Louis, et sa mère à la reine Blanche. Le Roi lui donna le 11 le chapeau de cardinal ; il voulut ensuite négocier pour Gaston, qui offroit d'abandonner Condé et de se retirer à Blois : mais, malgré les instances de la princesse palatine, la Reine refusa de lui accorder une conférence particulière, et il n'obtint des sous-ministres que des promesses vagues.

Il revint à Paris fort mécontent, et les dispositions qu'il remarqua dans le peuple augmentèrent ses inquiétudes. On le reçut aux cris de *vive le Roi ! vive la paix !* et il sentit l'impossibilité de ranimer une faction qui tous les jours s'affoiblissoit. Gaston, instruit que ses propositions n'avoient pas été acceptées, retomba dans ses indécisions ordinaires : ce qui soutint encore quelques jours l'espoir qu'avoit eu Condé de se maintenir dans la capitale. Une tentative qui ne réussit pas aux royalistes sembla favoriser ses desseins. On a vu que, le jour de l'incendie de l'hôtel-de-ville, les partisans du prince avoient pris pour signe de ralliement un bouquet de paille ; tout le monde avoit été obligé de le porter depuis ce moment. Prévot, chanoine de Notre-Dame et conseiller au parlement, serviteur dévoué de Mazarin, imagina de donner un autre signe aux royalistes, dont le nombre s'augmentoit : ce fut un morceau de papier attaché au chapeau. Il les convoqua ensuite dans le jardin du Palais-Royal, où ils arrivèrent en foule : là, il leur adressa un discours énergique ; et, ne réfléchissant pas qu'ils étoient désarmés tandis que leurs adversaires disposoient de la force publique, il leur ordonna de s'assurer des factieux, et de s'emparer des principaux postes de la ville [25 septembre]. Une lutte terrible étoit sur le point de commencer, et tout le fruit des négociations de Mazarin alloit se perdre par une entreprise prématurée, lorsque le maréchal d'Etampes, lieutenant du duc de Beaufort, entra dans le jardin avec une troupe de cavalerie, et dissipa le rassemblement.

Cependant l'armée du duc de Lorraine, qui s'étoit avancée jusqu'à Nangis, cherchoit à se réunir à celle de Condé. Turenne s'y opposa par une manœuvre habile, et près de deux mois il tint les ennemis en échec sans livrer de combats. Pendant ce temps-là les négociations et les intrigues continuoient à Paris ; et bientôt le prince de Condé, qui avoit été l'idole du peuple, en devint l'horreur. Chavigny, qui étoit toujours l'un de ses conseillers intimes, voyant que sa situation empiroit à chaque instant, prit le parti de négocier avec la cour. Cet ambitieux, ne pouvant renoncer à l'espoir de redevenir ministre, se perdit par le moyen même qu'il employoit pour échapper au naufrage. Une de ses lettres, adressée à Le Tellier, fut interceptée par Condé : elle portoit que si le prince se refusoit plus long-temps à faire un arrangement, il le brouilleroit avec Gaston, et l'abandonneroit. Condé le fit venir, lui reprocha dans les termes les plus forts l'infamie de sa conduite, et lui ordonna de ne plus reparoître en sa présence. Chavigny, désespéré, tomba malade en sortant de la chambre du prince, et mourut quelques jours après [1er. octobre]. Il avoit conservé des principes de religion qui ne furent pas pour lui un guide assuré dans sa carrière politique, parce qu'il les mêloit à un jansénisme outré.

Le duc de Lorraine, dont le caractère plein de gaieté avoit d'abord séduit les Parisiens, ne tarda pas non plus à être regardé par eux comme l'un des principaux auteurs de leurs maux. Un jour qu'il se promenoit presque seul, il pensa être massacré par la multitude; et il ne dut son salut qu'à l'idée de se mettre à la suite d'un prêtre qui portoit à un malade le saint viatique.

Condé, ne pouvant ni négocier ni combattre, prit enfin le parti de se jeter dans les bras des Espagnols; il y fut poussé par ses amis, qui redoutoient les vengeances de la cour, et surtout par les lettres de sa sœur madame de Longueville, qui frémissoit à la seule pensée d'être obligée de retourner près de son mari. Le 13 octobre il sortit de Paris, ainsi que le duc de Lorraine, après avoir fait promettre à Gaston qu'il ne traiteroit pas sans lui, et qu'il s'opposeroit tant qu'il le pourroit au retour du Roi. Turenne, instruit de ce qui se passoit dans la capitale, s'étoit porté à Pontoise : mouvement qui permit aux deux princes de réunir leurs troupes. Cette jonction ayant eu lieu, ils partirent pour la Champagne.

Immédiatement après le départ de Condé, le duc de Beaufort quitta le commandement de Paris, et Broussel se démit de la prévôté des marchands. La première de ces places fut rendue au maréchal de L'Hospital, l'autre à Le Fèvre ; et ce fut alors que la cour consentit à recevoir une députation de la milice de Paris, qui, composée de bons bourgeois et fatiguée des troubles, sollicitoit depuis long-temps cette faveur. Le Roi se rendit à Saint-Germain pour faire cette réception solennelle, et la députation lui fut présentée le 17 octobre. Elle le supplia de rentrer dans la capitale, et lui promit une entière obéissance. Le jeune monarque lui répondit avec beaucoup d'affabilité, et déclara qu'il comptoit coucher au Louvre le 21. La Reine invita cette milice à un festin qui eut lieu dans la salle de spectacle; la famille royale fit le tour des tables, et reçut les plus vifs applaudissemens.

Gaston, qui n'avoit obtenu aucune assurance, et qui voyoit que la paix se faisoit sans lui, essaya de soulever la populace contre la députation ; mais lorsqu'elle rentra dans Paris elle fut reçue par les cris unanimes de *vive le Roi!* Réduit au désespoir, il voulut, avec le peu de troupes qui lui restoit, prendre un parti violent; mais Retz, à qui la cour venoit de faire quelques avances, l'en détourna par des raisons puisées dans la position fausse où ses irrésolutions l'avoient placé.

Le dimanche 20 le Roi alla coucher à Ruel, et fit prier Gaston de venir dîner avec lui le lendemain à Saint-Cloud. Le prince, se figurant qu'on vouloit l'arrêter, refusa. Alors il reçut un ordre très-sévère qui lui prescrivoit de quitter Paris sur-le-champ : il répondit que cela étoit impossible, parce que Madame étoit sur le point d'accoucher. Ce double refus donna quelques inquiétudes qui furent aussitôt dissipées par Turenne, et la cour s'achemina vers Paris dans la journée du 21. Non-seulement elle n'éprouva aucune résistance en y entrant par la porte Saint-Honoré, mais le peuple se porta en foule à sa rencontre, et l'air retentit de cris de joie. On ne se lassoit point d'admirer Louis XIV, qui entroit dans l'adolescence, et dont la physionomie déjà majestueuse respiroit la plus touchante bonté. La cour s'établit au Louvre, où elle se crut plus en sûreté qu'au Palais-Royal. Retz s'y présenta malgré les craintes de ses amis, et il fut accueilli d'une manière propre à le rassurer; mais cette indulgence ne le rendit ni plus sage, ni plus fidèle. Gaston ayant de nouveau reçu l'ordre de quitter Paris, il s'unit à Beaufort pour lui persuader de rester au Luxembourg entouré de ses gardes, et de disputer le pavé au Roi. Le foible prince, qui avoit paru adhérer à ce conseil, partit la nuit suivante pour Limours, d'où il ne tarda pas à se confiner à Blois, conformément aux ordres du monarque : ce fut là que, cessant tout de bon de s'occuper des affaires publiques, il fit oublier ses fautes par un repentir pieux et sincère. Mademoiselle se retira d'abord à Pont-sur-Seine, chez madame de Bouthillier, mère de Chavigny; puis elle partit pour Saint-Fargeau, où elle demeura long-temps éloignée de la cour.

Le Roi, maître de Paris, prescrivit à La Louvière, fils de Broussel, de lui rendre la Bastille, sous peine d'être pendu à la porte de cette forteresse. La Louvière répondit qu'il tenoit la place de Gaston, et qu'il ne pouvoit en sortir que par ses ordres. On fit avancer des canons, et il capitula aussitôt.

Tout réussissant au-delà des espérances qu'on avoit conçues, le parlement fut mandé au Louvre, où il reçut des mains du chancelier une déclaration d'amnistie, dans laquelle il étoit donné au prince de Condé un délai, passé lequel on lui feroit son procès. Une autre déclaration chassa de Paris les ducs de Beaufort et de La Rochefoucauld, les duchesses de Châtillon et de Montbason, les conseillers Broussel, Viole, de Thou, Portail, Bitaut, Croissy, Coulon, Marchand, Fleury, Martineau et Genou. Toutes les personnes attachées au prince de Condé et à madame de Longueville y furent comprises; et l'on signala surtout le président Perrault, homme d'affaires de Condé. En même temps il fut défendu au parlement de se mêler des affaires de l'Etat.

Retz, entièrement discrédité, n'avoit conservé qu'un petit nombre de partisans. La princesse palatine, devenue favorite de la Reine, s'étoit éloignée de lui pour former d'autres liens, et ne lui portoit plus que l'intérêt d'une ancienne amie. Il auroit voulu se réconcilier avec madame et mademoiselle de Chevreuse; mais la dernière, piquée contre lui, avoit une intrigue avec l'abbé Fouquet, qui peu de temps après afficha de la manière la plus scandaleuse la duchesse de Châtillon. D'ailleurs mademoiselle de Chevreuse, quoiqu'à la fleur de l'âge, touchoit, sans le savoir, à ses derniers momens : attaquée subitement d'une fièvre maligne, elle y succomba en moins de vingt-quatre heures; et la maladie eut une telle violence, que ses traits, autrefois si beaux, furent entièrement défigurés. Retz, qui ne la regretta que foiblement, savoit que les derniers conseils qu'il avoit donnés à

Gaston étoient connus de la cour; et ses amis, auxquels se joignoit la princesse palatine, le conjuroient de ne point se présenter au Louvre. Il suivit quelque temps ce salutaire avis; mais le ministère ne négligea rien pour le rassurer : et ses amis, séduits par les plus belles promesses, se persuadèrent qu'aucun piége ne lui étoit tendu. Ils cessèrent donc de le retenir; et, après avoir eu la précaution de brûler tous les papiers qui pouvoient le compromettre, il alla faire sa cour à la Reine le 19 décembre. Il fut arrêté avant d'être admis près de la princesse, et conduit au château de Vincennes, où deux ans auparavant il avoit fait mettre le prince de Condé.

L'arrestation de cet homme, qui depuis quatre ans avoit joué un si grand rôle, ne fit aucune sensation. Parmi ceux qu'il croyoit ses amis, quelques-uns se réjouirent d'être délivrés des engagemens qui les lioient à lui, un très-petit nombre s'affligea en secret, et la plupart demeurèrent indifférens. Il fut ensuite transféré au château de Nantes, d'où il s'échappa. Après avoir traîné une vie errante dans les pays étrangers, il revint en France, où, dépouillé de l'archevêché de Paris, mais conservant quelques riches bénéfices, il tâcha d'expier sa vie passée, soit en payant les dettes immenses qu'il avoit contractées pendant les troubles, soit en menant une conduite plus régulière.

Il ne manquoit plus, pour consommer la révolution qui s'étoit opérée depuis le départ de Condé et l'arrestation du cardinal de Retz, que le retour de Mazarin, et sa réintégration dans la première place de l'Etat. Tous les obstacles étoient aplanis : il n'avoit plus qu'à se présenter pour être le maître; mais il voulut qu'un service éclatant disposât les esprits d'une manière encore plus favorable. Ayant levé des troupes dans le pays de Liége, il alla joindre Turenne qui assiégeoit Bar-le-Duc : la place ne put leur résister; et, après avoir mis ses troupes en quartier d'hiver, il fit ses préparatifs pour rentrer solennellement à Paris.

Cette cérémonie eut lieu le 9 février 1653. Le Roi, accompagné des officiers de la couronne et des plus grands seigneurs, alla au devant de Mazarin jusqu'au Bourget. Il le reçut dans sa voiture, et le conduisit au Louvre, au milieu des plus vifs applaudissemens. Tous les magistrats vinrent ensuite lui présenter leurs hommages; et il eut l'air d'un souverain qui, après une absence volontaire, vient paisiblement reprendre possession de ses Etats. Quelques jours après il alla sans gardes dîner à l'hôtel-de-ville; et, dans cette marche, sa présence excita encore plus de transports que le jour de son entrée. On reconnoissoit son habileté, et l'on étoit convaincu que la tranquillité après laquelle on avoit tant soupiré ne seroit plus troublée. Ses nièces vinrent le joindre : elles s'établirent au Louvre; et les princes, ainsi que les plus grands seigneurs, aspirèrent à leur alliance. Le prince de Condé, ayant laissé expirer le délai qui lui avoit été accordé, fut déclaré contumace, et condamné par le parlement à tel genre de mort qu'il plairoit au Roi d'ordonner. Dans cette prospérité, Mazarin manqua de reconnoissance envers la bienfaitrice qui l'avoit soutenu avec tant de fermeté : il éloigna tant qu'il put la Reine de la direction des affaires, et ne s'attacha qu'à gagner la confiance du jeune Roi.

Depuis ce moment la capitale fut tranquille, et il n'y eut plus de troubles que dans quelques provinces. Mercœur, époux d'une nièce du ministre, nommé gouverneur de Provence, eut quelque peine à en faire sortir le comte d'Alais, partisan de Condé. En Bourgogne, dont le gouvernement avoit été confié au duc d'Epernon, le président Bouchu s'efforça en vain de faire prévaloir le parti du prince : il trouva dans le maire Millotet l'adversaire le plus redoutable; et ce parti, qui n'avoit pu conserver que la ville de Seurre, en fut bientôt chassé [6 juin].

La Guienne étoit la seule province où la faction eût conservé quelque force; mais, à la nouvelle de l'entrée de Mazarin à Paris, plusieurs villes se soumirent au duc de Candale, fils du duc d'Epernon, à qui le comte d'Harcourt avoit remis le commandement des troupes royales. Il ne restoit presque plus que Bordeaux, où se trouvoient madame de Longueville, la princesse de Condé, le jeune duc d'Enghien et le prince de Conti. L'anarchie y régnoit; et *il n'y avoit pas*, comme l'observe un contemporain, *jusqu'au poète Sarrazin qui n'eût sa faction*. Conti, brouillé avec sa sœur madame de Longueville, essaya, mais en vain, d'obtenir des secours de Cromwel. Mazarin, plus habile, avoit dans la ville des émissaires qui amenèrent insensiblement le peuple à suivre l'exemple de la capitale; et parmi eux on remarqua le père Berthod, cordelier, qui s'exposa aux plus grands dangers pour faire triompher la cause royale. Cet heureux résultat ne tarda pas à être obtenu ; Conti, obligé de traiter, chargea Gourville de la négociation; et les conditions imposées par la cour ne furent pas trop rigoureuses.

Une amnistie générale fut accordée : les troupes purent se rendre à Stenay, place qui appartenoit à Condé ; la princesse de Condé eut la permission d'aller avec son fils joindre en Flandre son époux ; le prince de Conti dut s'établir à Pezenas ; et madame de Longueville, dont le rôle politique étoit fini, fut obligée de se retirer à Montreuil-Bellay, maison qui appartenoit à son mari. Elle y fit de sérieuses réflexions, et se prépara dès lors à une longue et sévère pénitence.

Ainsi se terminèrent les désordres de la Fronde. Les passions fortes n'y eurent aucune part ; l'ambition de quelques hommes et le caprice de quelques femmes (1) troublèrent seuls une minorité qui avoit commencé sous les plus favorables auspices. Aucun grand caractère, si l'on excepte celui du président Molé, ne se montra au milieu de ces scènes si bruyantes et si variées ; et l'intrigue fut presque l'arme unique dont les divers partis se servirent. Aussi l'esprit de faction ne laissa-t-il point de traces profondes ; et lorsque le Roi prit, quelques années après, le timon des affaires, il ne rencontra aucun obstacle ni aucune

---

(1) On a vu que les femmes surtout influèrent puissamment sur les troubles de cette époque. C'étoit ce qui avoit le plus embarrassé Mazarin ; et il s'en plaignoit ainsi à don Louis de Haro pendant les conférences qui précédèrent la paix des Pyrénées : « Vous autres ministres « espagnols, vous êtes bien heureux : les femmes de votre pays ne vous « donnent nulle peine à gouverner ; elles n'ont pour toute passion que « le luxe ou la vanité ; les unes n'écrivent que pour leurs amans, les « autres que pour leurs confesseurs. Il n'en est pas de même en France : « jeunes ou vieilles, prudes ou galantes, sottes ou spirituelles, toutes « les femmes chez nous se mêlent des affaires de l'Etat, et l'homme le « plus turbulent ne nous donne pas tant de peine à contenir que nous « en procurent, par leurs intrigues, ou une duchesse de Chevreuse, ou « une princesse palatine, ou toute autre femme de cette trempe. »

opposition. Le prince de Condé, comme il l'avoit annoncé en commençant la guerre, fut le dernier à remettre l'épée dans le fourreau. Il combattit dans les armées espagnoles jusqu'à la paix des Pyrénées [1659], époque à laquelle il put rentrer dans son pays, y jouir des prérogatives de son rang, et mériter le nom de grand en conduisant à la victoire les armées de Louis XIV.

MÉMOIRES

DU COMTE DE BRIENNE,

MINISTRE

ET PREMIER SECRÉTAIRE D'ÉTAT,

CONTENANT

LES ÉVÉNEMENS LES PLUS REMARQUABLES DU RÈGNE DE LOUIS XIII ET DE CELUI DE LOUIS XIV, JUSQU'A LA MORT DU CARDINAL MAZARIN.

Composés pour l'instruction de ses enfans.

NOTICE

SUR

LE COMTE DE BRIENNE

ET SUR SES MÉMOIRES.

Henri-Auguste de Loménie, comte de Brienne, naquit en 1594 d'Antoine de Loménie et d'Anne d'Aubourg. Son aïeul paternel Martial de Loménie s'étant, pendant les guerres civiles, rangé du côté des protestans, avoit été tué au massacre de la Sainte-Barthelemy; et son père, qui avoit embrassé la religion catholique, étoit devenu secrétaire d'Etat sous Henri IV. Destiné dès son enfance à la carrière ministérielle, le jeune Brienne ne pouvoit avoir de meilleur guide que son père, homme laborieux, profondément instruit, et auquel on doit la précieuse collection connue sous le nom de *manuscrits de Brienne* (1).

Après avoir fait ses études dans un collége de Paris, il voyagea en Allemagne et en Pologne; puis il passa en Italie, et il remarqua, surtout à Venise, la plus vive admiration pour Henri IV. De retour à Paris vers la fin de 1609, il fixa les regards du Roi, qui daigna l'admettre quelquefois au conseil, afin de le familia-

(1) Cette collection, léguée à la bibliothèque du Roi par Antoine de Loménie, se compose de trois cent quarante volumes manuscrits.

riser avec les affaires. Lorsque ce grand prince eut été enlevé à ses peuples, Brienne, quoique très-jeune, fut chargé par la régente Marie de Médicis de quelques missions importantes. Aux États-généraux de 1614, il négocia secrètement avec les trois ordres, et parvint à leur faire nommer des présidens agréables à la cour. L'année suivante, n'étant âgé que de vingt-un ans, il obtint la survivance de la charge de son père, et prit dès lors une part très-active à l'administration du royaume.

Ses Mémoires contenant des détails fort étendus sur sa carrière ministérielle, qui dura plus de quarante ans, nous nous bornerons dans cette Notice à marquer les époques les plus importantes de sa vie, et à faire quelques observations sur la conduite qu'il tint dans des circonstances difficiles : observations que nous chercherons à justifier par un petit nombre d'anecdotes intéressantes et peu connues.

En 1617, il obtint la charge de maître des cérémonies et de prévôt des ordres du Roi; quatre ans après il suivit Louis XIII en Languedoc; et, servant dans une compagnie de gentilshommes volontaires, il se distingua au siége de Clérac. Il fit avec le prince de Condé la campagne de l'année suivante, et il eut beaucoup de part à la réduction de l'importante place de Sainte-Foy, où commandoit La Force, l'un des plus redoutables chefs des protestans. En 1623, âgé de vingt-neuf ans, il épousa Louise de Béon, fille de Bernard de Béon, seigneur de Manes, et de Louise de Luxembourg : union qui fit son bonheur, et qui, dans les chagrins dont il fut souvent accablé, devint pour lui la source des plus douces consolations. S'étant maintenu pendant la longue et orageuse administration de Richelieu, il tomba dans la disgrâce de Louis XIII presque immédiatement après la mort de ce ministre : il vendit alors à Du Plessis-Guénégaut sa charge de secrétaire d'Etat ; mais Anne d'Autriche, à laquelle il avoit toujours été attaché, étant devenue régente, elle voulut qu'il rentrât dans le ministère ; et il acheta la charge de Chavigny. Pendant les troubles de la Fronde, il fut souvent en opposition avec Mazarin, dont il blâmoit les intrigues et la foiblesse ; mais, soutenu par la Reine qui connoissoit son dévouement à toute épreuve, il conserva, jusqu'au moment où Louis XIV prit le timon des affaires, une grande influence dans le conseil.

Son système, sous les administrations absolues de Richelieu et de Mazarin, fut toujours de n'être attaché qu'au Roi, et de braver, lorsqu'il s'agissoit de le servir, le courroux et les vengeances de ces deux ministres. Refusant d'entrer dans leurs vues toutes les fois qu'il n'étoit question que de leurs intérêts personnels, quelquefois contraires à ceux de l'Etat, il montra dans ses rapports avec eux une noble indépendance qui, forçant leur estime, le préserva des humiliations auxquelles il auroit préféré une disgrâce complète, mais honorable.

Il osa plus d'une fois résister en face à Richelieu, qui, comme on le sait, ne souffroit pas volontiers les contradictions. Après la condamnation du duc de Montmorency [1632]; lorsque le premier ministre punissoit avec la plus grande rigueur tous ceux qui étoient entrés dans les intrigues de Gaston, Brienne prit beaucoup d'intérêt à Deshayes, fils d'un de ses amis, accusé d'avoir été chargé d'une mission secrète de ce prince près des cours d'Allemagne. Le père du jeune étourdi, homme de lettres distingué, et connu par un excellent voyage de la Terre-Sainte, méritoit toute son estime. Il ne craignit donc pas, non-seulement de solliciter pour l'accusé, mais de lui donner un asyle dans sa maison. Richelieu lui témoigna son étonnement de ce qu'il avoit reçu un rebelle. « Monsieur, lui répondit Brienne, ma maison ne pouvoit être fermée au fils de mon ami : il m'auroit offensé d'en prendre une autre. » Le cardinal parut frappé de cette hardiesse, à laquelle il n'étoit pas accoutumé; mais Deshayes périt peu de temps après sur l'échafaud.

Brienne ne montra pas un intérêt moins généreux pour des hommes avec lesquels il n'avoit aucune liaison. Louis XIII, faisant la guerre au duc de Lorraine, prit Saint-Mihiel de vive force; et l'on tint ensuite un conseil pour décider quel seroit le traitement de la garnison [1634]. Le chancelier, de concert avec Richelieu, demanda que les prisonniers fussent envoyés aux galères pour avoir osé tenir contre une armée royale, et le monarque présent. Brienne combattit avec chaleur cet avis rigoureux, et fit sentir que c'étoit une injustice qui crioit vengeance devant Dieu et devant les hommes. Le Roi lui ayant reproché son emportement : « Sire, continua Brienne, c'est l'avis de « ceux qui portent la robe, et qui savent bien qu'ils « ne peuvent être exposés à une pareille disgrâce; « mais s'il plaisoit à Votre Majesté de me permettre « d'aller prendre les voix de ceux de son conseil qui « sont d'épée, je suis sûr qu'ils condamneroient tout

« ce qui a été arrêté, et vous feroient de très-hum-
« bles supplications pour la révocation d'un tel ordre.
« Les pauvres malheureux qui sont prisonniers de
« guerre peuvent être échangés contre d'autres, et
« gardés tant et si long-temps qu'il plaira à Votre
« Majesté; mais ils ne doivent être soumis à aucune
« peine afflictive qui emporte avec soi confiscation de
« biens, ni même être maltraités, puisqu'ils se sont
« rendus prisonniers de guerre. » Cette remontrance,
dictée par l'humanité, n'eut aucun succès; mais du
moins, grâce à la hardiesse de Brienne, les réclamations du malheur avoient trouvé un organe dans le conseil du Roi.

Pendant le ministère de Richelieu, la reine Anne d'Autriche eut à supporter une multitude d'humiliations. On avoit en 1637 essayé, mais vainement, de saisir tous ses papiers qu'on croyoit déposés au Val-de-Grâce, monastère dont elle étoit fondatrice; et, à la suite de cette recherche, elle avoit été interrogée par le chancelier Seguier, comme si elle eût été coupable d'un crime d'Etat. L'année suivante, le sort de cette princesse parut entièrement changé, parce que, après une très-longue stérilité, elle devint mère du Dauphin qui fut depuis Louis XIV. Brienne, qui avoit saisi toutes les occasions de la consoler dans ses chagrins, et qu'elle avoit distingué comme un de ses plus fidèles serviteurs, assistoit, suivant l'usage, à son accouchement, avec le chancelier Seguier et les personnages les plus marquans de l'Etat. Lorsqu'elle fut délivrée, elle lui donna sa main à baiser. Alors le chancelier s'approcha de lui. « Qui eût cru cela, dit-
« il, il y a un an? » Brienne, l'esprit encore plein

des scènes de l'année précédente, lui répondit sèchement : « On ne seroit pas allé au Val-de-Grâce.—Vous
« jetez des pierres dans mon jardin, lui dit Seguier.
« — Non, répliqua Brienne en indiquant Richelieu,
« mais dans celui de la personne qui vous y a en-
« voyé. » Ainsi aucune considération ne l'empêchoit
de blâmer hautement des actes dans lesquels la dignité
royale lui avoit paru compromise.

Les troubles de la Fronde mirent à de nouvelles
épreuves la loyauté et la noblesse de son caractère.
En 1649, Anne d'Autriche, obligée de sortir furtivement de la capitale, s'étoit remise entre les mains du
prince de Condé, qui, après avoir fait la guerre aux
Parisiens, étoit parvenu à leur imposer des conditions qui pouvoient donner lieu d'espérer le rétablissement de l'autorité royale. Ce prince que l'âge n'avoit pas encore mûri, déjà célèbre par d'éclatantes
victoires, ébloui du rôle que les circonstances lui
faisoient jouer, ne garda bientôt plus aucune mesure,
et décria, par les plus sanglans sarcasmes, le ministre
qu'il venoit de relever. Brienne, quoique peu attaché
à Mazarin, fut le seul homme en place qui osa faire
sentir au prince toute l'inconséquence de sa conduite.
« Vous n'estimez donc point mes services, lui dit
« fièrement Condé ?—Bien plus, lui répondit Brienne,
« que Votre Altesse ne pourroit le faire elle-même,
« parce que sa modestie l'en empêche. Mais ce n'est
« pas votre fortune qui fait la grandeur de l'Etat ;
« c'est au contraire la puissance royale qui a contribué
« à votre gloire. D'autres auroient pu commander les
« armées du Roi, qui auroient été aussi heureux que
« Votre Altesse ; mais s'il avoit fallu les récompenser

« comme vous l'avez été, on se seroit vu contraint
« de démembrer la monarchie. »

Le mécontentement que donnoit à Brienne la conduite imprudente du prince de Condé ne l'empêchoit pas d'admirer ses grandes qualités, dont il regrettoit qu'on ne sût pas faire usage. Il auroit voulu qu'on essayât de le ramener, et qu'on dirigeât contre les factions l'ardeur et l'impétuosité de son caractère. Aussi désapprouva-t-il le parti désespéré qu'on prit de le faire arrêter, et il eut à ce sujet une scène assez vive avec Mazarin. Celui-ci se croyoit triomphant et affermi, parce que le peuple de Paris faisoit des feux de joie pour l'arrestation du prince. « La joie publique, « lui dit Brienne, vient de ce qu'on le hait, parce « qu'on le croit votre ami. Dans huit jours, on plain-« dra son malheur; dans quinze, on le regrettera, « et l'on ne s'entretiendra que des grandes actions « qu'il a faites pour le service de l'Etat. — Il ne vous « aimoit pas, répondit Mazarin. — J'en conviens, « poursuivit Brienne; et je vous en avois l'obligation. « Mais nos querelles n'étoient marquées qu'avec de « la craie; nous avons passé dessus une éponge « mouillée : ainsi elles sont oubliées et effacées. » Mazarin reconnut bientôt la justesse des pronostics de Brienne; car cette arrestation plongea la France dans de nouveaux troubles qui ne se calmèrent que trois ans après, moins par l'habileté du ministre que par la fatigue des peuples.

Après le mariage de Louis XIV et la mort de Mazarin, lorsque les belles qualités du jeune monarque annonçoient le règne le plus heureux et le plus brillant, Brienne, âgé de soixante-sept ans, se retira des affaires [1661]. Il avoit obtenu la permission de résigner sa charge à son fils aîné Louis-Henri de Loménie, sur lequel il fondoit de grandes espérances; et il mourut cinq ans après, en 1666.

Ce fils, doué de beaucoup d'esprit, mais tourmenté par une imagination ardente, ne justifia pas la haute idée que sa famille avoit conçue de lui. Ayant éprouvé des désagrémens à la cour, il se retira au séminaire de Saint-Magloire, reçut le sous-diaconat, se fit oratorien, et fut chassé de cet ordre quelques années après pour mauvaise conduite. Il eut ensuite des accès de folie qui obligèrent à le faire enfermer à Saint-Lazare, d'où il ne sortit, après une captivité de dix-huit ans, que pour soutenir contre ses parens de longs procès. Il composa dans cette prison des Mémoires que M. de Fontette, dans la Bibliothèque historique de France, annonce (n°. 24179) comme ayant été publiés à Amsterdam, sous la date de 1720, en deux volumes in-12. Des recherches faites aux bibliothèques publiques semblent démontrer qu'ils n'ont jamais été imprimés; ils sont du moins inconnus. Nous avons eu entre les mains deux manuscrits de ces Mémoires, dont l'un paroît autographe; il porte le même titre que donne M. de Fontette, mais il ne forme qu'une première partie d'un ouvrage que l'auteur annonce en quatre. Ce manuscrit provient de la bibliothèque de M. Morel de Vindé. Les deux manuscrits diffèrent dans plusieurs points essentiels : ils se ressentent des dispositions intellectuelles de l'auteur; ils manquent d'ordre et de méthode; les matières y sont confondues, et presque tous les faits importans qu'ils contiennent sont connus. On n'y remarque qu'un petit nombre d'anecdotes sur la dernière maladie de Mazarin et sur l'arrestation de Fouquet : encore ces particularités annoncent-elles plutôt la malignité que la bonne foi de celui qui les a recueillies. Nous n'avons pas cru qu'un tel ouvrage dût entrer dans notre collection déjà si volumineuse.

Les Mémoires du comte de Brienne le père, que nous réimprimons, sont d'un tout autre intérêt. L'auteur les composa principalement pour l'instruction de ce fils qui devoit si complétement tromper son espoir. Ils renferment des détails très-curieux sur tout ce qui se passa d'important à la cour de France pendant les ministères de Richelieu et de Mazarin. L'auteur y développe avec beaucoup de sagacité les nombreuses intrigues qui se tramèrent alors; son style est élégant et simple, ses réflexions portent le caractère de la franchise et de l'impartialité, et l'on doit remarquer que le président Hénault les cite comme une autorité respectable dans la partie de son abrégé chronologique qui traite du règne de Louis XIII.

Brienne se distingue surtout par les jugemens qu'il porte sur les personnages marquans de cette époque, et l'on voit que rien n'échappoit à son coup-d'œil observateur. Nous ne citerons qu'un exemple de cette justesse de tact qui ne fut presque jamais en défaut. Il vit l'infortuné Charles Ier. au moment où l'on négocioit son mariage avec la princesse Henriette de France, et voici le compte qu'il rendit à Richelieu : « Ce prince
« m'a paru très-réservé ; et cela me fait juger que c'est
« un homme extraordinaire ou d'une médiocre ca-
« pacité. S'il affectoit sa retenue pour ne causer au-
« cune jalousie au Roi son père, c'est un trait d'une

« prudence consommée; mai ssi elle lui est naturelle
« et sans finesse, on en doit tirer des conséquences
« toutes contraires. » Il étoit impossible de mieux
saisir la physionomie d'un monarque doué des qualités les plus dignes d'estime et d'amour, mais dont
le caractère indécis se trouvoit hors d'état de contenir
les factions qui déjà menaçoient son trône et sa vie.

Il existe deux éditions des Mémoires de Brienne
(Amsterdam, 1719 et 1723). C'est la première que
nous avons suivie.

A SON EXCELLENCE

MONSEIGNEUR

ERNEST-CHRISTOPHLE

KIELPINSKY,

CHEVALIER DU GRAND ORDRE DE POLOGNE, MINISTRE ET SECRÉTAIRE D'ÉTAT DE SA MAJESTÉ LE ROI DE POLOGNE ET ÉLECTEUR DE SAXE, STAROSTE DE NOWODWOR, SEIGNEUR DE KERSTIN, KRUCKENBECK, GANDELIN, KRUHNE, SLAWIKAU, SUMMIN ET GARDEWITZ.

MONSEIGNEUR,

Les *Mémoires* du comte de Brienne, qui eut en son temps beaucoup de part aux affaires d'Etat, demandent aujourd'hui la protection de *V*otre Excellence. Ils ne pouvoient paroître avec honneur que sous les auspices d'un seigneur distingué par ses vertus et par les qualités qui font les grands hommes. Je rends donc, en vous offrant ces *Mémoires*, un hommage dû à *V*otre Excellence.

L'auteur de ces *Mémoires* ne me désavoueroit pas, voyant cet ouvrage sous votre protection. *Il* honoroit le mérite, il respectoit la vertu. Et combien n'est-elle pas respectable en vous, monseigneur, cette vertu, qui s'y trouve revêtue de l'éclat de la naissance? Le comte de Brienne admireroit avec nous la fermeté, la vigilance et l'habileté de Votre Excellence dans les affaires qu'elle a eues en main; votre amour pour la justice, votre pénétration, vos lumières; ces grandes qualités qui allient en votre personne l'homme d'Etat à l'homme chrétien, et qui l'attachent étroitement aux intérêts de son auguste souverain. Il loueroit hautement votre générosité; et, pénétré d'estime pour ceux à qui la grandeur ne fait pas oublier le mérite, il seroit charmé, monseigneur, de voir l'extréme confiance que vous témoigne monseigneur le comte de Flemming, ce ministre sage et pénétrant qui connoît les hommes à fond, qui dévoile les mystères des courtisans les plus subtils, et qui, par l'adresse avec laquelle il surmonte des négociations épineuses, s'est attiré si justement l'estime de Sa Majesté polonaise.

Il ne m'appartient pas, monseigneur, d'ajouter par des mots pompeux quelque éclat à la gloire de Votre Excellence. Les bienfaits du Roi expriment mieux en cette occasion que les paroles les plus éloquentes. Il vous a revétu du grand collier de ses ordres, dans un temps où la malice croyoit vous noircir. Monseigneur, qu'il me soit permis seulement de me féliciter d'avoir présenté à un seigneur des plus vertueux de notre temps les Mémoires d'un ministre qui dans le sien a fait profession d'une vertu inviolable; et qu'après cela je puisse dire que je suis avec un très-profond respect,

MONSEIGNEUR,

DE VOTRE EXCELLENCE,

Le très-humble et très-obéissant serviteur,

BERNARD.

PRÉFACE.

C'est avec beaucoup de raison que les Mémoires de ceux qui ont part dans les grandes affaires sont si recherchés. On est persuadé depuis long-temps que sans ces secours les histoires les mieux écrites ne s'éleveroient pas au-dessus des gazettes, et que le véritable motif des intrigues de cabinet ne se trouve que dans les recueils de ceux qui ont été acteurs eux-mêmes. On a donc lieu d'espérer que le public recevra avec plaisir les Mémoires de messire Henri-Auguste de Loménie de La Ville-aux-Clercs, comte de Brienne, commandeur des ordres du Roi, ministre et premier secrétaire d'Etat; car qui pourroit être mieux instruit que ce seigneur de ce qui s'est passé de remarquable sous le règne de Louis XIII, et pendant près de vingt années de celui de Louis XIV, puisqu'il a eu part aux affaires de l'Etat, et qu'il fut admis dans le secret de quelques-unes des plus importantes? Le comte de Brienne mérite d'autant plus d'être cru, qu'il n'a pas été moins distingué par la fermeté et la sincérité qu'il a fait paroître en toutes ses actions, que par son désintéressement. On lui a rendu cette justice pendant sa vie; et ceux qui liront ses Mémoires n'en seront pas moins persuadés. On y remarque partout un caractère d'honneur et de probité; on y voit un ministre incapable de flatter et de s'applaudir, uniquement occupé d'une exacte vérité.

On s'étonnera peut-être de ce que l'on a tardé si long-temps à donner ces Mémoires au public. Mais le comte de Brienne ne les ayant écrits que pour l'instruction de ses enfans et pour le divertissement de sa vieillesse, ses proches parens se contentoient d'en profiter, sans affecter, par un esprit de faste et d'ambition, de les publier dans le monde. Enfin des personnes éminentes par leur dignité et par leur capacité, à qui ces Mémoires ont été communiqués, ont estimé, après les avoir lus avec attention, qu'on feroit tort au public de le priver de cet ouvrage, à cause des choses importantes qu'il contient.

Dans le temps que le comte de Brienne écrivoit les Mémoires que l'on donne présentement, le langage n'étoit pas à beaucoup près aussi pur qu'il l'est devenu dans la suite. On a donc cru devoir y corriger quelques termes pour rendre le style plus conforme à l'usage présent, et retoucher quelques expressions équivoques et peu châtiées, qui rendoient souvent le sens obscur et embarrassé. Ce qu'il pourroit y avoir encore à redire dans les expressions sera plus que récompensé par le mérite de ces Mémoires. Les remarques qui sont au bas des pages suppléeront en plusieurs endroits à ce que M. de Brienne n'a pas voulu dire.

Tout ce qu'on pourroit ajouter de plus honorable à l'égard de ce ministre est compris dans le peu de paroles que le roi Louis XIV dit en apprenant sa mort : « Je perds aujourd'hui le plus ancien, le plus fidèle « et le plus informé de mes ministres. » Cet éloge est au-dessus de tout ce que je pourrois dire ici en sa faveur.

MÉMOIRES
DU
COMTE DE BRIENNE.

Mes enfans, je crois que Dieu m'a conservé la vie jusques à présent, et m'a donné du repos, afin que je puisse vous mettre par écrit les choses que j'ai vues et auxquelles j'ai eu part, et les adversités que j'ai ressenties. Je ne présume point que ma vie soit de celles qu'on propose pour modèle; mais elle se trouve entremêlée de tant d'accidens qu'elle pourra contribuer en quelque façon à votre instruction, et vous porter peut-être à rendre à d'autres le même service. Je souhaite que vous y imitiez ce que vous approuverez, et que vous y joigniez ce que vous jugerez à propos.

Je vous dirai d'abord qu'il faut que vous soyez persuadés qu'il n'est jamais permis de faire une chose mauvaise, quelque avantage qu'on en puisse tirer; et que le service de Dieu doit être préféré à tous les honneurs et à toute la gloire du monde.

Je commencerai ces Mémoires par des actions de grâces que je dois à la bonté divine de ce que, quoique mon père professât la religion protestante réformée, je fus néanmoins baptisé et élevé dans la catholique, apostolique et romaine, dans laquelle j'espère, avec le secours de la grâce, vivre et mourir. J'eus aussi la consolation de voir que mon père en fit profession, et qu'il y persévéra le reste de ses jours, reconnoissant qu'elle seule nous montre la voie du salut qui nous est acquis par le sang de Notre Seigneur Jésus-Christ, qu'il a répandu pour nous sur la croix, et qu'il a offert à son père pour la rédemption de tous les hommes; que s'ils n'en font pas l'usage qu'ils doivent, ils ne peuvent l'attribuer qu'à leur peu de foi, au peu d'amour qu'ils ont pour Dieu et de charité pour le prochain.

Je dois dire, à la gloire de celui auquel je rapporte toutes mes actions, que je suis né d'une mère catholique dont la vie est en odeur de sainteté, qui a eu le bonheur de servir Dieu, et la consolation d'avoir eu un mari qui lui étoit très-cher, rentré dans le sein de l'Eglise dont il étoit sorti par le malheur des temps. L'assurance qu'elle avoit que la conversion de son époux étoit utile à ses enfans augmenta sa joie, et la fit mourir de la mort des justes. Elle fut favorisée dans ce passage terrible par les sacremens de l'Eglise, et par une entière confiance dans les miséricordes infinies de Jésus-Christ, dont elle reçut le corps et le sang adorable.

J'entrai au collége en l'année 1601, d'où mon père me tira en 1604 pour m'envoyer en Allemagne, contre la volonté de ma mère, à qui mon éloignement fit beaucoup de peine. Je trouvai dans mon voyage plusieurs princes si zélés pour le service du Roi, qu'ils embrassoient toutes les occasions d'en donner des preuves dans leurs cours; et parce qu'ils savoient que mon père étoit en considération dans celle de France, il n'y avoit point de bons traitemens que je ne reçusse d'eux, jusque-là que plusieurs m'envoyoient quérir, et que d'autres me faisoient l'honneur de me venir visiter, quoique je ne fusse encore qu'un écolier qui n'avoit point de train et ne faisoit aucune dépense. J'allai d'Allemagne en Pologne, d'où je rentrai dans l'Empire; de Vienne, je fus en Hongrie, d'où je revins pour passer en Italie. J'arrivai à Venise le jour que M. de Champigni, ambassadeur de France, y faisoit son entrée; et l'on y entendoit de toutes parts le peuple chanter les louanges du roi Henri-le-Grand, à qui la république étoit redevable de son repos, ayant par sa puissance et par sa sagesse pacifié le différend qu'elle avoit eu avec le Pape.

Je n'eus pas la consolation de trouver ma mère en vie à mon retour, Dieu en ayant disposé dès l'année 1608; et je ne revins à Paris que le dernier du mois de novembre de l'année suivante. C'étoit dans le temps du voyage que le roi Henri-le-Grand faisoit en Picardie.

Je parus à la cour dans la quinzième année de mon âge. Les entretiens les plus ordinaires étoient des grands préparatifs de guerre que le Roi faisoit, des grandes levées de cavalerie et d'infanterie qu'il avoit ordonnées, et d'un corps considérable de Suisses dont il vouloit augmenter l'armée qu'il devoit commander en personne. Il en faisoit former deux autres, dont l'une étoit pour entrer en Italie sous le commandement de Lesdiguières qui devoit être joint par le duc de Savoie, à qui Sa Majesté avoit fait promettre, pour le prince de Piémont son fils, madame Elisabeth de France sa fille aînée, qui fut depuis mariée au prince d'Espagne.

Cette princesse devoit avoir en dot le Milanais, ou

du moins une partie de ce fertile duché dont le Roi se réservoit quelques portions pour les distribuer aux princes italiens qui, dans l'envie d'assurer leur liberté, voudroient joindre leurs armes aux siennes. Ce grand monarque n'avoit d'autre dessein que d'affoiblir ceux qui, contre toute sorte de justice, avoient engagé par force ses sujets rebelles à lui manquer de fidélité, après avoir signé avec Sa Majesté la paix qu'elle observoit très-religieusement de sa part.

Je sais bien qu'on a voulu reprocher à ce prince l'assistance qu'il avoit donnée aux Provinces-Unies depuis le traité de Vervins; mais c'est parce qu'on ignoroit qu'il avoit déclaré aux Espagnols qu'en excluant les Etats-généraux de la paix qu'ils demandoient, il ne pouvoit en abandonner la protection, ni refuser son assistance à la reine de la Grande-Bretagne, qui dans les occasions lui avoit rendu le même service, aussi bien que cette république naissante : à moins que les différends de ces deux puissances ne fussent terminés par un bon traité.

Je discontinuerai de parler de ce grand Roi, mon dessein n'étant point d'écrire sa vie. Je ne dois pas toutefois passer sous silence que, dans le temps qu'il tenoit conseil avec ses ministres, il me permettoit souvent d'y rester; et un jour que je voulus me retirer par discrétion, il m'en fit une sévère réprimande, en me disant qu'il ne pouvoit se fier à moi, puisque je paroissois me défier de moi-même.

Une mort violente l'enleva à ses sujets. La joie de la Reine (1) fut changée en deuil; les grands desseins

(1) *La joie de la Reine*: Marie de Médicis venoit d'être déclarée régente; elle avoit été couronnée à Saint-Denis.

que ce monarque avoit formés s'évanouirent, et les peuples se trouvèrent dans l'étonnement et dans la douleur. Quelques rois et quelques souverains qui s'en réjouirent ne laissèrent pas de le regretter ; et ils ne tirèrent point de cette mort les avantages qu'ils s'en étoient promis, car ses armées triomphèrent des leurs, et rétablirent dans Juliers les héritiers légitimes, qui, étant assurés de la protection du Roi, avoient pris les armes pour se mettre en possession de cette principauté et pour en chasser l'empereur Rodolphe, qui, sous un prétexte spécieux de la vacance du fief, croyoit que la disposition lui en étoit dévolue, ou que du moins il étoit le seul juge qui pourroit prononcer sur le différend des parties. Il y avoit plusieurs prétendans : l'électeur de Brandebourg, le duc de Neubourg, alliés à la France ; l'électeur de Saxe, et quelques autres princes protégés par l'Empereur et par le roi catholique, dont les projets connus tendoient à établir la monarchie universelle : ce qui a fait répandre tant de sang et épuiser de si grands trésors.

J'entrai au service du roi Louis XIII, qui me reçut avec bonté, en considération de ceux que mon père avoit eu l'honneur de rendre à Henri-le-Grand et à la reine Marie de Médicis qui, étant déclarée régente, avoit marqué les avoir agréables. Pendant les premières années du règne je n'avois point d'autre occupation que de suivre Sa Majesté, et m'appliquer à acquérir l'honneur de ses bonnes grâces : à quoi j'ai réussi. Je fis un voyage en Angleterre, et je trouvai ce royaume affligé de la mort du prince Henri : mais son père et le public s'en consolèrent aisément, parce que ce prince avoit fait paroître en plusieurs occasions trop de fierté, et l'envie qu'il avoit de régner en monarque absolu. Il s'entretenoit souvent de ce qu'il avoit à faire pour y parvenir, des moyens de se mettre en crédit en Hollande, et d'être considéré par les religionnaires en la province de Guienne, qu'il regardoit toujours comme l'ancien héritage de ses pères.

[1613] Je me trouvai au mariage de la princesse Elisabeth (1), dont l'esprit et l'ambition ont causé beaucoup de troubles à la chrétienté. Le prince Maurice et le maréchal de Bouillon lui conseillèrent d'engager son mari à accepter la couronne de Bohême, que les grands et le peuple lui offroient. Le premier fut d'avis qu'il se fît couronner, et le second qu'il se contentât du titre de capitaine général jusques à ce que ses affaires fussent bien établies.

[1614] Les grands, ne pouvant souffrir d'être exclus entièrement de l'administration de l'Etat et d'être gouvernés par les conseils du marquis d'Ancre, s'éloignèrent de la cour. Ils eurent pour chef le prince de Condé; et, s'étant assemblés à Mézières, ils publièrent un manifeste appuyé d'un arrêt du parlement qui ordonna aux princes, aux ducs et pairs et aux officiers de la couronne, de se trouver dans les assemblées pour voir et examiner ce qu'il faudroit faire pour la réformation de l'Etat.

Le marquis d'Ancre voyant bien que les princes

---

(1) *La princesse Elisabeth*: Cette princesse, fille de Jacques 1er., épousa l'électeur palatin Frédéric v. D'après ses conseils, Frédéric accepta en 1619 le trône de Bohême qui lui fut offert par les protestans révoltés contre l'empereur Ferdinand II. L'année suivante, ce prince fut défait par les troupes impériales, et perdit non-seulement le royaume qu'il avoit usurpé, mais son électorat.

ne manqueroient pas de soutenir le duc de Longueville, avec lequel il s'étoit brouillé à cause de la préférence qu'il avoit eue de la lieutenance générale de Picardie et du gouvernement de la citadelle d'Amiens, ce marquis se réunit à ceux qui sous le nom de ministres gouvernoient l'Etat. C'étoient le chancelier de Sillery, le duc de Villeroy et le président Jeannin, tous consommés dans les affaires, dont ils avoient acquis une connoissance parfaite par une longue expérience, et qui par leur mérite avoient gagné l'estime et la confiance du roi Henri-le-Grand.

L'entreprise du parlement fut blâmée. Il lui fut fait défense de continuer ses délibérations; et néanmoins il ordonna que très-humbles remontrances seroient faites au Roi de bouche et par écrit. Les grands appuyèrent cette délibération; et s'étant éloignés de la cour, on leur envoya des députés pour les obliger à revenir. Ils firent un traité par lequel il fut résolu qu'on assembleroit les Etats-généraux, et que le château d'Amboise seroit remis entre les mains du prince de Condé pour lui servir de place de sûreté jusqu'à ce que les Etats eussent été convoqués et assemblés.

Il se passa quelque chose à Poitiers qui fit croire que le duc de Rohan, de concert avec le prince de Condé, avoit résolu de s'en rendre le maître, et que M. de Vendôme formoit un parti en Bretagne. Le voyage de Poitiers avec celui de Nantes furent résolus; la présence du Roi apaisa les troubles du Poitou, et l'assemblée des états de Bretagne dans la ville de Nantes rétablit le calme et la tranquillité dans cette province. On expédia cependant les commissions nécessaires pour la convocation des Etats-généraux, qui furent tenus à Paris sur la fin de l'année 1614 et au commencement de la suivante. Les députés des bailliages et sénéchaussées qui ont voix et séance dans les douze gouvernemens furent à peine arrivés, que le Roi, les princes et la cour firent leurs brigues pour faire tomber la présidence aux plus gens de bien. Les princes tâchèrent de la faire donner à leurs créatures. Je fus moi-même, malgré ma jeunesse, employé à assurer au service de Sa Majesté quelques-uns des députés, en recommandant plusieurs d'entre eux pour être élus présidens de leurs chambres. L'ordre que l'on observa dans la dernière assemblée des Etats fut avantageux à la cour, parce que les cardinaux et l'archevêque de Lyon y furent déclarés présidens du clergé : les premiers, à cause de leur dignité, sans aucune contestation. Le rang et les fonctions du second avoient fait naître quelque difficulté ; et les protestations qu'on fit au contraire ayant été enregistrées, on ne laissa pas de passer outre, sans tirer à conséquence ni préjudicier au droit des parties.

L'archevêque de Lyon, en qualité de président, fit la harangue de l'ouverture des Etats ; le baron de Pont-Saint-Pierre parla pour la noblesse, sans avoir la qualité de président ; et pour le tiers-état le prévôt des marchands de Paris et le lieutenant civil furent élus présidens ; mais ce fut seulement par le suffrage des députés, et non pas parce que l'un étoit le premier officier de l'hôtel-de-ville et l'autre le premier administrateur de la justice : ce qui même souffrit quelque contestation. Je n'entreprends point de faire ici le détail ni l'histoire abrégée de tout ce qui s'y passa, plusieurs autres en ayant parlé ; mais je dirai seulement que le Roi déclara qu'il n'avoit convoqué ses sujets que pour écouter leurs plaintes et leur rendre justice. Plusieurs députés prétendoient quelque chose de plus, et demandèrent à être conservés dans leurs députations jusques à ce que leurs cahiers eussent été répondus. Mais la nécessité, les anciens usages et l'autorité prévalurent; et le Roi, ayant été déclaré majeur avant l'ouverture des Etats, leur ordonna de dresser leurs cahiers et de les lui présenter, leur promettant qu'il auroit soin de les faire examiner, et d'y répondre favorablement.

[1615] Les députés se séparèrent sur cette espérance, et s'en retournèrent dans leurs provinces. Ceux qui avoient fait de fortes instances pour la tenue des Etats-généraux n'étant point assez satisfaits des grâces qu'ils avoient reçues, particulièrement le prince de Condé, qui étoit fâché de ce qu'on l'avoit obligé de remettre Amboise, ils firent tous leurs efforts pour rétablir leur parti dans le parlement, qui rendit un arrêt par lequel il ordonna que très-humbles remontrances seroient faites au Roi, de bouche et par écrit, tant sur la malversation de ses finances et le renversement des lois de l'Etat, que sur la licence que ceux qui avoient soin du gouvernement se donnoient de disposer des biens du public et de celui des particuliers; de ce que les étrangers étoient élevés aux dignités au préjudice des Français, à la honte de la nation et au grand dommage de l'Etat, et de ce que les places les plus considérables leur étoient confiées. L'on agita long-temps dans le conseil du Roi si cet arrêt seroit cassé, ou bien si on en permettroit l'exécution : la modération prévalut à l'autorité, et Sa Majesté indiqua un jour pour se rendre auprès d'elle et pour exposer ce qu'il avoit à lui dire.

Le sieur président de Verdun fit une longue harangue, ensuite de laquelle il présenta à ce monarque un grand cahier qui contenoit ce qu'il avoit oublié de dire, ou bien ce qu'il n'avoit pas jugé à propos d'exposer. Le Roi ayant pris ce cahier, on mit en délibération si l'on renverroit le parlement, ou si l'on feroit en sa présence lecture de cet écrit, qui ressembloit à un libelle diffamatoire. La règle et la bienséance vouloient que Sa Majesté prît du temps pour l'examiner ; mais elle résolut d'ordonner sur-le-champ la satisfaction qu'elle désiroit. Mon jeune âge ne me permettant pas alors de discerner la vérité, je ne puis dire précisément si dans ce cahier le parlement avoit dressé des piéges à ses ennemis en dissimulant, ou bien si quelques-uns des ministres qu'on appeloit du nom de barbons [1] croyoient qu'on l'eût épargné, et que les autres y eussent été maltraités.

Le cahier commençoit par chagriner le maréchal d'Ancre, qui, pour s'attirer l'amitié du parlement et se venger de ses ennemis, parut être du même sentiment. Le Roi me commanda d'en faire lecture à la place de mon père, qui ne le pouvoit que très-difficilement à cause de la foiblesse de sa vue : ce qui donna occasion à prédire que j'aurois bientôt la survivance de sa charge, comme en effet elle me fut accordée peu de temps après, tout le monde ayant paru satis-

---

[1] *Du nom de barbons :* On appeloit ainsi les anciens ministres de Henri IV, tels que Villeroy, Jeannin, Sillery. Lorsque le maréchal d'Ancre fit entrer Richelieu dans les affaires, il dit : *J'ai en main un jeune homme capable de faire leçon à tutti barboni.*

fait de la manière dont je m'étois acquitté de ce qui m'avoit été ordonné. La réponse que le chancelier rendit au parlement par ordre du Roi fut que ses remontrances avoient été entendues, et que Sa Majesté y auroit tel égard qu'il conviendroit; et ensuite il lui ajouta, non pas par forme de remontrance, mais en termes forts et précis, que la compagnie s'étoit trop émancipée, et que le Roi songeroit à maintenir son autorité suivant la puissance légitime que Dieu lui avoit donnée.

Pendant le temps de la harangue du premier président et de la lecture de cette remontrance qui étoit par écrit, tout le monde resta debout, excepté le Roi et la Reine, qui dans de telles occasions doivent toujours être assis. Il est vrai que le maréchal d'Ancre se fit apporter un siége derrière Leurs Majestés : et en cela il perdit le respect. Mais il lui échappa encore de dire des paroles offensantes contre le parlement, qui en fut fort irrité. Cette compagnie s'étant retirée, ceux qui s'étoient trouvés présens à cette audience se donnèrent la liberté de parler suivant leur caprice. Les plus sages furent surpris, et en conclurent la guerre; les moins expérimentés ne firent qu'en rire. Mais il parut bientôt après qu'on avoit eu raison d'en craindre les suites : car les princes tinrent conseil entre eux, et ceux de la religion prétendue réformée demandèrent la permission de s'assembler. On députa inutilement vers les premiers, et on essaya de maintenir les autres dans leur devoir. La crainte de l'avenir, qui naturellement devoit faire suivre des avis utiles et prudens, n'empêcha pas la cour de faire le voyage des Pyrénées pour y conclure deux mariages : celui du Roi avec l'infante d'Espagne (c'est la Reine dont il sera tant parlé dans la suite), et celui de madame Élisabeth, sœur de ce monarque, avec le prince d'Espagne, au nom duquel elle avoit été épousée par procureur, à cause du jeune âge de ce prince.

Ce fut dans ce temps-là que la Reine-mère, ayant égard aux services que mon père avoit eu l'honneur de rendre au feu Roi son mari, me procura la survivance de la charge de secrétaire d'État, avec la permission de signer en sa présence et en son absence, quoique je n'eusse pas encore vingt ans accomplis[1]. Leurs Majestés prirent le chemin de la Loire, après avoir fait expédier des commissions pour mettre sur pied une armée considérable sous le commandement du maréchal de Bois-Dauphin. Le président Jeannin faisoit son possible pour la faire commander par le duc de Guise, qui devoit avoir sous lui le maréchal de Brissac; et la raison qu'il en donnoit étoit qu'il falloit opposer un homme aussi brave que M. de Guise et un capitaine aussi expérimenté que Brissac au maréchal de Bouillon, dont la réputation étoit bien établie; et qu'il en résulteroit un avantage, en ce que le duc de Vendôme suivroit Leurs Majestés, personne ne pouvant lui contester son rang à la cour, et étant porteur du pouvoir du prince d'Espagne pour épouser Madame en son nom. Mais le duc de Guise, prétendant les mêmes honneurs, demanda de faire le voyage; ce qui lui fut accordé, et ce qui obligea M. de Vendôme à se retirer dans son gouvernement de Bretagne. Il y avoit toujours conservé les amis du duc de Mer-

---

[1] *Quoique je n'eusse pas encore vingt ans accomplis*: Il avoit un peu plus de vingt ans, étant né en 1594.

cœur son beau-père, auquel il avoit succédé; mais il n'avoit pu mettre dans ses intérêts ni le maréchal de Brissac, lieutenant général de la même province, ni le duc de Montbason, que Henri-le-Grand avoit fait lieutenant de roi du château de Nantes, dans le même temps qu'il avoit accordé le gouvernement de la province à M. de Vendôme, et donné la lieutenance générale de l'évêché et comté de Nantes au même duc de Montbason, en la séparant de la lieutenance générale du duché dont Brissac avoit été pourvu.

On fixa un jour pour le départ de Paris, et l'on résolut de faire arrêter le président Le Jay, qu'on savoit être partisan du prince de Condé, et dans les intérêts des ducs de Mayenne et de Bouillon. On donna ordre à un lieutenant des gardes du Roi d'accompagner mon père, qui devoit tâcher à le persuader de suivre la cour, et, en cas qu'il y fît quelque difficulté, s'assurer de sa personne. Mais soit que mon père fût malade en effet, ou qu'ayant été averti de la résolution qu'on avoit prise, il fît semblant de l'être, son indisposition prétendue ou véritable lui servit d'excuse pour le dispenser d'obéir.

On exécuta cependant l'ordre qui concernoit le président, qui fut conduit au château d'Amboise, où il resta jusques à la paix de Loudun. Sa femme se présenta au parlement, dont la séance avoit été continuée par le Roi; et ayant exposé que des personnes qui lui étoient inconnues et qui se disoient être gardes de Sa Majesté avoient enlevé son mari, qu'elle avoit cru en devoir demander justice à la compagnie qu'elle supplioit d'y pourvoir, il y fut délibéré qu'un président et quatre conseillers iroient trouver le Roi pour lui exposer la requête verbale de la femme du président, et lui demander la grâce de vouloir bien renvoyer leur confrère à l'exercice de sa charge, la compagnie se rendant caution de sa fidélité. Ce fut à Amboise que ces députés allèrent trouver Sa Majesté, qui leur répondit que c'étoit elle qui avoit ordonné qu'on arrêtât le président Le Jay, s'y trouvant obligée par de justes considérations et par l'intérêt même du prisonnier ; qu'elle donneroit ses ordres pour qu'il fût bien traité, et que pour eux ils n'avoient qu'à s'en retourner à l'exercice de leurs charges, et à continuer à la servir avec toute la fidélité qu'elle en espéroit.

Ils partirent donc; et ayant fait leur rapport et présenté à la cour les lettres fermées de Sa Majesté, le parlement continua de rendre la justice à son ordinaire, sans faire de nouvelles instances en faveur du président Le Jay.

D'Amboise, Leurs Majestés continuèrent leur voyage; et, après avoir séjourné un peu de temps à Tours, elles se rendirent à Poitiers, où elles furent à peine arrivées qu'on y vit paroître un manifeste publié sous le nom du prince de Condé et de plusieurs autres princes, ducs et pairs, et officiers de la couronne, par lequel ils protestoient de leur fidélité au service du Roi, et déclaroient qu'ils avoient été contraints de prendre les armes pour se défendre des violences qu'on exerçoit contre eux, qui étoient si grandes, qu'on avoit empêché par différens artifices que Sa Majesté ne fît justice aux Etats et ne procédât à la réformation du royaume, qui étoit la même chose que ces mêmes États et eux avoient demandée; que le parlement, pour avoir fait des remontrances sur les mêmes désordres, avoit été maltraité, et quelques-uns de cette compagnie arrêtés prisonniers sans qu'il y eût eu d'information faite, ni de décret prononcé contre eux; et que voyant une administration aussi violente que l'étoit celle-ci, et dont on ne pouvoit trop craindre les suites, ils avoient eu recours aux armes pour assurer leur liberté et garantir leur fortune contre la haine de leurs ennemis : promettant de les quitter et de se rendre auprès de la personne du Roi toutes les fois qu'ils le pourroient faire avec sûreté, et que leurs ennemis auroient été chassés du royaume; protestant qu'ils vouloient vivre et mourir dans l'obéissance qu'ils devoient à leur souverain.

La nouvelle de cette ligue ne fut point reçue agréablement, et fit résoudre le Roi à donner une déclaration contre ceux qui avoient pris les armes et qui étoient nommés dans le manifeste. Cette déclaration fut expédiée à Poitiers, où la petite vérole dont Madame fut attaquée obligea la cour de séjourner; et aussitôt que cette princesse fut en état de souffrir le mouvement du carrosse, elle en partit : et pour faire diligence et être plus en sûreté, elle crut devoir préférer la route d'Angoulême à celle de Saintes.

Le duc d'Epernon, qui étoit un des plus considérables seigneurs de la cour, fut extrêmement surpris d'apprendre, quand elle arriva à Rufée, que le duc de Candale son fils étoit du parti des soulevés, et qu'il avoit voulu ménager le commandant du château d'Angoulême, à dessein d'en empêcher l'entrée au Roi et de forcer cette ville à prendre le parti des révoltés. Je laisse à penser à ceux qui liront ces Mémoires quel fut l'étonnement de ce vieux courtisan : car le Roi se crut obligé de l'aller consoler, et de faire de grandes journées pour mettre la ville et le château d'Angoulême en assurance. Sa Majesté y fut fort bien reçue, et y resta quelques jours pour faire dresser des ponts à Guistres et en quelques autres endroits, afin de faciliter à la cour le passage des rivières. Mais lorsqu'elle fut arrivée à Montlieu, on eut une fausse alarme qu'il paroissoit des troupes qui venoient s'opposer à son passage : de sorte que, pour ne rien hasarder, le Roi alla du côté de Bourg, où il s'embarqua pour passer à Bordeaux. Il y fut reçu avec les acclamations ordinaires ; il s'y arrêta plus long-temps qu'il ne l'avoit résolu, à cause de l'indisposition de la Reine, et en partit néanmoins le plus tôt qu'il put ; mais il fut obligé de séjourner en des lieux qu'il eût bien voulu éviter.

Cependant la guerre s'alluma de toutes parts : peu de provinces en furent exemptes ; et enfin ceux de la religion prétendue réformée se déclarèrent pour les princes. Il fallut former un corps d'armée pour aller querir la Reine, et on se servit pour cela des troupes que le Roi avoit auprès de sa personne. Le commandement en fut donné à M. de Guise, qui, comme procureur du prince d'Espagne, épousa à Bordeaux madame Elisabeth de France, sœur aînée de Sa Majesté. L'échange des princesses se fit dans le courant de la rivière qui sépare les deux royaumes ; et nous ne prîmes pas les mêmes précautions d'Antoine, roi de Navarre, qui protesta que ce qui se faisoit ne porteroit point de préjudice à nos droits : ce qu'il déclara encore dans la ville de Fontarabie quand il y remit madame Elisabeth de France, fille de Henri II, à Philippe II, roi d'Espagne.

On fit quelques jours après dans la même ville de Bordeaux une cérémonie solennelle, dans laquelle Sa Majesté confirma son mariage, qui fut consommé le soir. J'eus séance à l'église avec messieurs les secrétaires d'Etat, quoique mon père y eût aussi la sienne, ses confrères ne pouvant rien refuser à l'amitié qu'ils avoient pour lui.

Le mariage étant célébré, la cour se disposa à partir et à s'approcher de la Loire. Les ennemis la passèrent à Boni, après avoir traversé les rivières d'Yonne et de Seine, et s'être avancés dans le Poitou, où plusieurs villes se déclarèrent pour eux, aussi bien que la Saintonge, où ils furent soutenus par les Rochelois. Comme il fallut marcher en corps d'armée, le commandement en fut donné au duc d'Epernon, qui avoit augmenté de quelques régimens les troupes qui étoient auprès du Roi.

Lorsqu'on fut arrivé à Poitiers, le duc de Guise fut déclaré et reconnu lieutenant général de l'armée; et comme la saison étoit trop rude pour rien entreprendre, aussi s'écoula-t-elle sans qu'il se passât rien de remarquable. L'hiver eut un très-grand rapport avec l'été par sa sécheresse, les eaux ayant été si basses qu'elles donnèrent lieu à l'armée des princes de passer les rivières qui se déchargent dans la Loire, et celle-ci même au-dessous de l'Allier.

[1616] On avoit déjà fait quelques propositions d'accommodement, et l'on étoit convenu d'un lieu pour l'assemblée; ce fut celui de Loudun, où le Roi, qui souffroit avec peine la durée de la guerre, envoya des députés, qui furent, si ma mémoire ne me trompe, MM. de Villeroy, de Boissise et de Pontchartrain, secrétaire d'Etat, qui fut choisi plutôt que les autres, parce que les princes et les protestans avoient des places de sûreté qui étoient de son département. Ceux-ci demandoient quantité de choses préjudiciables à la monarchie, et les princes ne pensoient qu'à l'affoiblir. M. de Villeroy, s'entretenant avec le prince de Condé, lui en fit voir les conséquences, et se servit pour cela de l'amitié qui avoit été de tout temps entre lui et le maréchal de Bouillon, avec lequel il disposa ce prince à songer à ses véritables avantages et à mériter les bonnes grâces du Roi, en favorisant ceux qui vouloient le bien de l'Etat, et en s'opposant à ceux qui n'en demandoient que la ruine. Le nombre de ceux-ci étoit très-grand, les religionnaires en ayant, ce semble, formé le dessein, par la division du royaume en plusieurs cercles ou provinces, dans chacune desquelles ils avoient établi des gouverneurs, ordonné de fondre du canon, de fortifier des places, de battre de la monnoie, néanmoins aux armes du Roi, mais qui n'étoit pas de l'aloi réglé par les ordonnances.

Plusieurs d'entre les grands demandoient des places de sûreté, et quelques-uns même d'entre eux ne dissimuloient point d'avoir des prétentions sur des provinces, et se flattoient de s'y pouvoir maintenir, pourvu qu'ils en fussent mis en possession. M. de Vendôme, qui avoit levé des troupes avec des commissions qu'il avoit obtenues du Roi, s'éloignant de son devoir et ne songeant point à ses propres intérêts, se déclara aussi pour les soulevés. Dans le temps que ceci arriva, son frère le grand prieur de France parut à la cour à son retour de Malte où il avoit commandé les galères, et étoit allé de là à Rome, où il avoit rendu l'obédience que les rois sont tenus devoir au Saint-Siége : ce qui fut fait deux fois sous le pontificat du pape Paul v, la première sous le règne de Henri-le-Grand par M. de Nevers, et la seconde par le grand prieur.

Cependant M. de Nevers, quoique engagé dans les intérêts des révoltés, comme il parut peu après dans les différends qu'il eut avec le chancelier et M. de Villeroy, sembloit ne respirer que le service du Roi, et faisoit continuellement des voyages à la cour pour en obtenir des grâces pour lui et pour ses amis, qu'il tâchoit de résoudre à se contenter de ce qu'on leur donnoit, sans exiger ce que le Roi ne pouvoit leur accorder.

La mort de madame de Puisieux, fille aînée du premier mariage de M. d'Alincourt (1), avoit refroidi l'amitié que le chancelier, père de M. de Puisieux, et celui-ci lui avoient jurée. On les soupçonna même d'avoir des desseins bien différens les uns des autres : car l'on croit que chacun, pour conserver son autorité, la vouloit acheter aux dépens de son compétiteur. Le chancelier rechercha la protection du maréchal d'Ancre, et lui promit de soutenir ses intérêts. M. de Villeroy s'assura du prince de Condé et de ses confédérés, et lui promit de son côté de procurer la disgrâce du chancelier et de ce maréchal, qui étoient odieux au peuple : le premier, parce qu'il étoit accusé de ne pas rendre la justice avec assez d'intégrité;

(1) *M. d'Alincourt :* Charles d'Alincourt étoit fils de Villeroy.

et le second, pour s'être trop enrichi et trop élevé, ayant d'ailleurs pour ennemi déclaré le duc de Longueville. Chacun d'eux, pour parvenir à la fin qu'il s'étoit proposée, vint faire des ouvertures à la cour; et le chancelier fit ce qu'il put afin qu'elle ne souffrît point que les intérêts du maréchal d'Ancre fussent traités indifféremment, et afin qu'on ne lui attribuât point la rupture si elle arrivoit : ce qui lui auroit attiré la haine des sujets de Sa Majesté.

Villeroy remontroit au contraire qu'il ne falloit point faire, au commencement d'un traité, une difficulté qui seroit dans la suite facilement surmontée; et soit que celui-ci eût plus de bonheur que l'autre, ou bien que le maréchal d'Ancre eût pris des mesures avec le prince de Condé et M. de Bouillon, comme on le tenoit pour assuré, la paix se conclut, dont l'une des conditions fut que l'on ôteroit les sceaux au chancelier, qui seroit relégué dans une de ses maisons de campagne, pour les donner au président Du Vair. Ceci néanmoins fut tenu fort secret jusques à la publication de la paix. L'envie que M. de Bouillon avoit que le roi d'Angleterre en fût garant fit naître un incident qui pensa faire rompre le traité. Il le proposa même aux confédérés, qui l'acceptèrent; mais Villeroy s'y opposa, et dit qu'il ne signeroit aucun des articles s'il y étoit fait la moindre mention du roi d'Angleterre. Le courage que M. de Villeroy fit paroître en cette occasion ne doit point être ignoré de la postérité. Le maréchal de Bouillon, surpris de cette fermeté dont il ne l'avoit pas cru capable, chercha un autre expédient qui devoit, suivant les apparences, produire le même effet, quoiqu'il fût aisé de faire voir le défaut de ce traité, qui devoit être signé en présence de l'ambassadeur d'Angleterre, et de quoi il y devoit être fait mention. Mais Villeroy s'y opposa avec la même vigueur; et Edmond, ambassadeur du roi de la Grande-Bretagne, fut obligé de sortir de l'hôtel du prince de Condé, où le traité fut tout-à-fait fini.

Je ne dois point omettre ici que ce prince, pour revenir, disoit-il, à la cour avec quelque sorte de gloire, y paroître avec autorité, et être en état de soutenir ses créatures et ses amis, avoit long-temps insisté pour obtenir le pouvoir de signer les arrêts du conseil avec le chancelier ou le garde des sceaux. La Reine fut surprise de cette proposition, aussi bien que ceux qu'elle honoroit de sa confiance, et qui pour s'y maintenir travailloient à détruire M. de Villeroy. Ils firent remarquer à Sa Majesté ce que l'on pourroit craindre d'un pareil dessein s'il avoit lieu. Ils représentèrent encore à cette princesse qu'elle se forgeoit des fers qui la tiendroient captive; et ne s'étant pas fait une affaire de découvrir leurs sentimens en présence de M. de Villeroy, il n'y eut rien qu'il ne fît pour faire consentir à cette condition, étant d'ailleurs piqué du peu d'expérience qu'avoient ceux qui le contrarioient. Il leur dit qu'il ne s'étoit jamais imaginé qu'il y eût du danger de lever la main quand on tenoit le bras: ce qui fut entendu par Barbin, qui conseilla à la Reine de consentir à ce qu'on lui proposoit; et Sa Majesté le fit.

L'édit de paix ayant été résolu et enregistré dans tous les parlemens, la cour se rendit à Paris, où le président Le Jay se fit bientôt voir, et où non-seulement le prince de Condé, mais ses créatures se montrèrent, à la réserve du chancelier, qui resta dans son exil, où Puisieux son fils eut ordre de l'aller trouver.

Le président Du Vair fut ainsi fait garde des sceaux; et Mangot, maître des requêtes, qui avoit été destiné pour être premier président du parlement de Bordeaux, exerça la charge de M. de Villeroy par commission, dont la survivance avoit été accordée à Puisieux. On croiroit presque entrer dans un nouveau règne : la cour ne paroissoit plus dans son premier lustre ; le souvenir du passé faisoit craindre Leurs Majestés pour l'avenir; et les grands, se méfiant du pardon qui leur avoit été accordé, se liguoient entre eux, présumant beaucoup de l'autorité dans laquelle ils se croyoient affermis. Ils se promirent toutes choses : ils firent des festins où l'on buvoit à la santé de leurs amis, et où l'on faisoit ouvertement des souhaits en faveur du prince de Condé. Les ambassadeurs des princes étrangers y furent conviés; et comme l'on recherchoit ceux à qui la bienséance défendoit de s'y trouver, on chercha aussi un prétexte pour recommencer la guerre, ou pour demander qu'on fît des changemens à la cour. On n'en trouva point de plus plausible que d'engager le duc de Longueville à s'emparer de la ville de Péronne, sous prétexte que la garde en avoit été commise au maréchal d'Ancre : et ce dessein réussit comme il avoit été projeté. Le Roi, en ayant été averti, commanda qu'on fît avancer des troupes pour investir cette place. Les habitans prièrent qu'on leur permît d'envoyer vers le duc de Longueville, dont ils blâmoient l'entreprise, quoiqu'on fût persuadé qu'elle étoit faite de concert avec eux; et le duc de Nevers, qui avoit paru entièrement dans les intérêts du Roi, s'étant déclaré ouvertement pour eux, ils choisirent le duc de Bouillon pour s'aboucher avec M. de Longueville. Le premier, en acceptant la commission, pour y donner des marques de son zèle pour le Roi, considéra la place, en fit remarquer les défauts, et proposa ce qu'il faudroit faire pour la mettre en état de défense; mais jugeant bien qu'on seroit obligé d'y employer un temps considérable, et que le maréchal d'Ancre en presseroit le siége, il fut d'avis que la chose se terminât par un accommodement: ce qui lui réussit. L'avantage étant resté du côté des princes, le maréchal fut dans la nécessité d'en ôter son frère; et, nonobstant la liberté qu'il eut d'y laisser un Français de ses amis, la foiblesse du gouvernement engagea M. de Guise dans leur parti. Mais comme il arrive d'ordinaire que, lorsque l'on perd l'espérance de conserver ce qui appartenoit légitimement, on pense à faire des choses extraordinaires pour ne pas déchoir de ses droits, la Reine, par le conseil de Mangot, de Barbin, et de l'évêque de Luçon, depuis cardinal de Richelieu, et étant aussi animée par le maréchal d'Ancre, prit la résolution de faire arrêter le prince de Condé et ceux qui s'étoient attachés à lui depuis la paix.

On délibéra long-temps à qui l'on confieroit ce secret; et l'on ne trouva personne plus capable d'entreprendre une action aussi hardie que Thémines, qui étoit venu par hasard à la cour. La proposition lui en ayant été faite avec la récompense qu'il en devoit attendre, on s'assura, pour le soutenir, de M. de

Créqui, mestre de camp des Gardes françaises, et de Bassompierre, colonel général des Suisses, desquels on devoit se promettre tout, et avec d'autant plus de raison qu'ils eussent exécuté la chose, si l'on eût pu se résoudre à leur en donner le commandement scellé par une patente; mais le peu de confiance qu'on avoit au garde des sceaux ne permit pas qu'on lui en fît l'ouverture. On se souvint que d'Elbène, lieutenant de la compagnie des chevau-légers de Monsieur, étoit ennemi déclaré du prince, qui se plaignoit même ouvertement qu'il lui avoit manqué de respect en plusieurs occasions : et c'en fut assez pour qu'on lui ordonnât de venir avec sa compagnie pour servir à cette exécution. Il arriva, par je ne sais quelle raison, que la cour changea de résolution, et que cette même compagnie eut ordre de se retirer à sa garnison; mais, par un changement subit et encore plus précipité que le premier, on lui ordonna de rester à Paris, et à chaque cavalier de se trouver au Louvre ou l'on leur devoit donner de l'argent, et de s'y rendre sans avoir d'autres armes que leurs épées.

L'un d'entre eux, ayant rencontré un gentilhomme de ses amis, lui déclara le secret qu'on ne lui avoit pas recommandé; et celui-ci, qui étoit de la connoissance de Valigny, écuyer de M. de Bouillon, le lui découvrit, sans savoir néanmoins qu'il faisoit mal, parce qu'il n'étoit pas averti des intentions de la cour. Valigny, dont le courage et l'esprit étoient connus, le pressa de se rendre auprès de lui, persuadé qu'il étoit qu'il n'y avoit rien à négliger. Il trouva M. de Bouillon en son hôtel, avec plusieurs seigneurs qui étoient venus lui rendre visite. Valigny lui fit des signes qui furent inutiles pendant du temps, mais qui ayant été enfin remarqués par son maître, il se dégagea de sa compagnie et s'enferma avec Valigny; et ayant jugé que l'avis qu'il lui donnoit ne devoit pas être négligé, il lui ordonna de l'aller découvrir au duc de Mayenne, et il lui dit qu'il avoit résolu d'aller à Charenton le lendemain, jour ordinaire du prêche. Valigny, s'étant acquitté de l'ordre qui lui avoit été donné, rapporta à M. de Bouillon que M. de Mayenne coucheroit chez le nonce, qui logeoit à l'hôtel de Cluny; et que le lendemain il retourneroit chez lui sur les quatre heures du matin, et lui feroit savoir ce qui seroit venu à sa connoissance. Valigny avertit dès le soir les domestiques de son maître de se tenir prêts pour le suivre à Charenton; et ce maréchal leur fit un discours pour les exciter à la dévotion, en leur disant qu'il étoit arrivé de grands malheurs à ceux qui avoient abandonné le service de Dieu. Ce qui se passoit aux environs de La Rochelle, où le duc d'Epernon paroissoit avec des gens de guerre, sous le prétexte apparent de prendre possession du gouvernement du pays d'Aunis, excitoit les plaintes des huguenots. Le Roi lui ayant commandé de se retirer, il obéit, après avoir fait les fonctions de gouverneur dans cette province, dont La Rochelle est la ville capitale.

M. de Bouillon fut cependant à Charenton; et les cavaliers de la compagnie d'Elbène se rendirent au Louvre, armés seulement de pertuisanes et de hallebardes. Le prince de Condé y vint aussi pour assister au conseil des finances, et monta dans le cabinet de la Reine après qu'il fut fini. Dans le même moment les degrés, les salles, les antichambres furent remplis de gens de guerre; la garde du dehors se mit en bataille, et il ne fut plus permis à personne de sortir du Louvre, quoique l'entrée n'en fût pas défendue. Quelques soupçons qu'avoient eus les confédérés qu'on vouloit attenter sur leur liberté les empêchèrent de s'y rendre en même temps: et c'est ce qui les sauva. Le duc de Mayenne s'étant avancé à la rencontre de M. de Bouillon, sur le premier avis qu'il avoit eu de ce qui se passoit au Louvre, et le duc de Guise ayant grossi leur troupe, ils passèrent sur le fossé de la porte de Saint-Antoine, et ils gagnèrent Soissons.

M. de Vendôme se rendit à La Fère, par le conseil de Saint-Géran, sous-lieutenant des gendarmes du Roi; et le marquis de Cœuvres à Laon. Le seul duc de Rohan, qui avoit été du parti, se trouva au Louvre lorsque le prince de Condé fut arrêté [1]. J'étois si près de lui, que j'entendis qu'il demanda à M. de Rohan s'il souffriroit qu'on lui fît violence en sa présence. A quoi il ne répondit qu'en baissant la tête: ce qui signifioit qu'il s'étoit remis dans son devoir, et qu'il se tenoit assuré de n'être point arrêté prisonnier.

On dépêcha au dedans et au dehors du royaume pour donner avis de ce qui s'étoit passé, et le Roi fit savoir par une déclaration les motifs des conseils qu'il avoit pris. Il tint son lit de justice, fit enregistrer l'arrêt de la détention du prince, et promit de pardonner à ceux qui rentreroient dans leur devoir. On ménagea

[1] *Le prince de Condé fut arrêté* : Cette arrestation eut lieu le 1er. septembre 1616.

le duc de Guise, qui revint à la cour ; et l'on accommoda les affaires en promettant que, lorsque l'innocence du prince de Condé seroit reconnue, on lui rendroit la liberté.

Le jour de sa détention, la princesse douairière (1) sa mère fit ce qu'elle put pour exciter le peuple de Paris à prendre les armes ; mais son dessein ne lui réussit pas : il n'y eut seulement que les ouvriers qui travailloient au bâtiment du palais de Luxembourg qui allèrent en hâte piller l'hôtel d'Ancre. Je fus témoin de la diligence qu'ils firent dans le temps que j'eus ordre d'aller à l'hôtel de Condé avec MM. Barentin, maître des requêtes, et Launay, lieutenant des gardes du corps, pour me saisir des papiers du prince pour les apporter au Roi. Le temps qu'il fallut employer pour trouver le concierge et les valets de chambre pour avoir les clefs de ses appartemens et de son cabinet, servit à donner le loisir de brûler les papiers. Je n'en trouvai aucun dans les tables ni ailleurs ; mais je vis dans les cheminées ce que le feu ne consume pas entièrement quand on y brûle des lettres. Je revins ensuite au Louvre, où je vis les secrétaires d'Etat occupés à faire celles dont il a été ci-devant parlé. J'en signai plusieurs qui devoient être envoyées dans le département de mon père, et sur le soir chacun se retira dans sa maison. Le prince de Condé, qu'on avoit gardé dans un cabinet qui étoit proche de celui de la Reine, fut conduit en bas dans l'appartement qui étoit destiné à la Reine-mère. Il eut quelque frayeur quand

---

(1) *La princesse douairière:* Elle se servit pour ce soulèvement d'un cordonnier nommé Picard, à qui le maréchal d'Ancre avoit fait donner des coups de bâton.

il passa les degrés, parce qu'il y vit des gens armés, et il en reconnut quelques-uns de la compagnie d'Elbène. Ceux qui furent employés à négocier avec les princes eurent le bonheur, sinon de les faire rentrer dans leur devoir, du moins de faire un accommodement plâtré qui, comme nous le verrons bientôt, ne fut pas de longue durée.

Les personnes tant soit peu éclairées connurent bien qu'on alloit reprendre les armes, et ceux même qui avoient le plus d'intérêt à cacher leurs sentimens les faisoient éclater en toutes sortes d'occasions. Le duc de Nevers, qui avoit en l'année 1614 tiré de force de la citadelle de Mézières le marquis de La Vieuville, depuis élevé à la charge de capitaine des gardes du corps, soupçonnant toujours qu'il formoit des entreprises pour y rentrer, et voulant l'éloigner de la place aux environs de laquelle il avoit du bien, lui fit saisir une terre qu'il avoit mouvante du Rethelois, faute de devoirs rendus; dont La Vieuville se plaignit, en disant que ce duc ne cherchoit qu'à l'opprimer. Sur le conseil qui fut donné au Roi de prendre La Vieuville en sa protection, on dépêcha à M. de Nevers Bavanton, exempt des gardes du corps, pour lui faire commandement de donner la main-levée des fiefs saisis, et pour lui déclarer que, faute d'y satisfaire, le Roi feroit procéder contre lui comme contre un désobéissant et un perturbateur du repos public. M. de Nevers s'excusa en disant qu'il ne savoit pas ce que les lois lui permettoient, protestant de se pourvoir devant le Roi quand il en auroit la liberté, et faisant des invectives contre tous ceux qui avoient part au gouvernement du royaume. Ceci fut mal reçu; et Bavanton, étant pressé de dresser son procès-verbal, y satisfit. Le Roi commanda qu'on l'examinât, et que, par une commission qui lui seroit adressée, le duc de Nevers fût déclaré criminel de lèse-majesté.

Pendant qu'on délibéra sur cette affaire, Bavanton se tua lui-même; et ceux à qui on en avoit donné le soin, comme aussi de concerter les termes de cette commission, s'assemblèrent chez le garde des sceaux : c'étoient MM. de Villeroy, le président Jeannin, de Seaux; Pontchartrain, secrétaire d'Etat; Mangot, qui exerçoit par commission la charge de M. de Villeroy; Barbin, qui sous le titre de contrôleur-général faisoit la surintendance des finances; mon père et moi. La patente ayant été apportée par Barbin, elle parut au garde des sceaux impropre et contre les règles du royaume; et comme M. Du Vair n'avançoit rien qu'il ne lui fût facile de prouver, le naturel de ce magistrat prompt et impatient, et le chagrin où il étoit de n'avoir aucune part au secret, lui émurent la bile de telle sorte que, n'étant plus maître de lui, il lui échappa de dire *que les grands Etats ne se gouvernoient pas avec précipitation, ni par des faquins et des gens de basse naissance.* Barbin prenant pour lui les termes offensans dont le garde des sceaux s'étoit servi, y répondit avec vigueur, se leva, interrompit le conseil, et alla au Louvre pour rendre compte à la Reine-mère de ce qui s'étoit passé. Mangot, fâché de tout ceci, demanda à ceux qui étoient présens le remède qu'il eût été capable de donner, en adoucissant les esprits qui paroissoient fort aigris. Il suivit Barbin; et l'heure du conseil étant venue, chacun se prépara à s'y rendre. Nous ne fûmes pas sitôt dans le lieu où l'on devoit s'assembler, que la Reine y vint avec un visage si changé et si irrité que ses yeux jetoient feu et flammes. On jugea bien que la colère de cette princesse se déchargeroit sur le garde des sceaux, dont la vie austère et stoïque ne pouvoit compatir avec ceux qui ne vouloient pas que la volonté des souverains eût des bornes. Sa Majesté se retira, et rentra dans son cabinet sans qu'on eût parlé d'aucune affaire. Elle n'employa point l'après-dînée à délibérer sur ce qu'il convenoit, mais à qui l'on donneroit les sceaux, et, Mangot en étant honoré, qui seroit celui qui lui succéderoit dans la commission qu'il avoit exercée depuis la retraite de Puisieux. On crut que ce seroit l'évêque de Luçon : et ce fut en effet le sentiment de la Reine. Sur les six heures du soir, mon père eut ordre d'aller au Louvre, où il voulut que je le suivisse. Il passa dans un cabinet, où il trouva assemblés le prélat, Mangot et Barbin, auxquels il demanda, après les avoir salués, s'ils ne savoient point ce que l'on souhaitoit de lui ; et sur ce qu'ils lui répondirent que non, je crois qu'il n'en fut point surpris. Il entra dans la chambre où le Roi étoit avec la Reine sa mère. Je l'y suivis, et je ne trouvai avec Leurs Majestés que M. de Guise et le maréchal d'Ancre. La Reine lui commanda d'aller redemander les sceaux à M. Du Vair ; et sur ce qu'il demanda aussi ce qu'il y avoit à faire si ce magistrat les vouloit reporter lui-même, on lui répondit qu'il n'y avoit qu'à le laisser faire. Le maréchal d'Ancre ayant ajouté qu'il falloit commander au capitaine de la garde de suivre mon père, et de faire investir le logis de M. Du Vair avec une partie de sa compagnie, afin que s'il faisoit difficulté d'obéir on forçât sa maison, et qu'on le pût arrêter s'il en vouloit sortir, n'y ayant rien qu'on ne dût appréhender d'un esprit tel qu'étoit celui de ce magistrat, mon père répliqua que cette précaution étoit inutile, et qu'on ne trouveroit dans la personne de M. Du Vair qu'une entière soumission (1) et une parfaite obéissance. Ce capitaine de la garde étoit le marquis de La Force, rentré dans le service du Roi, aussi bien que son père, après la publication de la paix.

On ne trouva en effet dans ce magistrat que la résignation d'un grand philosophe aux volontés du Roi. J'allai faire part à messieurs de Villeroy et Jeannin de ce qui alloit être exécuté, et je fis assez de diligence pour me rendre au Louvre en même temps que M. Du Vair, lequel s'étant mis à genoux parla à Leurs Majestés avec la gravité d'un stoïcien, et finit son discours par une prière qu'il adressa à Dieu, afin qu'il lui plût de donner au Roi un bon conseil, dont en effet Sa Majesté avoit un très-grand besoin : ensuite de quoi il se retira chez lui et se logea dans une maison des Bernardins, qu'il occupa jusqu'à ce qu'il fût rappelé à la cour; ce qui arriva six mois après qu'il en eût été éloigné. Si ceux qui avoient conseillé la disgrâce de M. Du Vair en parurent bien aises, les personnes de vertu en témoignèrent au contraire une extrême douleur; et non-seulement les grands, mais même les moindres d'entre le peuple déplorèrent alors les maux dont la France leur sembloit menacée.

Les sceaux furent donnés dès le lendemain à

---

(1) *Qu'une entière soumission* : Du Vair affecta beaucoup de philosophie. On dit qu'il déclara « qu'il avoit trop de droiture pour être « long-temps du goût de la cour. »

M. Mangot (1), et l'on différa de quelques jours à déclarer l'évêque de Luçon secrétaire d'Etat. Je ne sais si ce fut pour ma gloire ou pour mon malheur que l'ordre me fut donné d'en expédier les provisions ; car ayant eu l'esprit assez présent pour demander quelle charge on lui donnoit, Barbin, qui étoit entré avec lui dans la chambre de la Reine, me répondit que c'étoit celle de M. de Villeroy. Et sur ce que je lui répliquai s'il en avoit retiré la démission, il me dit qu'il l'auroit le lendemain : ce qui m'obligea de lui ajouter qu'il falloit nécessairement l'avoir avant que de rien expédier ; mais, après une longue contestation, je me tirai d'affaire en proposant de faire une commission pareille à celle qui avoit été donnée à M. Mangot : à quoi la reine consentit. Barbin ayant dit dans ce moment qu'il y falloit ajouter une clause de préséance en faveur de l'évêque de Luçon, notre contestation s'échauffa de plus en plus. Je soutins fortement la justice de la cause d'un autre et la mienne propre, sans manquer au respect que je devois à la Reine, qui, pour adoucir la peine qu'elle croyoit que j'avois, me dit, par la suggestion de Barbin, que c'étoit seulement à cause de la dignité dont ce prélat étoit revêtu. Je répliquai alors qu'elle l'obligeoit à résidence ; et qu'ayant dans son église ses habits pontificaux, il précéderoit là non-seulement les gentilshommes et les princes, mais encore le Roi lui-même. La Reine, ennuyée d'entendre nos contestations, nous ordonna de nous retirer. Nous trouvâmes dans son cabinet l'évêque de Luçon et Richelieu son frère. Barbin s'adressant à

(1) *M. Mangot :* C'étoit un ancien premier président du parlement de Bordeaux. Il étoit fort attaché au maréchal d'Ancre.

l'évêque lui fit le récit de ce qui s'étoit passé entre nous en présence de Sa Majesté. Celui-ci oublia pour lors ce qu'il m'avoit souvent protesté, qu'il vouloit être de mes amis, et l'expérience qu'il avoit faite de ma bonne foi en m'adressant les lettres qu'il écrivoit à la Reine pendant le voyage de Guyenne; car il me dit d'un ton fier qu'il y avoit long-temps qu'il savoit que plusieurs personnes (et moi particulièrement) qui approchoient de celle du Roi avoient peu de considération pour l'Eglise. Ma réponse fut modérée : et je me contentai de lui repartir que, le regardant comme évêque et le trouvant dans la maison de Sa Majesté, je n'avois rien à lui dire; mais que je ne conseillois pas à son frère, vers lequel je me retournai, de me tenir un pareil langage. Je donnai avis à messieurs de Villeroy, Potier, de Seaux et de Pontchartrain, de ce qui s'étoit passé. Le premier, qui étoit à Conflans, me remercia, par une lettre, de la fermeté avec laquelle j'avois soutenu ses intérêts; et il me manda qu'il se rendroit le lendemain de grand matin à Paris où il me demandoit une entrevue avec ces messieurs, et qu'il falloit tout hasarder plutôt que de consentir à l'outrage qu'on vouloit nous faire. Je me crois obligé de dire à la louange de M. de Seaux qu'il ne put être ébranlé ni par prières ni par menaces, et qu'il défendit notre droit avec beaucoup de vigueur. Il me rendroit la justice, s'il étoit encore en vie, de déclarer que je ne l'abandonnai point; mais les autres furent tellement pressés par le maréchal d'Ancre de se conformer aux volontés de la Reine, qu'il les entraîna par son crédit et par son adresse à signer, malgré eux, la commission telle qu'elle leur fut présentée, et par conséquent à rayer à M. de Villeroy la qualité de premier secrétaire d'Etat, qui ne lui avoit point été contestée depuis la mort de M. de Beaulieu-Ruzé.

L'évêque de Luçon fut aidé du secours de Barbin, après qu'il fut entré dans les fonctions de sa charge. Ce Barbin, quoique d'une naissance très-basse, étoit d'un esprit fort relevé. L'évêque se prévalut aussi de la fierté de celui de Mangot, et s'appliqua à disposer les choses à une rupture dont le prétexte, qui lui en fut donné par les princes, étoit les différends que les grands avoient avec le Roi. Ceux-ci faisoient de continuelles instances pour la liberté du prince de Condé : sa mère et sa femme demandoient qu'on lui fît son procès s'il étoit coupable ; et s'il étoit innocent, qu'on le mît en liberté. Les confédérés, pour rendre leurs prières plus efficaces, s'assuroient de leurs amis ; et Leurs Majestés, pour ne pas être prévenues, se disposoient à faire des levées. La semence de la guerre avoit déjà germé, et l'on n'attendoit que le retour des beaux jours pour commencer la campagne. On nomma deux généraux, qui furent M. de Guise et le comte d'Auvergne [1617] : le premier, pour attaquer les places de la Champagne et pour s'opposer aux Allemands qu'on assuroit y devoir entrer ; et le second, qu'on avoit tiré de la Bastille à la prière du duc de Montmorency son beau-frère, auquel il eût été difficile de refuser ce qu'il demandoit, parce qu'il étoit toujours demeuré attaché à son devoir et qu'il avoit épousé la fille de la cousine-germaine de la Reine-mère [1], sans avoir pu être engagé par le prince de

---

[1] *La fille de la cousine-germaine de la Reine-mère* : Marie-Félicie des Ursins ; sa maison étoit alliée à celle des Médicis.

Condé, qui avoit épousé sa sœur, d'entrer dans son parti. Il sortit, dis-je, de la Bastille, où le roi Henri-le-Grand l'avoit fait mettre pour n'avoir pas voulu exécuter l'arrêt qui avoit été rendu contre lui, et dont les motifs sont assez connus (1) à tous ceux qui savent l'histoire. Celui-ci donc, sous lequel le duc de Rohan commandoit la cavalerie, devoit attaquer Soissons. Pendant qu'on travailloit à faire réussir tous ces desseins, un gentilhomme qui s'appeloit Luynes (2) en formoit un autre avec Sa Majesté et Villeroy, et recevoit des conseils qui tendoient à s'assurer de la personne du maréchal d'Ancre, et à procurer le bien et le repos du royaume par la mort d'un homme qui étoit en horreur aux gens de bien. Le Roi s'y étant déterminé, Villeroy en avertit le maréchal de Bouillon, lequel ne jugea pas à propos de le faire savoir à ceux de son parti ; mais il leur donna seulement de belles espérances qu'ils seroient bientôt délivrés de la crainte que quelqu'un d'eux, recherchant son accommodement, ne donnât une ouverture pour rompre l'union qui seule les pouvoit garantir.

Luynes avoit aussi quelque liaison avec M. Chevalier, premier président de la cour des aides de Paris, et avec les sieurs Deageant et Du Tronçon, qu'il éleva dans la suite ; et ceux-ci firent pour lui toutes les diligences qu'il n'eût pu faire lui-même sans que l'on s'en fût aperçu. Ayant délibéré entre eux à qui ils confieroient l'exécution d'arrêter le maréchal d'Ancre,

---

(1) *Dont les motifs sont assez connus :* Henri IV ne fit pas exécuter l'arrêt rendu contre le comte d'Auvergne, parce qu'il aimoit Henriette d'Entragues, marquise de Verneuil, sa sœur. Le comte d'Auvergne obtint peu de temps après le titre de duc d'Angoulême. — (2) *Luynes :* A cette époque il n'étoit que capitaine au Louvre, et chef des ordinaires.

ils ne trouvèrent personne qui y fût plus propre que le baron de Vitry, capitaine des gardes du corps, et qui étoit pour lors en quartier; car, outre qu'il avoit un naturel des plus bouillans, l'envie de s'élever le dominoit de telle manière que rien ne lui paroissoit impossible, ni à mépriser pour y réussir. Il manda son frère le baron Du Hallier, qui amena avec lui quelques hommes qu'il commandoit en qualité d'enseigne; et s'étant assuré d'un nombre suffisant d'officiers des gardes, il fit savoir au Roi qu'il étoit prêt à exécuter ce qu'il lui ordonneroit. Sa Majesté l'embrassa en l'assurant de sa protection, et ne lui commanda pas de tuer le maréchal d'Ancre, mais seulement de s'assurer de sa personne; et sur ce qu'il demanda avec Luynes ce qu'il y auroit à faire, supposé qu'il se mît en défense, il fit tomber le Roi dans le piége qu'il lui tendoit, qui étoit de tuer ce maréchal si cela arrivoit. Ils l'avoient ainsi résolu entre eux, afin de mettre les affaires hors d'état de pouvoir être jamais accommodées entre la mère et le fils : craignant avec raison que le sang et le souvenir des peines que la Reine représenteroit avoir souffertes pour conserver l'Etat ne portassent son fils à se réconcilier avec elle, ce qui auroit été sans doute la cause de leur ruine.

Le maréchal d'Ancre, quoique averti que l'on voyoit des gens armés aller et venir par le Louvre, et que ce pouvoit être pour lui faire insulte, ne laissa pas d'y venir. A peine y fut-il entré, que le lieutenant de la porte, qui étoit du secret de Luynes, la ferma; et Vitry s'étant avancé le premier, Du Hallier et Guichaumont l'en blâmèrent; mais il dit dans le moment au maréchal : « Je vous fais prisonnier, de la part du Roi. » Et dans le même instant on tira deux ou trois coups de pistolet qui le jetèrent par terre. Il reçut aussi un coup d'épée au travers du corps. On a dit qu'il chercha la sienne, se voyant attaqué ; mais aucun de ceux qui en pouvoient rendre témoignage n'en est convenu en particulier. Quelques-uns de sa suite voulurent le défendre ; mais sur ce qu'on leur dit que ce qui se faisoit étoit par les ordres du Roi, ils remirent leurs épées qu'ils avoient tirées. Sa Majesté ayant paru à une fenêtre d'un cabinet qui étoit au bout de la salle des gardes qui a vue sur la cour, on cria : *Vive le Roi! le tyran est mort;* et Vitry, s'avançant vers la salle des gardes de la Reine-mère, leur demanda leurs armes, qu'ils refusèrent de donner sans l'ordre de leurs officiers. Ceux-là eurent aussitôt celui de se retirer avec leurs compagnons, et de rester dans l'antichambre de leur maîtresse. Le bruit qui se répandit attira beaucoup de monde au Louvre, et l'on manda ceux dont on vouloit suivre les avis. On tint conseil après que Sa Majesté eut demeuré quelque temps dans la galerie des Rois, appuyée sur Luynes ; et lorsque je l'abordai : « Je suis maintenant roi, me dit-il, il n'y « a plus de préséance. » L'évêque de Luçon ayant paru eut ordre de se retirer, et dans le même instant les secrétaires d'Etat eurent celui d'écrire dans les provinces ce qui venoit d'arriver.

On rendit à M. Du Vair les sceaux que l'on ôta à M. Mangot ; et le chancelier qui étoit à Brie-Comte-Robert, ayant été rappelé à la cour aussi bien que Puisieux son fils, ils ne se firent pas dire deux fois de revenir. Les princes et ceux qui étoient éloignés, de même que les généraux des armées, furent avertis de ce qui se passoit; et les soldats qui étoient dans les tranchées devant Soissons et Mézières posant leurs armes à terre, les assiégés les imitèrent : et comme si la paix avoit été publiée, ils s'entretinrent familièrement, et burent à la santé du Roi.

On députa vers les princes, contre lesquels on procéda par la justice et par les armes. Ils déclarèrent que leur conduite étant justifiée, ils étoient prêts à recevoir la loi qu'il plairoit au Roi de leur imposer; et ils obtinrent que les déclarations qui avoient été publiées contre eux seroient révoquées, mais non pas la liberté du prince de Condé, quelques instances qu'ils en fissent, le monarque n'ayant jamais voulu y consentir. On fit courir aussitôt une espèce de manifeste de ce qui avoit été exécuté par Vitry, que l'on colora de la nécessité spécieuse où l'on s'étoit trouvé d'en user de la sorte pour maintenir l'autorité royale, parce que le maréchal d'Ancre s'étoit, disoit-on, mis en défense. Cependant on arrêta la veuve de ce maréchal, et après quelques informations faites contre elle on la conduisit à la conciergerie du Palais, où elle fut condamnée à la mort, non pas de toutes les voix, quoique les juges en eussent été sollicités au nom et de la part du Roi, à qui il n'en devoit être rien imputé, mais à Luynes, à qui la confiscation des biens des accusés avoit été accordée d'avance, de même que les charges de premier gentilhomme de la chambre et de lieutenant général de la province de Normandie, desquelles le maréchal d'Ancre étoit revêtu.

Vitry fut fait maréchal de France, Du Hallier capitaine des gardes du corps, et plusieurs autres s'enrichirent par le pillage qu'ils firent des meubles et des cabinets de la maréchale d'Ancre. On fouilla même dans les poches du mort, dans lesquelles on trouva des promesses en blanc et des diamans de grand prix ; et sur ce que le bruit se répandit que la Reine-mère devoit rester à la cour, ce qui étoit fort à craindre pour Luynes, il eut le crédit de l'en faire éloigner et de la séparer du Roi son fils, qui ne fit que lui dire un mot, ensuite de quoi il se retira : tant Luynes appréhendoit que ce monarque ne fût attendri par les larmes de cette princesse. La Reine sa belle-fille la vit comme elle montoit en carrosse ; mesdames Christine et Marie-Henriette ses filles, et Monsieur, frère unique du Roi, lui firent leurs adieux ; et La Carce eut ordre de la conduire à Blois.

Je fus un de ceux qui reçurent les ordres de Sa Majesté. Elle me pria (je rapporte le même terme dont Sa Majesté se servit), elle me pria, dis-je, de lui faire avoir les réponses des lettres qu'elle écrivoit au Roi, se promettant de mes soins que je la regarderois comme la mère de mon Roi, et comme la veuve de celui qui l'avoit été. Ces paroles me firent fondre en larmes, et me mirent tout en sueur. Une partie de la cour répandit aussi des larmes en abondance. Mais laissons aller cette princesse où sa destinée la conduira : commençons à parler d'un nouveau gouvernement qui paroîtra terrible aux gens de bien, et qui n'aura d'approbation que des créatures de Luynes.

On forma un nouveau conseil, dans lequel le chancelier et le garde des sceaux eurent séance. On eut de la peine à régler leurs fonctions ; l'injure que l'un avoit reçue de l'autre, et le mépris que ce dernier faisoit du premier, tout cela, dis-je, étoit cause qu'ils n'étoient jamais d'un même avis. Villeroy fut celui qui parut avoir le plus de part aux affaires; Jeannin y entra en qualité de surintendant des finances, et les secrétaires d'Etat y prirent les places qui étoient dues à leurs charges. Luynes fit semblant de n'en vouloir pas être, et de se contenter de la qualité de favori. Il me dit un jour qu'il me donneroit part aux affaires, à condition que je ferois un journal de ce qui seroit résolu et arrêté dans le conseil, et que je le lui remettrois entre les mains. Je me trouvai si offensé de cette proposition, que je lui répondis qu'il feroit mieux de se rendre lui-même chef du conseil que d'exiger une pareille chose de ceux qui y avoient séance; et que je lui conseillois de faire ce qu'il avoit résolu avec Déageant et Du Tronçon, comme la chose arriva dans la suite.

Puisieux étant rentré en charge ne songea plus qu'à s'élever et qu'à opprimer ses confrères : ce qui lui étoit d'autant plus aisé que le chancelier son père faisoit valoir ses prétentions. Villeroy, dont il avoit acheté la charge, n'osoit le contredire; cependant l'amitié qu'il avoit pour Seaux, et l'estime qu'il faisoit de mon père, partagea son affection. On accorda au premier la grâce qu'il demanda d'être envoyé en Espagne; et quoique ce fût avec le titre d'ambassadeur extraordinaire qu'on lui avoit donné, le marquis de Seneçai ne laissa pas de le précéder en qualité d'ambassadeur extraordinaire, lorsqu'il y accompagna madame Elisabeth de France. Seaux s'y somuit en apparence, et fit le voyage; mais il y resta si peu, qu'il fut aisé de connoître qu'un emploi ainsi limité ne convenoit guère à un génie aussi transcendant que le sien. La France fut peu d'années après privée des services qu'il auroit pu lui rendre.

Quelques jours avant que la Reine-mère se fût retirée, le roi catholique ayant déclaré la guerre au duc de Savoie, ce prince demanda du secours à la France : ce qui lui fut d'abord refusé ; mais il l'obtint à la fin par le moyen de M. de Lesdiguières, qui dit nettement que c'étoit abandonner les intérêts de l'Etat de ne point assister le souverain opprimé. Il leva des troupes, il passa en Piémont, et enfin il engagea la cour à suivre le conseil qu'il lui donna de mettre en usage ce qui avoit été négligé pendant la dernière régence.

Dans la persécution qui me fut faite pendant la vie du maréchal d'Ancre, M. de Lesdiguières m'offrit de me donner retraite : c'est une obligation que je lui ai, et dont je n'ai jamais perdu la mémoire. J'ai tâché de la reconnoître autant qu'il m'a été possible dans les personnes de messieurs ses descendans.

Schomberg, qui avoit amené au service du Roi un régiment d'Allemands, reçut un ordre de faire passer en Piémont l'armée du duc de Savoie et de M. de Lesdiguières, renforcée de ce corps et de quelque cavalerie conduite par le comte d'Auvergne. Il entra dans l'Etat de Milan, il y fit des progrès considérables, et il réduisit le roi d'Espagne à traiter avec M. de Savoie. Cette protection, que la France accorda au plus foible contre le plus fort, lui fut très-honorable.

Ceux qui étoient à la tête des affaires, jugeant à propos de travailler à la réformation de l'Etat, proposèrent la convocation de tous les ordres du royaume ; et, afin d'y mieux réussir, ils la firent résoudre par le conseil, qui prit un tempérament. Ce fut la convocation des notables. Ce dernier parti ayant été accepté, le Roi choisit un nombre de prélats et de gentilshommes pour y assister. Il manda le premier et le second président du parlement de Paris, et les premiers des autres cours souveraines avec leurs procureurs généraux. Ils se rendirent tous à Rouen (1), où il y eut une grande contestation entre les gentilshommes et les officiers de judicature : ceux-ci alléguant à leur avantage ce qui fut pratiqué sous le règne de Henri-le-Grand, qui leur donna séance vis-à-vis du clergé. Les gentilshommes soutinrent que leur ordre étoit le second du royaume, et que jusques au règne de Henri-le-Grand les officiers de judicature n'avoient été considérés que comme faisant partie du tiers-état. Ils alléguoient pour raison la harangue du premier président du parlement de Paris, faite en remercîment de ce que la magistrature avoit été séparée de ce corps, et avoit obtenu sa séance après la noblesse. On trouva un expédient, qui fut que le jour de l'ouverture celle-ci seroit placée sur deux bancs près de la personne du Roi et des présidens, en lui donnant une déclaration que cette place étoit très-honorable : le tout sans tirer à conséquence, pour ne point faire de peine au clergé ni aux officiers. Du Plessis-Mornay, avec qui cette déclaration fut concertée, parla pour la noblesse, et fit les remontrances de sa part. Monsieur, frère unique du Roi, fut élu président de l'assemblée, ayant pour collègues le cardinal Du Perron, le duc de Montbason et le maréchal de Brissac.

---

(1) *Ils se rendirent tous à Rouen :* Cette assemblée s'ouvrit le 5 décembre 1517. Du Plessis-Mornay y parla au nom de la noblesse.

On proposa dans cette assemblée divers réglemens, non pas dans le dessein de faire du bien à l'Etat, mais seulement pour avoir un prétexte honnête pour continuer les impôts; on y résolut de ne pas appeler la Reine-mère à la cour, et de ne point mettre en liberté le prince de Condé. On accorda à la princesse son épouse la grâce qu'elle demanda de tenir compagnie à son mari. Elle fit paroître en cela beaucoup de fermeté et de grandeur d'ame, pouvant s'en dispenser légitimement, après tous les mauvais traitemens qu'elle en avoit reçus.

Comme il est difficile que je ne parle pas quelquefois de certaines choses ou trop tôt ou trop tard, je me crois obligé d'avertir ceux qui liront ces Mémoires que ce que j'en fais n'est seulement que pour éviter la confusion qui pourroit s'y trouver, si je voulois m'assujettir à suivre l'ordre des temps. Luynes, qui n'étoit pas encore duc, épousa, vers le mois de juillet ou d'août, la fille de M. de Montbason (1); sa nouvelle épouse et la comtesse de Rochefort sa belle-sœur eurent le tabouret, par un privilége accordé depuis long-temps à la maison de Rohan, quoique aucune femme ni fille de cette famille n'eût point encore joui de cette prérogative, excepté Marguerite de Navarre et ses descendans sous le règne de Henri-le-Grand, qui avoit beaucoup de considération pour ceux qui étoient sortis de la branche des cadets. Ceux-ci étoient néanmoins en possession des biens des aînés, à cause d'un contrat de mariage passé entre les cousins : ce monarque les regardant comme habiles à lui succéder à

---

(1) *La fille de M. de Montbason*: Marie de Rohan. Après la mort de Luynes, elle devint très-fameuse sous le nom de duchesse de Chevreuse.

la couronne de Navarre et aux souverainetés de Béarn, d'Andaye et Donnejan, qu'il n'avoit point encore réunies à la couronne de France, quoiqu'il eût fait expédier une déclaration pour la réunion des terres qui en étoient mouvantes, et qu'il possédoit avant son avénement; à la réserve toutefois de celles qu'il avoit données à César de Bourbon, duc de Vendôme, son fils, sur lesquelles terres madame la princesse de Navarre sa sœur pouvoit prétendre une légitime, dont il s'accommoda dans la suite avec elle.

[1618] La cour revint à Paris peu après la mort de M. de Villeroy, qui décéda à Rouen. Le Roi recevoit souvent des lettres de la Reine sa mère, et l'envoyoit très-fréquemment visiter sous différens prétextes, et avec des vues bien contraires à celles de cette princesse, qui ne songeoit qu'à amuser le monde, et ne s'occupoit qu'à tâcher de se faire des créatures qui pussent la tirer de captivité. Luynes au contraire ne songeoit qu'à mettre auprès d'elle des personnes affidées, pour l'observer et pour épier ses actions et ses desseins.

Le duc d'Epernon craignit alors d'être arrêté prisonnier, sur ce qu'avant de se retirer de la cour, où il s'étoit rendu un peu après la mort du maréchal d'Ancre, il avoit eu un démêlé avec le garde des sceaux, parce que le duc soutenoit que ce magistrat devoit être assis dans le conseil au-dessous du chancelier et non pas vis-à-vis de lui, comme il s'en étoit mis en possession. Le garde des sceaux soutenoit le contraire, et alléguoit sa dignité qui le mettoit en état de faire comme le chancelier qui avoit la préséance. M. d'Epernon répondit à cela que, quoique le garde des sceaux fît la fonction du chancelier en partie, il ne pouvoit avoir de séance où ce chef de la justice se trouvoit, et qu'en tous cas celle qu'on lui accordoit étoit assez honorable pour ne pas être refusée ; et, pour soutenir sa prétention, il n'oublia point d'alléguer que les grands du royaume précédoient anciennement les chanceliers dans les conseils : ce qui s'étoit pratiqué sous le règne précédent et jusques à celui du roi Henri III, que les ducs avoient conservé cet avantage. Il fit voir un titre d'un de nos rois en faveur du comte de Laval, dont le garde des sceaux se tenant offensé dit au chancelier que c'étoit lui qui lui avoit attiré cette affaire. Ces deux magistrats en vinrent à de grosses paroles en présence de Sa Majesté; et le chancelier, plus modéré par politique que de son naturel, ne put s'empêcher de dire à l'autre qu'il étoit un méchant homme, prenant Dieu à témoin qu'il les jugeroit un jour : ensuite de quoi le conseil se leva. Et M. d'Epernon, qui soupçonnoit qu'on vouloit l'arrêter, s'étant retiré à Fontenay-en-Brie, en partit pour se rendre à Metz, où on lui fit des propositions de la part de la Reine-mère, aussi bien qu'à l'archevêque de Toulouse son fils, qui avoit une inclination particulière pour ce parti naissant. Rouchelay (1) le pressa d'y entrer, en lui représentant la gloire et les avantages qu'il en retireroit, les grandes obligations qu'il avoit à la Reine-mère ; que plusieurs personnes considérables étoient attentives à ce qu'il feroit pour se déclarer en sa faveur et pour travailler à son élévation : et tout cela sans hasarder beaucoup, ni s'exposer à un

(1) *Rouchelay :* Ruccelai. C'étoit un ecclésiastique florentin très-intrigant. Il avoit été attaché au maréchal d'Ancre.

grand péril [1619]. M. d'Epernon ne se laissa pas persuader d'abord ; mais à la fin il donna son consentement, n'ayant pu oublier que Luynes s'étoit déclaré en faveur du garde des sceaux qu'il regardoit comme son ennemi, quoiqu'il n'eût pas conservé la place qu'il voit prise dans le conseil.

Luynes ayant obtenu de la Reine-mère qu'elle se démît du gouvernement de Normandie, le fit offrir à M. de Longueville, à condition de remettre celui de Picardie; et, pour tirer de lui son consentement, on ajouta au gouvernement de Normandie celui de la ville et château de Dieppe. La passion qu'avoit M. de Longueville d'être gouverneur d'une place d'importance lui fit oublier l'attachement et l'affection que les Picards, et particulièrement les habitans de la ville d'Amiens, avoient toujours eus pour sa personne.

Luynes se fit pourvoir de ce gouvernement, et fit donner à M. de Montbason celui de l'Île-de-France et des villes de Soissons, Chaulny et Coussi, que le duc de Mayenne avoit remis pour celui de Guienne et du Château-Trompette, bâti sur la rivière de Garonne qui passe à Bordeaux, où l'on voit un port admirable.

M. d'Epernon ayant pourvu à la sûreté de la ville et citadelle de Metz, et s'étant assuré de ses amis, résolut d'en partir, et s'en alla à Angoulême, où, ayant donné ses ordres pour la réception de la Reine-mère, il s'avança avec de la cavalerie, et envoya l'archevêque de Toulouse pour recevoir Sa Majesté, qui s'étoit sauvée par une fenêtre du château de Blois. Elle fut conduite à Loches, et ensuite à Angoulême. Le comte de Chiverny et les échevins de

Blois dépêchèrent à la cour, et me dirent ce qui étoit arrivé et ce qu'on savoit déjà. Je portai la confirmation de cette nouvelle au Roi, qui étoit pour lors à Saint-Germain-en-Laye. La nouvelle y fut reçue diversement : les plus gens de bien en craignirent les suites, d'autres ne purent s'empêcher de marquer la joie qu'ils avoient de se flatter que l'autorité de Luynes seroit limitée. Enfin l'espérance des désordres causés par la guerre civile qui étoit allumée dans plusieurs provinces du royaume réjouit les esprits malintentionnés.

Ce qui m'oblige à parler de ceci n'est seulement que parce que j'ai omis de dire que les émissaires de Luynes faisoient de grandes menaces à la Reine-mère, pour l'obliger de se soumettre à la loi que ce favori vouloit lui donner. Cette princesse fut un jour extraordinairement pressée par le colonel d'Ornano, qui lui parla avec plus de fierté que n'avoit fait Roussi, qui avoit resté long-temps auprès d'elle ; et il échappa à d'Ornano de la menacer de la main en la touchant, et de lui dire que, si elle entreprenoit de faire la moindre chose à Luynes, elle deviendroit plus sèche que du bois, en lui montrant le busc qu'elle tenoit.

Le Roi, étant de retour à Paris, y fit assembler des personnes de toute sorte d'états, pour savoir ce qu'il seroit à propos de faire dans la présente conjoncture. Le duc de Mayenne offrit de se mettre à la tête d'une armée pour faire rentrer M. d'Epernon dans son devoir. M. de Vendôme suivit son exemple, et M. de Longueville se laissa persuader comme les autres. La maison de Guise n'abandonna point la cour ; et ainsi il y avoit lieu de croire que tous les grands s'étoient réunis pour conspirer la perte de M. d'Epernon. Le cardinal de Retz, qui avoit pris séance dans le conseil aussi bien que le chancelier, paroissoit du même avis. Le garde des sceaux animoit Luynes pour mettre ce duc à la raison, et pour assurer sa fortune. Le seul président Jeannin fut d'un avis contraire, et montra en cette rencontre que les années ne lui avoient rien fait perdre de cette générosité qui avoit toujours été remarquée en lui. Ceux qui avoient le plus de probité remontrèrent qu'il falloit chercher toutes les voies d'accommodement; et, bien loin de consentir à la perte de M. d'Epernon, ils dirent qu'un des premiers articles du traité de paix devoit être d'y comprendre ce duc. On nomma le cardinal de La Rochefoucauld pour aller trouver la Reine, et on lui donna, si je ne me trompe, pour collègues le père de Bérulle et M. de Béthune qui revenoit d'Allemagne, où il avoit été envoyé avec le duc d'Angoulême qu'on appeloit auparavant le comte d'Auvergne, et M. de L'Aubespine, chevalier des ordres du Roi. Ils y avoient été envoyés tous trois en qualité d'ambassadeurs de Sa Majesté vers l'Empereur, pour faire en sorte qu'il abandonnât le dessein où il étoit de mettre sur pied une armée qui devoit servir à repousser l'entreprise des Bohémiens, et faciliter celle des princes qui marchoient à son secours, et auxquels les protestans vouloient opposer leurs troupes qui avoient déjà passé le Rhin sous le commandement du marquis de Bade-Dourlac.

Le Roi, craignant que le feu qui étoit prêt à s'allumer ne fût bien fatal à la chrétienté, faisoit tous ses efforts pour l'éteindre. Ses ambassadeurs obtinrent du marquis de Dourlac qu'il laisseroit passer le comte de

Bucquoy, sur l'assurance qu'ils lui donneroient que, si l'Empereur attentoit à la liberté de l'Empire, Sa Majesté le secourroit, quoiqu'elle ne pût approuver la révolte des Bohémiens : et comme elle avoit pris sous sa protection le duc de Savoie, en réduisant le roi d'Espagne à le laisser en paix, ce marquis ne crut pas devoir refuser ce qu'on lui proposoit. Cette conduite pensa dans la suite des temps élever la maison d'Autriche à la monarchie universelle, à laquelle on sait qu'elle aspiroit.

Le cardinal de La Rochefoucauld, M. de Béthune et le père de Bérulle s'acquittèrent si bien de leur négociation, que les différends que le Roi et la Reine sa mère avoient ensemble furent terminés. M. d'Epernon fut compris dans le traité, et cette princesse s'en alla à Tours, où le Roi s'étoit rendu pour la voir. Elle fut ensuite à Angers, cette ville lui ayant été donnée pour une place de sûreté. Le prince de Piémont, qui venoit d'épouser madame Christine de France, y vint saluer la Reine après que Madame l'eut vu partir. Elle se rendit à Turin, où l'on lui fit une magnifique réception.

Pendant qu'on traitoit avec la Reine, on négocioit aussi avec le prince de Condé; et Luynes, croyant qu'on pouvoit s'y fier, fit résoudre le Roi à aller à Compiègne, et ensuite à Chantilly, où ce prince rentra dans les bonnes grâces de Sa Majesté. Ce monarque, peu de jours avant son départ pour Tours, me permit de traiter de la charge de maître des cérémonies et de prévôt de ses ordres. Il voulut ajouter à cette grâce celle d'en payer lui-même la plus grande partie du prix. Je me crois obligé de dire ici que

Luynes, qui en usoit honnêtement avec moi, m'aida de ses bons offices; et cependant j'avois très-peu de part à sa confiance, parce que je n'ai jamais voulu dépendre des favoris. C'est une chose dont je ne puis me repentir, quoiqu'elle ait servi d'un grand obstacle à ma fortune.

[1620] La Reine-mère, dans le voyage qu'elle fit pour se rendre auprès du Roi, fut suivie par l'évêque de Luçon, qui, pour sortir d'Avignon où il avoit été relégué, avoit accepté le parti qu'on lui avoit proposé de se rendre auprès de cette princesse, dans l'espérance que ce prélat n'y seroit pas inutile, et auroit le pouvoir par son esprit de détruire dans celui de la Reine le duc d'Epernon. Luynes et ceux dont il prenoit conseil étoient persuadés qu'il y avoit plus à craindre de l'un que de l'autre, et cela avec d'autant plus de raison que l'évêque de Luçon réussit à faire perdre tout le crédit de ce duc, qui ne laissa pas pour cela de rester toujours dans les intérêts de la Reine. Le prince de Condé fut tout-à-fait mis en liberté; et Luynes, comme duc et pair depuis cinq ou six mois, persuada le Roi de faire une promotion de chevaliers de ses ordres. Quel embarras le grand nombre de prétendans n'auroit-il pas causé, si l'on ne s'étoit servi d'un expédient qui avoit été autrefois mis en usage? C'étoit que le Roi laisseroit à la liberté du chapitre le choix de ceux qui avoient été nommés pour remplir les places vacantes.

Il fut indiqué à Saint-Germain-en-Laye, où l'on en fit l'ouverture; et le Roi y déclara ses intentions, qui étoient de faire quatorze chevaliers, dans le nombre desquels les ducs étoient compris. Luynes ne voulut point s'assujettir aux règles pratiquées par les autres, parce que tous les grands seigneurs dépendoient de lui, ni le comte de Rochefort son beau-frère : ce qui parut tout-à-fait extraordinaire. On laissa une entière liberté aux commissaires : nous n'étions que dix-sept, et nous en reçûmes par nos suffrages quarante-cinq, et entre autres un cardinal et quatre prélats. On reçut aussi le marquis de Mouy, qui s'étoit retiré du service de la Reine-mère, l'évêque de Luçon n'ayant pu souffrir la liberté que ce seigneur et quelques autres prenoient de blâmer le choix qu'elle avoit fait de son frère (1), à leur exclusion, pour commander dans Angers. Celui-ci fut tué par Thémines, dans le temps que cette princesse étoit à Angoulême. Sa Majesté ne fut pas plus tôt à Angers qu'elle fut sollicitée de plusieurs endroits pour rétablir son autorité. Le duc de Mayenne et le cardinal de Guise se déclarèrent pour elle, et attirèrent dans leur parti le comte de Soissons et M. de Vendôme. Celui-ci sortit de Paris avec le grand prieur son frère. Il passa par Vendôme, et il se rendit à Angers. On publia, pour la justification de ces princes, des écrits qui ne servoient qu'à les faire blâmer ; et l'on fit de toutes parts des levées de gens de guerre.

Le duc de Longueville crut pouvoir faire déclarer la ville de Rouen ; mais il fut obligé d'en sortir, et de se retirer à Dieppe. Les bons serviteurs du Roi le conjurèrent de s'avancer pour s'assurer de la fidélité des habitans de cette ville ; et cependant ce monarque entra dans le parlement, et régla la maison de ville de

---

(1) *De son frère* : le marquis de Richelieu, frère aîné de l'évêque de Luçon.

telle manière qu'il n'y eût rien à craindre dans la suite.

On agita si Sa Majesté iroit dans la basse Normandie ou bien à Dieppe ; et je me souviens d'avoir entendu dire au prince de Condé qu'il avoit été d'avis qu'on fît le siége de Caen, par la seule raison qu'il haïssoit le grand prieur. Il est certain qu'il fit dire à M. de Longueville qu'il avoit empêché celui de Dieppe, parce qu'il étoit dans ses intérêts. Celui de la ville de Caen ne se trouva ni difficile ni de longue durée, cette ville n'ayant point de munitions de guerre, ni une garnison capable de faire une forte résistance : de manière que le corps de ville vint au devant du Roi. Le commandant reçut Sa Majesté dans le château, et Matignon vint s'excuser de l'intelligence qu'il avoit eue avec M. de Longueville. Les plus grands seigneurs du pays firent la même chose ; et cette province ayant été calmée, le Roi alla en Anjou.

Bassompierre amena avec lui les troupes qu'il commandoit en Champagne ; les recrues des gardes arrivèrent, et l'on fut bientôt en état de chercher les ennemis et d'attaquer leurs places. On ne laissa pas cependant de parler d'accommodement ; et l'évêque de Luçon disposa les choses d'une telle manière que tout l'avantage fut de son côté.

La négligence des députés du Roi donna lieu à l'attaque d'un retranchement que les ennemis avoient fait devant le Pont-de-Cé. Le duc de Retz, piqué de ce que l'accommodement de la Reine s'étoit fait sans sa participation, se retira ; et ce retranchement n'ayant point assez de troupes pour se bien défendre ne resta pas long-temps sans être forcé. Saint-Aignan y fut pris prisonnier, et pensa y périr ; mais la Reine empêcha les princes et la noblesse qui avoient embrassé ses intérêts, et qui se tenoient à Angers, d'en sortir. Ils parurent en escadron; et cependant ils n'osèrent attaquer les troupes du Roi, qui avoient ordre de les charger s'ils faisoient mine de s'avancer au secours des leurs. On dit que l'évêque de Luçon s'étoit conduit avec tant d'adresse, qu'il se justifioit de la paix qu'il avoit conclue, en la faisant paroître nécessaire.

Du Pont-de-Cé, le Roi se rendit chez Brissac, qui fut le lieu de l'entrevue; et après que la Reine eut salué le Roi son fils, étant accompagnée des princes et des grands seigneurs qui l'avoient suivie, on se fit des excuses de part et d'autre, et en particulier sur tout ce qui s'étoit passé. Le Roi reçut parfaitement bien le duc de Retz, qui lui fut présenté par le cardinal son oncle. Ceux que la publication de la paix étonna le plus furent les ducs de Mayenne et d'Epernon, qui se trouvoient par là dans la nécessité de congédier leurs troupes. Mais leur surprise ne fut pas moindre d'apprendre que le Roi avoit eu dans la ville de Tours une seconde entrevue avec la Reine sa mère, et que Sa Majesté prenoit incessamment le chemin de la Saintonge et de la Guienne. Le duc d'Epernon, faisant alors, comme on dit, de nécessité vertu, vint au devant du Roi, l'accompagna à Saint-Jean-d'Angely, dont les portes lui furent ouvertes, et y donna ses ordres en qualité de gouverneur. Le Roi s'assura de Blaye en passant, et en tira d'Aubeterre (1) pour le faire maréchal de France. Sa Majesté fit peu de séjour à Bordeaux; mais elle s'arrêta à Preignac, où elle

---

(1) *D'Aubeterre :* François d'Esparbez de Lussan, vicomte d'Aubeterre.

attendit des nouvelles de ce qui se passoit en Béarn. Peu de personnes ignorent que la reine Jeanne, mère de Henri-le-Grand, avoit, du vivant de son mari Antoine, embrassé la religion prétendue réformée, et banni ensuite de ses Etats l'exercice de la catholique, s'étant approprié les biens ecclésiastiques, dont elle avoit disposé en faveur des ministres et des académies qu'elle avoit fondées pour l'instruction de la jeunesse, et pour l'élever dans la même religion qu'elle professoit. Peu de personnes ignorent aussi que le Roi son fils s'étoit emparé de ces biens dont sa mère avoit disposé, en laissant toutefois toucher les revenus pour les usages auxquels ils avoient été auparavant destinés. J'ajouterai encore que l'une des conditions que le pape Clément VIII avoit exigées du roi Henri-le-Grand, en lui donnant l'absolution, étoit qu'il rétabliroit le libre exercice de la religion catholique dans ce qu'il possédoit du royaume de Navarre et de la principauté de Béarn qui étoit divisée en six portions. On avoit donc assigné aux catholiques, dans chaque justice de la basse Navarre, un lieu pour faire en liberté l'exercice de leur religion ; et le prince fournissoit de son vivant aux évêques, abbés et prêtres, de quoi s'entretenir par forme de pensions ; mais ils ne laissoient pas toutefois de solliciter la main-levée des biens ecclésiastiques. L'édit en fut à la fin dressé par le crédit du garde des sceaux Du Vair et de quelques autres du conseil. On ne sait point si ce fut par principe de religion, ou bien pour faire de la peine au chancelier, que le garde des sceaux s'y détermina ; mais ce qui est de certain, c'est que, quelque diligence que pût faire le conseil ordinaire de Pau, composé d'officiers de la religion prétendue réformée, l'enregistrement lui en fut toujours refusé ; et, pour intimider les commissaires nommés pour en solliciter l'exécution, l'on avoit souffert qu'une troupe d'écoliers fît venir dans les rues de Pau un grand nombre d'archers qui, ayant menacé les commissaires, les avoient obligés à se retirer. Cependant La Force (1), gouverneur de la province, se rendit à Bordeaux pour s'excuser d'avoir pris le parti de la Reine, et demanda des lettres de jussion, moyennant quoi il se faisoit fort de faire recevoir l'édit de main-levée : ce qui lui fut accordé ; et parce que le sceau de Navarre étoit resté entre les mains du chancelier qui l'avoit gardé en remettant celui de France, on le scella de celui-ci : de quoi le garde des sceaux fit paroître beaucoup de joie. Cet édit fut présenté par La Force qui disposa les esprits à se soumettre, et dépêcha un courrier au Roi pour l'assurer qu'il recevroit dans peu une très-bonne nouvelle. Sur cette assurance, Luynes fit donner les ordres pour le départ des équipages, dont le bruit se répandit en Béarn. Cependant les officiers catholiques et quelques-uns de la religion prétendue réformée furent d'avis qu'on suspendît l'exécution des ordres du Roi ; mais, ayant été maltraités par La Force, ils ne songèrent plus qu'aux moyens d'abaisser son pouvoir : à quoi ils ne crurent pas réussir, à moins que le Roi ne fît le voyage de Béarn. Pour l'y attirer, ils cabalèrent avec plusieurs de leurs confrères, et firent rendre un arrêt qui déclara qu'il n'y avoit point de lieu à l'enregistrement de l'édit. Ils furent poussés en

---

(1) *La Force* : Jacques Nompar de Caumont. Il fut fait maréchal de France en 1622.

cela par des personnes zélées qui ; croyant Sa Majesté déjà partie ou du moins à la veille de partir, s'imaginèrent qu'ils pouvoient maintenir les choses comme elles étoient. La Force se plaignit des serviteurs du Roi qui rendoient compte des raisons qu'ils avoient eues d'être de l'avis qui avoit prévalu, étant appuyés par le garde des sceaux. Enfin ils firent si bien que Sa Majesté se détermina à aller en Béarn ; et Luynes, qui ne pouvoit souffrir que Montpouillan (1), fils de M. de La Force, revînt à la cour sous le moindre prétexte, parce que le Roi lui avoit toujours témoigné de la bonne volonté, anima ce monarque contre le père et contre ses enfans. On m'ordonna de prendre les devants pour préparer toutes choses pour la réception de Sa Majesté; et je partis de Roquefort, d'où je me rendis à Pau peu de jours après. Le Roi n'y fut pas plus tôt arrivé qu'il y fit assembler les Etats. La Force prétendit que c'étoit à lui à expliquer les intentions de Sa Majesté : à quoi le garde des sceaux s'opposa, en remontrant que cela étoit dû à sa charge ; et celui-ci l'emporta sans avoir pourtant la permission de parler assis, parce que c'est la coutume en Espagne qu'il n'y a que le Roi qui le soit, et que les députés de *las Cortes*, c'est-à-dire des Etats, et les officiers du prince demeurent debout à ses pieds.

Le monarque les assura qu'il vouloit observer les *fors* (c'est ainsi qu'ils appellent leurs priviléges), et confirma les grâces qu'il avoit accordées aux religionnaires d'être payés sur les domaines des sommes qu'ils tiroient des revenus des biens ecclésiastiques. Il réso-

---

(1) *Montpouillan* : Jean de Caumont avoit été favori de Louis XIII avant de Luynes.

lut aussi d'aller voir Navarreins, qui est une place fortifiée par les rois de Navarre, dans le dessein de s'en rendre le maître. Mon avis étoit que l'on renforçât de trois compagnies la garnison de cette place, et que ces compagnies monteroient la garde tour à tour, afin de pouvoir mieux cacher le dessein de Sa Majesté. Les catholiques ayant souhaité que je restasse à Pau pour y faire enregistrer la réponse que le Roi leur avoit faite, ils obtinrent ce qu'ils demandèrent, car le conseil s'y conforma ; et ils prirent en bonne part la réprimande que je leur fis de ce qu'ils avoient plus appréhendé de châtier ceux qui méritoient punition, que de désobéir au Roi qui ne leur demandoit rien que de juste. Je me souviens que, pour les engager à ne plus suivre à l'avenir les avis des esprits mal intentionnés, je leur dis ce que César avoit répondu aux Suisses enflés d'orgueil des avantages qu'ils avoient remportés sur les Romains : *que les dieux permettent souvent que les méchans prospèrent, afin de leur faire mieux ressentir la rigueur du châtiment auquel ils doivent s'attendre.*

Le Roi fut à peine arrivé à Navarreins qu'il déclara au gouverneur le dessein dans lequel il étoit de le récompenser : ce que celui-ci refusa d'abord, mais qu'il accepta dans la suite, non pas comme une chose qui lui fût due, mais comme une marque que Sa Majesté agréoit ses services. Le monarque, en s'en retournant à Pau, laissa dans Navarreins quatre compagnies d'infanterie, jusques à ce que les soldats qui en devoient composer la garnison eussent été levés par Poyanne, qui obtint le gouvernement de cette place, et peu de temps après la lieutenance générale de Navarre, de

Béarn et de plusieurs villes considérables, comme Orthez, Senneterre, Morlac et Nuy, dans lesquelles on mit aussi des garnisons. Les choses étant ainsi réglées, Sa Majesté reprit la route de Bordeaux, passa par Saintes, et, ayant pris la poste à Mesle, se rendit en diligence à Paris, ou les Reines l'attendoient.

Ce fut alors que l'on crut la parfaite réconciliation de la mère et du fils, et que l'on reconnut que l'évêque de Luçon avoit beaucoup de crédit sur l'esprit de la Reine-mère; car, en exécution du traité, il écrivit au Pape pour avoir un chapeau de cardinal pour l'archevêque de Toulouse (1), et il obtint ensuite qu'on feroit pour lui la même demande à Sa Sainteté. C'est ainsi que ces prélats furent tous deux cardinaux dans la suite. On loua beaucoup la modération de l'évêque de Luçon, d'avoir consenti que l'archevêque de Toulouse passât le premier.

Luynes engagea le Roi à faire un voyage en Picardie, afin d'être mis par Sa Majesté en possession du gouvernement de Calais dont il avoit été pourvu. Pendant ce voyage on parla du mariage d'un neveu (2) de ce favori avec une nièce de l'évêque de Luçon. Ce fut aussi en ce temps-là, mes enfans, qu'on fit les premières propositions du mien avec madame votre mère, de l'esprit et de la conduite de laquelle je ne vous dirai rien, non plus que de ses belles qualités, qui vous sont assez connues. Mais vous ne pouvez trop l'aimer et la respecter, tant parce que les lois divines et humaines vous y obligent que par rapport à l'amitié

---

(1) *L'archevêque de Toulouse*: Louis de La Valette, fils du duc d'Epernon. — (2) *D'un neveu*: Combalet, neveu de Luynes, épousa mademoiselle de Pontcourlay, nièce de Richelieu.

qu'elle a toujours eue pour moi, et dont elle m'a donné de très-grandes preuves dans mes disgrâces et dans mes maladies. La cour étant retournée à Paris, on ne songea plus qu'à se divertir; mais les esprits remuans pensèrent à recommencer les troubles.

La Force espéra de surprendre Navarreins par l'intelligence qu'il eut avec Sensery, et peu s'en fallut qu'il n'y réussît. Il se mit en devoir de l'assiéger dans un poste où il s'étoit retiré, y étant soutenu par Poyanne. Il se sauva néanmoins contre les apparences, et par là tout redevint tranquille dans le Béarn. Les religionnaires prenant occasion de se mêler des affaires des Béarnais (ce qu'ils n'avoient jusqu'alors osé faire), ils convoquèrent une assemblée à La Rochelle. On n'y avoit point encore publié l'édit de Nantes, ni les autres qui avoient précédé en faveur de ceux de la même religion qui s'y étoient habitués. Cependant La Force, ayant entrepris en 1621 de faire recevoir à Saumur leurs députés, n'y put réussir; et d'autres députés qu'ils envoyèrent à Loudun n'y furent pas reçus non plus.

Le Roi ordonna à cette assemblée de se séparer; mais, bien loin d'obéir, elle résolut de se maintenir par les armes. Le monarque la déclara criminelle de lèse-majesté, et il ordonna qu'on fît des levées de gens de guerre. Cependant le prince de Condé, pour gagner de plus en plus l'amitié de Luynes, demanda et obtint pour ce favori l'épée de connétable (1); et l'on

(1) *L'épée de connétable:* Luynes fut fait connétable le 2 avril 1621. Ses ennemis répandirent le couplet suivant :

Je suis ce que le Roi m'a fait,
Je fais ce que je veux en France;
Car le Roi j'y suis en effet,
Et lui ne l'est qu'en apparence.

regarda comme une chose bien nouvelle qu'un homme qui n'avoit jamais tiré l'épée pour le service du Roi fût élevé à la première charge de l'épée. Il en prêta le serment entre les mains de Sa Majesté; après quoi l'on proposa au nouveau connétable de faire la guerre. Il n'eut pas de peine à s'y résoudre, espérant de la terminer promptement; et il engagea pour cet effet le Roi à se rendre en Poitou, où l'on résolut et où l'on commença presque en même temps le siége de Saint-Jean-d'Angely.

Le duc d'Epernon, après avoir fait la conquête du Béarn où Sa Majesté l'avoit envoyé, s'y rendit aussi; et, peu de jours après, cette place, qui fut défendue par Soubise (1), frère de M. de Rohan, capitula. Les huguenots, nonobstant cela, ne voulant point entendre parler de paix, la guerre fut continuée; et plusieurs villes des environs, dont les fortifications et les murailles furent rasées, se rendirent.

Le Roi s'étant ensuite avancé sur la Dordogne, la ville de Bergerac, dont les fortifications n'étoient point encore assurées, lui ouvrit ses portes; et celle de Tonneins en fit de même. On résolut le siége de Clérac, et l'on ordonna que cette place seroit reconnue par Lesdiguières (2), maréchal général des camps et armées de Sa Majesté. Cependant on fit des couvertures de feuilles et de verdure pour mettre la Reine et les dames de la cour à l'abri de l'ardeur du soleil. Les

---

(1) *Soubise:* Benjamin de Rohan, duc de Soubise. Saint-Jean-d'Angely ne se rendit qu'après un mois de siége. — (2) *Lesdiguières:* François de Bonne, duc de Lesdiguières. Il étoit alors pair et maréchal de France. Il fut fait connétable l'année suivante, après avoir abjuré le calvinisme.

gens de guerre furent commandés, les attaques ordonnées; et la cour sortit de Tonneins pour être témoin de ce qui se passeroit. Lesdiguières s'avança suivi d'un grand nombre de gentilshommes, et fut obligé de chercher un abri, parce que le Roi, la Reine et le connétable n'étoient pas encore arrivés. Les ennemis firent d'abord quelques décharges, dont il n'y eut que deux ou trois des nôtres de blessés. Lesdiguières, piqué de leur hardiesse et ne voulant pas reculer, fit monter à cheval ceux qui étoient à sa suite, et fit commander à quelque infanterie qui étoit dans le vallon de commencer l'attaque. Les ennemis la reçurent à la faveur d'une barricade qu'ils gardoient. Le haut fut gagné et perdu; le combat s'opiniâtra, et le maréchal de Saint-Geran (1) se joignit à Lesdiguières. Il lui demanda et il obtint une partie de la noblesse qui étoit auprès de lui pour soutenir les nôtres, et chacun voulut être de la partie: ce qui ne plut pas à Lesdiguières, qui ayant permis à quelques uns de nous de se détacher, le maréchal de Saint-Geran fut plus tôt aux ennemis que M. de Lesdiguières. Celui-ci m'ordonna, comme aussi au comte de Saulx son fils, et au baron de Palmor qui s'est fait depuis père de l'Oratoire, et qui avoit été lieutenant des gendarmes de M. de Nemours; il nous ordonna, dis-je, de nous porter devant lui, et aux autres de le suivre; et il nous commanda de marcher à une barricade qui étoit gardée par les ennemis, et de l'attaquer. On ne pouvoit rien voir de plus leste que l'étoit notre escadron. La noblesse étoit parée de plumes et montée

---

(1) *Le maréchal de Saint-Geran :* Jean-François de La Guiche, comte de La Palice, seigneur de Saint-Geran.

sur des coureurs équipés magnifiquement ; et le comte de Saulx, quoique vêtu de deuil, brilloit autant que les autres. Termes [1], grand écuyer de France et maréchal de camp, qui s'étoit posté sous le rideau sur le haut duquel nous étions, crut qu'il étoit de son honneur d'avoir part à la gloire que M. de Lesdiguières vouloit remporter. Il poussa à la barricade, étant accompagné seulement de deux ou trois gentilshommes. Les ennemis lui firent une décharge qui le blessa à mort ; mais ils l'abandonnèrent, nous voyant venir à son secours. Nous les poussâmes ; et étant soutenus par quelques soldats du régiment des Gardes, commandés par deux lieutenans qui furent tués, nous emportâmes une seconde barricade, où nous eûmes ordre de nous loger. Le connétable, se tenant offensé de ce qu'on avoit commencé le combat sans sa permission, blâma ce qui avoit été fait ; mais l'on m'envoya rendre compte au Roi de la nécessité qu'il y avoit eu de combattre, et Sa Majesté me parut satisfaite des raisons que je lui donnai. Il n'en fut pas de même du connétable, qui, cherchant un prétexte apparent pour blâmer notre action, n'en trouva point de meilleur que de dire qu'il n'avoit rien vu de ce qu'on exposoit au Roi. Je pris alors la liberté de représenter à ce monarque qu'il falloit qu'il se donnât la peine de se transporter sur le lieu du combat, et qu'il en jugeroit par ses yeux : ce qui étoit dire honnêtement au connétable qu'il étoit trop éloigné pour en pouvoir parler justement. Cependant on continua le siége de la place, qui capitula peu de jours après.

[1] *Termes :* César-Auguste de Saint-Lary, baron de Termes. Il étoit frère du duc de Bellegarde.

Celui de Montauban fut résolu aussitôt, sans considérer que l'armée étoit beaucoup diminuée, tant par les attaques qu'elle avoit faites que par ses longues marches; et l'on répondit à ceux qui disoient qu'elle étoit trop affoiblie, et qu'elle avoit besoin de rafraîchissement, qu'elle seroit soutenue par les troupes que commandoit M. de Mayenne, et par celles que M. de Montmorency amenoit du Languedoc.

L'armée s'avança; elle fut suivie de la cour qui, ayant resté deux jours à Agen, s'arrêta à Moissac, où elle passa la fête de l'Assomption. Le lendemain elle parut devant Montauban. Le quartier du Roi étoit à Riquier: c'est un bourg éloigné de cette ville de deux grandes lieues. Les Gardes françaises, les Gardes suisses et quelques régimens d'infanterie furent logés entre ce bourg et la place assiégée. Le maréchal de Praslin (1) commandoit la gauche, qui étoit le long du Tar, en venant vers l'abbaye de Moutier érigée en cathédrale, et qui fut depuis ruinée par les religionnaires. C'étoit dans ce lieu du Moutier que messieurs les maréchaux de Lesdiguières et de Saint-Geran, qui commandoient alternativement avec le duc de Chevreuse (2), étoient logés. M. de Mayenne, qui attaquoit le faubourg de Ville-Bourbon, étoit campé au-delà de la rivière en tirant vers Toulouse. Le siége de cette place fut très-rude, et M. de Mayenne y fut tué comme il montroit les travaux au duc de Guise.

Nous fûmes repoussés en plusieurs attaques; et, nonobstant les régimens qu'amena avec lui M. de

---

(1) *Le maréchal de Praslin*: Charles de Choiseul-Praslin. — (2) *Le duc de Chevreuse*: Claude de Lorraine, duc de Chevreuse, grand chambellan et grand fauconnier.

Montmorency, notre armée s'affoiblit de telle manière qu'on commença à parler de lever le siége, et cela avec d'autant plus de raison qu'il étoit entré dans la ville douze cents hommes de secours, qui marchoient en trois bataillons. Les deux premiers y entrèrent sans peine; mais nos gardes ayant donné sur le troisième, il fut défait. Quoique le comte d'Orval (1) eût le titre de gouverneur, tout se passoit néanmoins par les avis de La Force, qui s'étoit jeté dans la place. Il se trouva des personnes qui, ne le connoissant point, proposèrent au connétable de traiter avec lui, et qui l'assurèrent que La Force, dans l'envie qu'il avoit de rentrer dans ses charges, disposeroit les bourgeois de la ville à se rendre. Mais je dis au connétable que je ne croyois pas qu'il tirât de cette entrevue tout l'avantage qu'on lui promettoit, parce que La Force demanderoit qu'on renouvelât les édits, que la paix se fît avec son parti, et que le Roi se contentât d'une obéissance apparente. J'ajoutai que La Force ayant été bien reçu par ceux de Montauban, il se donneroit bien de garde de faire aucune proposition qui leur pût être préjudiciable.

Le connétable, ayant préféré le conseil des autres au mien, convint du lieu et de l'heure qu'il s'aboucheroit avec La Force; mais, après une longue conférence qui n'aboutit à rien, le connétable revint dans le camp, et La Force rentra dans la ville, dont le siége fut enfin levé, parce que notre armée n'avoit pas suffisamment d'hommes pour le continuer, et que la saison étoit déjà trop avancée. Il mourut pour lors

(1) *Le comte d'Orval :* François de Béthune, fils de Sully. Il embrassa depuis la religion catholique.

deux secrétaires d'Etat: le premier étoit M. de Seaux dont il a été ci-devant parlé, et dont il est aisé de faire l'éloge, ayant été d'une capacité consommée et d'une probité qui lui servit de règle dans toutes ses actions; le second fut M. de Pontchartrain, qui, de secrétaire des commandemens de la reine Marie de Médicis, étoit parvenu par son mérite, du vivant du roi Henri-le-Grand, à la dignité de secrétaire d'Etat, à laquelle succéda, après sa mort, d'Herbault son frère, trésorier de l'épargne : ce fut l'avantage que d'Herbault retira de s'être fait un grand nombre d'amis. Après cela le Roi s'en alla à Toulouse, où des personnes expérimentées lui proposèrent de passer dans le bas Languedoc, dont les places n'étoient pas encore fortifiées. On ajouta que Châtillon (1), qui étoit tout puissant dans cette province, songeroit à ses propres affaires, rechercheroit de se soumettre, et, remettant au Roi Aigues-Mortes et Peccais, donneroit un exemple qui seroit suivi par Montpellier et par plusieurs autres villes. Il se trouva aussi des personnes qui conseillèrent à Sa Majesté de descendre la Garonne pour se rendre maîtresse de Monheur, qui est une très-petite place, et dans laquelle il étoit resté plusieurs amis de Baisse, qui avoit été malheureusement assassiné pour n'avoir pas voulu manquer de fidélité au Roi. On préféra l'avis de ceux-ci, et l'on forma le siége de cette ville, pendant lequel le connétable tomba malade, et mourut peu de jours après (2) qu'elle eut été rendue.

Le prince de Condé ne fut pas sitôt averti de ce qui

---

(1) *Châtillon* : Gaspard de Coligny, petit-fils du fameux amiral de Coligny. — (2) *Et mourut peu de jours après* : Le connétable mourut

se passoit, qu'il s'avança en diligence pour se faire déclarer chef du parti opposé à la Reine-mère. Ceux qui y étoient entrés pour l'amour du connétable, qui avoit contribué à leur élévation, résolurent qu'avant l'arrivée du prince on en donneroit avis à cette princesse, qui témoigna, seulement par politique, être fâchée de sa mort.

On ne songea point encore à remplir sa charge, mais bien celle de garde des sceaux, vacante par la mort de M. Du Vair : charge que le connétable avoit exercée avec une assiduité extraordinaire; car, au lieu de se tenir au camp comme connétable, il présidoit au conseil, et tenoit le sceau, à la satisfaction des officiers, qui le méprisoient; et s'il interrompoit jamais les maîtres des requêtes qui rapportoient une affaire, c'étoit seulement pour mettre la tête à la fenêtre quand il entendoit tirer un coup de canon, et voir si le coup venoit des tranchées ou de la ville.

[1622] Le Roi se rendit avec le prince de Condé à Bordeaux avant les fêtes de Noël. Il tint conseil avec le cardinal de Retz et Schomberg, surintendant des finances, et qui exerçoit encore par commission la

---

le 14 décembre 1621. On fit sur sa mort et sur la prise de Monheur les vers suivans :

> Monheur est pris, et la Garonne
> Est remise en sa liberté;
> Toutefois le peuple s'étonne
> Du *Te Deum* qu'on a chanté
> Pour cette victoire notable,
> Vu, dit-on, que le connétable
> A trouvé la mort en ce lieu.
> Mais pour dire ce qu'il m'en semble,
> La perte et le gain mis ensemble,
> On a sujet de louer Dieu.

charge de grand maître de l'artillerie. Ils craignirent que, si Sa Majesté revenoit à Paris sans avoir disposé des sceaux, on ne les rendît au chancelier. Pour Puisieux son fils, il ne les demandoit pas pour son père, mais seulement qu'on n'en disposât point sans lui en parler. L'adresse de son esprit étoit connue du prince de Condé, qui, l'ayant offensé, comme il a été remarqué ci-devant, craignoit qu'il ne redevînt en crédit et ne se raccommodât avec la Reine-mère; car, quoiqu'il l'eût abandonnée, elle ne pouvoit oublier qu'il avoit contribué à son mariage, et que le feu Roi avoit eu jusques à sa mort une très-grande considération pour lui. Le choix en étoit d'autant plus difficile, qu'il y avoit pour lors à la suite de la cour très-peu de personnes dignes de cette charge, laquelle fut enfin donnée à M. de Vic, ancien conseiller d'Etat, mais qui ne la posséda que très-peu de temps, comme on le verra dans la suite de ces Mémoires. Le nouveau garde des sceaux alla, en arrivant à Paris, descendre chez le chancelier, de qui il fut très-bien reçu. Il ne pouvoit rien arriver, dans la conjoncture présente, de plus avantageux à ce chef de la justice, à moins qu'on ne lui rendît les sceaux à lui-même, que de les voir entre les mains de M. de Vic (1), qui étoit un médiocre sujet et un esprit foible. On remarqua, devant même que le Roi fût de retour à Paris, que quelques dames qui avoient de grands accès auprès de la Reine entretenoient entre elles d'étroites liaisons : ce qui servit de prétexte pour en éloigner quelques-unes, et pour faire tomber la charge de dame

---

(1) *M. de Vic:* Mery de Vic, seigneur d'Ermenonville.

d'honneur de Sa Majesté à la comtesse de Lanoy. On se servit du prince de Condé pour faire entendre au Roi qu'il y alloit de son service de faire retirer de la cour la veuve du connétable, mademoiselle de Verneuil et quelques autres dames ; mais le conseil du prince ne fut suivi que dans ce qui regardoit l'éloignement de quelques-unes, car on lui refusa ce qu'il demandoit pour la connétable de Montmorency, belle-mère de sa femme, qui étoit fâchée qu'elle rentrât dans la charge de dame d'honneur qu'elle n'avoit plus voulu exercer, quand madame de Luynes fut pourvue de celle de la surintendance de la maison de la Reine. Le crédit de Puisieux parut beaucoup en cela, car il fit donner la préférence à une dame qui avoit toutes les qualités nécessaires pour remplir dignement cette charge, mais non pas tant de mérite que la connétable, qui sans contredit effaçoit toutes les autres dames de la cour. Après tous ces changemens, le Roi fut passer les fêtes de Pâques à Blois ; et ayant été averti que Soubise, frère de M. de Rohan, s'avançoit avec des troupes et faisoit contribuer, vers La Rochelle, le pays d'Aunis, le Poitou et la Saintonge, Sa Majesté se rendit promptement à Nantes, et alla en diligence dans le bas Poitou. Soubise, posté dans un lieu très-avantageux pour lui, et de très-difficile accès pour les troupes du Roi, fit mine de se vouloir défendre, ayant même coupé toutes les avenues de l'île de Ré ; mais, aux approches du Roi, ce seigneur, après avoir fait semblant de combattre, prit la fuite, et abandonna les siens à la merci des troupes de Sa Majesté, qui, ayant passé un endroit qu'on appelle le Grand-Bras, donna la charge aux ennemis, et ordonna qu'on épargnât le sang de ses sujets : ce qui acquit au Roi autant de gloire qu'auroit pu faire la victoire qui lui fut dérobée en partie par Soubise, qui craignoit de tomber entre ses mains. Le prince de Condé commandoit l'armée sous les ordres du Roi, et avoit avec lui le comte de Soissons, les maréchaux de Praslin et de Saint-Geran, et un grand nombre d'officiers subalternes. Le Roi logea à Apremont, et résolut d'aller ensuite en Saintonge pour y faire le siége de Brian, place située sur la Gironde, et qui étoit regardée comme très-importante. Sa Majesté l'attaqua et s'en rendit la maîtresse ; mais comme elle me commanda de suivre en Guienne le prince de Condé, je ne puis rien dire des exploits de ce monarque, ni faire la description d'une attaque où il périt quantité de gens de marque qui voulurent empêcher La Force et les autres chefs du parti huguenot de reprendre une brèche.

Le Roi, en partant de cette province pour retourner à Paris, laissa deux généraux, le duc d'Elbœuf pour commander dans la basse Guienne, et dans la haute le maréchal de Thémines, dont les deux enfans avoient été tués l'année précédente : l'aîné au siége de Montauban, et le cadet à celui de Monheur. On donna ordre à ces deux généraux de s'entr'aider. La Force étant résolu de continuer la guerre, M. d'Elbœuf l'assiégea presque dans sa propre maison. La Force, qui s'avança pour la secourir, fut défait ; et néanmoins sa maison, qui ne fut pas prise, resta en neutralité, à la prière de la noblesse du Périgord.

M. d'Elbœuf, ayant résolu de faire le siége de Tonneins, vint joindre le maréchal de Thémines avec les troupes qu'il commandoit. Ils firent ensemble les approches, et gagnèrent quelques dehors. La Force, venu au secours, fut défait, et le siége continué. On peut dire que si Tonneins fut bien attaqué, il se défendit bien aussi; et outre que les assiégés firent des choses extraordinaires, le Roi, qui en fut averti, et qui craignoit que les assiégeans n'y reçussent quelque affront, parce que la vigoureuse résistance des ennemis avoit beaucoup affoibli son armée, résolut de la renforcer; et pour cela Sa Majesté détacha quelques régimens de cavalerie et d'infanterie de la sienne, sous le commandement du prince de Condé, avec ordre de se rendre maître de la place à quelque prix que ce fût, d'en faire un exemple, et d'écouter les raisons de La Force s'il vouloit traiter. Il demanda que je le suivisse, et cela lui fut accordé. Il me fut donné pouvoir d'offrir à La Force le bâton de maréchal de France et deux cent mille écus. On crut que je serois plus propre que tout autre à cette négociation, parce que mon père étoit son ancien ami, et que je lui avois rendu service en plusieurs occasions.

A peine M. le prince fut-il arrivé à Bordeaux, qu'il y apprit avec chagrin que Tonneins s'étoit rendu par composition à d'Elbœuf et à Thémines. On lui ordonna de prendre des vaisseaux des Etats-généraux, pour les faire équiper devant Royan; et les capitaines hollandais faisant difficulté de les abandonner, on attaqua ceux de leurs marchands : mais ils baissèrent leurs pavillons à la faveur de la marée, après avoir tiré quelques volées de canon, pour faire voir qu'ils ne craignoient point notre artillerie.

Il ne restoit plus rien à faire dans la basse Guienne,

après la reddition de Tonneins, que d'attaquer Sainte-Foy. On manda donc au prince de Condé de tâcher à faire capituler cette place avant l'arrivée du Roi, qui ayant déjà pris Royan marchoit par le même chemin que nous. Je fis alors savoir à La Force qu'ayant ordre de lui parler, je lui demandois une entrevue dans un endroit d'ou je pusse me retirer sûrement si je ne concluois rien avec lui. Il y consentit, et il me donna un rendez-vous à La Bouse, qui est distante de Sainte-Foy de deux heures de chemin. Nous ne convînmes de rien le premier jour, car il me proposoit de donner liberté de conscience aux protestans; et moi je lui disois qu'en s'accommodant il assureroit sa fortune et celle de sa famille, et qu'il procureroit aux habitans de Sainte-Foy des conditions avantageuses, qu'ils méritoient d'autant plus qu'ils lui avoient donné retraite : ce que n'avoient point fait ceux de Montauban, qui l'avoient payé d'ingratitude après avoir défendu et sauvé leur ville. Nous nous retirâmes ensuite, et nous convînmes pourtant de nous revoir dans un camp. Il allégua pour raison qu'il ne devoit pas s'éloigner de la place qu'il commandoit, et qu'il en pouvoit être blâmé, parce que le prince de Condé lui avoit fait savoir qu'il en feroit bientôt les approches. Cela l'obligea même à mettre le feu à un faubourg; mais, comme nous ne pouvions pas parler en sûreté dans l'endroit où nous étions, il me proposa d'entrer dans la ville sur sa parole : à quoi je consentis. Je refusai cependant l'offre qu'il me fit de me montrer les fortifications de la place, en lui disant que, comme elles n'étoient pas achevées, je serois obligé d'en rendre compte, et que, ne les ayant point considérées; je les pouvois croire en état de défense. Il m'a avoué depuis que je lui fis plaisir de ne le pas prendre au mot, et qu'il reconnut qu'il s'étoit trop avancé. Comme donc il vit qu'il ne pouvoit rien obtenir pour les églises protestantes, dont il me dit qu'il n'étoit point autorisé, nous parlâmes des intérêts particuliers de la ville de Sainte-Foy ; et j'en usai si bien que je m'attirai par là la confiance des habitans. Je refusai d'abord une abolition qui me fut demandée pour Savignac-Damesse, qui avoit assassiné Baisse; mais enfin je lui promis qu'il auroit la liberté de se retirer: ce qui l'apaisa, et contenta quelques-uns de ses parens et amis qui étoient restés dans la ville avec lui. Pour ce qui est de La Force, il se tint ferme quand il fut question de parler de ce qui le regardoit, ayant été averti par le prince de Condé de ce que j'avois pouvoir de lui offrir. Il s'en tenoit même si assuré qu'il tâchoit à m'engager de lui offrir davantage; mais je me servis d'une ruse opposée à la sienne, en disant que ce qu'il croyoit n'étoit pas vrai. Mais enfin nous tombâmes d'accord que j'irois rendre compte au Roi, et que s'il plaisoit à Sa Majesté de lui accorder ce qu'on lui avoit fait espérer, et même davantage, qu'il en seroit très-content. Je me retirai ensuite, et je fis une si grande journée que je me rendis de Sainte-Foy à Montlieu, où étoit le Roi. Je lui dis les choses dont La Force m'avoit chargé, et j'obtins de Sa Majesté qu'elle hâteroit sa marche; et comme je fus averti que le prince de Condé m'avoit accusé d'être dans les intérêts de La Force, je crus ne pouvoir mieux faire que d'engager celui-ci à rendre sa place au Roi, et non pas à ce prince.

En entrant dans la ville pour la seconde fois, je trouvai que les ministres avoient soulevé le peuple. Je crus alors que les peines que je m'étois données deviendroient inutiles, et que La Force, qui s'étoit mis au lit, faisoit semblant d'être malade; mais je vis qu'il l'étoit en effet d'une fièvre qui pensa l'emporter peu de jours après. Cependant je ne jugeai point que j'eusse d'autre parti à prendre que d'user de menaces avec ceux que je ne pouvois persuader, et de tâcher à gagner les autres le mieux qu'il seroit possible. Mais comme j'avois beaucoup à craindre, tant de l'inconstance du peuple que du soin que les ministres prenoient de l'animer, je me retirai dans la maison qui m'avoit été préparée, en attendant le point du jour pour en sortir. La Force et les habitans n'ayant pas voulu qu'on ouvrît les portes pendant la nuit, les plus séditieux tinrent cependant conseil; mais la nouvelle qui se répandit que le Roi s'approchoit donna de la crainte aux plus déterminés. On m'avertit alors que les ministres demandoient à me parler : et comme je ne savois point si c'étoit pour me préparer à la mort, on ne peut être plus surpris que je le fus de la demande qu'ils me firent de leur donner des passe-ports pour se retirer en telle ville qu'ils voudroient de l'obéissance du Roi. Je leur accordai dans le moment leur demande, et le lendemain je me rendis auprès de Sa Majesté, et lui présentai d'Aymet, fils de La Force, pour servir de caution de la fidélité de son père. Peu de temps après que cet otage eut été remis entre les mains du Roi, nous eûmes nouvelle que les troupes de Sa Majesté étoient entrées dans la ville, et qu'on se préparoit à recevoir le Roi lui-même.

Pour signaler sa piété, ce monarque, au lieu d'aller à l'église, descendit dans une place qui avoit été autrefois consacrée à Dieu; et la fête du Saint-Sacrement, qui arriva le lendemain, y fut solennisée avec un éclat et une pompe surprenante. Ce fut assurément une belle chose à voir que le triomphe de Jésus-Christ dans le temps et dans le lieu même où il avoit été le plus blasphémé.

Le Roi partit de Sainte-Foy après y avoir mis une garnison et établi des consuls. Il alla ensuite à Agen, et, ayant passé par Moissac, il résolut de se rendre en Languedoc. Les habitans de Montauban furent bien aises de voir qu'on n'investissoit point leur ville : mais Negrepelisse ayant eu l'insolence de refuser aux fourriers du Roi l'ouverture de ses portes, elle fut prise d'assaut, pillée et brûlée. On pendit et massacra les hommes, on viola les femmes et les filles. Douze des principaux de ces misérables, qui, après s'être retirés dans le château, s'étoient rendus à discrétion, furent pendus comme les autres pour rendre l'exemple plus parfait.

La garnison et la bourgeoisie de Saint-Antonin ayant capitulé parce que ses dehors furent emportés brusquement, le Roi ordonna que cette place seroit rasée et démantelée, afin d'apprendre à la postérité que ces sortes de villes, quoique fortifiées, ne doivent jamais avoir l'audace de tenir devant une armée royale, et à plus forte raison quand un roi légitime la commande lui-même en personne. Le chemin de Sa Majesté pour aller en Languedoc étant de passer par Toulouse, elle s'y arrêta quelques jours, et ensuite à Castelnaudary pour rétablir sa santé altérée par tant de fatigues. Le cardinal de Retz mourut pendant le séjour que le Roi fit dans cette ville. Après la mort de Luynes, il avoit travaillé à se rendre maître de la faveur de Sa Majesté ; mais il ne se trouva pas assez fort, parce que le Roi, aidé du conseil de quelques courtisans, vouloit essayer alors de ne plus être gouverné. Sa Majesté alla ensuite à Béziers pour y laisser passer les grandes chaleurs. On crut pour lors que ce monarque songeroit à la paix, et cela parce que, bien que le prince de Condé, Schomberg et quelques autres fussent d'avis qu'on continuât la guerre, leur parti étoit affoibli, et celui de Puisieux fortifié par un contre-coup des amis de Bassompierre qui faisoient dire à Lesdiguières ce qu'ils vouloient, c'est-à-dire qu'il ne respiroit rien tant que la paix ; et pour empêcher qu'il ne se déclarât en faveur des huguenots, le Roi lui avoit envoyé du Poitou, où il étoit pour lors, offrir l'épée de connétable et tous les autres avantages qu'il possédoit dans sa religion, pourvu qu'il voulût embrasser la catholique, et faire en sorte que les religionnaires du Dauphiné restassent dans l'obéissance qu'ils devoient au Roi, aussi bien que les places dont Lesdiguières avoit le gouvernement avant qu'il se déclarât. Tout cela lui fut proposé par Bullion, ancien conseiller d'Etat, qu'on lui envoya exprès.

Lesdiguières voulut, avant que de se déterminer, se faire instruire et se convaincre des vérités de notre religion ; mais à force d'en être sollicité par sa femme [1] et par Créqui son gendre, il en fit enfin profession. Le Roi lui envoya aussitôt l'ordre du Saint-

---

(1) *Par sa femme :* Marie Vignon, marquise de Treffort. Lesdiguières avoit soixante-quatorze ans lorsqu'il l'épousa en 1617.

Esprit, ayant fait expédier une commission à messieurs de Créqui et de Saint-Chaumont pour faire la cérémonie dé lui donner la croix et le collier, et le revêtir des habits. Cela se fit à Grenoble, où d'Alincourt, gouverneur du Lyonnais, se rendit. Créqui se hâta de porter au Roi la nouvelle de ce qu'avoit fait M. de Lesdiguières, et qu'il ne manqueroit pas de le suivre bientôt, pour rendre à Sa Majesté les services auxquels il étoit obligé par sa naissance et par toutes les dignités dont elle avoit bien voulu l'honorer.

Il n'y eut que le seul duc d'Epernon, qui avoit suivi le Roi dans son voyage, qui y trouvât à redire; mais ce fut sans faire aucun éclat, par discrétion. Il disoit seulement à ses meilleurs amis qu'il étoit surprenant qu'on eût si fort élevé un homme qui s'étoit toujours trouvé dans toutes les brouilleries de l'Etat, et qui n'avoit pu encore effacer par ses services le mal qu'il avoit fait. Mais, d'autre côté, l'avantage qui en pouvoit résulter, en ce que les catholiques rentrèrent dans les places dont le connétable étoit gouverneur, et qui étoient occupées auparavant par des huguenots; tout cela, dis-je, obligeoit peut-être M. d'Epernon à taire son mécontentement.

Le Roi partit de Béziers, et s'approcha de Montpellier; mais il passoit outre avec douleur, ayant toujours le dessein d'en faire le siége. L'envie qu'il en avoit fut augmentée par ceux qui approchoient de Sa Majesté, et leur avis fut préféré à celui de ceux qui en proposèrent un contraire. La ville fut donc investie, le quartier du Roi établi à Castelnau, et le siége en fut commencé. Ceux qui étoient dans la place et la bourgeoisie se résolurent à une bonne défense. M. de

Rohan leur promettant du secours, et les assiégés ayant eu d'abord quelque avantage, Créqui s'avisa de dire que cette place étoit attaquée par l'endroit le plus foible. Bassompierre, à qui un semblable discours déplaisoit, soutint modestement le contraire, pour ne pas faire de peine à Puisieux, et proposa au Roi d'écouter les propositions de paix que Créqui lui faisoit par l'ordre du connétable. La crainte qu'on avoit de ne pas être plus heureux qu'on ne l'avoit été l'année dernière fit que l'on écouta les propositions, quoique Châtillon, à qui on donna ensuite le bâton de maréchal de France, eût remis au Roi Aigues-Mortes et Peccais, où se fait le sel qui se débite dans le Languedoc et dans le Lyonnais : ce qui rend cette place très-considérable ; et d'ailleurs elle est telle par son assiette, car les marais l'environnent en plusieurs endroits. Autrefois c'étoit un port ; mais la mer s'étant retirée, il s'est trouvé une grande distance entre le rivage et ses murailles.

Le prince de Condé fit cependant tout ce qu'il put pour obliger le Roi à continuer la guerre. Il crut, aussi bien que Schomberg et quelques autres de la cour du nombre desquels j'étois, que le chancelier étoit disgracié et le crédit de Puisieux tombé, parce que le Roi avoit résolu de donner à M. d'Aligre [1] les sceaux, qui étoient vacans par la mort de M. de Vic. On avoit si bien concerté les choses, que le jour avoit été même arrêté pour lui en expédier les provisions et lui en faire prêter le serment ; mais l'exécution en ayant été

---

[1] *M. d'Aligre :* Il ne fut fait garde des sceaux qu'en 1624. Quelques mois après il eut la charge de chancelier, vacante par la mort de Sillery.

différée faute de cire pour les sceller, ceci vint à la connoissance de Puisieux (1) qui s'en plaignit, et qui se servit du même artifice qui lui avoit déjà réussi l'année précédente. C'étoit qu'il ne demandoit pas qu'on rendît les sceaux à son père, mais qu'on ne les donnât point à un de ses ennemis, tel qu'étoit M. d'Aligre, qu'on savoit être dans les intérêts de la maison de Soissons. Enfin Puisieux obtint que les sceaux seroient donnés à Caumartin (2), qui étoit le plus ancien conseiller d'Etat de ceux qui se trouvèrent à la suite de la cour. Le nouveau garde des sceaux étoit un homme de mérite, mais que les plus habiles gens n'avoient pas cru capable de monter à une telle dignité par son esprit et par sa capacité. Cependant M. d'Aligre étoit fort considéré du Roi.

Sa Majesté jugeant bien que la prise de la place qu'on assiégeoit étoit fort incertaine, et que cette conquête lui attireroit autant de peine que de profit, elle consentit aux propositions que l'on fit d'accommodement, pourvu qu'elle fût maîtresse de Montpellier, c'est-à-dire qu'elle y pût mettre une garnison, en conservant néanmoins aux habitans leurs priviléges, et promettant de ne rien innover touchant l'hôtel-de-ville, dont les catholiques ne seroient cependant point exclus; que les édits renouvelés, et généralement toutes les grâces accordées ci-devant à ceux de la religion prétendue réformée, et dont ils ne s'étoient pas rendus indignes, leur seroient accordées; qu'on leur continueroit les places de sûreté, mais que celles qui

---

(1) *Puisieux :* Il étoit le fils du chancelier de Sillery.— (2) *Caumartin :* Louis Le Fevre, seigneur de Caumartin. Il fut fait garde des sceaux devant Montpellier le 23 septembre 1622.

avoient été prises ne leur seroient point rendues. Le prince de Condé n'ayant pu parer un tel coup s'emporta contre Puisieux et Bassompierre. Il blâma le connétable et le maréchal de Créqui, et partit pour faire son voyage d'Italie, sous prétexte d'accomplir un vœu à Notre-Dame-de-Lorette.

Après la réduction de la ville de Montpellier, le Roi y entra et y fit quelque séjour. Il y mit quatre compagnies d'infanterie des régimens de Picardie et de Normandie, dont il donna le commandement, aussi bien que de la ville, à Valençai, beau-frère de Puisieux, qui étoit chevalier de l'ordre, et qui avoit servi de maréchal de camp. Il étoit si digne de cet emploi, et il s'en acquitta si bien, qu'il fit en sorte que cette ville demanda d'elle-même qu'on y bâtît une citadelle, voyant bien qu'elle ne seroit jamais sans cela déchargée d'une garnison qui l'incommodoit beaucoup.

M. de Rohan ayant voulu s'en rendre maître par surprise, Valençai le découvrit, et peu s'en fallut que l'on n'en vînt aux armes; mais comme on parlera de ceci dans un autre endroit, je dirai seulement ici en passant que cela doit suffire à ceux qui liront ces Mémoires, pour leur faire comprendre que, quelque paix que les huguenots aient signée, ils n'ont jamais eu d'autre intention que d'y contrevenir quand ils le pourroient; et qu'ils ont toujours été dans le dessein, ou de former une république, ou de diminuer au moins l'autorité du Roi, de telle manière qu'ils ne fussent obligés de s'y soumettre qu'autant qu'ils le voudroient et qu'il pourroit convenir à leur intérêt. Mais il leur est arrivé ce qui arrive toujours dans les communautés mal réglées, où la multitude se jette souvent dans l'anarchie : c'est que leurs propres passions ont contribué à détruire leurs projets.

Le Roi fit après cela le voyage de Provence, où l'on lui proposa quelques changemens; mais le tout ayant été bien examiné, il crut qu'il y alloit de l'intérêt de son service de laisser les choses comme elles étoient. Sa Majesté prit ensuite le chemin du Dauphiné, et de là se rendit à Lyon où la Reine l'attendoit, et où la princesse de Condé lui avoit amené mademoiselle de Verneuil, dont le mariage fut fait avec le marquis de La Valette, et où la duchesse de Chevreuse (1) acquit beaucoup de gloire, en épousant, toute veuve qu'elle étoit du connétable, un prince de la maison de Lorraine.

Le Roi fut reçu dans le Dauphiné par M. de Lesdiguières; mais Sa Majesté fut fort surprise quand elle sut que le parlement de Grenoble demandoit qu'on détruisît l'arsenal, et qu'on fît un changement dans les places dont ce connétable étoit gouverneur. Cependant Sa Majesté s'étant déclarée une fois en faveur de cette compagnie, et s'étant d'ailleurs souvenue du service que M. de Lesdiguières venoit de lui rendre tout nouvellement, elle consentit au tempérament que M. de Lesdiguières proposa de mettre des Suisses dans l'arsenal, en y laissant toutefois une compagnie de Français, et en y mettant un lieutenant catholique qui étant caution de ceux qui seroient dans la place, les choses demeuroient dans le même état qu'on les avoit trouvées.

[1623] On fit au Roi une belle réception en Avi-

(1) *La duchesse de Chevreuse* : Voyez les notes de la page 333 et de la page 353.

gnon, où se rendit Charles-Emmanuel, duc de Savoie, qui fit de très-beaux présens à Sa Majesté, et qui n'épargna rien pour mettre dans ses intérêts quelques-uns de ses ministres. Comme c'étoit un prince très-ambitieux et très-adroit, il fit tous ses efforts pour engager le Roi à faire la guerre ; mais s'il avoit bien su qu'autant que ce monarque avoit d'impatience d'en entreprendre quand il n'en avoit point sur les bras, autant avoit-il d'empressement à les finir quand elles étoient une fois commencées, il n'eût pas manqué de prendre toutes les précautions nécessaires pour lui servir d'assurance dans cette occasion. Il fut accompagné de Madame, sœur du Roi, laquelle vint à Lyon rendre ses devoirs à Sa Majesté et aux deux reines. On y célébra le mariage de mademoiselle de Verneuil (1) avec le marquis de La Valette ; et M. d'Epernon, qui avoit été pourvu du gouvernement de Guienne vacant par la mort de M. de Mayenne, s'étant démis de celui d'Angoumois, Saintonge, pays d'Aunis, haut et bas Limousin, s'y rendit aussi par l'Auvergne. Candale son fils, qui avoit la survivance de celui d'Angoumois et des autres dont nous venons de parler, se plaignit à ce sujet, et cela fit qu'on le partagea en deux : on donna la Saintonge et l'Aunis au maréchal de Praslin ; et à Schomberg l'Angoumois et le Limousin. Quoique ce dernier n'eût été gratifié qu'en apparence, et qu'on ne lui eût point accordé le bâton de maréchal de France, comme on avoit fait à Bassompierre, ses ennemis, suivant ce qu'il m'a dit souvent

---

(1) *Mademoiselle de Verneuil* : Gabrielle. Elle étoit fille de Henri IV et de la marquise de Verneuil. Le marquis de La Valette étoit le second fils du duc d'Epernon.

lui-même, ne laissèrent pas de travailler à le faire disgracier, mais particulièrement Bassompierre et Puisieux, qui se réunirent en cette occasion au marquis de La Vieuville (1) pour faire entendre au Roi que Schomberg avoit mal administré les finances. Ainsi, peu de jours après le retour de Sa Majesté à Paris, La Vieuville, Puisieux et le chancelier, à qui on avoit rendu les sceaux vacans par la mort de M. de Caumartin, entrèrent dans le cabinet de la Reine-mère, où l'on peut dire que La Vieuville fit parfaitement bien le personnage d'un comédien : car il jeta par terre un grand nombre d'états, d'ordonnances et plusieurs autres papiers; et l'on y prit la résolution de faire éloigner Schomberg de la cour, afin de donner la surintendance des finances à La Vieuville. On expédia donc le brevet de celui-ci, et l'on donna ordre à Schomberg de se retirer. Ce dernier, quelques jours après sa disgrâce, fut appelé en duel dans sa maison de Nanteuil par le duc de Candale. Ils se battirent à l'épée : et le second du duc ayant été tué sur la place, Schomberg, qui avoit l'avantage du combat, en usa en brave gentilhomme, et blâma Pontgibaut son neveu, qui lui servoit, parce qu'il le pressoit de s'en prévaloir. Comme Schomberg étoit aimé, et qu'on parloit avec honneur de cette action belle et courageuse, tout le monde se mit à le louer en présence du Roi, qui en entendit parler avec plaisir, ayant toujours conservé beaucoup d'estime pour lui.

Cependant Puisieux, qui ne songeoit uniquement qu'à l'établissement de sa fortune, fut bien surpris

(1) *Le marquis de La Vieuville* : Charles de La Vieuville. Il fut peu de temps après fait duc.

quand le Roi le pressa d'engager le chancelier à remettre les sceaux, qui ne lui avoient été donnés qu'à cette condition. Il est bien vrai que le fils voulut persuader qu'il en avoit sollicité son père ; mais j'avouerai que je n'en sais rien, puisque ce n'est pas une chose étonnante qu'on ignore les secrets des familles. Quoi qu'il en soit, La Vieuville, dont l'ambition étoit extrême, anima le Roi, et l'année s'écoula sans qu'il se passât rien d'extraordinaire, chacun des concurrens ne songeant qu'à supplanter son compétiteur. Ce fut dans le commencement de l'année 1623 que s'accomplit mon mariage ; et je puis dire que si Dieu a voulu me récompenser dès ce monde-ci, il l'a fait d'une manière qui m'a été très-avantageuse, en me donnant pour épouse une personne aussi distinguée par son mérite que par sa naissance, et de laquelle je me crois obligé de dire, pour rendre témoignage à la vérité, que je n'ai eu que toute sorte de satisfaction depuis trente-huit ans que nous sommes ensemble.

L'aversion que le Roi avoit conçue contre le chancelier, et l'estime dont il honoroit d'Aligre, engagèrent Sa Majesté à ôter les sceaux à ce chef de la justice pour les donner à celui-ci ; mais comme le chancelier étoit un homme d'expérience, il ne voulut point s'éloigner de la cour : et il fit de nécessité vertu, en supportant son malheur avec patience. Mais enfin, quoiqu'il donnât dans le conseil des marques de sa capacité, son adresse et l'assiduité de Puisieux ne l'empêchèrent point d'être disgracié, et d'entraîner son fils avec lui.

Le prince de Galles, accompagné du duc de Buckingham, passa dans ce temps-là par Paris pour aller en Espagne y demander en mariage la seconde fille du roi Catholique qu'on lui faisoit espérer, le comte de Bristol, ambassadeur d'Angleterre à la cour de Madrid, assurant que sa présence aplaniroit toutes les difficultés qui se pourroient trouver. Le prince, ayant su que la Reine répétoit un ballet qu'elle devoit danser, alla au Louvre *incognito*, et y fut placé par hasard. Le prince et le duc furent surpris de la beauté des dames qui y étoient; mais aucune ne donna plus dans la vue au prince que madame Henriette, dernière fille du roi Henri-le-Grand et de la Reine-mère. La crainte qu'eut le prince d'être reconnu le fit partir de Paris plus tôt qu'il ne voulut pour continuer son voyage en Espagne; et comme l'on sait quel en fut le sujet, je n'en dirai rien.

La Vieuville continua à faire sa cour auprès du Roi aux dépens du chancelier et de Puisieux, et à lui donner des impressions à leur désavantage. Voici une affaire qui hâta beaucoup la disgrâce de ces deux ministres : les ducs de Chevreuse et de Montmorency, frustrés de l'espérance, l'un que sa femme, et l'autre que sa belle-mère fussent rétablies dans les charges qu'elles possédoient auprès de la Reine, en demandèrent récompense; et le Roi promit à M. de Montmorency que celle qu'il donneroit à sa belle-mère ne seroit point différente de celle qu'il accorderoit à madame de Chevreuse, dont le mari obtint ce qu'il demandoit : c'étoit d'être pourvu de la charge de premier gentilhomme de la chambre, vacante par la mort du connétable de Luynes. M. de Chevreuse pressant le Roi d'exécuter ce qu'il lui avoit promis, Sa Majesté, pour satisfaire à sa parole, ordonna à Souvrai et à

Blainville, qui étoient premiers gentilshommes de la chambre, de lui remettre une pareille charge dont ils avoient été pourvus par la mort de M. d'Humières (1) tué au siége de Royan, en leur rendant l'argent qu'elle leur avoit coûté. Sa Majesté fit dire en même temps à M. de Montmorency qu'il y avoit de la différence entre les charges dont ces deux duchesses avoient été pourvues, et qu'ainsi elle vouloit qu'il payât le tiers de la somme qu'elle s'étoit engagée de faire rendre à Souvrai et à Blainville. Il obéit; et le prix de cette charge ayant été fixé à quatre-vingt-dix mille écus, M. de Montmorency offrit de payer comptant les trente mille qui lui furent demandés. Blainville ne fit point aussi de difficulté de se soumettre aux ordres du Roi, soit par le respect qu'il avoit pour M. de Montmorency, ou bien parce qu'il ne croyoit pas avoir assez de crédit pour s'en pouvoir défendre; mais Souvrai, beau-frère de Puisieux, n'en usa pas de même, et chercha toutes sortes de moyens pour l'éviter. Les ennemis du chancelier et de Puisieux se prévalurent de ceci pour faire entendre au Roi que ces deux ministres animoient Souvrai; et ils réussirent si bien que la colère de Sa Majesté éclata contre ce dernier, dont les discours firent comprendre au Roi que le chancelier et Puisieux s'entendoient avec lui.

M. de Chevreuse s'apercevant que la faveur de ces ministres diminuoit, et craignant que le Roi ne se prévînt contre lui, il me vint prier de promettre de sa part les quarante-cinq mille écus qu'il devoit donner. Je me chargeai de cette affaire, et je la terminai à sa satisfac-

(1) *M. d'Humières*: Charles-Hercule de Crevant, marquis d'Humières. Il étoit mort le 12 mai 1622.

tion; mais ayant dans la suite essuyé des paroles fâcheuses du Roi, et fait tout son possible pour m'engager à parler contre Puisieux, il se sentit piqué de ce que je ne voulois pas le faire; et il me dit, pour m'y engager, que si ce ministre avoit en main une pareille occasion de me nuire, il en profiteroit. Je lui répondis alors qu'il n'y avoit point de comparaison de ma probité à celle de Puisieux, qui avoit fait son temps; que dans la suite je pourrois lui plaire. « Mais quant à présent il faut, « s'il vous plaît, lui ajoutai-je, que Souvrai soit payé, « qu'il donne la démission de sa charge, et que M. de « Montmorency en soit pourvu. »

Après que M. de Chevreuse eut prêté son serment, M. de Montmorency prêta aussi le sien. Les parens et amis de ce duc, qui étoient en grand nombre, affectoient aussi bien que lui de publier que sa belle-mère avoit été traitée comme la duchesse de Chevreuse, et lui comme le mari de cette dame; car c'étoit une ancienne prétention des Montmorency d'aller de pair avec ceux qui avoient le nom de princes. Il est bien vrai qu'ils cédoient le pas aux Lorrains, qui possédoient des duchés plus anciens que les leurs, et qu'ils ne disputoient rien non plus à MM. de Vendôme, d'Angoulême et de Longueville, parce qu'ils descendoient de la maison de France.

[1624] Peu de jours après que ces messieurs eurent obtenu ce qu'ils demandoient, le chancelier et Puisieux son fils eurent ordre de se retirer de la cour. Le premier voulut s'éclaircir avec le Roi sur les mauvais offices qu'on lui avoit rendus. J'étois dans le cabinet, et je fus témoin de ce qui s'y passa; mais je m'aperçus que ses raisons ne parurent pas fort bonnes. Je rendis compte de tout ceci à mon père, en l'assurant que La Vieuville seroit bientôt tout puissant. Cela ne paroissoit pas vraisemblable aux vieux courtisans, qui n'en croyoient rien; mais ils changèrent bien vite de sentiment quand ils apprirent la disgrâce du chancelier, qui entraînoit celle de son fils. La Vieuville vouloit non-seulement être le maître des finances, mais aussi gouverner l'Etat, et même la personne du Roi. Il proposa à ce monarque de diviser les départemens de Puisieux, de les partager à trois de ses confrères, et de faire un quatrième secrétaire d'Etat qui n'auroit que les affaires de la guerre. On donna au département de mon père l'Angleterre, les couronnes de Suède, de Danemarck et de Pologne, et le Levant; à celui d'Herbaut (1), l'Italie, l'Espagne, les Suisses et les Grisons; et à celui d'Ocquerre (2), l'Allemagne, les Pays-Bas espagnols et la république des Provinces-Unies.

Le prince de Galles, piqué du mauvais traitement qu'il avoit reçu en Espagne, et de la manière dont il y avoit été pris pour dupe (car il n'avoit pu y conclure son mariage avec l'Infante), s'en revint en Angleterre, après avoir eu du roi Catholique une audience de congé fort civile en apparence, et des assurances qu'on aplaniroit toutes les difficultés qui étoient survenues dans la négociation de ce mariage. Buckingham, outré de son côté du mépris qu'on avoit eu pour lui, et de ce qu'il avoit hasardé sa fortune en s'éloignant du roi de la Grande-Bretagne son maître, avec l'héritier de la couronne, et par conséquent

---

(1) *D'Herbaut*: Phélipeaux d'Herbaut. — (2) *D'Ocquerre*: Potier d'Ocquerre.

d'avoir fourni à ses ennemis un prétexte fort plausible de le blâmer d'imprudence : car il avoit été le seul qui avoit porté le conseil à résoudre le voyage du prince de Galles pour l'Espagne, en donnant plus de créance qu'il ne devoit aux avis du comte de Bristol, et aux ménagemens spécieux du conseil d'Espagne; Buckingham, dis-je, ne songea qu'à se venger. L'Angleterre, c'est-à-dire le parlement de ce royaume assemblé, insistoit à déclarer la guerre au roi d'Espagne, parce que depuis plusieurs années ce monarque promettoit, sans en venir à aucune exécution, de restituer le Palatinat, qui étoit le patrimoine des enfans de la fille du roi de la Grande-Bretagne. Celui-ci soutenoit avec raison que quoique son gendre eût pris les armes en faveur des Bohémiens, et que son fief fût tombé en commis, la maison d'Autriche n'avoit point été en droit de s'en emparer. Il soutenoit même que, pour avoir attaqué le roi de Bohême, celui-ci ne pouvoit cependant être mis au ban de l'Empire, dont les princes, et particulièrement les électeurs, sont les plus forts appuis ; car ces princes doivent bien respecter Sa Majesté impériale comme chef de l'Empire, mais non pas lui rendre une obéissance absolue, le pouvoir du chef du corps germanique étant limité, aussi bien que la dépendance des membres. Il est vrai que l'Empereur étoit actuellement en possession de la couronne de Bohême; mais les Etats, qui ont droit de faire l'élection, soutenoient qu'ils avoient été forcés: ce qui rendoit cette élection nulle. D'ailleurs, puisqu'il est libre aux électeurs de contracter des alliances avec les rois étrangers, il doit aussi leur être libre de faire la guerre aux mêmes rois et à leurs voisins, sans que l'Empereur y puisse trouver à redire, parce que, comme roi ou archiduc, il n'est pas d'une autre condition qu'eux; mais que, ne lui devant rendre aucun service qu'en qualité d'empereur, aussi d'autre côté ne peuvent-ils s'attaquer à sa dignité sans se rendre coupables. On disoit aussi que, soit que cette cause fût défendue avec de bonnes raisons ou seulement par subtilité, chacun d'eux devoit avoir la liberté d'en porter son jugement. Voilà les raisons qui firent oublier l'ancienne amitié qui subsistoit depuis long-temps entre les Anglais et les Espagnols, et mépriser tous les avantages du commerce que ces deux nations faisoient ensemble. Ces raisons engagèrent le roi de la Grande-Bretagne à consentir que le baron de Rich, qui fut depuis créé comte de Holland, et honoré ensuite de l'ordre de la Jarretière, passât à la cour de France pour pressentir si l'on consentiroit à la recherche qu'on pourroit faire de mademoiselle Henriette-Marie pour le prince de Galles. Buckingham en fit aussi quelques ouvertures au comte de Tillières [1], ambassadeur du Roi en Angleterre, qui dépêcha sur-le-champ un de ses gentilshommes à Sa Majesté, pour lui en porter la nouvelle. La réponse fut qu'elle estimoit autant qu'elle le devoit l'alliance d'un si grand roi. Sa Majesté Britannique fit aussitôt passer la mer au comte de Carlisle, en lui donnant pouvoir d'engager cette affaire, pour peu qu'il y trouvât de disposition.

La Vieuville, qui vouloit à quelque prix que ce

(1) *Au comte de Tillières:* Tannegui Le Veneur, comte de Tillières. Il avoit épousé la sœur de Bassompierre.

fût que le Roi fît la guerre aux Espagnols, sinon ouvertement, au moins pour soutenir les intérêts du palatin, fut favorable aux Anglais, tant dans les propositions qu'ils firent pour le mariage, que dans la demande du comte de Mansfeld, qui promettoit de chasser dans peu de temps du Palatinat les Espagnols avec des forces médiocres. Il proposa ensuite de faire joindre à celles de France les forces de l'Angleterre, qui avoit déjà sur pied une armée fort considérable.

Cette alliance, qui paroissoit ne devoir point être négligée, et l'occasion qui se présentoit de donner des bornes à la trop grande puissance que la maison d'Autriche vouloit s'attribuer en Allemagne, firent que tout le monde donna les mains à la proposition de mariage; et les comtes de Carlisle et de Holland ayant fait la demande de la princesse, le Roi nomma des commissaires pour traiter avec eux. Cela arriva quelque temps après un voyage que Sa Majesté fit à Compiègne, où il se passa plusieurs choses qui ne doivent point être omises dans ces Mémoires.

La plus importante de toutes fut que La Vieuville proposa à la Reine-mère, qu'il vouloit mettre dans ses intérêts, et au Roi, d'appeler dans son conseil le cardinal de Richelieu, comme il avoit fait, depuis la mort du cardinal de Retz, à l'égard du cardinal de La Rochefoucauld, créé peu auparavant grand aumônier de France. L'intention de La Vieuville n'étoit pas, selon que le Roi voulut bien nous le dire, de donner au cardinal de Richelieu le secret des affaires, mais de juger des affaires avec lui comme il faisoit avec le cardinal de La Rochefoucauld et le connétable, qui n'avoient pas son entière confiance. Mais le Roi répondit à La Vieuville qu'il ne falloit pas faire entrer ce cardinal dans le conseil, si l'on ne vouloit point se fier en lui entièrement, parce qu'il étoit en effet trop habile homme pour prendre le change. Au contraire, le Roi témoigna dès lors qu'il étoit dans la résolution de lui donner sa confiance, se tenant déjà comme assuré qu'il la méritoit, et qu'il en seroit bien servi. On verra comment il sut dans la suite chasser du conseil ceux qui l'y avoient fait entrer. Le cardinal de Richelieu n'y fut pas entré, que La Vieuville lui proposa de le réformer, et, pour y donner plus d'éclat, d'y faire entrer les secrétaires d'Etat, mais en leur donnant place au-dessous des autres conseillers. Le bruit de cette nouveauté se répandit dans le Louvre; et ceux qu'elle intéressoit en étant bientôt avertis, chacun songea à défendre les prérogatives de sa charge. Je crus en devoir parler au cardinal de Richelieu; et voyant bien que La Vieuville seroit obligé de changer de sentiment si je lui mettois en tête un plus habile homme que lui, je dis à ce premier ministre ce que j'avois représenté au Roi, et qu'il étoit étonnant qu'un homme qui n'avoit pu garder sa place me voulût ôter la mienne. C'est ce qui fut bientôt répandu dans la cour.

La Vieuville ayant fait courir le bruit que Sa Majesté vouloit éloigner de son service trois secrétaires d'Etat, et n'y conserver seulement que d'Ocquerre qui avoit succédé à Puisieux, le Roi, qui ne s'étoit pas encore déclaré en aucune manière, demanda à d'Herbaut et à d'Ocquerre quels étoient leurs sentimens sur cette nouvelle : à quoi ils ne répondirent que par de grandes révérences. Je fus plus hardi que mes confrères; car ce monarque m'ayant tenu le même discours, je lui répondis que je n'avois ni cru ni craint ce que l'on en divulguoit, parce que je me fiois à sa bonté et à mon innocence; que celui qu'on disoit être l'auteur d'un pareil conseil n'auroit jamais la hardiesse de s'en vanter. Sa Majesté me parut satisfaite de ma réponse; et le duc de Nevers, qui s'étoit raccommodé avec La Vieuville, y ayant voulu trouver à redire, M. de Guise (1) prit la parole, et dit que j'avois répondu en vrai gentilhomme, et que si l'on prétendoit m'en faire une querelle il s'offroit de me servir de second. Je le remerciai de l'honneur qu'il me vouloit faire, et me donnai pourtant bien garde de le prendre au mot, parce que c'eût été donner à mes ennemis un moyen de me desservir auprès du Roi.

Sa Majesté me nomma commissaire avec le cardinal de Richelieu, le garde des sceaux d'Aligre et La Vieuville, pour traiter avec les Anglais; et après la disgrâce de celui-ci on nous donna à sa place Schomberg, qui fut rappelé à la cour.

Le connétable prétendoit que, suivant les usages pratiqués sous les règnes précédens, il devoit être assis proche la personne du Roi, dont le fauteuil étoit toujours placé au bout de la table. Le cardinal soutenoit le contraire, en disant que les places honorables devoient être occupées par les cardinaux, parce qu'aucun prince du sang n'étoit admis dans le conseil. Sa prétention étoit appuyée du crédit de la Reine; mais on se servit de MM. de Créqui et de Bullion

(1) *M. de Guise:* Charles de Lorraine, mort en 1640.

pour trouver quelque accommodement avec le connétable, qui y avoit beaucoup de répugnance. Il se soumit à la fin aux ordres du Roi, à condition qu'on lui donneroit un acte qui porteroit que ce seroit sans tirer à conséquence, et que ce qu'il en faisoit n'étoit que pour obéir aux ordres de Sa Majesté, qui étoit bien aise d'avoir cette complaisance pour la Reine sa mère. On nous ordonna, à d'Ocquerre et à moi, d'expédier cet acte, et de n'en point délivrer de copie au connétable : mais le secret fut mal gardé, quoiqu'il eût été bien recommandé ; car le cardinal, ayant été averti de la chose, obtint du Roi que cet acte seroit lacéré, quoique nous l'eussions déjà signé. Ce ne fut pas moi, mais d'Ocquerre qu'on soupçonna d'avoir découvert ceci au premier ministre.

Les Etats des Provinces-Unies, qui étoient rentrés en guerre avec l'Espagne en 1621 ou en 1622, nous envoyèrent alors des ambassadeurs pour demander au Roi d'être assistés de sa part, comme ils l'avoient été par Henri-le-Grand son père. Le connétable, La Vieuville, Bullion et d'Ocquerre ayant été nommés pour entrer en conférence avec eux, et ayant appuyé leur demande, il y eut bientôt un traité de conclu avec les ambassadeurs. Par ce traité, le Roi s'engageoit de prêter à leurs maîtres une somme considérable, qu'ils s'obligèrent de rendre aussitôt qu'ils seroient en paix ou en trêve avec leurs ennemis. On stipula par ce même traité une manière de liberté de conscience pour les sujets de Sa Majesté qui étoient actuellement ou qui seroient à leur service. On accorda aussi à Mansfeld le pouvoir de faire des levées de soldats qui seroient payés pendant six mois par le Roi, pourvu que Sa Majesté Britannique voulût joindre ses troupes à celles de France; et ces troupes jointes ensemble devoient entreprendre la conquête du Palatinat, sous le commandement du comte de Mansfeld.

Les ambassadeurs d'Angleterre ne trouvèrent point d'autres obstacles à leur négociation pour le mariage de Madame, que celui de n'avoir pas la liberté qu'ils souhaitoient de traiter avec le cardinal de Richelieu, n'osant point le visiter qu'il ne leur donnât la main chez lui, ni lui-même la leur offrir à cause de la nouveauté. Comme ils voulurent bien s'en rapporter à moi au sujet de ce point de cérémonie, et connoissant que cette Éminence s'attireroit dans peu toutes les affaires, j'engageai ces messieurs à prendre un tempérament, qui étoit que le cardinal, sous prétexte d'une indisposition, les recevroit au lit, et qu'ils écriroient au Roi leur maître qu'ils se trouvoient dans la nécessité de suivre ce qui étoit pratiqué par le nonce du Pape et par les ambassadeurs de l'Empereur et du roi d'Espagne, si Sa Majesté vouloit que les affaires dont ils étoient chargés réussissent promptement. Ces ambassadeurs reçurent de leur maître les ordres qu'ils demandèrent; et le cardinal, que j'en avertis, en eut une extrême joie.

Nous convînmes dans plusieurs conférences de beaucoup d'articles; mais il en restoit un que nous voulions absolument, et qu'on nous refusoit avec opiniâtreté : c'étoit qu'on feroit pour les catholiques anglais la même chose qui leur avoit été accordée en Espagne, c'est-à-dire qu'on leur donneroit une église où Madame auroit le libre exercice de la religion catholique, et dans laquelle les catholiques anglais seroient reçus. Les ambassadeurs répondirent que cela étoit contraire aux lois de leur pays, et qu'ils ne pouvoient y consentir; mais que si l'on vouloit seulement qu'on se contentât de dire qu'en considération du Roi et de Madame les catholiques seroient aussi favorablement traités qu'ils le pouvoient être en conséquence des articles concertés avec l'Espagne, qu'on pourroit alors s'accommoder, pourvu qu'il n'en fût fait aucune mention dans le contrat, et que l'on consentît que la chose fût écrite dans une lettre, par laquelle le roi d'Angleterre et le prince de Galles s'y obligeroient.

Cette difficulté fut extrêmement débattue : et la différence qu'il y avoit entre une lettre qu'on pourroit aisément désavouer, et un acte solennel comme un contrat de mariage, pensa faire échouer toute la négociation. On souhaitoit bien le mariage, mais l'on vouloit encore obtenir tout ce qu'on demandoit d'ailleurs. La Vieuville promit pourtant aux ambassadeurs que, pourvu que la lettre en question fût écrite en termes forts et précis, on feroit en sorte que le Roi s'en contenteroit; et, pour nous y engager, ce ministre proposa au comte de Holland d'aller en Angleterre pour en donner les assurances à Sa Majesté Britannique; et, afin qu'il n'en fît point de difficulté, on ajouta qu'il seroit chargé d'une lettre de créance du Roi. Cependant Sa Majesté, ennuyée du séjour de Compiègne, alla faire un petit voyage à Versailles, d'où La Vieuville, qui y étoit allé aussi, me rapporta un ordre d'expédier la lettre telle qu'elle avoit été concertée avec lui et les ambassadeurs d'Angleterre. J'en connus bien les conséquences : c'est pourquoi, me prévalant de ce que le comte de Holland n'entendoit que fort imparfaitement la langue française, au lieu de lui donner une lettre de créance, j'en fis une qui ne parloit point d'affaires, mais seulement des divertissemens que le Roi prenoit pour lors.

Cet ambassadeur partit donc pour l'Angleterre; et le cardinal s'étant rendu à Paris, je ne pus m'empêcher de lui faire mes plaintes contre La Vieuville, de ce qu'il m'avoit fait une finesse d'avoir donné son consentement à ce qui s'étoit passé. Il en fut surpris; et, me louant de ce que j'avois fait, il me jura qu'il m'aideroit à en avoir raison. Il ne différa pas long-temps à me tenir parole; car ayant reconnu que le Roi s'accommodoit avec peine des manières d'agir de ce ministre, le cardinal le décria de plus en plus dans son esprit, et il fit prendre enfin à Sa Majesté la résolution de l'éloigner de la cour : ce qui fut exécuté comme le Roi étoit à Saint-Germain-en-Laye. Avant son départ de Compiègne il avoit rappelé d'Angleterre le comte de Tillières, contre lequel La Vieuville s'étoit déclaré, aussi bien que contre le maréchal de Bassompierre son beau-frère : leur imputant toujours comme un grand crime de continuer à être les amis de Puisieux. Sa Majesté envoya en Angleterre, en la place de M. de Tillières, le marquis d'Effiat, confident de La Vieuville, mais attaché aux intérêts du cardinal. Le nouvel ambassadeur du Roi, s'insinuant dans l'esprit de Sa Majesté Britannique, du prince son fils et de Buckingham, avança beaucoup les affaires; mais il ne put faire passer le monarque par dessus la répugnance qu'il avoit à favoriser si ouvertement les catholiques : car, quoiqu'il n'eût point dans son cœur d'animosité contre eux, la crainte qu'il avoit d'aliéner son parlement et les évêques, sur lesquels il avoit beaucoup de crédit, l'empêcha de se déclarer en leur faveur.

M. d'Effiat, averti de la disgrâce de La Vieuville, et étant persuadé que le cardinal soutiendroit les intérêts des catholiques, et en feroit une des principales conditions sans lesquelles le mariage ne s'accompliroit point ; cet ambassadeur, dis-je, demanda d'être rappelé. Je lui reprochai son imprudence ; et, du consentement du cardinal même, je l'assurai de son amitié, et je l'exhortai de continuer à servir, en lui promettant de grandes récompenses. D'Effiat se rendit enfin au conseil de ses amis : et il fit bien recevoir Bauton que le Roi envoyoit en Angleterre pour faire des complimens à Sa Majesté Britannique, sur une chute que le prince son fils avoit faite à la chasse.

Pour terminer enfin ce qui nous paroissoit de plus important, nous nous contentâmes qu'il seroit dit que les catholiques recevroient un plus favorable traitement qu'ils n'auroient eu sans doute, quand même le mariage du prince de Galles auroit été conclu avec l'infante d'Espagne. Nous n'en expliquâmes aucunes conditions, et les ambassadeurs consentirent que cet article seroit ainsi rédigé dans le contrat. Nous avions déclaré ne pouvoir le conclure que préalablement le Pape n'eût accordé la dispense, sans laquelle les parties ne pouvoient valablement contracter. On proposa donc plusieurs personnes pour aller solliciter cette dispense auprès de Sa Sainteté : et enfin on s'arrêta au père de Bérulle que j'avois nommé, et qui fut cardinal dans la suite. Je lui donnai une instruction bien ample ;

dans laquelle je n'oubliai pas de dire qu'une fille de France avoit déjà beaucoup contribué à la conversion de l'Angleterre. Le Pape nomma une congrégation de cardinaux pour examiner cette affaire : et de leur avis il accorda la dispense, à condition qu'il seroit dit expressément que le mariage est un lien indissoluble. Cela fut consenti par les Anglais. Et parce que les moindres choses ne sont pas aisées à obtenir à Rome, où l'on faisoit en cette occasion quelques difficultés de suivre les intentions du Roi, à cause que nous ne représentions pas les actes que nous avions passés avec l'Angleterre, et que de plus nous nous étions faits forts du consentement de Sa Majesté Britannique, on m'ordonna de passer la mer sous prétexte de faire confirmer les articles, mais particulièrement pour avoir un acte scellé du grand sceau d'Angleterre qui assurât la condition des catholiques anglais, et que les enfans qui naîtroient du futur mariage, lors même que le prince parviendroit à la couronne, seroient élevés dans la religion catholique et romaine jusqu'à ce qu'ils eussent atteint l'âge de treize ans.

Je m'embarquai le premier dimanche de l'Avent, et j'arrivai le lundi aux Dunes, où je fus reçu par le marquis d'Effiat, qui me mena à Douvres. Il y avoit laissé son équipage. De là je me rendis avec lui à Londres. Il avoit ménagé la chose en sorte que, bien que le roi d'Angleterre n'y fût pas pour lors, je devois être reçu à Gravesende par un comte; et à mon arrivée à Londres je devois être servi par les officiers de Sa Majesté. Je fis peu de séjour dans cette capitale, et je me rendis à Cambridge, université célèbre où étoient pour lors le Roi et le prince son fils. Je fus visité par ordre de ce monarque, et le même jour de mon arrivée, par le comte de Montgommery, chambellan de Sa Majesté, et par le duc de Buckingham, qui me conduisirent au logis qui m'avoit été préparé. J'eus le lendemain ma première audience, et je fus introduit par le même comte de Montgommery, suivi du maître des cérémonies et d'un grand nombre de seigneurs de la cour. Je fus surpris d'y voir le prince de Galles tête nue, parce qu'il ne se couvroit jamais en présence du Roi son père, qui me pressa de mettre mon chapeau : ce que je ne voulus pas faire qu'après en avoir demandé la permission au prince par une profonde révérence que je lui fis, et dont il parut si satisfait qu'il m'en remercia. Il se retira aussitôt après de la salle de l'audience, pour ne causer aucun trouble à la cérémonie.

J'expliquai à Sa Majesté le sujet de ma commission ; et le Roi me parut si content de mon discours que dès le jour même il nous donna audience particulière, dans laquelle nous fîmes si bien qu'il commanda à milord Conway, son secrétaire d'État, de nous donner la ratification des articles, et la patente que nous demandions en faveur des catholiques. Sa Majesté assista le lendemain à une dispute, où nous fûmes aussi conviés ; mais, pour ne pas l'importuner davantage, nous lui demandâmes la permission de retourner à Londres, permission qui ne nous fut accordée qu'après que nous aurions eu l'honneur de dîner avec le Roi. Le jour en fut arrêté ; mais la goutte à laquelle ce monarque étoit sujet l'ayant empêché de s'y trouver, le prince son fils y prit sa place, et fut servi comme roi. Cependant Sa Majesté Britannique but à la santé du roi de France notre maître, et envoya sa coupe à son fils. Elle lui fut présentée par le duc de Buckingham à genoux. Après qu'il l'eut reprise des mains du prince, il me la présenta aussi; et ensuite il la porta au marquis d'Effiat.

Après le repas, le prince, suivi des ambassadeurs et du duc, entra dans la chambre du Roi, qui nous fit connoître par plusieurs discours très-obligeans la joie qu'il avoit, tant du mariage de son fils que du secours qu'on promettoit de donner au palatin. Nous partîmes pour Londres le lendemain. Comme nous étions dans le temps de la fête de Noël, nous la célébrâmes dans cette ville capitale avec autant de pompe et la même solennité qu'on eût pu faire dans un pays catholique, notre chapelle n'ayant point désempli de monde depuis minuit jusqu'à midi.

Le garde des sceaux, qui étoit évêque de Lincoln, m'ayant prié à souper chez lui, je ne pus m'en défendre, non plus que de l'engagement où me mit M. d'Effiat d'assister à une prière qui se faisoit pour le roi d'Angleterre, dans l'église de laquelle le garde des sceaux étoit doyen. J'en fis reproche à M. d'Effiat, en lui faisant voir de quelle conséquence il étoit que les ambassadeurs du Roi n'assistassent point aux prières des protestans. Pour éviter donc le piège dans lequel nous allions tomber, je me déterminai à partir fort tard de notre logis, et à suivre le chemin qui conduit au Doyenné, et non pas à l'église. Mais le garde des sceaux, revêtu de ses habits pontificaux, suivant l'usage du pays, s'avançant avec son clergé pour nous recevoir à la porte de l'église, nous obligea d'aller à lui, et nous conduisit malgré nous dans des chaises qu'il nous avoit fait préparer : ce qui me fit prendre la résolution, pendant qu'on chantoit quelques hymnes, psaumes ou motets, de me mettre à genoux ; et, pour faire voir que je ne participois point en rien à leurs prières, je dis mon chapelet. Cela édifia fort les catholiques anglais, qui ne manquoient pas d'épier les actions des ministres de France, pour les rapporter aux Espagnols, avec lesquels ils étoient fort unis.

[1625] Je n'avois pas encore achevé les visites que je devois faire, ni même rendu celles où la bienséance m'engageoit, que le Roi et toute la cour arrivèrent à Londres. Nous avions été jusques à Théobald au devant de Sa Majesté, pour lui porter la nouvelle que le Pape avoit accordé ce qu'on lui demandoit ; et cela fit tant de plaisir au Roi, qu'il me pressa de partir : à quoi je n'eus pas de peine à me résoudre, d'autant que l'on avoit inséré dans la ratification qui me fut remise la qualité de *roi de France et de Navarre*, contre l'ancien usage de l'Angleterre, qui prétendoit ne donner que celle de *roi des Français* à Sa Majesté Très-Chrétienne, parce que, disent-ils, si les peuples reconnoissent ce prince et lui obéissent, nous prétendons légitimement que les pays et terres de France appartiennent pourtant à Sa Majesté Britannique. Elle ordonna aussi qu'on mît en liberté les prêtres qui étoient en prison à cause de la religion. Mais les officiers anglais y avoient tant de répugnance, qu'ils cherchoient toutes sortes de moyens pour tirer la chose en longueur, persuadés qu'ils étoient que je m'impatienterois, et que je partirois avant que l'ordre eût été expédié ; mais s'apercevant que leur retardement étoit inutile, et ne servoit qu'à me faire presser davantage, ils eurent recours à un artifice dont je ne fus pas la dupe. Ce fut de me faire dire que ces prisonniers n'étoient retenus que pour la dépense qu'ils avoient faite dans les prisons. J'en demandai l'état, et j'offris de les acquitter : dont ils eurent tant de honte, que, dès ce jour même les prêtres et les autres ecclésiastiques catholiques furent élargis. Après cela, rien ne me retenant plus à Londres, je me disposai à partir, après avoir assisté avec le prince à une course de bague. Buckingham, qui m'avoit fait amener son fils et sa fille comme la plus grande marque d'amitié qu'il me pouvoit donner, me convia, M. d'Effiat et moi, à un souper magnifique, auquel grand nombre de dames et seigneurs des plus qualifiés de la cour se trouvèrent. Cela n'empêcha pas que la résolution que j'avois prise de partir le lendemain ne fût exécutée; mais cette fête pensa être troublée par un ordre que je reçus du Roi de déclarer que, nonobstant toutes nos conventions, on ne permettroit pas aux six mille Anglais commandés par le comte de Mansfeld de débarquer à Calais. Cet ordre, qui me fut apporté par un courrier du même Mansfeld, étoit contenu dans une lettre signée de M. de Schomberg. Je me trouvai dans une telle surprise, que j'envoyai sur-le-champ un gentilhomme pour savoir en quel état étoit M. d'Effiat, et pour lui dire que s'il se trouvoit habillé je le priois de monter à ma chambre; mais que s'il étoit encore au lit il s'habillât en diligence, parce que j'irois le trouver. Il étoit déjà par bonheur en état de sortir, et il accourut aussitôt pour savoir quelles étoient les nouvelles que j'avois reçues. Sur ce que je lui dis qu'elles me paroissoient bien mauvaises, il me ré-

pondit que je n'avois qu'à le laisser faire, et qu'il s'en démêleroit bien. « Vous verrez aujourd'hui, lui ré-
« pliquai-je, que le Roi, le prince et le duc ne sont
« pas trois têtes dans un bonnet, comme vous le
« croyez; et pour ce qui est de moi, je vous donne
« parole de suivre exactement ce que vous me pres-
« crirez.—Il faut, me dit-il, aller tout présentement
« chez Buckingham, le surprendre, et lui exposer le
« contenu de votre dépêche; et s'il ne veut pas faire
« ce que nous souhaiterons de lui, je ferai mon pos-
« sible pour l'y réduire. » Je suivis le conseil d'Effiat, et nous prîmes le parti d'aller ensemble chez le duc, qui n'étoit pas encore habillé. Il nous envoya le secrétaire d'Etat Conway, avec lequel nous nous promenâmes dans une galerie, en ne nous entretenant que de choses indifférentes. La première que je dis à Buckingham en l'abordant fut : que la longue expérience qu'il avoit dans les affaires du monde lui pouvoit bien faire concevoir que, par des considérations importantes à la cause commune, le roi Très-Chrétien notre maître ne pourroit consentir que les Anglais levés pour passer en Allemagne débarquassent à Calais. Le duc, surpris de ce discours, me repartit qu'il ne falloit donc plus parler du dessein que nous avions de joindre nos armées; que l'Angleterre n'étoit pas en droit d'imposer la loi au roi Très-Chrétien, mais qu'il lui étoit permis de se plaindre d'un manquement de parole, et de ce qu'on ne vouloit plus exécuter ce que l'on s'étoit engagé de faire. Je regardai alors d'Effiat pour lui faire entendre qu'il étoit temps qu'il se servît de toute son éloquence, et de l'ascendant qu'il croyoit avoir sur l'esprit du duc,

pour le faire changer de sentiment. D'Effiat, après avoir beaucoup flatté Buckingham, lui représenta qu'il seroit aisé aux ennemis de s'opposer à la jonction des troupes et d'empêcher d'entrer dans leur pays, si l'on concertoit ensemble le lieu où l'on devoit se trouver, et le chemin qu'on pourroit prendre. Mais tout ce que dit d'Effiat fut inutile, et ne servit qu'à mettre le duc en colère. Je pris la parole à mon tour. « Vous ne « persistez, dis-je à Buckingham, dans votre senti- « ment que parce que vous êtes persuadé que toutes « choses en iront mieux : et nous persistons dans le « nôtre pour ne point faire de peine aux Espagnols ; « mais prenons, pour nous accorder, l'expédient de « laisser à Mansfeld la liberté de faire ce qu'il jugera « à propos. » Le duc, après avoir un peu rêvé, dit en anglais au secrétaire d'Etat qui avoit assisté à notre conférence, qu'il croyoit pouvoir prendre ce parti, se tenant assuré que Mansfeld feroit ce qu'il lui prescriroit. « Hé bien, messieurs, nous dit-il en reprenant « la parole, il faut faire ce que vous voulez ; mais « notre infanterie ne débarquant point en France, « comment la ferez-vous suivre par votre cavalerie ? « —Nous le ferons aisément, lui répliquai-je, si vous « nous fournissez des vaisseaux dont nous paierons « le fret. » Buckingham y consentit, et cela fit que je crus qu'il étoit dans le dessein qu'il avoit fait paroître de ménager Mansfeld, et de m'amuser cependant, afin d'en pouvoir avoir réponse avant mon départ pour Douvres : ce qui me donnoit une très-grande impatience de sortir de Londres. Mais je me trouvai dans la nécessité d'y passer le reste de la journée et une partie de la matinée suivante, après le souper et un bal que nous donna le duc, et qui dura jusques après minuit. Je pris enfin congé de lui; et je priai M. d'Effiat, qui vouloit à toute force me venir conduire jusques à Douvres, de n'en rien faire, mais de se trouver plutôt à une fête que le prince de Galles avoit résolu de donner, et à laquelle il étoit convié. Tout ce que je pus gagner de son honnêteté fut qu'il ne viendroit que jusques où je devois coucher le lendemain, et qu'il en partiroit le jour d'après de très-grand matin pour être rendu d'assez bonne heure à Londres, afin de pouvoir assister à cette fête, qui étoit une course de bague. A mon égard, au lieu d'aller à Douvres en trois jours, comme on le fait d'ordinaire, je m'y rendis en trente-six heures.

J'y trouvai le comte de Mansfeld, qui m'attendoit au logis qui m'avoit été préparé. Nous nous entretînmes sur ce qu'il y avoit à faire; et comme ce comte n'avoit point été averti par Buckingham, je le trouvai fort éloigné de faire ce qu'on souhaitoit de lui. La principale raison qu'il en donna fut qu'il dépendoit des deux rois, et qu'il ne pouvoit faire que ce qu'ils avoient concerté ensemble. Sur ce que je lui demandai s'il étoit assuré de se rendre maître du Palatinat dans les six mois qu'ils avoient pris pour payer l'infanterie qu'il avoit levée, il me répondit: « Vous êtes Français, « vous allez bien vite; ce n'est pas là l'ouvrage d'un « jour. » Cela m'obligea de lui répliquer que si cette expédition n'étoit finie promptement, il faudroit de nécessité convoquer un nouveau parlement qui ne seroit peut-être pas d'humeur à accorder de nouvelles impositions pour le paiement des troupes; et que je le priois de me dire comment il empêcheroit l'armée

de se débander, si elle ne recevoit pas ses montres; qu'il savoit même par expérience que Sa Majesté Britannique avoit eu beaucoup de peine à obtenir une somme médiocre destinée au recouvrement de l'héritage de ses petits-enfans, et que son parlement n'y avoit consenti que sur l'assurance qu'on lui avoit donnée que cette entreprise seroit exécutée en peu de temps, et qu'elle ne seroit point un sujet de guerre entre l'Espagne et l'Angleterre ; qu'il falloit donc conclure de là que la guerre étant finie, il n'y auroit plus rien à espérer pour lui en Angleterre ni même en France, à moins qu'il n'entrât tout de bon et sans réserve au service du Roi; que les étrangers sont généralement en aversion en Angleterre, mais qu'il n'en est pas de même en France, où ils sont bien traités pourvu qu'ils aient du mérite : et que le Roi étoit assez riche non-seulement pour faire du bien à ses serviteurs, mais encore pour leur donner des dignités qui les élèvent au-dessus du commun de la noblesse; et qu'enfin il n'y avoit point de grâce qu'un homme comme lui ne fût en droit d'espérer. « Mais le prince
« d'Orange, me dit-il, voulant que je forme le siége
« de Dunkerque, je ne le puis faire si j'exécute ce
« que vous me proposez. — Breda, lui répondis-je,
« tient au cœur de ce prince ; il veut se sauver à vos
« dépens, sachant bien que les Espagnols leveront le
« siége de cette place pour secourir Dunkerque. Ainsi
« il parviendra à ses fins sans que vous en partagiez
« la gloire avec lui, comme vous fîtes quand vous
« obligeâtes le marquis de Spinola de se retirer de-
« vant Bois-le-Duc; et peut-être même que si par un
« combat vous réduisiez les ennemis à abandonner

« leur entreprise, la principale gloire vous en seroit
« attribuée. » Je m'aperçus que Mansfeld goûtoit mes
raisons. Il me promit de faire ce que le Roi lui ordonneroit, ajoutant qu'il se croyoit obligé de me dire que,
ne pouvant faire son débarquement qu'à Emden, il ne
pourroit se rendre dans le Palatinat sans passer sur les
terres de l'électeur de Cologne : ce que Sa Majesté
lui avoit expressément défendu. « Attendez-vous, lui
« répliquai-je, de recevoir une forte réprimande ;
« mais faites toujours à bon compte ce que le métier
« de la guerre vous obligera de faire. » Voilà le résultat de la conférence que j'eus alors avec Mansfeld.
Je m'embarquai à Douvres ; j'abordai à Calais, et je me
rendis en diligence à Paris, où, après avoir eu l'honneur de saluer Leurs Majestés, je leur fis un récit
fidèle de ce que j'avois négocié pour leur service.

Je conjecturai avec raison que Buckingham, cherchant quelque honnête prétexte pour se dédire de ce
dont il étoit convenu avec le marquis d'Effiat et moi,
n'en trouveroit point de meilleur ni de plus prompt
que de me faire savoir qu'ayant de son côté donné les
ordres nécessaires pour apprêter les bâtimens qu'il
falloit pour le transport de notre cavalerie, j'eusse à
faire donner du nôtre ceux qu'il convenoit pour faire
remettre en Angleterre l'argent du fret. Le duc m'en
écrivit effectivement une lettre fort pressante, à laquelle je fis réponse que nous ne manquerions pas
de faire ce que nous avions promis.

Cependant le peu d'intelligence qu'il y avoit entre
Buckingham et le comte de Carlisle fit que l'on oublia de faire avertir celui-ci de ce qui avoit été arrêté. Le comte fut bien surpris en pressant l'exécution

des ordres qu'il avoit eus touchant le débarquement des troupes anglaises, quand on lui dit qu'on avoit consenti en Angleterre que ces troupes ne débarquassent point à Calais. Le comte en écrivit à Buckingham, qui, n'osant tomber d'accord de la parole qu'il avoit donnée, nia d'en avoir entendu parler. Le premier montra cette lettre, et se plaignit aigrement de moi en me mettant en jeu; et par là il me réduisit, contre mon intention, à découvrir tout le mystère: c'est-à-dire que je ne fus que mieux persuadé de tout ce que j'avois déjà reconnu des sentimens de Buckingham.

Le Roi son maître ne l'estimoit plus tant qu'il faisoit auparavant; mais il n'en étoit pas de même du prince de Galles, qui continuoit à l'aimer sincèrement et à lui donner des marques de sa confiance. C'est pourquoi, s'imaginant que s'il désavouoit ce que j'avois avancé il en seroit cru sur sa parole, il le fit hardiment à la cour d'Angleterre, et il envoya en France Montaigu pour se plaindre de moi. Je me trouvai par là obligé de lui faire voir la lettre que Buckingham m'avoit écrite de sa propre main. Cela rendit Montaigu confus : il me pria de la lui remettre. Je le refusai, en lui disant que je ne le ferois que pour obéir aux ordres du Roi, quoique ce me fût une chose bien fâcheuse de me dessaisir d'une pièce qui servoit à me justifier et à faire voir que je n'étois point un menteur, qualité indigne d'un gentilhomme.

Montaigu repassa la mer peu de temps après; et le roi d'Angleterre mourut en ce même temps, c'est-à-dire en avril 1625, laissant après lui des jugemens bien différens sur la conduite qu'il avoit tenue pendant vingt-trois années de règne. Les ennemis de

Buckingham ne manquèrent pas de publier que c'étoit lui qui avoit fait empoisonner son maître; mais le duc se voyoit hors de leurs atteintes, étant assuré du crédit qu'il avoit auprès du nouveau Roi, qui continua toujours à l'aimer. Le cardinal de Richelieu me pressant de lui dire quel étoit le génie de ce monarque :
« Il m'a paru très-réservé, lui répondis-je; et cela m'a
« fait juger que c'est un homme extraordinaire ou
« d'une médiocre capacité. S'il affectoit sa retenue,
« continuai-je, pour ne causer aucune jalousie au
« feu Roi son père, c'est un trait d'une prudence
« consommée; mais si elle lui est naturelle et sans
« finesse, on en doit tirer des conséquences toutes
« contraires. »

Le prince ordonna aux comtes de Carlisle et de Holland de faire savoir au roi de France la mort de celui d'Angleterre son père, et de le faire ressouvenir de ce qui avoit été résolu dans le dernier chapitre de l'ordre du Saint-Esprit, c'est-à-dire que le marquis d'Effiat y seroit associé. Il faut remarquer que le feu roi Jacques m'avoit recommandé, dans une audience secrète qu'il me donna exprès pour cela, de faire en sorte que le Roi lui accordât cette grâce pour d'Effiat. Je suivis les intentions du roi de la Grande-Bretagne, sans être retenu par la menace que me fit le Roi mon maître d'encourir son indignation, si je le pressois davantage sur cet article. Je ne laissai pas de représenter encore à Sa Majesté que, pour ne pas vouloir donner une aune de ruban bleu, on perdroit peut-être le travail de plus d'une année. Le cardinal prit mon parti, et fit valoir ce que j'avois dit. Le Roi changea d'avis, et témoigna aux ennemis de M. d'Effiat, qui étoient en grand nombre, et particulièrement au maréchal de Bassompierre, qui s'étoit fort déclaré contre lui, qu'ils ne lui feroient point de plaisir s'ils s'avisoient de blâmer ce qu'il avoit résolu de faire. Le marquis d'Effiat (1) fut déclaré chevalier, et il reçut ensuite l'ordre par les mains de M. de Chevreuse dans la ville de Londres, lorsque celui-ci accompagna la reine de la Grande-Bretagne. Le contrat du mariage de cette princesse ayant été signé par le Roi et les deux reines, par elle-même, par Monsieur son frère, et par les ambassadeurs extraordinaires d'Angleterre, suivant le pouvoir qu'ils en avoient reçu, on ordonna les préparatifs nécessaires pour faire les fiançailles et les noces. Le duc de Chevreuse fut honoré de cette commission par le roi de la Grande-Bretagne ; et étant assisté des comtes de Carlisle et de Holland, il fiança et épousa Madame à la porte de l'église de Paris, où l'on avoit dressé un théâtre pour ce sujet. Madame y fut conduite par le Roi et par Monsieur, accompagnés des princesses du sang, et des autres princesses et duchesses qui étoient alors à la cour.

Après que cette princesse eut renoncé aux successions de père et de mère, comme il avoit été stipulé, la cérémonie s'acheva par le cardinal de La Rochefoucauld, grand-aumônier de France, qui avoit eu un bref du Pape par lequel il étoit autorisé à le faire, à cause de la contestation survenue entre lui et l'archevêque de Paris, qui s'absenta en cette occasion : et parce que le Roi avoit jugé en faveur du cardinal, ce bref fut tenu secret. Le comte de Soissons fit supplier

---

(1) *Le marquis d'Effiat* : Antoine Coiffier. Il fut depuis maréchal de France, et acquit beaucoup de gloire.

Sa Majesté de le dispenser de faire sa charge de grand-maître, ne pouvant oublier qu'on lui avoit autrefois fait espérer de parvenir à l'alliance de Madame; et le Roi permit à ce prince d'envoyer son bâton au grand prieur, qui remplit sa place.

Les Anglais, s'intéressant pour les princesses de la maison de Lorraine, obtinrent qu'elles seroient assises sur le même banc que les princesses du sang, qui, après avoir fait leurs protestations, souffrirent cette nouveauté pour n'apporter aucun trouble à la cérémonie. Cependant il leur fut donné un acte par lequel le Roi déclaroit ne l'avoir voulu ainsi que parce que les princesses de Lorraine (1) étoient parentes à Sa Majesté Britannique. Le festin se fit dans la salle de l'évêché; les grands y servirent le Roi, les Reines et les ambassadeurs d'Angleterre.

La cérémonie fut à peine achevée, qu'on apprit, avec quelque sorte d'étonnement, que le duc de Buckingham venoit en France, accompagné de quelques gentilshommes de sa nation. Les ambassadeurs du Roi son maître et madame de Chevreuse firent en sorte qu'il fût bien reçu. Cet Anglais parut à la cour, l'esprit rempli de beaucoup de chimères; et c'est ce qu'on reconnut encore mieux par son entretien. Il pressa fort le départ de la reine d'Angleterre, et la chose paroissoit juste par elle-même; mais on ne pouvoit dissimuler la joie que l'on auroit eue de se défaire de cet étranger présomptueux, et de le renvoyer dans son pays.

Le départ de Sa Majesté Britannique fut retardé par

---

(1) *Les princesses de Lorraine*: Elles étoient parentes de Charles 1er. par Marie Stuart, aïeul de ce prince, fille d'une princesse de Lorraine.

une indisposition qui survint au Roi. Ce prince, s'étant trouvé un peu mieux, dit qu'il falloit aller à Compiègne, qui étoit le lieu jusqu'où il vouloit accompagner la Reine sa sœur. De là les deux reines de France, la mère et l'épouse du Roi, devoient aller avec celle d'Angleterre jusques à Boulogne ou Calais. Je crus qu'il étoit de mon devoir en cette occurrence de dire à la Reine que, si l'incommodité du Roi son époux continuoit, elle demandoit que Sa Majesté se dispensât de faire ce voyage, afin de rester auprès du Roi, et d'être en état de satisfaire par là à ce qu'elle lui devoit, et à l'inclination de son époux. Si cette princesse eût suivi mon conseil, elle en eût tiré de grands avantages ; mais elle préféra le conseil de madame de Vervet au mien. Les raisons qu'on eut de le suivre sont trop foibles pour mériter d'être rapportées ici. Quelque soin que madame de Chevreuse et d'autres dames de la cour prissent de détourner la Reine d'aller à Amiens, elles n'y purent pas plus réussir que moi ; et lorsque cette princesse eut été avertie que le Roi la blâmoit d'avoir suivi un pareil conseil, on ne put s'empêcher de parler contre madame de Vervet, et contre celles qui se trouvèrent dans les mêmes sentimens.

La cour ne resta que deux jours à Compiègne. Les Reines en partirent pour Amiens, et le Roi, dont les forces étoient un peu rétablies, pour Fontainebleau. Il avoit sujet de craindre que ce mariage ne fût aussi fatal à la France que l'avoit été celui de la fille du roi Charles VI. La Reine-mère tomba dangereusement malade en arrivant à Amiens ; mais ses médecins faisant espérer que cette maladie ne seroit pas de longue durée, on s'y disposa à prendre les divertissemens dont le lieu étoit capable. La duchesse de Chaulnes y pria Buckingham de tenir sur les fonts un fils dont elle étoit accouchée depuis peu; et elle donna ensuite un bal où les dames parurent, à l'envi les unes des autres, avec tout l'éclat que leur beauté naturelle et les artifices leur pouvoient fournir, et si couvertes de pierreries que les Anglais en furent surpris. Mais la Reine brilla sur toute la cour. La nature, qui lui avoit donné une blancheur capable d'éblouir, effaça toutes les autres beautés, et Sa Majesté parut surprenant tout le monde ainsi qu'un astre nouveau.

Le duc de Buckingham y brilla de même, et par la magnificence de ses habits, et par sa bonne mine. Il dansa avec beaucoup d'applaudissement; mais il devoit se tenir dans les bornes du respect (1), et la vanité qu'il en eut n'auroit pas dû s'étendre plus loin. Il pressa fort le départ de la reine d'Angleterre; mais il ne laissa pas de faire comprendre sous main qu'il avoit ordre de l'attendre, pourvu que la Reine-mère fût bientôt en état de se mettre en chemin.

La manière d'agir de cet étranger me déplut beaucoup. Je représentai à la Reine-mère que c'étoit une chose honteuse que les Anglais présumassent qu'elle dût hasarder sa vie pour faire honneur à leur maîtresse; qu'elle devoit du moins autant au Roi son fils qu'à la Reine sa fille, et qu'elle étoit obligée de se conserver pour la consolation et pour le bien de l'État. Cette princesse me répondit que j'avois raison, qu'elle entendoit fort bien ce que je voulois lui dire, et que la Reine sa fille partiroit d'Amiens sans aucune remise

---

(1) *Mais il devoit se tenir dans les bornes du respect :* Il eut l'effronterie d'affecter une grande passion pour Anne d'Autriche, reine régnante.

dans deux jours. En effet, elle manda Buckingham dès le lendemain, pour lui dire qu'il falloit se résoudre d'attendre sa parfaite guérison, qui, à ce que ses médecins disoient, ne pouvoit être d'un mois, ou se disposer à s'embarquer sans délai avec la Reine sa fille; que cette princesse étoit elle-même dans l'impatience de se voir auprès du Roi son époux; qu'en son particulier elle étoit très-fâchée de ne pouvoir pas achever ce qu'elle avoit commencé, c'est-à-dire d'accompagner la reine d'Angleterre tant qu'elle seroit sur les terres du Roi son fils. L'Anglais, surpris de ce discours, prit le parti que la bienséance vouloit, et demanda que la Reine sa maîtresse partît donc incessamment pour se rendre dans les Etats du roi son époux.

L'ordre du départ fut donné pour le lendemain; les Reines se disposèrent à accompagner Sa Majesté Britannique jusqu'à une lieue de la ville d'Amiens. Elle eut un beau cortége. Grand nombre de seigneurs la suivirent. La bourgeoisie et la garnison firent de concert ce qui se devoit dans une pareille rencontre. Le premier logement de la reine d'Angleterre à sa sortie d'Amiens fut à Abbeville. Des personnes rapportèrent que Buckingham, en prenant congé de Leurs Majestés, s'étoit mis à genoux, suivant la coutume de son pays; et l'on prit cela pour des marques de s'être repenti d'avoir trop pressé le départ de la Reine sa maîtresse. Cependant ce duc se résolut de retourner le lendemain à Amiens. Il en avertit M. de Chevreuse, et prit pour prétexte qu'il avoit eu un courrier du Roi son maître qui lui ordonnoit de faire quelque ouverture à la Reine-mère, pour parvenir à une plus étroite liaison avec la France que celle qui avoit été concertée. Je fus d'avis d'en écrire au Roi pour l'informer de ce qui étoit venu à ma connoissance, et que le voyage de Buckingham ne retarderoit en rien celui de la Reine sa sœur, puisqu'il se rendroit à Montreuil le jour même qu'elle y devoit coucher.

Aussitôt que Buckingham fut arrivé à Amiens, il fit demander audience à la Reine-mère. Elle lui fut accordée, quoique Sa Majesté fût dans son lit. Il entretint cette princesse des ordres qu'il avoit reçus, et fit demander aussitôt après audience à la Reine sa belle-fille, qui voulut s'en excuser sous prétexte qu'elle gardoit aussi le lit; mais pour ne point être blâmée, soit en refusant l'audience, soit en l'accordant sans avoir auparavant consulté la Reine sa belle-mère, elle lui envoya la comtesse de Lanoy, sa dame d'honneur. Cette dame représenta à Sa Majesté que c'étoit une chose sans exemple, et que peut-être il ne plairoit point au Roi que la Reine permît l'entrée de sa chambre à des hommes dans le temps que Sa Majesté étoit encore au lit. « Eh! pourquoi, dit la Reine-mère, ne « le feroit-elle pas, puisque je le fais bien moi-même? » La différence d'âge et d'état pouvant être alléguée fort à propos, la comtesse de Lanoy s'en abstint pourtant par discrétion; mais elle envoya querir toutes les princesses et dames, qui étoient alors à Amiens, pour assister à cette audience; et l'heure en ayant été donnée, l'Anglais se rendit dans la chambre de la Reine. Après que Buckingham eut fait les révérences accoutumées, madame de Lanoy lui fit apporter un siége, parce que l'ordre veut que quand les reines donnent des audiences elles fassent asseoir ceux qui se couvrent devant elles. Le duc fit quelque difficulté d'accepter le siége, et voulut se mettre à genoux, alléguant l'usage de son pays, où les reines sont toujours servies de cette manière. Mais la comtesse de Lanoy le fit relever promptement. L'audience ne fut pas longue; et, pendant qu'elle dura, les princesses de Condé et de Conti, si je ne me trompe, avec plusieurs duchesses et dames, se mirent dans la ruelle du lit. Quelques unes d'entre elles voulurent s'excuser de se rendre à cette audience, sous prétexte de quelques indispositions; mais la comtesse de Lanoy leur fit dire que la Reine le trouveroit mauvais, et qu'elle seroit obligée d'en avertir le Roi. Après cela, Buckingham et ceux de ses gens qui l'avoient suivi reprirent leur voyage, et firent une si grande diligence qu'ils arrivèrent à Montreuil devant que la reine d'Angleterre en fût partie. Elle se rendit le même jour à Boulogne, où elle fut obligée de faire quelque séjour, parce que le vent étoit si contraire à la flotte qui la devoit conduire, qu'elle ne pouvoit aborder la rade; mais le temps ne se fut pas sitôt mis au beau, que nous la vîmes paroître. Nous remîmes, M. de Chevreuse et moi, la reine d'Angleterre entre les mains de Buckingham et des deux autres ambassadeurs, suivant la commission que le Roi nous en avoit donnée, scellée du grand sceau, après qu'ils nous eurent fait voir celle qu'ils avoient pour recevoir cette princesse. La flotte ayant mouillé, Sa Majesté, avec sa suite et ceux qui avoient ordre de l'accompagner, entrèrent dans les chaloupes, qui les portèrent à bord des vaisseaux. La Reine entra dans l'amiral, et passa au milieu des autres bâtimens, qui, étant tous à la voile, la saluèrent de leur artillerie et dressèrent leurs manœuvres vers Douvres, où la flotte aborda en moins de sept heures, la mer n'ayant jamais été plus calme. Un petit vent qui souffloit favorisant la marée, plusieurs barques longues portèrent à terre la Reine avec toute sa suite, et Sa Majesté trouva sur la grève une chaise préparée, dans laquelle elle fut conduite au château, qui étoit meublé des meubles de la couronne, et où il y avoit un magnifique souper. Après s'être un peu délassée, elle se mit à table et se coucha. Nous descendîmes, M. de Chevreuse et moi, avec le marquis d'Effiat dans le bourg, où quelques grands seigneurs anglais, qui nous étoient venus joindre, nous ayant régalés, nous nous retirâmes chacun dans le logis qui nous avoit été destiné.

Etant avertis le lendemain que le Roi venoit d'arriver au château, les ambassadeurs de France s'y rendirent en diligence; et étant entrés dans la chambre de la Reine, où ce monarque étoit pour lors, nous lui fîmes les complimens ordinaires de la part du Roi notre maître, et des Reines sa mère et son épouse. Sa Majesté Britannique répondit à ces complimens dans tous les termes de civilité, de politesse et de respect qu'on pouvoit attendre d'un prince aussi civil qu'il l'étoit. L'heure qu'on devoit partir pour aller à Cantorbéry, où le mariage devoit être consommé, étant arrivée, Buckingham nous dit que l'intention du Roi, qui devoit monter dans le carrosse de la Reine, étoit que les principales dames anglaises y eussent place aussi bien que M. et madame de Chevreuse, et la maréchale de Théminès, qui avoit voulu faire ce voyage pour l'amour de Sa Majesté. Nous lui répondîmes qu'il en falloit une aussi pour madame de Saint-Georges, qui avoit été gouvernante de la Reine, et ensuite sa dame d'honneur; qu'on avoit consenti, à la vérité, qu'elle n'en prendroit point le titre qui paroissoit nouveau en Angleterre, mais qu'il avoit été accordé qu'elle auroit celui de *groom of the stool,* qui revient assez bien à ce que l'on appelleroit en notre langue le gentilhomme ou la dame de la chaise percée. Cette charge est très-considérable en Angleterre : elle fait jouir de grands priviléges, comme de commander dans la chambre de la Reine, de lui donner sa chemise, etc. Nous ajoutâmes que madame de Saint-Georges devant être toujours auprès de cette princesse, s'il n'y avoit qu'une place dans le carrosse, elle devoit être pour cette dame ou pour madame de Chevreuse. Je dis de plus que le duc de Chevreuse ne devoit point se séparer des autres ambassadeurs, n'ayant point de titre particulier, et que le marquis d'Effiat et moi nous ne souffririons jamais qu'on lui rendît un honneur qui ne nous fût commun avec lui. Buckingham nous fit dire alors que nous contraindrions le Roi si nous ne suivions pas sa volonté; mais comme nous demeurâmes fermes dans notre sentiment, madame de Saint-Georges eut place dans le carrosse de la Reine, et M. de Chevreuse resta avec nous : ce qui étoit plus dans l'ordre.

La cour ayant fait la moitié du chemin de Cantorbéry s'arrêta en un lieu où plusieurs dames attendirent la Reine, qui, étant descendue de carrosse, fut avertie par le Roi de celles qu'elle devoit saluer en particulier, et de celles qui ne lui devoient pas baiser la main. Elle commença par toutes les femmes des pairs, c'est-à-dire celles des ducs, des marquis, des comtes, des vicomtes et des barons. Cela dura assez long-temps. Cette cérémonie étant finie, Leurs Majestés remontèrent en carrosse et se rendirent à Cantorbéry. Le maire et les échevins de cette ville firent leurs harangues à la Reine à l'entrée de la ville : après cela, cette princesse alla descendre au palais de l'archevêque, mais madame de Chevreuse resta auprès de la Reine toute la soirée; elle lui donna la chemise, et la coucha.

Le lendemain, à la prière de M. d'Effiat, nous partîmes pour Londres, M. de Chevreuse et moi, après avoir dépêché un courrier à la Reine mère du Roi, chargé des lettres de plusieurs dames, qui contenoient que le mariage de Leurs Majestés Britanniques avoit été consommé à leur commune satisfaction; qu'elles devoient rester ce jour-là à Cantorbéry, où l'on leur devoit faire une entrée magnifique; et que ce qui avoit obligé M. d'Effiat de nous presser M. de Chevreuse et moi d'aller à Londres, c'étoit afin de s'y trouver revêtu du même caractère que nous, qui voulions bien avoir cette complaisance pour lui.

La cérémonie se fit dans la chapelle de Danemarck, où nous étions logés M. de Chevreuse et moi. Le Roi ne voulut point que la bourgeoisie prît les armes, ni que la cour se mît en état de recevoir la Reine; et cela avec d'autant plus de raison que, quoique la saison fût peu avancée, il régnoit une maladie contagieuse qui pensa désoler l'Angleterre, et dont, si on en croyoit quelques vieillards et certains savans, ce royaume pouvoit avoir été affligé sous le règne de la reine Elisabeth et sous celui du roi Jacques.

Le roi de la Grande-Bretagne se crut obligé de convoquer un parlement, et de faire confirmer dans cette assemblée publique toutes les conditions auxquelles le feu Roi son père, et Sa Majesté elle-même, s'étoient obligés pour parvenir à son mariage. Le jour fut arrêté. On publia un acte authentique que le Roi fit dresser en présence de tous les grands de sa cour ; après cela il dîna en public avec la Reine, et nous eûmes, MM. de Chevreuse, d'Effiat et moi, place au repas en qualité d'ambassadeurs du roi Très-Chrétien. Les grands y servoient, et les hérauts et les trompettes marchoient devant le grand-maître. Sa Majesté, voulant ensuite faire paroître son adresse à cheval comme elle l'avoit montrée au bal où les ambassadeurs de France dansèrent, rompit des lances, et se fit autant admirer dans ces exercices que la Reine son épouse le fut au bal. Cette princesse y dansa, sans rien démentir de la gravité qui doit être gardée par les personnes de son rang.

Le Roi parut dans le parlement d'une manière à charmer l'assemblée, couvert de son manteau royal qui étoit de velours rouge doublé d'hermine sans broderie, la couronne sur la tête et le sceptre à la main, environné des officiers du royaume, dont l'un présentoit l'épée royale, l'autre la couronne à l'impériale, et l'autre un globe qui représente le monde : c'est la marque de l'empire que les Anglais prétendent avoir sur la mer.

Plusieurs autres grands officiers portoient aussi les marques de leurs dignités et de leurs charges, comme le maréchal un bâton d'or dont les deux bouts sont de fer ; le grand trésorier, le grand chambellan d'Angleterre et le chambellan de la maison du Roi, leurs bâtons blancs. Ceux-ci précèdent les pairs dans toutes les occasions, parce qu'ils sont eux-mêmes pairs du parlement, où personne ne peut être assis en présence du Roi que le chancelier, qui est à côté et un peu derrière Sa Majesté, et ensuite le garde des sceaux. C'est lui qui prit la parole, parce que le chancelier étoit pour lors éloigné de la cour, et qui remontra l'état des affaires, l'alliance contractée avec la France, et l'engagement où l'on étoit de rétablir le roi de Bohême, la Reine son épouse, sœur du Roi, et les princes ses neveux, dans l'héritage de leurs pères, dont ils avoient été dépouillés. Il ajouta que c'étoit pour la seconde fois qu'il en parloit; car dans le parlement précédent, dont celui-ci n'étoit qu'une suite, on avoit déjà représenté le traitement indigne qui avoit été fait en Espagne à l'héritier de la couronne.

La maladie contagieuse augmentant de telle sorte qu'elle emportoit par jour plus de six cents personnes dans la ville de Londres, obligea le Roi de remettre son parlement et de se retirer à Hampton-Court, l'une de ses maisons de campagne, où il fit sa demeure. Sa Majesté nous fit donner pour la nôtre le château de Richemont, qui n'en est éloigné que de trois milles, et où madame de Chevreuse, qui étoit près d'accoucher, eut aussi soulagement. Nous eûmes quelque difficulté avec les Anglais pour le paiement de la dot de la Reine, parce qu'ils soutenoient que l'argent de France n'étoit pas d'un si bon aloi que le leur; mais, étant convenus de nous en rapporter aux termes du contrat, nous sortîmes assez tôt d'affaires.

Il faut remarquer que dans le cours de ces affaires je fus toujours en froideur avec Buckingham, dont je ne puis taire l'imprudence. Je me souviens donc à cette occasion que ce duc étant retourné à Amiens y fit quelque ouverture à la Reine-mère, sous prétexte d'établir une liaison encore plus étroite entre les deux couronnes que celle dont on étoit convenu. Il déclara même à Sa Majesté qu'il avoit reçu un ordre précis de lui en parler, par un courrier qu'on lui avoit envoyé exprès pour cela. Cette princesse ne lui fit point d'autre réponse, sinon qu'elle en donneroit avis au Roi son fils, et qu'ensuite elle nous feroit savoir ses intentions. Après avoir vu la réponse que cette princesse avoit eue, et reçu les ordres de la cour à ce sujet, MM. de Chevreuse et d'Effiat furent d'avis de demander audience à Sa Majesté Britannique pour nous acquitter de notre commission. Je fus d'un avis contraire; mais je proposai simplement de la demander à Buckingham, et je leur en dis de si bonnes raisons qu'ils s'y rendirent. Ces raisons étoient que, puisque depuis que nous étions à la cour d'Angleterre nous n'avions point entendu parler de cette affaire, nous pouvions croire que cette affaire ne lui tenoit pas fort au cœur; que nous pourrions faire de la peine à ce monarque en lui en parlant non pas comme d'une chose à laquelle on consentoit pour lui plaire, mais qu'on lui refusoit, quoique la proposition eût été faite de sa part ; que je croyois donc qu'il étoit bien plus à propos d'en parler à Buckingham, et que si ce duc insistoit à ce que, pour se disculper, nous en parlassions au Roi son maître, nous le ferions pour lors, ne pouvant nous en défendre.

Comme nous nous entretenions de tout ceci, Buckingham nous vint prendre pour nous mener coucher dans une maison de plaisance qui appartenoit au comte de Carlisle, éloignée seulement de Londres de trois ou quatre lieues. Je me servis de cette occasion pour lui expliquer les volontés du Roi mon maître. Il nous répliqua à l'instant que la résolution que nous avions prise étoit la meilleure, parce que Sa Majesté Britannique auroit été dans le dernier étonnement d'entendre parler de cette proposition, qui en effet eût été nouvelle au Roi, et qu'elle venoit uniquement de lui Buckingham, qui ne l'avoit faite que parce qu'il la jugeoit utile aux deux couronnes, et qu'elle lui donnoit un prétexte honnête de retourner à Amiens, où il avoit déjà résolu de la faire quand il en partit après avoir pris congé des Reines ; et parlant ensuite en bon courtisan : « Il est, ajouta-t-il, du de-
« voir des ministres de travailler à conserver la bonne
« intelligence entre les rois qu'ils servent, et ils ne
« doivent jamais rien faire qui la puisse altérer. »

Messieurs de Chevreuse et d'Effiat ayant été d'avis qu'on avertît le Roi de ceci, je leur dis que j'allois faire la dépêche, et qu'ils ne songeassent seulement qu'à se bien divertir. Nous la signâmes tous trois avant que de sortir de Londres. Je rendis compte dans cette dépêche à Sa Majesté de la raison que nous avions eue de parler à Buckingham plutôt qu'au Roi son maître, qui ne songeoit point à cette affaire ; et que le duc n'en avoit rien dit non plus depuis son retour de France.

Nous vîmes sur notre route plusieurs belles maisons de campagne, et nous arrivâmes dans celle du comte de Carlisle, qui nous reçut parfaitement bien. Etant retournés à Londres, nous continuâmes à faire notre séjour à Richemont, d'où nous allions souvent à la cour de Leurs Majestés Britanniques. On nous accorda quelques jours après la permission de retourner en France. Nous devions, M. de Chevreuse et moi, suivre la route ordinaire; et M. d'Effiat devoit conduire les vaisseaux dont le roi d'Angleterre vouloit bien aider celui de France pour réduire les Rochelois, qui s'étoient soustraits à leur devoir.

Nous avions déjà fait demander notre audience de congé à Buckingham, qui vivoit avec nous fort civilement en apparence, et qui nous combloit d'honnêtetés, MM. de Chevreuse, d'Effiat et moi, quand le duc nous rendit visite au château de Richemont où nous étions logés. M. de Bonneuil, gentilhomme fort considéré à la cour, autant par sa charge d'introducteur des ambassadeurs et par sa naissance, que parce qu'il étoit d'un esprit vif et poli, et qu'il avoit eu part à toutes ces intrigues, voulant donner des louanges à Buckingham, ou plutôt faire semblant de le flatter, lui parla ainsi : « Il faut avouer, milord, que vous « êtes beau et bien fait. Je ne suis point surpris que « les premières de nos dames aient conçu de l'amour « pour vous. — Il m'eût été difficile d'y réussir, ré- « pondit alors cet Anglais avec une fierté insup- « portable, car je n'étois qu'un pauvre étranger, et « tous mes maux s'étoient réunis contre moi. » J'étois trop bien instruit de ce qu'on savoit et qu'on disoit assez ouvertement à la cour touchant la présomption du duc, pour ne pas comprendre ce qu'il vouloit dire. Cela m'obligea de lui parler en ces termes : «Il faut

« pourtant avouer, milord, que vous avez l'esprit, la
« taille et l'air d'un grand seigneur; vous êtes de
« plus beau, agréable et bien fait, et par conséquent
« capable de donner de la jalousie à des maris qui
« seroient d'humeur à en prendre. Je suis même
« persuadé que vous pouvez y avoir réussi; mais il
« faut pourtant que je vous apprenne une chose qui
« est très-constante : c'est que les dames françaises
« font gloire de donner de l'amour sans en prendre ;
« et si quelques unes ne peuvent pas se défendre
« d'en prendre, elles ne cherchent pourtant, en ac-
« cordant leurs bonnes grâces, qu'à être courtisées
« par un cavalier qui réside à la cour, et non par un
« étranger qui n'est regardé chez nous que comme
« un passe-volant. » Plusieurs gentilshommes français qui furent présens à notre entretien s'aperçurent
bien à la mine de Buckingham qu'il avoit été percé
jusques au cœur. Il ne put même s'empêcher de me
dire que je cherchois les occasions de lui faire de la
peine; à quoi je lui répondis que l'occasion qui venoit de se présenter étoit trop belle pour ne pas s'en
prévaloir.

Notre audience de congé m'ayant été accordée,
Buckingham fit tous ses efforts pour obtenir de MM. de
Chevreuse et d'Effiat qu'ils prieroient de la part du
Roi Sa Majesté Britannique de mettre son épouse en
tel poste qu'il lui plairoit auprès de la Reine avec la
comtesse de Denbigh sa sœur, et la marquise d'Ha-
milton sa nièce. Ils le lui promirent et même de
m'en faire un secret, se flattant, ou que je le décou-
vrirois, ou que je serois assez discret pour ne les
point démentir. Il est d'autant plus étonnant que cela

eût pu être exécuté, qu'on nous l'avoit expressément défendu par notre instruction et par plusieurs dépêches. Les raisons qu'en avoient Leurs Majestés étoient déduites bien au long dans le contrat de mariage du roi d'Angleterre, où l'on avoit stipulé que la Reine son épouse n'auroit à son service que des Français et des Françaises faisant profession de la religion catholique, de peur que la fréquentation qu'elle pourroit avoir avec des personnes protestantes ne lui fît naître de mauvaises opinions et avoir des complaisances pour le Roi son époux que nous avions assuré le Pape qu'elle n'auroit jamais, Sa Sainteté n'ayant accordé la dispense que sur cette assurance. On n'avoit pas même beaucoup de peine à voir quel étoit le dessein du roi de la Grande-Bretagne; qui n'avoit jamais voulu consentir que la comtesse de Buckingham, mère du duc, ni même la duchesse sa femme, fussent ordinairement auprès de la Reine, comme nous en avions prié Sa Majesté, parce que l'une faisoit profession de la religion catholique, et que l'autre en étoit soupçonnée aussi; étant fille du comte de....., qui en étoit regardé comme le défenseur, étant sorti d'une maison catholique qui avoit toujours signalé son zèle pour la pureté de la foi. Quoi qu'il en soit, je m'aperçus bien qu'il se négocioit quelque chose de conséquence; et faisant semblant de savoir ce que j'ignorois encore, je m'adressai à Gordon, qui étoit un Ecossais. Je lui dis qu'on connoîtroit particulièrement quelle avoit été notre intention. Gordon, ayant cru que MM. de Chevreuse et d'Effiat m'avoient fait la confidence du secret, me découvrit tout le mystère; et ceci m'obligea d'aller trouver ces messieurs. Je leur parlai avec toute la force qui convenoit au caractère dont le Roi m'avoit honoré. Je dis à M. de Chevreuse que sa qualité lui feroit peut-être éviter la Bastille, mais qu'il falloit que nous y allassions M. d'Effiat et moi ; qu'ils n'avoient pu ni dû s'engager à mon insu à faire une chose de cette conséquence, qui infailliblement déplairoit beaucoup à Leurs Majestés ; et que, en un mot comme en cent, je ne prétendois pas jouer la comédie ; qu'ils n'avoient qu'à voir lequel ils aimoient le mieux, ou de tenir la parole qu'ils avoient donnée à Buckingham, ou bien de satisfaire à leur devoir : les assurant que, s'ils y manquoient, je dépêcherois sur-le-champ un courrier au Roi pour l'avertir de ce qui s'étoit passé ; que d'ailleurs je ne trouverois pas extraordinaire qu'ils fissent arrêter mon courrier, et qu'ils envoyassent de leur part pour donner les premières impressions, mais que l'événement dans la suite feroit connoître qui de nous auroit plus de raison.

On ne peut être plus étonné que le furent ces messieurs. « Je n'ai fait, disoit le marquis d'Effiat « pour s'excuser, que donner dans le sentiment de « M. de Chevreuse. » Celui-ci soutint au contraire que c'étoit M. d'Effiat qui l'avoit engagé ; mais enfin ils convinrent que, puisque la chose devoit déplaire au Roi, il valoit encore mieux manquer à la parole qu'ils avoient donnée. Nous fûmes conduits à l'audience par Buckingham, à qui la familiarité dans laquelle il vivoit avec le Roi son maître donna lieu de s'approcher de si près de ce monarque, qu'il put entendre distinctement ce que M. de Chevreuse disoit au Roi ; mais il fut bien surpris quand il nous vit prendre congé sans parler de ce qu'on lui avoit promis. Dans la colère et le transport où il étoit, au lieu de nous conduire dans l'antichambre de la Reine, comme il devoit, il resta avec le Roi ; mais de savoir pourquoi, c'est ce qui n'est pas venu à notre connoissance. Il vint peu de temps après où nous étions en tenant la main sur la garde de son épée ; et il me dit, adressant la parole à moi seul : « Le Roi croit que c'est « vous, monsieur, qui êtes l'auteur de toutes les diffi-« cultés que nous rencontrons. » Je ne puis dire si c'étoit dans le transport de sa colère que, parlant ainsi, il avoit croisé la porte par laquelle il étoit entré ; je lui répondis à mon tour, en mettant aussi la main sur la garde de mon épée : « Il faut, monsieur, que je « me sois trompé jusqu'à présent. J'avois toujours « cru que les rois ont assez de puissance pour faire « du bien à des gentilshommes, mais je n'avois pas « cru qu'ils pussent leur donner de l'honneur. Je « reconnois enfin que leur pouvoir s'étend jusque là ; « mais je m'estimerois bien plus glorieux encore « d'entendre ce que vous me dites, si c'est par l'ordre « de votre Roi, que de posséder une de ses cou-« ronnes, quand il me la donneroit. — Mes paroles, « me répliqua Buckingham piqué au vif, peuvent être « prises différemment. — Et moi, lui répondis-je, « je les prends dans le sens que les doit prendre un « honnête homme. » S'il n'avoit pas poussé son ressentiment plus loin, je n'aurois eu garde de faire remarquer à M. de Chevreuse qu'il avoit manqué de respect au Roi notre maître en nous offensant ; mais il nous quitta brusquement. Et de nous avoir laissé partir de Hampton-Court sans nous conduire à Ri-

chemont : « C'est, dis-je à M. de Chevreuse, un pro-
« cédé si extraordinaire, qu'il offense Sa Majesté
« personnellement. Je n'y vois qu'un seul remède,
« que je vous proposerai si vous êtes d'humeur à
« vous en servir. » M. de Chevreuse, qui connut
bien qu'il étoit lui-même offensé dans ce qui avoit
été fait au Roi, me jura que je n'avois qu'à lui dire
ce que j'en pensois, et qu'il n'y auroit rien qu'il ne
fît de son côté pour repousser l'injure faite à Sa Majesté. « Ce remède seroit, lui dis-je, de partir en
« diligence et de passer la mer, en laissant à M. d'Ef-
« fiat la conduite des vaisseaux qui nous ont été
« promis; et quand nous serons débarqués à Calais,
« il faudroit dépêcher un courrier au Roi pour lui
« rendre compte de ce que nous avons négocié pour
« son service. Ensuite nous nous rendrions dans
« un lieu tiers, comme Dunkerque, d'où nous fe-
« rions savoir à Buckingham que nous voulons avoir
« satisfaction de la conduite qu'il a tenue à notre
« égard; et, afin qu'il ne puisse pas désavouer qu'on
« lui a parlé, il faudra que ce soit un trompette
« de l'archiduc, assisté d'un gentilhomme français,
« qui lui fasse savoir notre intention. Mais, conti-
« nuai-je, il faut un très-grand secret pour réussir
« en ceci. » Je ne puis dire précisément par qui ce
projet vint à la connoissance de Buckingham; et si
ce fut par d'Effiat, fâché de ne pas être de la partie,
ou par Bonneuil, qui par tempérament ne pouvoit
s'empêcher de parler, ou enfin par M. de Chevreuse
lui-même, qui le dit à sa femme. Quoi qu'il en soit,
Buckingham vint dès le lendemain nous faire des
excuses, et nous donna pour raison de la brusquerie

avec laquelle il nous avoit quittés, que c'étoit parce qu'il avoit eu nouvelle que sa femme se trouvoit malade à l'extrémité, et qu'étant persuadé qu'on ne prendroit pas en mauvaise part ce qu'il pourroit faire en cette occasion, il étoit parti brusquement sans nous en dire le sujet, et sans nous en demander la permission. Comme les moindres paroles d'excuse satisfont ceux qui veulent s'accommoder sincèrement, tous nos grands projets s'évanouirent, et M. de Chevreuse ne manqua pas de publier la satisfaction qu'on avoit reçue de Buckingham.

Quelques jours auparavant, Sa Majesté Britannique avoit fait M. de Chevreuse chevalier de l'ordre de la Jarretière, sur la permission que le Roi donna à ce duc de l'accepter, et sur ce que je mandai à ce monarque qu'il est porté, par les statuts de l'ordre du Saint-Esprit, que ceux qui en sont honorés pourront aussi posséder celui de la Toison d'Or et de la Jarretière. Le roi de la Grande-Bretagne n'en demeura pas là à son égard. Ayant résolu de faire un présent de sa main à M. de Chevreuse et à d'Effiat, il leur fit dire à cet effet qu'il les vouloit encore voir : et madame de Chevreuse ayant dit que ce prince avoit acheté deux diamans, outre le présent qu'il vouloit faire au duc son mari, je crus qu'elle ne me tenoit ce langage que pour avoir occasion d'en plaisanter dans la suite à mes dépens. En effet, si j'eusse pris le parti d'aller à l'audience avec les autres, elle n'eût pas manqué de dire, supposé qu'on m'eût fait un présent, que j'y avois été exprès pour le mendier. Elle eût fait encore de plus mauvaises plaisanteries si le contraire étoit arrivé. C'est pourquoi je déclarai à cette duchesse que je ne voulois point aller à Hampton-Court, et que nous verrions lequel des deux diamans seroit pour M. d'Effiat. On ne peut exprimer le bon accueil qui fut fait à ces messieurs, mais particulièrement au duc de Chevreuse, qui reçut un présent d'une grande valeur. Il n'en fut pas de même du présent du marquis d'Effiat, qui se tint fort offensé de ce que le diamant qu'on lui donnoit n'étoit pas du prix qu'il l'avoit espéré.

Nous partîmes de Richemont tous trois dès le lendemain, quoique madame de Chevreuse fût accouchée d'une fille (1). M. d'Effiat nous accompagna jusques à Gravesende, où nous trouvâmes des carrosses qui nous conduisirent à Douvres. Pour lui, il prit le chemin des ports de mer, où l'on avoit armé les vaisseaux que l'on s'étoit engagé de fournir au Roi. Nous arrivâmes heureusement en France, après avoir été près de quarante heures sur la mer, et nous débarquâmes à la rade de Saint-Jean. Nous partîmes de Boulogne le lendemain pour nous rendre à Fontainebleau, où Leurs Majestés étoient pour lors. Il ne me fut pas difficile de remarquer, par le froid accueil qui fut fait à M. de Chevreuse à son retour, que l'on n'étoit guère content de lui; car, quoiqu'il fût revêtu de la charge de grand chambellan, il n'entra point dans la chambre du Roi, et il fut obligé de faire demander auparavant si Sa Majesté l'agréeroit. Je trouvai à mon retour un grand changement dans le conseil. Non-seulement le cardinal avoit toute la confiance du Roi et de la Reine sa mère, mais il étoit encore le chef du conseil; et il y avoit une autorité si absolue,

---

(1) *Accouchée d'une fille*: Charlotte-Marie, demoiselle de Chevreuse. Elle joua depuis un grand rôle dans les troubles de la Fronde.

qu'on lui portoit toutes les dépêches. Il ne se faisoit rien que par ses avis ; il ordonnoit de toutes choses, et ne gardoit aucune mesure en quoi que ce pût être, sinon en ce qui regardoit la volonté du Roi, qu'il tâchoit de pénétrer en donnant dans le sentiment de Sa Majesté, à laquelle il n'étoit point alors importun par les grâces qu'il lui demandoit : car il ne lui proposoit point encore aucun de ses proches pour être auprès de sa personne, parce qu'il avoit remarqué que l'esprit de ce monarque étoit si méfiant et si délicat sur cette matière, que c'eût été rendre un très-mauvais office à ceux qu'il auroit présentés, quand même ils auroient été agréés. De plus, ce premier ministre changeoit volontiers de séjour par complaisance pour le Roi, qui n'aimoit pas à rester long-temps dans un même endroit. Il n'alloit point à la cour quand Sa Majesté n'y étoit pas, afin qu'on n'eût pas sujet de dire qu'il faisoit sa cour aux Reines ; et quoiqu'il eût obligation de sa fortune à la Reine-mère, il ne faisoit guère que sauver les apparences avec cette princesse. Il avoit ensuite l'adresse de faire entendre au Roi qu'il ne dépendoit et ne vouloit dépendre que de lui seul.

Après que j'eus resté deux jours à Fontainebleau, j'allai à la Maison-Rouge où le cardinal étoit. Il me pressa fort de lui dire quelle avoit été la conduite de M. de Chevreuse, et ce qui en avoit été remarqué par le marquis d'Effiat. Pour m'engager à lui parler plus ouvertement, il me fit assez connoître qu'il avoit eu des informations qui ne leur étoient pas avantageuses ; mais je ne lui voulus rien dire qui pût leur nuire. Au contraire, je les louai de s'être une fois emportés en présence du roi d'Angleterre, pour un mauvais traitement que l'un des huissiers de ce prince avoit fait à une femme catholique qui venoit entendre la messe dans la chapelle de la Reine. A la vérité, je ne pus désavouer que la conduite de M. de Chevreuse n'avoit point déplu à la cour d'Angleterre, et je déclarai de plus à Son Excellence que le comte de Carlisle blâmoit hautement celle du comte de Holland; mais j'évitai de tomber dans le piége que le cardinal me tendit en me questionnant sur quantité de choses qui n'étoient point venues à ma connoissance, et en faisant à peu près à mon égard comme on en use à l'Inquisition à l'égard de ceux qu'on y défère.

Les vaisseaux qui nous avoient été promis, ayant été amenés par M. d'Effiat, servirent à faire gagner à M. de Montmorency la victoire qu'il remporta sur les Rochelois (1) : mais cette liaison entre la France et l'Angleterre causa dans la suite une grande guerre entre les deux couronnes; car les Anglais crurent qu'ayant servi le Roi, ils étoient en droit de faire un accommodement entre ce monarque et les Rochelois. Comme cela flattoit en quelque façon la passion que le cardinal de Richelieu avoit alors de faire la guerre à l'Espagne, les Anglais obtinrent qu'on accepteroit leur garantie pour l'exécution de ce qui avoit été promis à ceux de la religion prétendue réformée. Mais ils prirent ensuite les armes en leur faveur, sous prétexte qu'on leur avoit manqué de parole.

Je ne sais point ce que M. d'Effiat put rapporter de

(1) *La victoire qu'il remporta sur les Rochelois :* Il s'agit du combat naval livré près de l'île de Ré. L'armée royale, commandée par le duc de Montmorency, reprit cette île dont les protestans s'étoient emparés.

si agréable au cardinal ; mais ce qui est certain, c'est qu'il en fut fort considéré, et qu'ensuite ce premier ministre témoigna une très-grande envie de faire venir à la cour le duc de Buckingham. Le Roi, au contraire, montroit beaucoup de répugnance pour cet étranger, parce que, outre la fierté de l'Anglais, sa conduite peu respectueuse et sa manière d'agir lui déplaisoient. D'ailleurs le Roi n'étoit pas encore résolu de rompre avec l'Espagne, dont la puissance lui étoit suspecte à la vérité; mais celle du roi d'Angleterre, qui avoit des intelligences en France, l'étoit aussi. Cependant Sa Majesté, qui agissoit avec beaucoup de prudence, et qui par conséquent ne vouloit et ne devoit point contribuer à l'avancement des Anglais, ne laissoit pas d'aider le prince palatin à rentrer dans ses Etats : en quoi il étoit pourtant combattu par deux contraires qui lui passoient continuellement dans l'esprit. D'un côté il voyoit la trop grande élévation de la maison d'Autriche, et de l'autre celle de l'Angleterre : voilà ce qui fut cause que le cardinal ne put obtenir du Roi la permission d'écrire à Buckingham pour le faire venir en France.

[1626] L'ambassadeur de Sa Majesté [1] en Hollande, où cet Anglais étoit allé, lui fit entendre que le plus sûr moyen d'avancer les affaires c'étoit d'envoyer à sa place en France une personne de considération, et non pas d'y aller lui-même. Il y a aussi grande apparence que madame de Chevreuse lui manda la même chose. C'est pourquoi Buckingham y envoya le vice-chancelier d'Angleterre, lequel demanda de négocier directement avec le cardinal, et d'être dispensé de me

---

[1] *L'ambassadeur de Sa Majesté :* Charles d'Espesses.

venir voir, parce qu'on le lui avoit expressément défendu. J'en fus averti par ce premier ministre; et l'ambassadeur se trouva bien surpris de la réponse que je lui fis, qu'il étoit absolument nécessaire pour le service du Roi que les affaires étrangères ne passassent que par les mains d'un secrétaire d'Etat; et bien que je ne m'attendisse pas que cela dût me regarder, je ne laissois pas de le conseiller, parce qu'il seroit autrement très-difficile que Sa Majesté fût bien servie. Car quand on veut faire les choses par des voies extraordinaires et qui ne sont point en usage, il en arrive des inconvéniens auxquels il est impossible de remédier ensuite. Soit que la force de mes raisons persuadât le cardinal, ou que de lui-même il eût envie de suivre le plan que je conseillois, il proposa la chose au Roi, qui s'y rendit facilement; mais d'Herbault eut l'avantage d'être préféré aux autres. Dans les conférences qu'eut le premier ministre avec l'ambassadeur d'Angleterre, on prit des mesures contre l'Espagne, dont Blainville, qui étoit celui de France auprès de Sa Majesté Britannique, n'eut que très-peu de connoissance. Il fut même révoqué, dans la crainte que le cardinal avoit d'y laisser un homme aussi éclairé que celui-là.

Ce fut en ce temps-là que la duchesse de Guise engagea la Reine-mère à demander que sa fille Marie de Bourbon-Montpensier fût mariée à Monsieur, frère unique du Roi, ou bien qu'on lui laissât la liberté d'en disposer. Nous remarquerons ici que Henri de Montpensier, dernier de sa branche, avoit épousé Catherine de Joyeuse, fille du comte de Bouchage et de mademoiselle de Nogaret, duquel mariage étoit venue une fille qui épousa dans la suite Monsieur, parce que le duc de Montpensier mourant demanda en grâce au roi Henri-le-Grand que le mariage de cette princesse fût fait avec M. le duc d'Orléans, qui étoit le second fils de Sa Majesté. Henri-le-Grand y ayant donné son consentement, laissa mourir M. de Montpensier avec la consolation d'en voir dresser les articles avant sa mort. Ce prince disposa de ses biens en faveur de son gendre, de madame son épouse, et de la couronne; mais M. le duc d'Orléans étant décédé pendant la minorité du roi Louis XIII, la Reine-mère engagea son dernier fils, devenu pour lors duc d'Orléans, à épouser celle qui avoit été promise à son frère : et c'est de cela que madame de Guise demandoit l'exécution. La chose, qui paroissoit très-juste en elle-même, ne laissoit pas de recevoir ses difficultés, parce que personne n'osoit proposer au Roi, qui n'avoit point d'enfans, de consentir au mariage de Monsieur, son frère, dans la juste appréhension où l'on étoit que ce prince, venant à en avoir, ne fût trop considéré. On n'osoit pas aussi d'un autre côté ne point consentir à une chose qui paroissoit si raisonnable, d'autant plus que la Reine-mère dit publiquement que ceux qui y avoient de la répugnance ne donnoient que trop à connoître qu'ils avoient plus d'inclination pour la branche de Condé, que d'attachement pour le Roi et pour Monsieur, son frère.

Le cardinal, étant pressé par Leurs Majestés d'en dire son avis, différoit de s'expliquer nettement, et attendoit du temps le remède et le conseil qu'il pourroit donner. Cependant le Roi faisoit assez connoître qu'on lui feroit plaisir de trouver des détours pour éloigner ce mariage. Ayant su que le grand prieur, son frère naturel, avoit beaucoup de pouvoir sur l'esprit de Monsieur, et qu'il étoit porté pour le comte de Soissons, le seul prince que madame de Guise pouvoit souhaiter pour sa fille, supposé qu'elle fût exclue de l'alliance de Monsieur, Sa Majesté crut pouvoir découvrir au grand prieur le sujet de son chagrin. Celui-ci, d'autre côté, ne croyant pas pouvoir avoir un meilleur garant que le Roi même, usa de tant d'adresse qu'il persuada à Monsieur de dire qu'il n'avoit aucune inclination pour le mariage. La Reine, qui savoit l'attachement qu'avoit pour le frère du Roi M. d'Ornano, fait depuis peu maréchal de France, après avoir été arrêté prisonnier quelques années auparavant, et depuis élargi sur les protestations qu'il fit d'être toujours fidèle au Roi, la Reine, dis-je, crut qu'il avoit eu part au conseil que Monsieur avoit pris de déclarer qu'il renonçoit au mariage; et que, pour ses intérêts particuliers, la maison de Vendôme profitoit du crédit que le maréchal avoit sur l'esprit de ce jeune prince, qui d'ailleurs avoit prêté l'oreille aux propositions qui lui avoient été faites de se retirer de la cour, et de faire son séjour à La Rochelle, parce que par là il nécessiteroit le Roi de lui donner un apanage avec de grosses pensions, et d'autres établissemens qu'il n'avoit pu encore obtenir.

La Reine-mère s'entretint donc de tout ceci avec le cardinal de Richelieu, qui, voyant bien l'inconvénient qu'il y avoit que Monsieur ne se retirât de la cour, conseilla au Roi de faire arrêter le maréchal d'Ornano (1), et de promettre au grand

(1) *D'Ornano* : Jean-Baptiste d'Ornano, lieutenant général en Nor-

prieur (1) qu'il auroit le commandement de l'armée navale, si son frère (2) renonçoit à l'amirauté de Bretagne dont il avoit été pourvu avec le gouvernement de cette province, et que le cardinal souhaitoit fort pour lui-même, dans l'espérance où il étoit d'être élevé à la dignité de surintendant du commerce et de la navigation de France, avec tous les pouvoirs et prééminences accordés à l'amiral. Cette dernière charge (3) avoit donc été supprimée pour donner lieu à la création de la première, que le cardinal ambitionnoit violemment; et comme dans cette nouvelle charge il ne pouvoit pas lui-même commander les flottes, Son Eminence laissoit le Roi maître de leur donner pour général qui il vouloit.

Le grand prieur étant donc flatté de l'espérance de commander les armées de mer une seule fois au moins, et d'avoir ensuite un bon gouvernement à la place de celui de Caen qu'on lui avoit ôté, prit le parti d'aller ménager Monsieur, et de le faire revenir à la cour. La première chose que Monsieur demanda fut la liberté du maréchal d'Ornano, qui lui fut promise. Mais comme je savois qu'on ne se servoit en cette occasion du grand prieur que pour le faire disgracier, je crus le devoir avertir, en lui faisant entendre que le Roi se laisseroit

---

mandie, colonel des Corses. Il avoit été gouverneur de Monsieur.

(1) *Au grand prieur:* Alexandre, chevalier de Vendôme, fils de Henri IV et de Gabrielle d'Estrées. — (2) *Son frère:* César, duc de Vendôme. — (3) *Cette dernière charge:* Le duc Henri de Montmorency, qui la possédoit, s'en démit alors moyennant une somme de neuf cent mille livres. Les lettres de suppression furent enregistrées au parlement de Paris le 13 mars 1627, et cinq jours après le même parlement enregistra d'autres lettres par lesquelles Richelieu fut nommé surintendant de la navigation.

toucher par les larmes de la Reine sa mère ; que le cardinal éviteroit de donner conseil à Sa Majesté sur une matière aussi délicate que le mariage de Monsieur, son frère : ce qui ne l'empêchoit pas de faire un écrit par lequel il se serviroit de bonnes raisons pour la conclusion du mariage, et de très-foibles pour soutenir le contraire ; et qu'ainsi, le dessein de la Reine réussissant, il attireroit son indignation, dont il seroit accablé dans la suite aussi bien que la maison de Vendôme ; que, donnant les mains à ce qu'il ne pourroit empêcher, M. de Soissons son ami se trouveroit par là engagé à rechercher sa nièce : ce qui seroit un très-grand avantage pour sa maison ; et qu'il ne devoit point appréhender que mademoiselle de Guise fût préférée à sa nièce, parce que M. de Soissons avoit pour suspect tout ce que le cardinal lui conseilloit. « Vous ne connoissez ni la cour ni Monsieur, me répondit le grand prieur.—Je ne serois pas, lui répliquai-je, si aisément trompé à la cour que vous, monsieur ; mais pour ce qui regarde le caractère de votre esprit il me seroit facile de l'être, puisque vous faites vous-même tout ce qu'il faut pour ruiner votre maison. » Depuis que j'eus cet entretien avec le grand prieur, je ne le vis que dans le moment qu'il partit de Blois avec M. de Vendôme son frère, pour être mis prisonnier dans le château d'Amboise.

Les sceaux que l'on ôta au chancelier d'Aligre pour les donner à M. de Marillac [1] firent croire que l'on avoit de grands desseins, celui-ci étant aussi sévère que l'autre avoit paru doux. La résolution que l'on avoit prise d'aller sur la rivière de Loire inspira aussi de la

---

(1) *M. de Marillac* : Michel de Marillac.

crainte à plusieurs personnes; mais quand on vit que Monsieur suivoit le Roi, et que Chalais (1) avoit eu des éclaircissemens avec Sa Majesté et avec le cardinal, on crut que les affaires étoient accommodées. La détention de MM. de Vendôme, qui de Blois furent conduits à Amboise, fit naître d'autres soupçons qui augmentèrent, parce que la cour partit pour Nantes, et que le nouveau garde des sceaux fut nommé pour interroger MM. de Vendôme, ayant pour adjoint Beauclair, secrétaire d'Etat.

Je dirai, à propos de M. de Marillac, que je me souviens de deux choses qui méritent d'avoir place dans ces Mémoires. L'une, qu'en prenant possession de la dignité de garde des sceaux, au lieu de dire qu'il craignoit de n'en pouvoir supporter le poids, comme font pour l'ordinaire ceux qui en sont revêtus, il fit un compliment au Roi qui fit connoître qu'il ne se méfioit point du tout de ses forces; car il dit à Sa Majesté qu'il espéroit que Dieu lui feroit la grâce de s'en bien acquitter. La seconde chose qui est à remarquer, c'est que le grand prieur devoit faire et fit en effet difficulté de répondre devant lui, tant à cause de sa qualité de chevalier de Saint-Jean de Jérusalem, que parce qu'il pouvoit objecter à Marillac qu'étant entré dans la Ligue, il avoit juré non-seulement de ne jamais reconnoître pour roi celui à qui la couronne appartenoit de droit, ni même ses enfans, mais encore de lui être contraire en toutes occasions: et c'est de quoi il avoit pu être accusé par le roi Henri-le-Grand; que de plus il s'étonnoit de ce qu'il vouloit être son

(1) *Chalais*: Henri de Talleyrand, comte de Chalais. Il étoit favori de Louis XIII, et grand-maître de la garde-robe.

juge, puisque lui, grand prieur, ne devoit point en avoir d'autre que le parlement. Il pouvoit dire sur son sujet beaucoup d'autres choses encore qui couvroient Marillac de confusion. Le garde des sceaux étant revenu avec cette réponse, je fus soupçonné d'avoir donné des avis au prisonnier; et le cardinal en parla au Roi qui n'en crut rien, et qui lui dit: « Je le connois « aussi bien que je sais de quoi l'autre est capable. « D'ailleurs, lui ajouta-t-il, je suis assuré de la fidélité « de ceux qui gardent mes frères de Vendôme, et « je suis persuadé qu'ils n'ont reçu ni avis de ce qui « a été résolu, ni mémoires sur ce qu'ils doivent « répondre. »

La cour fit alors un voyage à Nantes, où les Etats de la province de Bretagne furent convoqués. Par la première requête qui fut présentée au Roi, et qui étoit en quelque façon mendiée, Sa Majesté fut suppliée de donner une déclaration par laquelle aucun des descendans des anciens ducs de Bretagne ne pourroit être gouverneur de la province. Le Roi fit ce réglement par une déclaration qui fut insérée dans les registres des Etats. Pendant qu'ils travailloient au secours extraordinaire qu'ils pourroient donner à Sa Majesté, on pressa Monsieur de se marier. On fit la découverte d'un complot contre la vie du cardinal. Chalais, qui étoit entré dans le complot, fut arrêté prisonnier; et tous ceux que l'on soupçonna d'avoir eu connoissance du complot. On composa une chambre d'un certain nombre de présidens, de conseillers du parlement de Bretagne et de plusieurs maîtres des requêtes qui avoient suivi le garde des sceaux, qui présida à cette chambre.

Monsieur se maria pendant qu'on travailla à l'instruction du procès de Chalais, qui fut condamné à mort et exécuté. On croyoit qu'une des conditions du mariage de ce prince seroit la liberté de MM. de Vendôme, du maréchal d'Ornano et de Chalais ; mais ils furent oubliés, ou si l'on parla d'eux, ce fut si foiblement que cela ne servit qu'à resserrer davantage les premiers, et qu'à avancer la condamnation de Chalais.

La maison de Guise commença pour lors à chanter victoire, et se donna même la liberté de se laisser emporter si ouvertement à la joie, que le duc d'Elbœuf m'ayant rencontré dans la cour du château me dit : « Vous voyez que ce que vous craigniez tant, et que « vous n'avez jamais cru, est enfin arrivé. Monsieur « ôte, par son mariage, à la maison de Condé l'es- « pérance de parvenir à la couronne. » Je lui répondis à mon tour sur le même ton : « Je n'ai jamais « cru, monsieur, qu'il pût arriver ni bien ni mal du « mariage de Monsieur avec mademoiselle de Mont- « pensier. J'espère toujours que Dieu donnera des « enfans au Roi, et qu'il voudra se laisser fléchir enfin « par les larmes et les prières d'un peuple qui a le « bonheur d'être gouverné par le meilleur prince du « monde, et par une Reine d'un grand mérite. »

Cependant le Roi se disposa de s'en retourner à Paris peu après le mariage de Monsieur, et passa par Rennes, où je ne suivis point Sa Majesté, lui ayant demandé la permission d'aller voir madame du Massez, ma belle-mère, qui demeuroit en Saintonge. Ce monarque apprit pour lors la mort du maréchal d'Ornano, et donna ordre à madame de Chevreuse de se retirer dans sa maison de Dampierre, avec défense d'en sortir. La mort du maréchal d'Ornano fut une occasion de parler aux uns, et contribua à la fortune des autres; et il y a beaucoup d'apparence que, si cette mort n'eût prévenu le ministère, on auroit fait le procès de M. d'Ornano, et qu'il n'auroit pas manqué peut-être de charger par ses dépositions plusieurs personnes avec lesquelles il avoit eu de très-grandes habitudes.

Monsieur fut très-content de son mariage, et de l'apanage qu'il avoit eu; mais il oublia ses serviteurs : à quoi son humeur le portoit assez. Madame ménageoit son esprit, et en tiroit tout ce qu'elle en pouvoit tirer par son adresse. [1627] Sa grossesse, qui parut bientôt, ne fit qu'augmenter le crédit qu'elle avoit auprès de son mari et de la Reine sa belle-mère. Personne n'osoit dire que cette princesse n'accoucheroit pas d'un fils : car elle en étoit si persuadée qu'il n'y avoit rien qu'elle ne mît en usage pour savoir ce que l'on disoit d'elle sur cet article, et pour donner ensuite des marques de son ressentiment à ceux qui ne parloient pas dans son sens. Cependant elle n'eut qu'une fille, contre son attente et celle de ceux qui la regardoient comme étant destinée à donner des rois à la France. Elle mourut peu de jours après. Quoique le cardinal de Richelieu eût contribué beaucoup au mariage de cette princesse, il n'en étoit pas moins pour cela l'objet de son aversion; car elle lui envioit non-seulement son crédit, mais elle fut même cause, à ce que l'on croit, que la Reine-mère commença à se dégoûter de ce ministre, et à prêter l'oreille à ceux qui lui parloient à son désavantage.

On fut alors averti des préparatifs de guerre qu'on

faisoit en Angleterre ; qu'un grand nombre de huguenots sujets du Roi y avoient passé, et que plusieurs d'entre eux la demandoient et s'y disposoient, sous prétexte de donner ordre à leur sûreté. Cependant le Roi tomba dangereusement malade, et se trouva autant agité par la fièvre qui le tourmentoit que par l'envie qu'il avoit d'aller en Poitou. La Reine sa mère fit ce qu'elle put pour l'en empêcher ; mais le cardinal le pressa au contraire de s'avancer, ne trouvant que ce seul moyen pour sauver l'île de Ré, dans laquelle les Anglais avoient déjà fait une descente, et pour se faire craindre aux Rochelois qui les avoient appelés.

La descente fut contestée ; mais enfin ils prirent terre, étant favorisés par la marée et par leur canon. L'armée ennemie étoit commandée par Buckingham, qui parut en cette expédition avec l'équipage d'un homme amoureux, plutôt que dans l'équipage d'un général. Ce duc, méprisant le fort de La Prée, résolut d'attaquer celui de Saint-Martin : ce qui lui fit recevoir un affront ; car il se retira sans avoir réussi dans son entreprise. Je me crois obligé de dire ici, pour rendre témoignage à la vérité, que ce succès fut autant dû à la vigilance du cardinal qu'à la résolution que le Roi prit de se faire voir dans le pays d'Aunis. Les assiégés firent une vigoureuse défense, et le régiment de Champagne, commandé par Thoiras (1) qui fut dans la suite maréchal de France, y acquit beaucoup d'honneur. On fit passer des troupes au fort de La Prée, et l'on fit un embarquement à Brouage, dont le commandement fut donné à M. de Schomberg, qui apprit

(1) *Thoiras :* Jean de Saint-Bonnet, seigneur de Thoiras. Il devint maréchal de France en 1630.

à son arrivée que les Gardes ayant été attaquées sous ce fort, où elles étoient campées, avoient repoussé l'ennemi, lequel, pour jouer de son reste, attaqua par un assaut général le fort de Saint-Martin, d'où il fut aussi repoussé. Ayant ensuite voulu se retirer à la tête de l'île, il fut défait entièrement; et l'on peut dire que le maréchal de Schomberg reçut dans cette occasion beaucoup de gloire, et la France un grand honneur. Si le Roi fut admiré pour avoir entrepris ce secours, le cardinal ne fut pas moins loué d'y avoir contribué. Je ne suivis point le Roi dans ce voyage, ni quand il partit de Saint-Germain, où il étoit venu reprendre ses forces, parce que je n'étois pas moi-même encore guéri d'une incommodité qui m'obligea de garder la chambre dix mois entiers : outre que le Roi ne m'avoit pas fait l'honneur de me nommer pour être de ce voyage. Je ne dirai point si la prison du grand prieur ou quelque autre raison en fut la cause : mais seulement que j'en tirai un grand avantage, qui fut que je commençai dès lors à mépriser le monde. Je n'avois point de plus grande consolation que quand des personnes de vertu et de piété me venoient visiter; et je puis dire que dans cette occasion je le fus bien plus que je ne le méritois par les plus qualifiés du royaume. Enfin je recouvrai ma santé, sans avoir le moindre ressentiment d'un grand abcès qu'il fallut m'ouvrir à plusieurs reprises. Ce fut dans un voyage que je fis à Notre-Dame de Liesse pour remercier Dieu, que j'eus la certitude de ma guérison. Madame de La Ville-aux-Clercs fut du voyage; et je suis obligé de dire à sa louange que, pendant le cours de ma maladie, elle ne quitta point le chevet de mon lit, dans lequel j'étois presque toujours, parce que je m'y trouvois bien plus soulagé que dans quelque situation que je pusse être.

Le Roi m'ordonna de rester auprès de la Reine sa mère, qui exerçoit la régence sous le titre de gouvernante des provinces de deçà la Loire. Cependant madame de Chevreuse, ennuyée du séjour de Dampierre, en partit brusquement, et alla à Nancy, où elle fut parfaitement bien reçue de M. de Lorraine. Quoique la parenté servît de prétexte, ce fut sa beauté qui lui acquit tout le pouvoir qu'elle eut dans la suite, et qu'elle conserva long-temps sur l'esprit de ce prince. Ce souverain ayant, ainsi que ses pères, fait de grandes usurpations sur les évêchés de Metz, Toul et Verdun, dont la protection étoit dévolue à nos rois qui n'en possédoient presque plus que la souveraineté, dans laquelle ils étoient bien fondés, on conseilla à Sa Majesté de revendiquer ce qui lui appartenoit. Des commissaires ayant été nommés de part et d'autre pour en prendre connoissance, ils adjugèrent tant de terres au Roi que M. de Lorraine crut qu'on le vouloit dépouiller entièrement. Il est vrai que ce prince faisoit d'ailleurs tant d'usurpations sur les droits et sur la souveraineté de Sa Majesté, que sa crainte pouvoit être assez bien fondée. Le duc de Lorraine crut donc que l'occasion se présentoit d'obtenir des déclarations en sa faveur, ou bien de se maintenir par la force dans la possession de ce qu'il prétendoit lui appartenir. Il s'en déclara ouvertement, et le bruit de la cour étoit qu'il agissoit par le conseil de madame de Chevreuse. Mais le père de cette duchesse, craignant que l'événement ne répondît pas à son attente, lui conseilla d'envoyer en Espagne pour s'assurer de la protection du roi Catholique, et de faire passer par Paris ou par La Rochelle M. de Ville, pour saluer Sa Majesté de la part du duc son maître, en glissant toujours quelques paroles qui signifioient qu'il n'y avoit point de meilleur moyen pour rendre l'amitié éternelle que de faire justice à M. de Lorraine sur ses prétentions.

Je répondis à cet envoyé, avec qui j'eus ordre de conférer, que ses paroles ressembloient à un défi; mais qu'il devoit plutôt se ressouvenir que son maître avoit l'épée trop courte pour la mesurer avec celle du Roi; que d'ailleurs avant que les Anglais et les Espagnols, naturellement temporiseurs, eussent délibéré s'ils l'assisteroient ou non, il se trouveroit dépouillé et de ce qui lui appartenoit et de ce qui ne lui appartenoit point. M. de Ville ne fut pas mieux reçu à La Rochelle, le Roi étant indigné de ce qu'un duc de Lorraine osoit faire le fier contre lui, parce qu'il le croyoit engagé fort avant dans une guerre avec le roi d'Angleterre et avec une partie de ses Etats révoltés. Pendant que le blocus de La Rochelle fut continué [1628], le Roi vint faire un tour à Paris, et s'en retourna promptement, sans que les prières des deux Reines le pussent retenir. Le marquis de Spinola, ayant été rappelé des Pays-Bas en Espagne, passa par Paris. En s'en allant à Madrid, il vit le camp de La Rochelle, où le Roi lui fit un très-bon accueil, lui permettant même de visiter les tranchées et les travaux. On battit aux champs : ce qui étoit le plus grand honneur qu'on lui pût faire, et dont il ne manqua pas de rendre à Sa Majesté ses très-humbles remercîmens. Quand il fut arrivé à la cour du Roi son maître, plusieurs conseillers de Sa Majesté Catholique étant d'avis que l'on tentât le secours de La Rochelle, alléguant pour leur principale raison qu'il falloit empêcher la trop grande puissance de la France et ses vues, dont on ne pouvoit douter sur la réponse qui avoit été faite à M. de Ville, on demanda à Spinola si cette entreprise pouvoit réussir : à quoi ce général répondit qu'il y trouvoit de grandes difficultés qui ne manqueroient pas de traverser les desseins du roi Catholique, auquel ensuite on reprocheroit toujours d'avoir inutilement envoyé une flotte pour le secours des Rochelois. On lui proposa de se charger de l'entreprise : mais il s'en excusa, donnant pour raison de son refus qu'il avoit vu les travaux, et donné son avis sur ce qu'il y avoit à faire; qu'ainsi il ne pouvoit pas honnêtement se charger de l'exécution de ce qu'on lui ordonnoit. Tout ceci fut cause que Sa Majesté Catholique n'entreprit rien dont on pût se plaindre en France, ou qui pût lui faire beaucoup de mal; mais il n'en fut pas de même du côté de l'Italie. Les Espagnols croyant que l'occasion étoit favorable de s'emparer de la ville et citadelle de Casal, le sergent-major de cette place fut sollicité de la part du roi Catholique pour la livrer; et le duc de Savoie consentit d'autre côté de lui laisser faire la conquête du pays, à condition qu'il déclarât ne prétendre aucun droit, ou de renoncer à celui qu'il pourroit avoir sur la ville et sur la citadelle. Ces deux princes, suivant le bruit de la renommée qui n'épargne personne, ne songeoient qu'à se tromper l'un l'autre; car le roi Catholique, voyant que son dessein lui avoit réussi, ne pensoit qu'à empêcher M. de Savoie de faire la guerre dans un pays qu'il regardoit comme le sien propre : et cependant le duc de Savoie, dans la crainte qu'il en avoit ensuite, crioit au secours pour empêcher la trop grande puissance de l'Espagne en Italie. Il se sauvoit ainsi de l'un aux dépens de l'autre; mais, pour rendre sa condition meilleure, il étoit souvent joué des uns et des autres. Il n'y avoit point de puissance qui fût plus en état de faire tête à l'Espagne que celle de la France. Cependant Sa Majesté Catholique traita avec le duc de Rohan, et lui fournit de l'argent, afin que la guerre civile ne fût pas sitôt terminée qu'il y avoit lieu de croire qu'elle le seroit. Le duc fit à la vérité la guerre en Languedoc; mais il ne put empêcher que La Rochelle ne se rendît, après qu'on y eut appris la mort du duc de Buckingham, et vu que les efforts des Anglais étoient inutiles contre la digue qu'on avoit construite pour enfermer le port, et contre les vaisseaux que le Roi avoit armés pour s'opposer à la flotte ennemie. Cette ville rebelle fit enfin de nécessité vertu, et ouvrit ses portes à son souverain.

TABLE DES MATIÈRES

CONTENUES

DANS LE TRENTE-CINQUIÈME VOLUME.

INTRODUCTION AUX MÉMOIRES RELATIFS A LA FRONDE.

Avertissement.	Page 3
Introduction aux Mémoires relatifs à la Fronde.	5

MÉMOIRES DU COMTE DE BRIENNE.

Notice sur le comte de Brienne et sur ses Mémoires.	277
A Son Excellence monseigneur Ernest-Christophle Kielpinsky.	287
Préface.	289
Mémoires du comte de Brienne.	291

FIN DU TOME TRENTE-CINQUIÈME.

www.ingramcontent.com/pod-product-compliance
Lightning Source LLC
Chambersburg PA
CBHW071111230426
43666CB00009B/1912